Theoriebasierte Evaluation

Waxmann Verlag GmbH
Steinfurter Straße 555, 48159 Münster
info@waxmann.com

Susanne Giel

Theoriebasierte Evaluation

Konzepte und
methodische Umsetzungen

Waxmann 2013
Münster / New York / München / Berlin

Bibliografische Informationen der Deutschen Nationalbibliothek
Die Deutsche Nationalbibliothek verzeichnet diese Publikation in
der Deutschen Nationalbibliografie; detaillierte bibliografische
Daten sind im Internet über http://dnb.d-nb.de abrufbar.

D 188

Internationale Hochschulschriften, Bd. 584
Die Reihe für Habilitationen und sehr gute
und ausgezeichnete Dissertationen.

ISSN 0932-4763
ISBN 978-3-8309-2855-3

© Waxmann Verlag GmbH, 2013
Postfach 8603, 48046 Münster

www.waxmann.com
info@waxmann.com

Umschlaggestaltung: Christian Averbeck, Münster
Umschlagbild: Mathias Waller, Berlin
Satz: Stoddart Satz- und Layoutservice, Münster

Gedruckt auf alterungsbeständigem Papier,
säurefrei gemäß ISO 9706

Inhalt

1. Die Suche nach alternativen Wegen – Einleitung

Zweifellos kann Evaluation als eine empirisch-wissenschaftliche Beschreibung und Bewertung von Programmen, Projekten, Maßnahmen, Organisationen einen steilen Aufschwung verzeichnen. Sie etabliert sich als eine Strategie zur Qualitätssicherung und -entwicklung in fast allen gesellschaftlichen Bereichen: Hochschule und Schule (Bildung), Gesundheitswesen, Kinder- und Jugendhilfe, in den Politikfeldern Arbeitsmarkt, regionale Entwicklung, Umwelt usw., nahezu überall ist eine Zuwendung öffentlicher Mittel an die Durchführung von Evaluationen geknüpft. So lässt sich eine „zunehmende Verankerung dieses Instruments im Rahmen gesellschaftlicher bzw. administrativer Regelungen und Vorschriften" (Brand 2009, S. 11) beobachten.

Aus diesem hohen Verbreitungsgrad folgt jedoch nicht automatisch, dass die Funktionen und die Vorgehensweisen von Evaluation eindeutig profiliert wären. Eher schon zeichnet sich seit einigen Jahren die Tendenz ab, dass der Begriff inflationär benutzt wird, denn in manchen Kontexten wird jegliche Form von Bewertung mit dem Label „Evaluieren" versehen (vgl. Kromrey 2000, S. 19). Tasso Brand (2009, S. 14) sieht gar die Gefahr, dass Evaluation zu einer „rein sprachlichen Leerformel degeneriert, ohne eine angemessene Berücksichtigung der mit diesem Begriff verknüpften theoretischen Konzepte und qualitativen Ansprüche zu erfahren." Folglich ist es kaum verwunderlich, dass sich Evaluationen mit vielfältigen Erwartungen konfrontiert sehen: Das Spektrum reicht von der Evaluation als Rechtfertigung von Entscheidungen bis hin zur Vorbereitung von Entscheidungen, manchmal interessieren sich Auftraggebende für die Akzeptanz von und die Zufriedenheit mit Angeboten, in anderen Fällen erwarten sie die Feststellung von Wirkungen. So vielfältig die Erwartungen und Nutzungsabsichten sind, so breit gefächert sind die Einschätzungen darüber, was Evaluationen eigentlich leisten können, müssen oder auch dürfen.

Gleichwohl hat sich hinsichtlich einer Professionalisierung der Evaluation in den letzten Jahren viel getan: So wurden inzwischen im deutschsprachigen Raum Berufsverbände gegründet (die „Schweizerische Evaluationsgesellschaft" SEVAL, für Österreich und Deutschland die „Gesellschaft für Evaluation" DeGEval), Standards für die Durchführung von Evaluationen sowie Empfehlungen für die Aus- und Weiterbildung von Evaluatorinnen und Evaluatoren verabschiedet und erste Studiengänge installiert. Einen ausführlichen Überblick über den beachtlichen Professionalisierungsgrad ebenso wie die noch einzulösenden Herausforderungen liefert Tasso Brand (2009) in seiner Dissertation. Er macht vor allem Defizite auf der Ebene der theoretischen Reflexion und Profilierung aus. So konstatiert er für den Bereich der Methoden der Evaluation zu Recht eine große Vielfalt, die „durch unterschiedliche disziplinäre Zugänge geprägt ist" (Brand 2009, S. 247). Der Fachaustausch findet vorwiegend feldspezifisch statt, z. B. in disziplinär ausgerichteten Arbeitskreisen oder im Rahmen von Tagungen der DeGEval. Es existieren derzeit lediglich zwei übergreifende Arbeitskreise (Aus- und Weiterbildung, Gender Mainstreaming) sowie der „Arbeitskreis in Gründung Methoden".

Die vorliegende Arbeit geht davon aus, dass nach wie vor ein erheblicher Diskussions- und Entwicklungsbedarf hinsichtlich der Methodologie von Evaluationen besteht. Damit verbindet sich die Hoffnung, dass durch eine methodologische Debatte eine Brücke zwischen Theorie und Methoden sowie eine zwischen den verschiedenen Disziplinen geschlagen werden kann. Auch eine weitere zu diagnostizierende Diskrepanz soll angegangen werden: Auf der einen Seite werden experimentelle Designs als der Goldstandard für die Durchführung von Evaluationen ausgewiesen, auf der anderen Seite sind in der Regel die Voraussetzungen für deren forschungspraktische Umsetzung nicht gegeben (siehe z. B. Kromrey 2001a, S. 121). In der Praxis bleiben zahlreiche Evaluationen bei einfachen Befragungen zur Akzeptanz oder Zufriedenheit stehen, die in der Regel wiederum dem Evaluationsgegenstand nicht gerecht werden (Kromrey 2004, S. 244ff.). Zwischen diesen beiden Polen – Experimentaldesigns hier und Zufriedenheitsmessungen dort – ist nach wie vor die Diskussion von verschiedenen Designs notwendig und essentiell. Vor allem im Bereich von Humandienstleistungen stehen Evaluationen nach wie vor vor der Herausforderung, ihren hoch komplexen und facettenreichen Gegenständen gerecht zu werden. Erfolge von Programmen und Maßnahmen sind eben nicht so ohne Weiteres feststellbar, geschweige denn, dass empirisch fundierte Aussagen darüber getroffen werden können, wodurch solche Erfolge erzielt wurden. Die besonderen Ansprüche an den methodologischen Zuschnitt von Evaluationen formuliert die DeGEval (Gesellschaft für Evaluation, 2010) zu ihrer 12. Jahrestagung in Luxemburg folgendermaßen:

> „Durch die Besonderheiten der Evaluation stellen sich jedoch auch zusätzlich methodische Anforderungen. Eingebettet in politische und praktische Kontexte müssen Evaluationen nicht nur gegenstandsangemessene Methoden einsetzen, sondern auch die zeitlichen und strukturellen Rahmenbedingungen sowie Fragen der Durchführbarkeit und Fairness gegenüber den Betroffenen berücksichtigen."

Auf diese genannten Herausforderungen wollen theoriebasierte Evaluationskonzepte – begrifflich und konzeptionell in den USA entwickelt – eine Antwort liefern.[1] Bereits 2001 schlägt HELMUT KROMREY (2001a, S. 123) diese als eine Alternative zu experimentellen Designs vor. Auch 2011 gelten theoriebasierte Ansätze noch als zu ergründende und aussichtsreiche Variante. Eine von proVal und dem Zentrum für interdisziplinäre Forschung vom 16. bis 18. Februar 2011 in Bielefeld durchgeführte Fachtagung unter dem Titel „Evaluation von Programmen und Projekten zur Förderung einer pluralistischen und demokratischen Kultur" räumte einer theoriebasierten Evaluation als alternativem Design einen breiten Raum ein. Im Ankündigungstext heißt es:

---

1   Um dem Anspruch gerecht zu werden, das Konzept theoriebasierter Evaluationen für den deutschsprachigen Raum zu erschließen, wurde im Fließtext auf englischsprachige Zitate verzichtet und versucht, nur solche englischsprachigen Begriffe zu verwenden, die eindeutig bestimmt sind.

„So ist es für eine Evaluation aus verschiedenen Gründen schwierig, die Wirkung von Programmen und Projekten zu ermitteln. Klassische Ansätze wie experimentelle oder quasiexperimentelle Designs sind oft nicht praktikabel, und deshalb müssen andere Möglichkeiten wie die theoriebasierte Evaluation in diesem Zusammenhang diskutiert werden (….), ein viel versprechender [wahrscheinlich vielversprechender S.G.] Ansatz für die Bewertung der Wirksamkeit von Programmen, die für konventionelle Herangehensweisen entweder zu komplex sind oder die zu wenige Teilnehmer für den Einsatz quantitativer Methoden haben" (http://www.proval-services.net/evalconference/index.html).

Eine Spezifik der theoriebasierten Ansätze liegt darin begründet, dass Programmtheorien – dem Programm zugrunde liegende Annahmen sowie Hypothesen über das Programm – zum Dreh- und Angelpunkt der Durchführung von Evaluationen erklärt werden. Theoriebasierte Evaluation proklamiert für sich nicht nur Auskunft darüber zu geben, ob ein Programm greift, sondern wie und weshalb dies (nicht) gelingt.

Auch wenn die Schlagworte Theoriebasierung oder Programmtheorie im deutschsprachigen Raum mehr und mehr fallen (z.B. Stockmann 2007, S. 50) und unter verschiedenen Aspekten beleuchtet werden (z.B. Haubrich 2009, Hense/Kriz 2006) – eine umfassende, systematische Darstellung der sich hinter der gemeinsamen Klammer „theoriebasiert" verbergenden verschiedenen Vorschläge steht noch aus. Eine noch größere Lücke öffnet sich hinter der Frage, wie sich theoriebasierte Evaluationen forschungspraktisch und methodisch umsetzen lassen. Hier sind gleich zwei Aufgaben zu bewältigen: Zum einen muss ein methodischer Zugang zu den Programmtheorien gefunden werden und zum anderen müssen diese mit dem tatsächlichen Programmgeschehen konfrontiert werden.

Ziel dieser Arbeit soll es insofern sein, Konzepte theoriebasierter Evaluationen in differenzierter und umfassender Weise für den deutschsprachigen Raum nachvollziehbar, nutzbar und anwendbar zu machen. Damit soll für die Praxis von Evaluationen sowie für die Aus- und Fortbildung von Evaluatorinnen und Evaluatoren eine zusätzliche alternative Vorgehensweise erschlossen werden.

Die übergeordnete Fragestellung dieser Arbeit lautet: Wie können Evaluationen gegenstandsangemessen durchgeführt werden, so dass sie für Beteiligte und Betroffene einen Nutzen erzeugen, realistisch umsetzbar sind, zu genauen Ergebnissen führen und fair den Beteiligten gegenüber sind (vgl. Standards für Evaluation DeGEval 2002). Diese Fragestellung gilt es in besonderer Weise an theoriebasierte Evaluationskonzepte heranzutragen: Welche besonderen konzeptionellen Vorschläge unterbreiten Protagonistinnen und Protagonisten theoriebasierter Evaluation? Welchen Nutzen ziehen Evaluationen und Evaluationsgegenstände und -beteiligte aus theoriebasierten Herangehensweisen? Wie lassen sich diese Konzepte forschungspraktisch und methodisch realisieren?

Zum Einstieg und um das Feld abzustecken erfolgt zunächst eine Einschätzung darüber, welchen Ansprüchen Evaluationen im Allgemeinen und damit auch theoriebasierte Evaluationskonzepte genügen müssen. Neben einem kurzen Abriss zur Entstehung und Entwicklung sollen vor allem die Einsatzfelder von sowie die Erwartungen an Evaluation aufgezeigt werden. Diese Aspekte werden im folgenden Kapitel „Evaluation – was ist das eigentlich?" (2) behandelt. Darüber hinaus wird ein Blick auf die Aufgabenfelder von sowie Anforderungen an Evaluatorinnen und Evaluatoren geworfen und die typischen Konfliktfelder, in denen sie sich bewegen, beleuchtet.

Zum Verständnis des alternativen Angebots theoriebasierter Evaluationen müssen zunächst klassische Designs für Evaluationen besprochen werden. Vor allem sind solche relevant, die die Praxis und Theorie von Evaluationen bestimmen und grundlegende „Schulen" und Paradigmen von Evaluationen repräsentieren. Zur genaueren Betrachtung sind solche Designs ausgewählt, die ein breites Spektrum abdecken und gleichermaßen für den Ansatzpunkt theoriebasierter Evaluationskonzepte stehen. In Kapitel 3 werden demzufolge die zielorientierte Evaluation nach RALPH TYLER (3.1), experimentelle und quasiexperimentelle Designs in Anlehnung an DONALD T. CAMPBELL, JULIAN STANLEY und THOMAS D. COOK (3.2), die nutzungsfokussierte Evaluation nach MICHAEL Q. PATTON (3.3) sowie die konstruktivistische Evaluation bzw. „Evaluation der vierten Generation" nach EGON GUBA und YVONNA LINCOLN (3.4) vorgestellt. Diese vier Typen werden jeweils in ihren methodologischen Grundzügen erläutert, die daraus resultierenden Rollen von Evaluatorinnen und Evaluatoren behandelt und abschließend jeweils kritisch gewürdigt.

Die Auseinandersetzung mit diesen Designs ist nicht zuletzt deswegen relevant, weil die Protagonistinnen und Protagonisten verschiedener theoriebasierter Evaluationsansätze in ihrer Argumentation für eine Alternative genau an den konzeptionellen und forschungspraktischen Schwächen dieser Klassiker ansetzen. Die Kritikpunkte an zuvor beschriebenen Designs werden unter 4.2 abgehandelt, nachdem zunächst einmal die Entstehung theoriebasierter Evaluationsansätze historisch verortet sowie das Label „theoriebasiert" begrifflich begründet wird (4.1).

Unmissverständlicher wäre übrigens, das theoriebasierte Vorgehen als „programm-theoriebasierte Evaluation" zu bezeichnen, denn wie der darauf folgende Abschnitt (4.3) zeigt, lässt sich der Begriff „Theorie" präziser als „programmbezogene Theorie" fassen. Statt in allgemeiner Weise auf theoretisches Wissen zurückzugreifen, konzipieren die verschiedenen Autorinnen und Autoren Programmtheorien entlang des Evaluationsgegenstands in einem Spektrum von Theorien über das Programm bis hin zu Theorien *des* Programms, das heißt aus dem Programm heraus. Die verschiedenen Konzepte – von HUEY-TSYH CHEN und PETER H. ROSSI, RICK PAWSON und NICK TILLEY, CAROL H. WEISS, MICHAEL Q. PATTON – führen zu unterschiedlichen Modellierungen von Programmtheorien, die ebenfalls unter 4.3 dargestellt sind.

Aus der Erkenntnis, dass es nicht die eine Programmtheorie gibt, resultiert folgerichtig die Frage, welche der zahlreichen Möglichkeiten denn nun die Grundlage für die jeweils durchzuführende Evaluation sein soll. In dieser Arbeit wird die Auffassung vertreten, dass die einzelnen Typen von Programmtheorien je nach Auftrag an die Evaluation und je nach Spezifik des Programms flexibel reagieren können muss.

Ein entsprechend breites Spektrum der hier vorgeschlagenen Varianten und Spielarten wird in Kapitel 4.4 behandelt. Als Zwischenfazit lässt sich daran anschließend feststellen, welche Funktionen Programmtheorien für die Evaluation übernehmen und welchen Nutzen sie für die Programme und Programmbeteiligte haben können (4.5).

Ihre Stärken können theoriebasierte Evaluationsansätze nur dann entfalten, wenn Antworten auf die Frage gefunden werden, wie theoriebasierte Evaluationen methodologisch und forschungspraktisch zu realisieren sind. Theoriebasierte Evaluationen verfügen zwar über einen konzeptionellen Ansatzpunkt, die Programmtheorien, wie diese jedoch methodisch einwandfrei erschlossen und mit der Programmwirklichkeit zu konfrontieren sind, dazu liefert die Literatur nur wenige Vorschläge.[2] Um insofern den spezifischen Herausforderungen theoriebasierter Evaluationen methodisch begegnen zu können, werden im sechsten Kapitel fünf verschiedene methodologische Konzepte auf ihr Potential für die Umsetzung theoriebasierter Evaluationen hin überprüft. Ausgewählt wurden die naturalistische Forschung und der Symbolische Interaktionismus (5.2), die Aktionsforschung (5.3), die Dokumentarische Methode (5.4), die Grounded Theory (5.5) sowie standardisiert verfahrende Forschungsstrategien (5.6). Diese verschiedenen Forschungsrichtungen werden jeweils auf ihre wissenschaftstheoretischen Grundannahmen und auf ihr methodisches Vorgehen hin analysiert, um fundierte Auskunft über deren Nutzungsmöglichkeiten für theoriebasierte Evaluationen treffen zu können. Auch hier gilt dasselbe Prinzip wie in der kritischen Reflexion unterschiedlicher Programmtheorien und -modellierungen: Es kann nicht die eine richtige Methode geben, sondern je nach Rahmenbedingungen und Evaluationszweck kann ein methodischer Zugang angemessener sein als ein anderer.

Demzufolge muss in der Zusammenschau der verschiedenen Methoden geklärt werden, wie sie für unterschiedliche Aufgaben zur Umsetzung theoriebasierter Evaluationen genutzt werden können. Da Programmtheorien erschlossen und überprüft werden müssen, ist es unabdingbar zu erörtern, wie verschiedene Methoden kombiniert werden können. In Kapitel 6 wird – alternativ zu Methodenmix und Triangulation – die integrative Nutzung verschiedener methodischer Zugänge vorgeschlagen. Daraus resultieren unterschiedliche Integrationsstrategien, abhängig vom Auftrag an die Evaluation und dem Reifegrad des Evaluationsgegenstands.

Da sich Evaluationskonzepte in ihrer praktischen Umsetzung beweisen müssen und außerdem die Suche nach der hier vorgeschlagenen Alternative in der Praxis von Evaluationen entstand, sollen die methodologischen Überlegungen und konzeptionellen Vorschläge anhand eines konkreten Fallbeispiels diskutiert werden. Entgegen der üblichen Publikationspraxis, gut gelungene idealtypische Beispiele zu veröffentlichen, wird hier ein Exempel verwendet, dass eher für alltägliche Herausforderungen, Probleme und Missgeschicke steht. Beim Evaluationsgegenstand han-

---

2   Eine Ausnahme liefert KARIN HAUBRICH (2009), die am Beispiel der Modellförderung in der Kinder- und Jugendhilfe die „Entwicklung der rekonstruktiven Programmtheorie-Evaluation" ausführlich erörtert.

delte es sich um eine internetbasierte Lernumgebung, die für die Methodengrund-
ausbildung im Rahmen des Soziologiestudiums an der Freien Universität Berlin
entwickelt und eingesetzt wurde. Da die Autorin verantwortlich für die Lernumgebung und die Evaluation war, handelte es sich um eine Selbstevaluation. Dieses konkrete Vorhaben soll hier zur Illustration genutzt werden – nicht als Ideal für eine
theoriebasierte Evaluation, vielmehr als ein typisches, dorniges Feld, in dem sich
die Chancen, wie auch Grenzen theoriebasierter Konzepte zeigen. Das Beispiel wird
parallel zu den hier vorgestellten Analyseschritten entfaltet, indem am Ende jeden
Hauptkapitels die zentralen Thesen und Ideen anhand des Beispiels rekapituliert
werden. Abschließend werden die Stärken und der Nutzen theoriebasierter Evaluationen vor dem Hintergrund der in der vorliegenden Arbeit aufgeworfenen Fragen zusammengefasst ebenso wie die noch zu lösenden Herausforderungen benannt.

2. Evaluation – Was ist das eigentlich?

> „You don't get very far in studying evaluation before realizing that
> the field is characterized by enormous diversity. From large-scale,
> long-term, international comparative designs costing millions of
> dollars to small, short evaluations of a single component in a local
> agency, the variety is vast. Contrasts include internal versus external
> evaluation; outcomes versus process evaluation; experimental
> designs versus case studies; mandated accountability systems versus
> voluntary management efforts; academic studies versus informal
> action research by program staff; and published, polished evaluation
> reports versus oral briefings and discussions where no written report
> is ever generated. Then there are combinations and permutations of
> these contrasting approaches." (Patton 1997, S. 64)

Der Begriff der Evaluation hat eine beachtliche Karriere zu verzeichnen. Bestanden
vor gut einem Jahrzehnt bei etlichen noch erhebliche Schwierigkeiten, ihn richtig
auszusprechen, ist er mittlerweile aus politischen Debatten und wissenschaftlichen
Veröffentlichungen kaum noch wegzudenken und wird geradezu inflationär benutzt.
Es ist zu vermuten, dass nur selten eine präzise Vorstellung darüber existiert, was
sich hinter dieser „Zauberformel" verbirgt:[3]

> „‚Evaluation' ist zu einem äußerst unscharfen Modewort geworden und wird von
> manchen lediglich als ‚wohlklingendes' Fremdwort für jede Form von Bewertung
> oder Beurteilung verwendet." (Kromrey 2003, S. 106)

Zwar gibt es kaum noch einen gesellschaftlichen Bereich, der ohne Evaluation auszukommen scheint, jedoch entsteht zuweilen der Eindruck, dass der Begriff bei Auftraggebenden wie auch Auftragnehmenden wenig transparent ist und Entscheidungen über Methoden und Design willkürlich getroffen werden. Unzweifelhaft lässt
sich der Begriff „Evaluation" immer noch als Nebelmaschine einsetzen: Er suggeriert
Seriosität, Wissenschaftlichkeit und Wichtigkeit. Jede und jeder mag sich erhoffen
(oder auch befürchten), was sie oder er will, der Fantasie sind kaum Grenzen gesetzt.
  Gerade wenn im Deutschen von Evaluation die Rede ist – was ja zunächst nichts
anderes als Bewertung bedeutet –, wird automatisch unterstellt, dass von einer spezifischen Form des Bewertens gesprochen wird, die nicht willkürlich und intuitiv erfolgt, sondern einer gewissen Systematik unterliegt.[4] Um die Unterscheidung zwischen Alltagshandeln und systematischem Vorgehen zu verdeutlichen, verwenden

---

3 Die Beliebigkeit in der Bedeutungszuweisung beschreibt auch die Aussage von GLASS/ELLETT
   (zit. nach Shadish u.a. 1991, S. 30): „Evaluation – more than any science – is what people say
   it is; and people currently are saying it is many different things."
4 Abgesehen von der Unterscheidung zwischen einem wissenschaftlichen und alltäglichen Be-
   wertungsbegriff ist außerdem zwischen Evaluation als Ergebnis (z.B. in Form eines abschließenden Berichts bzw. eines Urteils) und Evaluation als Prozess/Tätigkeit zu trennen (Kromrey
   2001a, 2005b).

einige Autorinnen und Autoren den Begriff „Evaluationsforschung", so z. B. REIN-
HARD STOCKMANN 2004a und UWE FLICK 2006a. Auch CHRISTIAN LÜDERS (2006,
S. 49) trennt „zwischen Evaluation im Sinne einer professionellen Praxis einerseits
und Evaluationsforschung im Sinne eines besonderen Typs sozialwissenschaftlicher
Forschung andererseits". Hier wird im Folgenden der Begriff Evaluation vor allem
verwendet, um bereits im Vorfeld eine Engführung auf ausschließlich forschendes
Handeln zu vermeiden, denn Evaluation umfasst – wie noch zu zeigen ist – mehr als
nur Datenerhebung und -analyse. Außerdem ist der Begriff „Evaluationsforschung"
auch in semantischer Hinsicht irreführend, denn üblicherweise suggeriert er „Forschung über Evaluation", wie z. B. im Fall von Klimaforschung, Bildungsforschung
oder Lebenslaufforschung (Hense 2006, S. 26f.).

> „Auf der Basis dieser Überlegungen scheint es angemessener, unter Evaluations-
> forschung die theoretische und empirische Forschung über Bedingungen, Praxis
> und Wirkungen von Evaluation zu verstehen." (Hense 2006, S. 27)

Die Antwort auf die Frage, wie denn nun Evaluation als systematisches Bewerten zu
definieren sei, fällt kompliziert aus. Zu berücksichtigen ist, dass Evaluation unterschiedliche Gegenstände unter die Lupe nimmt, dass ihr variierende Aufgaben zugewiesen werden, sie verschiedene Zwecke verfolgt und dass ihr eine breite Palette an
Vorgehensweisen zur Verfügung steht. Die Suche nach Definitionen macht deutlich,
dass eine eindeutige Begriffszuweisung bereits eine beachtliche Hürde darstellt. Z. B.
beginnen EGON G. GUBA und YVONNA S. LINCOLN (1989, S. 21) ihr Buch „Fourth
Generation Evaluation" mit der Feststellung, dass Versuche zur einheitlichen Definition grundsätzlich überflüssig seien, und BARBARA LEE (2004, S. 127) stellt ihrem
Aufsatz eine Anekdote voran, die mit der Feststellung endet, dass niemand wirklich
wisse, was Evaluation sei.

Betrachtet man gängige Definitionen von Evaluation, so wird deutlich, dass der
Begriff multidimensional gefüllt wird. In einigen Fällen, so z. B. bei PETER H. ROS-
SI und HOWARD E. FREEMAN,[5] liegt der Fokus der Begriffsbestimmung auf der Ver-
wendung sozialwissenschaftlicher Verfahren, bei MICHAEL Q. PATTON hingegen auf
Informationsbeschaffung,[6] PETER H. ROSSI und JAMES D. WRIGHT bestimmen als
Gegenstand Effekte und Wirkungen,[7] andere, wie z. B. MICHAEL SCRIVEN (1991,
S. 1), zielen hingegen auf die Untersuchung von Güte und Wert („merit and worth"),
wiederum andere, wie DANIEL L. STUFFLEBEAM (2000, S. 35) oder auch DONNA M.

---

5 Für ROSSI/FREEMAN (1993, S. 5) ist Evaluation „the systematic application of social research
   procedures in assessing social intervention programs".
6 PATTON (1997, S. 23) benutzt einen breiten Begriff: „Program evaluation is the systematic
   collection of information about the activities, characteristics, and outcomes of programs to
   make judgments about the program, improve program effectiveness, and/or inform decisions
   about future programming."
7 ROSSI/WRIGHT (1986, S. 48): „(...) evaluation research, whose intent is the estimation of the
   net impacts or effects of social programs."

Mertens (2004, S. 40)[8], heben die Unterstützung von Entscheidungen als einen Zweck von Evaluationen hervor.

Der Vergleich der gängigen Bedeutungszuweisungen soll zeigen, dass mit dem Begriff Evaluation viele verschiedene Bedeutungen transportiert und damit auch zahlreiche Erwartungen geschürt werden können. Die Herausforderung besteht nun darin, eine ausreichend breite Begriffsbestimmung vorzunehmen, ohne dabei in Beliebigkeit zu verfallen. Das Ziel des folgenden Einführungskapitels besteht darin, die unterschiedlichen Erscheinungsformen von Evaluationen zu verdeutlichen. Darüber hinaus wird auf die neuralgischen Aspekte in Theorie und Praxis hingewiesen, die wichtigsten Positionen gegeneinander abgewogen und damit das Feld abgesteckt. Ausgehend von einem Alltagsverständnis von Evaluation – nämlich „irgend etwas wird von irgend jemanden nach irgendwelchen Kriterien in irgend einer Weise bewertet" (Kromrey 2000, S. 19) – werden die einzelnen Dimensionen genauer betrachtet: Gegenstände von Evaluation und deren typische Fragestellungen (2.2), die Durchführung von Evaluationen (2.3), verschiedene Konzepte von Bewertung (2.4) und die sich daraus ergebenden unterschiedlichen Rollen- und Aufgabenzuweisungen für Evaluatorinnen und Evaluatoren (2.5). Abschließend wird zusammenfassend das Spannungsfeld, in dem sich Evaluation bewegt, dargestellt.

Lohnend erscheint zuvor ein kurzer Blick auf die Entstehungsgeschichte der Profession „Evaluation" in den USA und Deutschland (2.1). Dieser soll verdeutlichen, dass Evaluation einerseits nicht „brandneu" ist, also durchaus auf theoretischen, methodischen und praktischen Erfahrungen und Reflexionen aus mehreren Jahrzehnten aufbauen kann. Andererseits stecken evaluationsspezifische professionelle Strukturen noch in ihren Kinderschuhen. Außerdem zeigt ein Blick auf die Entstehungsgeschichte, dass Evaluationen erst in ihrem jeweiligen Kontext verständlich werden. Sie fungieren als Bindeglied zwischen Wissenschaft, Politik und Gesellschaft, und ihre Aufgaben sowie Herausforderungen ergeben sich aus den jeweiligen politischen und gesellschaftlichen Bedingungen. Dabei haben sie regionale, nationalstaatliche und ebenso internationale Entwicklungen zu berücksichtigen.[9]

2.1 Entstehung einer neuen Profession

Die Karriere des Begriffs findet ihre Entsprechung in dem Boom eines relativ neuen Phänomens: Weder Bildung, Arbeitsmarktpolitik, Gesundheitswesen und Entwicklungszusammenarbeit noch Kinder- und Jugendhilfe, Regional- und Stadtentwicklung, Ökologie oder Forschungspolitik scheinen aktuell ohne Evaluation auszukommen.

---

8   Mertens (2004, S. 40) benennt als gängige Definition: „Evaluation is the systematic investigation of the merit and worth of an object (program) for the purpose of reducing uncertainty in decisionmaking."

9   „Though evaluation practice has to respect local context and so be tailored to some national realities, there are many other things about evaluation writ large that are supranational." (Cook 1997, S. 30)

Evaluation – im Sinne eines Alltagshandelns – ist selbstverständlich nicht neu.[10] Als systematische Beschreibung und Bewertung aber nahm sie ihren ersten zaghaften Ausgangspunkt in den USA der 1930/40er Jahre im Rahmen einer Reform des Bildungswesens, deren Erfolg mithilfe einer wissenschaftlichen Begleitung durch RALPH TYLER und sein Team überprüft werden sollte (vgl. Kapitel 3.1). Auslöser für das Entstehen einer neuen Profession ca. dreißig Jahre später war die von Präsident JOHN F. KENNEDY initiierte und unter Präsident LYNDON B. JOHNSON ausgeweitete „Great Society", die sich einem „Krieg gegen Armut" (War against Poverty) verpflichtet sah. Der Staat legte verschiedene Programme auf – von Bildung über Gesundheit bis hin zur Kriminalitätsprävention –, um Benachteiligungen und negative Folgen von Armut zu bekämpfen. Diese Maßnahmen waren mit erheblichen finanziellen Ressourcen ausgestattet.[11] So lag es nahe, dass die politisch Verantwortlichen (und vermutlich auch deren Gegnerinnen und Gegner) überprüft wissen wollten, ob sich die Investitionen lohnten und ob die Programme erfolgreich waren. Regierungseigene Gremien und Abteilungen (vor allem Ökonomen und Budget-Spezialisten) waren nicht in der Lage, den Verantwortlichen in der Politik brauchbare Antworten zu liefern – und so wurden Aufträge nach außen delegiert (Shadish u. a. 1991, S. 23f.). Auftragnehmende fanden sich in Universitäten und privaten Instituten.[12] 1967 erschien die erste von EDWARD SUCHMAN veröffentlichte Monographie zu dem Thema mit dem Titel „Evaluative Research", und spätestens seit Beginn der 1970er Jahre folgten zahlreiche Publikationen, die sich vorwiegend mit methodologischen Fragen oder politischen Herausforderungen – wie beispielsweise der Nutzung von Evaluationen – beschäftigten.

Der neu entstandene Berufszweig erhielt einen ersten Dämpfer Anfang der 1980er Jahre, in denen im Zuge der „Reagonomics" nicht nur die Ausgaben für den Wohlfahrtsstaat und seine Programme, sondern dementsprechend auch für Evaluationen drastisch heruntergefahren wurden. Diese Entwicklung traf die Evaluatorinnen und Evaluatoren gerade in einer Zeit, in der sie heftige Auseinandersetzungen um die „richtigen" wissenschaftstheoretischen Paradigmen austrugen. Der enger werdende Markt sowie die konzeptionellen Debatten führten 1986 zum Zusammenschluss des Evaluation Network und der Evaluation Research Society zur American Evaluation Association (AEA) und schließlich zur Verabschiedung von Standards für die Durchführung von Evaluationen (Joint Committee 1999).[13]

In Deutschland waren die 1970er Jahre ebenfalls durch zahlreiche Reformanstrengungen in fast allen Politikbereichen geprägt. Auch hier stand zur Debatte, ob diese Veränderungen von Erfolg gekrönt waren und zu Verbesserungen führten. Zur

---

10 Treffend ist die Formulierung SCRIVENS (1987, S. 95): „Evaluation, like technology or psychology or philosophy, is a subject with a very long history and a much shorter conciousness."
11 Zahlen zum Umfang der staatlichen Aufwendungen für diese Programme finden sich in SHADISH U. A. (1991, S. 22).
12 „Professional evaluation became a viable careeer alternative to academic employment. Thus evaluation met a need of the day, and a supply of labor existed to conduct its tasks, which led to a profession of evaluation." (Shadish u. a. 1991, S. 25)
13 Einen knappen Überblick über die Geschichte der US-amerikanischen Evaluation gibt MERTENS (2004).

Beantwortung dieser und ähnlicher Fragen wurde die Wissenschaft herangezogen, auch wenn man weniger von Evaluation als von Erfolgsmessung und Monitoring (Eekhoff u. a. 1977), von Akzeptanz- und Wirkungsforschung (Kromrey 1988), von Implementationsforschung (Mayntz 1980) oder auch allgemein von wissenschaftlicher Begleitung sprach.[14] Die Bedeutung (sozialwissenschaftlicher) Forschung für die Planung sowie die Beurteilung von Politik wurde in den 1970er Jahren außerdem durch die Indikatorenbewegung umfassend diskutiert und bearbeitet (Zapf 1974-76).

Wissenschaftliche Begleitungen von Politik und Modellprojekten, vor allem im Bildungsbereich (vgl. z. B. Holz/Schlemme 2005), in der Stadt- und Regionalplanung (Eekhoff u. a. 1977; Kromrey 1976, 1981) sowie in der Entwicklungszusammenarbeit (vgl. Stockmann 2004b) blicken in Deutschland auf eine lange Tradition zurück. Der von Christoph Wulf 1972 herausgegebene Sammelband mit übersetzten US-amerikanischen Evaluationskonzepten sowie das 1974 in deutscher Sprache erschienene Handbuch von Carol Weiss (1972a) transportierten den Begriff „Evaluation" in die deutsche Debatte. Bezeichnend für diese sprachliche Wandlung ist beispielsweise, dass das noch 1978 unter dem Titel „Sanierungsmassnahmen. Städtebauliche und stadtstrukturelle Wirkungen" veröffentlichte Werk von Gerd-Michael Hellstern und Hellmut Wollmann 1983 in einer unveränderten Neuauflage in „Evaluationsforschung. Ansätze und Methoden – dargestellt am Beispiel des Städtebaus" umbenannt wurde.

Der entscheidende Durchbruch für die Benutzung des Begriffs „Evaluation" gelang jedoch erst in der zweiten Hälfte der 1990er Jahre. Dies war eine Phase, in der zum einen die Ausgaben der öffentlichen Hand für Bildung, Soziales und Gesundheit heruntergefahren wurden und zum anderen eine damit eng verwobene Qualitätsdebatte einsetzte. Die Botschaft lautete: Öffentliche Gelder müssen gezielter und effizienter eingesetzt werden, Zuwendungsempfänger sollen für Qualitätsentwicklung und -sicherung sorgen. Neben Qualitätsmanagementverfahren wie TQM, Zertifizierung nach ISO 9000ff. und Neuen Steuerungsmodellen (New Public Management) in der öffentlichen Verwaltung wird seither auch Evaluation als Verfahren vermehrt eingefordert und finanziert.[15]

Mit Evaluationen verknüpft sich die Hoffnung, das gängige „Rasenmäherprinzip" (gleichmäßige Kürzungen über alle Angebote und Einrichtungen hinweg) durch gezielte Einsparungen ersetzen zu können. So ist es kaum verwunderlich, dass in allen Bereichen, die nun mit Evaluationen konfrontiert sind – ob Hochschule, Jugendarbeit, Sozial- oder Gesundheitswesen, seit Ende der 1990er Jahre auch Schulen –, die Begeisterung nicht gerade überschwappt: Für die Praktikerinnen und Praktiker steht die Qualität der von ihnen geleisteten Arbeit infrage, neue Aufgaben kommen auf die Beteiligten zu, und gleichzeitig sehen sie ihre Arbeitsplätze durch Kürzungen bedroht. Allerdings erkennen vor allem Organisationsleitungen vermehrt, dass alleine

---

14 Haubrich (2006, S. 103) spricht im Fall der gängigen Praxis, Modellvorhaben wissenschaftliche Begleitungen zur Seite zu stellen, von einer „deutschen Besonderheit, die keine Entsprechung in anderen Ländern findet."

15 Zu den Gemeinsamkeiten und Unterschieden zwischen Qualitätsmanagementverfahren und Evaluation siehe Stockmann (2006).

die Tatsache, dass Evaluationen durchgeführt werden – unabhängig von deren Serio-sität – bereits ein Wettbewerbsvorteil sein kann. STOCKMANN (2004a, S. 15f.) spricht in diesem Zusammenhang z. B. von einer „taktischen Funktion" oder von „dekorati-ven Symbolen für eine moderne Politik", die die eher „pathologische Seite" von Eva-luation darstellen.

Weitere Impulse – einerseits zusätzliche Mittel, andererseits spezifische Anfor-derungen – bekommen Evaluationen durch die Stärkung der Europäischen Union.[16] Diese ist zu einer der wichtigsten Finanzierungsquellen arbeitsmarkt- und struktur-politischer Maßnahmen geworden. Die von der EU geförderten Programme, Pro-jekte und Maßnahmen sind fast durchweg zur Durchführung von Evaluationen ver-pflichtet.

Parallel zur gestiegenen Nachfrage entsteht folgerichtig ein neues Tätigkeits-feld für die Sozialwissenschaften: Lehrstuhlinhaberinnen und Lehrstuhlinhaber an (Fach-)Hochschulen, Personen, die bisher als Praxisforschende tätig waren, Beschäf-tigte aus Programmen und Verwaltung, private Forschungs- und Beratungsinstitu-te oder Einzelunternehmen sowie sozialwissenschaftliche Hochschulabsolvieren-de werden mit der „neuen" Aufgabe betraut. Ähnlich wie in den USA der 1960er Jahre steigt die Nachfrage nach Evaluationen rasant, jedoch fehlen adäquate Durch-führungsstrukturen und qualifiziertes Personal. Auf der europäischen Ebene wurde die steigende Bedeutung von Evaluation früh erkannt: Bereits Ende der 1980er Jahre gründete sich die European Evaluation Society (nahezu zeitgleich mit der britischen UK Evaluation Society).

In Deutschland begannen Ende der 1990er Jahre die ersten groß angelegten Pro-fessionalisierungsoffensiven. 1998 fand die Gründungsveranstaltung der Deutschen Gesellschaft für Evaluation (DeGEval)[17] statt, die jährlich eine Tagung durchführt, an der mittlerweile mehrere hundert Personen teilnehmen. 1999 erschienen die von WOLFGANG BEYWL und THOMAS WIDMER übersetzten Standards der American Eva-luation Association (Joint Committee 1999), womit die Verabschiedung der deutsch-sprachigen Standards (DeGEval 2002, SEVAL 2001) forciert wurde. Seit 2002 werden pro Jahr zwei Ausgaben der „Zeitschrift für Evaluation" (ZfEv) veröffentlicht, die ne-ben methodologischen und theoretischen Beiträgen auch Praxisbeispiele enthalten. Ab Mitte der 1990er Jahre werden vereinzelt berufsqualifizierende Qualifikationen angeboten. Seit 2002 kann man in Bern den Nachdiplomstudiengang „Evaluation" absolvieren. Ein Jahr später entstand der erste deutsche Masterstudiengang in Saar-brücken, der seit dem Sommersemester 2008 auch an der Universität Bonn angebo-ten wird.[18]

---

16 Eine Einführung zur europäischen Evaluationspolitik findet sich in LEEUW (2004). Auf einige der spezifischen Herausforderungen geht z. B. STAME (2004) ein.

17 Während der IX. Jahrestagung 2006 wurde die „Deutsche Gesellschaft für Evaluation" in „Ge-sellschaft für Evaluation (DeGEval)" umbenannt, weil vor allem für österreichische Durchfüh-rende und Auftraggebende von Evaluationen die Türen offen stehen sollen.

18 Ausführlich dargestellt sind die Entwicklung der Evaluation in Deutschland sowie der Profes-sionalisierungsstand in BRAND (2009).

Als Zwischenfazit lässt sich feststellen: Zweifellos ist mit Evaluation ein vielfältiges, ertragreiches und gleichermaßen anspruchsvolles Beschäftigungsfeld für Sozialwissenschaftlerinnen und Sozialwissenschaftler entstanden. Jedoch stehen nicht nur Einsteigerinnen und Einsteiger vor grundlegenden praktischen und methodischen Herausforderungen. Aufgrund der Unschärfe des Begriffs besteht die Gefahr, dass Evaluation als Verfahren diskreditiert wird. Vor allem die enge Anbindung an Qualitätsmanagementverfahren steigert das Risiko, Evaluationen auf die schlichte Feststellung von „Kundenzufriedenheit" zu reduzieren.[19] Neben den „Standards für Evaluation" bietet ein kaum zu überschauender und zum Teil nicht leicht zugänglicher Berg an Literatur (von grundlegenden theoretischen und methodologischen Texten bis hin zu Praxisberichten) hilfreiche Orientierungen. Zu berücksichtigen sind neben den US-amerikanischen und europäischen Quellen auch die reichhaltigen Erfahrungsschätze aus wissenschaftlichen Begleitungen in den 1970/80er Jahren in Deutschland.

2.2 Irgendetwas – Gegenstände und typische Fragestellungen

Grundsätzlich kann mehr oder weniger alles evaluiert werden, sogar Evaluationen selbst (Shadish u. a. 1991, S. 19). In Anlehnung an JOHN M. OWEN und PATRICIA J. ROGERS (1999, S. 22-38) lässt sich eine erste Grobeinteilung möglicher Evaluationsgegenstände in Programme, Organisationen, Produkte und Personen vornehmen.[20] Diese Gegenstandsbereiche sind allerdings nicht trennscharf voneinander abgrenzbar: Organisationen führen von der Politik verabschiedete Programme durch, die Durchführung erfolgt durch Personen, die sich innerhalb von Organisationen bewegen, und dabei entstehen Produkte.

Zwar gibt es zahlreiche Bewertungsverfahren von Personen, angefangen bei Schulnoten bis hin zu Personalauswahlverfahren (z. B. durch Assessment-Center), jedoch werden diese im deutschsprachigen Raum (noch) nicht unter dem Label „Evaluation" entwickelt und angewandt. Sie werden dementsprechend im Folgenden ausgespart.[21] Auch die Spezifik von Organisationen als Evaluationsgegenstand wird hier außer Acht gelassen, obwohl in Deutschland Organisationsevaluationen weit verbreitet und aktuell sind; vor allem ist hier die Hochschulevaluation zu nennen. Auch wenn sich zahlreiche Parallelen zur Programmevaluation ziehen lassen, ergeben sich besondere Schwierigkeiten. HELMUT KROMREY (2004, S. 237) bemerkt zum Evaluationsgegenstand Hochschule: „Es existiert weder ein präzise beschreibbares ‚Programm' mit klar definierten Zielen und ihnen zugeordneten Maßnahmen sowie ein-

---

19 Ein typisches Beispiel sind Lehrevaluationen an Hochschulen, die einzig auf Zufriedenheitsmessungen bei Studierenden abstellen. Zur deren Kritik siehe auch KROMREY (z. B. 1994, 1999, 2004).
20 OWEN/ROGERS (1999, S. 31ff.) erwähnen außerdem „Politik" als einen möglichen Evaluationsgegenstand. Da in der Praxis die Evaluation eines solchermaßen allgemein gehaltenen Gegenstands nicht in Auftrag gegeben wird, wird er im Folgenden ausgeblendet.
21 In den USA hingegen existieren Standards für Personenevaluationen (Joint Committee on Standards for Educational Evaluation 2011).

deutig festgelegte Zielerreichungskriterien noch ein konkretes Produkt (…)."[22] In der Praxis wird dieses Dilemma dadurch aufgelöst, dass sich Hochschulen auf Verfahren einigen, die das Vorgehen sowie die zu beleuchtenden Aspekte festschreiben.[23] Aktuell spielen Evaluationen eine wichtige Rolle im Vorlauf auf anstehende Zertifizierungen, beispielsweise von Studiengängen oder medizinischen Einrichtungen.[24]

Produkte entstehen im Rahmen von Programmen, ihre Evaluation kann also im Rahmen der Bewertung von Programmen erfolgen. Typische Produkte sind Lernmaterialien, Konzepte, Ablaufpläne, Software etc. Speziell im Rahmen des Einsatzes so genannter „Neuer Medien" nimmt die Evaluation von Produkten eine herausragende Rolle ein. Für die Einschätzung von Learning Management Systemen und Lern-CDs bestehen bereits umfassende Verfahrensvorschläge und Leitfäden (z. B. Baumgartner u. a. 2002a), um beispielsweise eine Entscheidung zu treffen, was angeschafft werden soll.

Im Mittelpunkt dieser Arbeit stehen *Programm*evaluationen, da sie die größte Verbreitung vorzuweisen haben, weil sie umfassend funktionieren und sie letztlich implizit Produkte und Organisationsstrukturen mit erfassen können müssen.[25] Sie stehen damit vor spezifischen Herausforderungen und sind zudem weniger auf konkrete Felder zugeschnitten.

> „Als *Programme* sind komplexe Aktionsmodelle zu bezeichnen, die auf die Erreichung bestimmter Politikziele gerichtet sind, auf bestimmten Handlungsstrategien beruhen und für deren Abwicklung bestimmte finanzielle, personelle und sonstige administrative Ressourcen (Richtlinien, ‚flankierende Maßnahmen' usw.) bereit gestellt werden." (Hellstern/Wollmann 1983, S. 7, Herv. im Orig.).

Diese Definition verweist auf die kaum zu überschauende Komplexität von Programmen und unterstreicht, dass es sich nicht um konkret fassbare und abgegrenzte Gegenstände handelt, sondern vielmehr um Konstruktionen, die im Zuge der Untersuchung von Forschenden geleistet werden (vgl. Mayntz 1980). Und doch weisen Programme strukturelle Gemeinsamkeiten auf. Unter anderem funktionieren sie dadurch, dass Ideen und Pläne umgesetzt und von Zielgruppen mehr oder weniger angenommen werden können. Die Interventionen verfolgen die Absicht, bei den erreichten Zielgruppen Veränderungen (oder auch Stabilisierungen) herbeizuführen, und die erreichten Personen sowie die Interventionen sind wiederum vielfältigen externen Einflüssen ausgesetzt.

---

22 Ganz ähnlich benennen OWEN/ROGERS (1999, S. 34) als Problem für Organisationsevaluationen im Allgemeinen: „(…) it is more difficult to describe the ends-means and cause-effect relationships by which the outcomes are delivered – in other words, it is more difficult to describe the underlying program logic."
23 Einen Überblick über die wichtigsten Verfahrenswege geben MITTAG U. A. (2003).
24 Zur Abgrenzung und Überschneidung zwischen Zertifizierung und Evaluation sei auf KROMREY (2005a) verwiesen.
25 SCRIVEN (1987, S. 99) hält die Fokussierung auf Programmevaluation für einen grundsätzlichen Fehler: „If social scientists had spent more time thinking about (…) product evaluation (…) we would have detected immediately the anti-consumer and indeed anti-scientific bias in the approach."

Im Zuge des Imports von Qualitätsmanagementverfahren und Evaluationskonzepten aus dem Amerikanischen verwendet man in Deutschland zahlreiche Begriffe, die in der Literatur und den Fachdebatten nicht unbedingt stringent verwendet werden. Deswegen werden zunächst die für diese Arbeit gewählten Bedeutungszuweisungen erläutert (vgl. Tabelle 1):

Tabelle 1: Die wichtigsten Begriffe im Überblick[26]

Inputs	Ressourcen, die in ein Programm einfließen, wie z. B.: finanzielle Zuwendungen, Qualifikationen und Kompetenzen von Durchführenden
Incomes	Voraussetzungen und der Bedarf von Zielgruppen, deren Einstellungen, Wissen und Fertigkeiten zum Programmbeginn
Outputs	Produkte und Leistungen des Programms, wie z. B.: durchgeführte Beratungen, Seminarkonzepte, Absolventenzahlen
Outcomes	Veränderungen und Folgen für Zielgruppen durch das Programm in Wissen, Einstellungen, Verhalten, wie z. B. Kompetenzzuwachs
Impacts	(Strukturelle) Veränderungen und Folgen über die eigentlichen Zielgruppen hinaus, z. B. neue Gesetze, Gremien, Entscheidungswege, Verfahren
Effekt	Gesamtwirkung eines Programms bzw. Gesamtheit der Veränderungen in Outcomes und Impacts inclusive der nicht-intendierten Wirkungen
Effektivität	Wirksamkeit relativ zum Input und Income oder auch zu alternativen Strategien
Effizienz	Verhältnis von Kosten und Nutzen, das Verhältnis von Input zu allen angestrebten und erreichten Resultaten.

Eine relevante Dimension eines Programms kann z. B. dessen Output sein, d. h. ein Produkt, das Ergebnis von Aktivitäten ist. So können Outputs einer Bildungsmaßnahme beispielsweise Absolventenzahlen sein, für ein Arbeitsvermittlungsprojekt vermittelte Praktikums- oder Arbeitsplätze, für eine Gesundheitspräventionsinitiative die erreichte Anzahl von Teilnehmenden einer Informationsveranstaltung. Outcomes eines Programms bezeichnen hingegen Veränderungen und Folgen, die sich durch Aktivitäten und Produkte bei den Zielgruppen ergeben. Für die Bildungsmaßnahme kann sich der Outcome in erworbenem Wissen oder erlernten Kompetenzen zeigen, langfristig evtl. in einem verbesserten Zugang zum Arbeitsmarkt. Die Vermittlung von Praktika oder Beschäftigung kann zu einer mittel- oder langfristigen Integration in den Arbeitsmarkt führen, sie kann ein gesteigertes Selbstbewusstsein sowie eine Verbesserung der materiellen und immateriellen Lebenssituation zur Folge haben. Die gesundheitspräventive Informationsveranstaltung kann zu neuem Wissen, zu neuen Einstellungen und evtl. sogar zu gesünderem Verhalten führen. Darüber hinaus können Programme auch einen Impact erzielen, nämlich Veränderungen und Folgen, die über die eigentliche Zielgruppe hinausgehen. Die Bildungsmaßnah-

---

26 Die Begriffserläuterungen orientieren sich am Glossar von UNIVATION (2004).

me könnte von anderen Organisationen aufgegriffen und übernommen werden. Aus dem Vermittlungsprojekt könnte sich ein Netzwerk von Betrieben entwickeln, das sich z.B. für Verbundausbildungen stark macht; die Informationsveranstaltung zur Gesundheitsprävention könnte für alle Eltern von Kita-Kindern verbindlich angeboten werden.

Vor allem für Outcomes und Impacts muss davon ausgegangen werden, dass sie erst mittel- oder gar langfristig zustande kommen. Besonders augenfällig ist dieser Umstand für Präventionsprogramme, bei denen es zumeist darum geht, Verschlechterungen in der Zukunft zu verhindern. Auch bei der Vermittlung von Beschäftigung wird wohl relevant sein, ob die Beschäftigung eine kurzfristige oder langfristige Integration in den Arbeitsmarkt bedeutet. Für erworbenes Wissen ist es wichtig, wie lange das Wissen präsent bleibt und welche Anwendungsmöglichkeiten es für erworbene Kompetenzen auf längere Sicht gibt.

Outputs, Outcomes und Impacts können geplant und absichtsvoll verfolgt werden, sie können jedoch auch nicht-intendiert und unbeabsichtigt zustande kommen. Das Konzept der Bildungsmaßnahme könnte beispielsweise zu erhöhten Abbruchquoten führen; die in Arbeit Vermittelten könnten weit unter ihrer Qualifikation arbeiten und deswegen unzufrieden sein; die Eltern könnten die Verantwortung für die Gesundheitsprävention an Kitas übertragen.

Zusätzlich komplizierter werden Programme dadurch, dass sie nicht abgeschottet von ihrer Umwelt stattfinden. Vielmehr sind sie in einen konkreten Kontext eingebettet und müssen vor dem Hintergrund gegebener Bedingungen betrachtet werden. Berücksichtigt werden müssen beispielsweise die vorhandenen bzw. zur Verfügung gestellten Ressourcen (Input) und die Merkmale der Zielgruppen. Soll eine Bildungsmaßnahme beurteilt werden, so ist ausschlaggebend, ob sie sich an Schulverweigerer oder an intrinsisch motivierte Schülerinnen und Schüler richtet. Ebenso beeinflussen auch regionale Bedingungen ein Programm: Vermittlungserfolge von Jobcentern in Bayern und Mecklenburg-Vorpommern werden unterschiedlich ausfallen.

Programme werden gänzlich unübersichtlich, wenn man berücksichtigt, dass Bedingungen selbstverständlich nicht stabil bleiben, sondern sich permanent verändern (können). Die Entwicklung des Programms und seiner Bestandteile ist sich wandelnden externen Einflüssen ausgesetzt. Das kann soweit gehen, dass Zielvorgaben modifiziert sowie Pläne angepasst werden und sich dementsprechend auch der Ertrag verändert.

Neben diesen verschiedenen Dimensionen von Programmen bieten sie als Gegenstand

> „ein kaum vollständig aufzählbares Spektrum an möglichen Variationen (…): Der zu evaluierende Sachverhalt kann schon lange bestehen, sich gerade im Prozess der Realisierung befinden oder gar erst als Planungs- und Entwicklungsabsicht existieren; er kann sehr umfassend und abstrakt oder aber eng umgrenzt und konkret sein; er kann (im Sinne ‚experimenteller Politik') ein Pilotvorhaben sein, das in einem abgegrenzten (zumindest prinzipiell abgrenzbaren) Feld durchge-

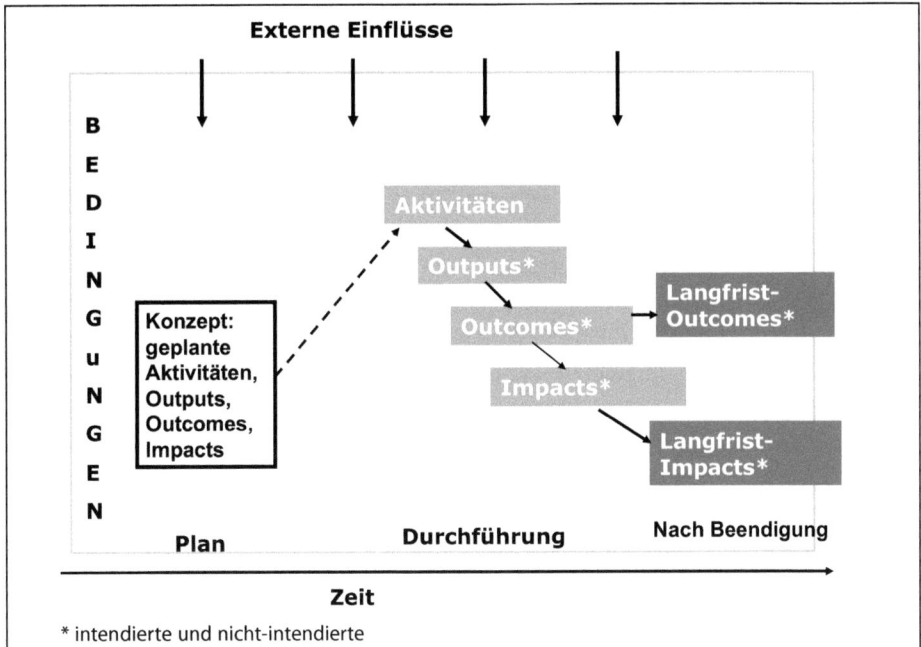

Abbildung 1:   Das Programm im Überblick

führt wird, oder aber eine Innovation, die sich in Konkurrenz zu bestehenden Angebotsalternativen behaupten soll." (Kromrey 2001a, S. 109)

Zu der bislang ausgeführten Vielfalt von Programmen und deren Dimensionen ist weiterhin zu ergänzen, dass vor allem dann Evaluationen angestrengt werden, wenn es sich um Humandienstleistungen handelt, die nicht am Profit orientiert sind. Gerade im Non-Profit-Bereich spielen Evaluationen eine herausragende Rolle, da ein wichtiges und zentrales Erfolgskriterium, nämlich monetärer Gewinn, gerade nicht zur Bewertung und Beurteilung herangezogen werden kann. Und doch besteht ein Bedarf, den „Mehrwert" oder Erfolg der zumeist durch Steuergelder finanzierten Aktivitäten zu bemessen.[27] Außerdem zeichnen sich Humandienstleistungen dadurch aus, dass sie nicht darauf ausgerichtet sind, Gebrauchsgüter zu produzieren. Ihr zentraler Kern besteht vielmehr in sozialer Interaktion. Sie basieren darauf, „dass eine Austauschbeziehung zwischen Menschen im Kontext ihrer Lebenswelt entsteht" (Kromrey 2000, S. 24). Welche tiefgründigen und kompliziert zu überprüfenden Mechanismen in sozialen Interaktionen zur Geltung kommen, zeigt sich anschaulich bei doch relativ leicht standardisierbaren Medikamententests, in denen sogenannte Placeboeffekte zum Tragen kommen (siehe z. B. Suchman 1967, S. 96ff.). Auch die

---

27 Berk/Rossi (1990, S. 7) formulieren das so: „Program evaluation derives from the commonsense idea that social programs should have demonstrable benefits." Chen (2005, S. 3) schreibt: „... they all share the common feature of being organized efforts to enhance human well-being – wether by preventing desease, reducing poverty, or teaching skills."

Feststellung von Wirkungen und Nebenwirkungen bereitet selbst bei dieser klar eingrenzbaren Intervention erhebliche Probleme.

Damit steht die Evaluation von sozialen Dienstleistungen vor besonderen Herausforderungen. Statt an relativ unproblematisch festzustellenden Outputs, besteht das Interesse vor allem an Outcomes und Impacts (Kromrey 2000, S. 24). Nicht nur, dass die Folge von Programmen zumeist nur zeitverzögert beobachtbar ist, hinzukommt, dass Veränderungen nicht ohne Weiteres auf Programme zurückgeführt werden können.

Aus diesen vielfältigen Komponenten und unzählbaren Varianten von Programmen lassen sich unterschiedliche Fragestellungen für Evaluationen ableiten: Werden Konzepte wie geplant umgesetzt? Welches sind die Bedingungen, unter denen das Programm umgesetzt wird, verändern sie sich, bleiben sie stabil? Werden die angestrebten Outputs, Outcomes und Impacts kurz-, mittel- oder langfristig erreicht? Sind diese Veränderungen und Ergebnisse dem Programm oder anderen Einflüssen zuzuschreiben? Welche externen Einflüsse behindern oder fördern das Erreichen der Erfolge? Wie ist das Verhältnis zwischen Input zu Output und Outcome? Treten negative „Nebenwirkungen" oder auch positive Effekte auf, mit denen im Vorfeld nicht gerechnet wurde? Dies ist nur ein kleiner Ausschnitt generischer Fragestellungen an Evaluationen (siehe auch Kromrey 2000, S. 21).

Um Ordnung in die Vielfalt von möglichen Evaluationen zu bekommen, bietet sich eine Klassifizierung nach verschiedenen Zwecken an. Eine erste Unterscheidung führte SCRIVEN (1972a, 1972b) zwischen summativer und formativer Evaluation ein, die auch heute noch Beachtung findet. Erstere hat die Aufgabe, bilanzierend darüber Auskunft zu geben, welche Ergebnisse ein Programm erzielen konnte. Letzterer geht es hingegen darum, von der Entwicklung des Konzepts über die Durchführung bis hin zu den Ergebnissen ein Programm zu begleiten und solche Informationen beizusteuern, die helfen, das Programm mitzugestalten.[28] Angesprochen ist in dieser Unterscheidung auch die zeitliche Dimension: Summative Evaluationen gehen zumeist rückblickend, ex-post vor, formative finden parallel zum Programm statt.

Eine weitere nützliche Unterteilung nach Funktionen ist die von ELEONOR CHELMISKY (1997) eingeführte Differenzierung zwischen drei Perspektiven, die von KROMREY (2000, 2001a, 2004, 2005b) mit der Einteilung in Forschungs-, Kontroll- und Entwicklungsparadigmen für die deutsche Debatte aufgegriffen wurde.[29] Diese jeweiligen Perspektiven verfolgen unterschiedliche Verwertungsinteressen der Evaluationsergebnisse, haben Konsequenzen für die Akzentsetzung und werden vorzugsweise von bestimmten Auftraggebenden von Evaluationen eingenommen: Programmfinanzierenden wird daran gelegen sein, Informationen darüber zu erhalten, ob die von ihnen investierten Mittel ihren Absichten gemäß eingesetzt wurden, ob

---

28 Zur Veranschaulichung des Unterschieds zwischen formativ und summativ wird immer wieder das folgende anschauliche Bild von STAKE angeführt: „When the cook tastes the soup, that's formative; when the guests taste the soup, that's summative." (zit. nach Patton 1997, S. 69)

29 CHELIMSKY (1997, S. 10ff.) spricht von „knowledge", „accountability" und „development" Perspektiven.

die vorgegebenen Ziele erreicht wurden oder ob die Erfolge mit geringeren Ressourcen zu erzielen sind, um eine Entscheidungsgrundlage über Fortführung, Ausweitung oder Beendigung von Programmen zu erlangen (Kontrolle). Damit verfolgt diese Art von Evaluation einen „Beitrag zur Planungsrationalität durch Erfolgskontrolle des Programmhandelns" (Kromrey 2001a, S. 114).

Programmdurchführenden wird eher daran gelegen sein, Informationen darüber zu erhalten, welche Strategie gut funktioniert und welche Verbesserungsmöglichkeiten bestehen, um das eigene Vorgehen weiterzuentwickeln. Damit wird Evaluation zu einem Teil und Gestaltungselement von Programmen (Entwicklung). Im Fall des Forschungsparadigmas sind Evaluatorinnen und Evaluatoren interessiert an der „Verbreiterung der Wissensbasis" (Kromrey 2000, S. 25), insbesondere an Handlungswissen über die Wirksamkeit von Interventionen. Solche Evaluationen sind vorwiegend als Wirkungsforschung angelegt.

Selbstverständlich lassen sich Schnittmengen bezüglich der Zwecke und Perspektiven von Evaluationen ausmachen: Eine programmdurchführende Organisation könnte z. B. an dem Beleg interessiert sein, erfolgreich gearbeitet zu haben, um weiterhin finanziert zu werden; staatliche Institutionen greifen evtl. auf Wirkungsstudien zurück, um künftige Programmausschreibungen zu gestalten. Trotz dieser Schnittmengen ist eine Unterscheidung nach Funktionen von zentraler Bedeutung, denn aus dem grundlegenden Zweck und der leitenden Perspektive ergeben sich Konsequenzen für unumgängliche Priorisierungen. Programme sind so vielfältig, dass es in der Regel nicht möglich ist, sie in all ihren Facetten zu untersuchen und zu bewerten.[30] So stellt Kromrey (2001a, S. 109) fest:

> „Selbst wenn eine ‚umfassende Evaluation' (…) angestrebt würde, wäre doch noch (stark selektiv) zu entscheiden, welche Teilaspekte denn tatsächlich im Detail einer systematischen Beurteilung unterzogen werden sollen und welche allenfalls als Randbedingungen berücksichtigt werden könnten. Jede Evaluation wäre überfordert, wollte sie ein Programm, eine Einrichtung o. ä. quasi ‚ganzheitlich' *zu ihrem Gegenstand machen*." (Herv. im Orig.)

Auch für die Aufgaben, Kompetenzen und Rollen, die Evaluatorinnen und Evaluatoren zukommen, bedeuten die dargestellten Paradigmen zentrale Wegweiser. Das Gelingen einer Evaluation wird entscheidend davon abhängen, dass der Zweck frühzeitig und eindeutig geklärt sowie transparent gemacht wird.

---

30 CHELIMSKY (1997, S. 22): „(...) the perspectives represent different ways to think about evaluation, and each tends to solve particular evaluative problems while complicating others. None of them, however, can solve all of the problems or answer all of the questions posed to evaluation; (...) by treating evaluation as a single entity, we allow a certain blurring of the perspectives to occur that further raises tensions, as, for example, when claims are made about the universal applicability of a particular evaluation approach that in fact adresses the questions of one perspective much better than it does those of the others."

2.3 Irgendwie – Das Vorgehen von Evaluationen

Aufgrund des kaum zu überblickenden Felds, der Komplexität der möglichen Gegenstände, der Verschiedenartigkeit der Zwecke von Evaluationen und der Multiplizität von Fragestellungen kann es auch keine einfache und eindeutige Antwort auf die Frage nach dem „Wie" geben. Zunächst einmal besteht Einigkeit darüber, dass Evaluationen von intuitiven, willkürlichen Bewertungen abzugrenzen sind, stattdessen systematisch vorzugehen haben. Diese Systematik wird durch die Einbeziehung vorliegender und/oder neu erhobener Daten erreicht. Auf welche Art und Weise Daten erhoben, analysiert und interpretiert werden, darüber gibt es unterschiedliche Ansichten.

Die in der Evaluation angewandten Methoden speisen sich aus verschiedenen Quellen. Zuallererst ist festzustellen, dass Evaluatorinnen und Evaluatoren in der Regel nicht als solche das Feld betreten, sondern dass sie in unterschiedlichen wissenschaftlichen Disziplinen sozialisiert wurden. Zu nennen sind vor allem die Psychologie, die Erziehungs- und Politikwissenschaften, die Soziologie, aber auch Medizin, Wirtschafts- und Rechtswissenschaften ebenso wie Technik und Ingenieurswesen. Jede Disziplin steuert ein mehr oder weniger eigenständiges Methodenrepertoire und spezifische theoretische Konzepte bei.[31] Zusätzlich – auch innerhalb der einzelnen Disziplinen – sind verschiedene wissenschaftstheoretische Paradigmen vertreten: vom Positivismus über den Realismus hin zum Konstruktivismus, von kritisch-rationaler Sozialforschung über das interpretative Paradigma hin zur Phänomenologie.

Grundsätzlich – hierin besteht weitestgehend Konsens in der Literatur – kann sich Evaluation aller Verfahren empirischer Forschung bedienen. Im Vorhinein sind weder bestimmte Designtypen noch Erhebungsverfahren gänzlich auszuschließen. Das „Geheimnis" besteht jedoch darin, dass die für den jeweiligen Informationsbedarf angemessenen Verfahren eingesetzt werden.[32] Deswegen lassen sich – unabhängig vom Design – für alle Evaluationen folgende Arbeitsschritte vorgeben (vgl. Abbildung 2).

Unter methodischen und methodologischen Gesichtspunkten besteht das Ziel also darin, auf die jeweiligen Zwecke eng abgestimmte oder wie ROSSI/FREEMAN (1993) es nennen, „maßgeschneiderte" (tailored) Designs zu entwickeln.

Neben der wissenschaftlichen Basis schöpfen Konzepte zur Durchführung auch aus der Auseinandersetzung mit den praktischen Erfahrungen in Evaluationsprojekten und Programmen.[33] Neben der akademischen Ausbildung bringen viele Evaluatorinnen und Evaluatoren Kenntnisse aus der Programmadministration, der -durchführung und -begleitung und damit auch Feldkompetenzen ein. Vor der bzw. parallel zur Evaluation sind oder waren sie Fachkräfte im Bildungsbereich, im Gesundheits-

---

31 WEISS (1972a, S. XII) spricht diesbezüglich pointiert von einer „balkanization of the territory".
32 In der US-amerikanischen Boomphase der Evaluation in den 1970er Jahren wird der Löwenanteil der Evaluationen von Privatinstitutionen durchgeführt (Shadish u. a. 1991, S. 24).
33 In der US-amerikanischen Boomphase der Evaluation in den 1970er Jahren wird der Löwenanteil der Evaluationen von Privatinstitutionen durchgeführt (Shadish u. a. 1991, S. 24).

1. Zweck und Ziel der Evaluation festlegen
↓
2. Informationsbedarf feststellen und Frage-stellungen formulieren
↓
3. Angemessenes Design entwerfen
↓
4. Datenerhebungen
↓
5. Datenanalyse und Interpretation
↓
6. Rückbezug auf Evaluationsfragestellungen und -zwecke

Abbildung 2:   Grobverlauf von Evaluationen

wesen, in Erziehung und in Sozialer Arbeit, in arbeitsmarktpolitischen Feldern, in der Gewaltprävention bis hin zu Umweltschutz und Stadtentwicklung, um nur einige zu nennen. Zumindest in den USA gab es gar eine Debatte, ob Feldkompetenz eine zwingende Voraussetzung zur Durchführung von Evaluationen sei (Lee 2004, S. 128).

Diese breit gestreuten Quellen von Wissen und Kompetenzen bedeuten natürlich einen reichen Erfahrungsschatz für die Evaluations-Community.[34] Gleichzeitig birgt diese Vielfalt jedoch auch Gefahren. Zum einen trägt sie nicht unbedingt zur Profilierung der Profession und damit zu einer Abgrenzung bei, was Evaluation leisten kann und was nicht. Außerdem ist speziell im deutschsprachigen Raum zu beobachten – beispielsweise an der Organisation der DeGEval[35] in feldbezogene Arbeitskreise, an den Veröffentlichungen in der „Zeitschrift für Evaluation" (ZfEv) und auch in anderen Publikationen –, dass das „Wie" von Evaluationen sehr feldspezifisch behandelt wird, was wiederum zu einer Vernachlässigung von feldübergreifendem Austausch und Kommunikation führen kann.

Auch wenn es durchaus Vorhaben gibt, die nach forschungsparadigmatischer Logik vorgehen, ist Evaluation jedoch eindeutig nicht der Grundlagen-, sondern der

---

34 Lee (2004, S. 127) kann der Unbestimmtheit und dem breiten Erscheinungsbild von Evaluation so auch einen gewissen Charme abgewinnen: „On the positive side, this has resulted in a wonderful level of creativity and diversity in evaluation methods and thinking."

35 Über die Organisationsstruktur der DeGEval finden sich Informationen unter www.degeval.de, zur Schweizerischen Evaluationsgesellschaft unter http://www.seval.ch.

angewandten Sozialforschung zuzurechnen.[36] Laut EVERT VEDUNG (2004, S. 113) besteht der zentrale Unterschied zwischen angewandter Forschung und Grundlagenforschung darin, dass Ergebnisse der ersteren zur Nutzung vorgesehen sind. Er unterscheidet insgesamt fünf Nutzungsarten: instrumentelle, konzeptionelle (enlightenment), taktische, diskursive und legitimierende.

Bis in die 1980er Jahre hinein gingen viele Evaluationsansätze wie selbstverständlich von einem rationalen „Problem-Lösungs-Konzept" aus, bei dem erstens das Problem klar definiert ist, zweitens potentielle Lösungen vorgeschlagen, drittens ausgewählte Lösungsstrategien ausgeführt, die dann viertens evaluiert werden. Im Anschluss daran verbreitet sich fünftens das Wissen um erfolgreiche Lösungen und sechstens nutzen die politisch Verantwortlichen dieses Wissen für anstehende Entscheidungen (Cook/Shadish 1987, S. 34). Auch die Indikatorenbewegung legt ihren Überlegungen ein rationales Planungsmodell zugrunde, „beginnend mit der grundlegenden Zielbestimmung über die empirische Feststellung von Handlungsbedarf, die Entwicklung von gedanklichen Handlungskonzepten bis zu deren Implementation und nachträglicher Erfolgskontrolle" (Kromrey 2003, S. 101).

Diese Modelle halten der Wirklichkeit nicht stand. Einerseits können Wissenschaftlerinnen und Wissenschaftler ihre Versprechen nicht einlösen; sie scheitern an der Wandelbarkeit und Komplexität der gesellschaftlichen Realität. Andererseits sind auch Politik und Praxis nicht bereit, sich ausschließlich auf die Wissenschaft als Informationsbasis zu verlassen.[37] Vielmehr ist davon auszugehen, dass Evaluationsergebnisse in der Vorbereitung auf Entscheidungen eine Informationsquelle unter vielen anderen darstellen (z. B. Weiss 1977). Seit den 1970er Jahren sind demzufolge zahlreiche Schriften rund um das Thema Nutzen und Nutzung von Evaluationen erschienen und zahlreiche Konzepte zur Erhöhung der Nützlichkeit vorgeschlagen worden (siehe Kapitel 4.3).

Wenn man zustimmt, dass es sich bei Evaluationen um angewandte Forschung handelt, deren Ergebnisse entweder für die Administration oder aber für die Praxis von Programmen genutzt werden sollen, dann hat das vielfältige Konsequenzen: In der Planung sowie der Durchführung sind vorhandene zeitliche und materielle Ressourcen, beispielsweise termingerechte Fertigstellungen, unbedingt zu berücksichtigen. Darüber hinaus gilt, dass Evaluation eine Dienstleistung für das Programm darstellt, denn sie soll für Programmverantwortliche und Durchführende nützliche Informationen bereitstellen. Daraus folgt ein „Primat der Praxis vor der Wissenschaft":

---

36 Dass Grundlagen- und angewandte Forschung nicht nur voneinander abzugrenzen sind, sondern auch zusammengehören, das stellen ROSSI/WRIGHT (1986, S. 67) heraus: „A discipline that does not have an applied side loses a certain richness of theory and method. An applied field that loses touch with its basic discipline also runs a risk of parochialism and overly narrow attention to policymakers' definitions of social problems and their most feasible solutions."

37 Ausführlicher sind die Gründe für das „Versagen" der Wissenschaft von KROMREY (2003, S. 103ff.) dargestellt.

„Geraten wissenschaftlich-methodische Ansprüche einer möglichst objektiven Erkenntnisgewinnung (etwa methodische Kontrolle ‚störender‘ Umgebungseinflüs-
se) mit den Funktionsansprüchen des zu evaluierenden Gegenstands in Konflikt,
haben die wissenschaftlichen Ansprüche zurückzutreten und ist nach – aus wissenschaftlicher Perspektive – suboptimalen Lösungen zu suchen, nach Lösungen jedenfalls, die das Funktionsgefüge im sozialen Feld nicht beeinträchtigen."
(Kromrey 2001a, S. 113)

Auf jeden Fall ist Evaluation darauf angewiesen, das eigene Handeln mit Politik sowie Praxis abzustimmen, und deswegen benötigen Evaluatorinnen und Evaluatoren
weitaus mehr als nur Methodenwissen. Notwendig sind kommunikative Kompetenzen, um das Vorgehen abzustimmen sowie (Zwischen-)Ergebnisse verständlich vermitteln zu können. Ebenso sind Projektmanagement-Fähigkeiten gefragt, damit die
geforderten Informationen bedarfs- und fristgerecht zur Verfügung stehen und die
vorhandenen Ressourcen angemessen verwendet werden.

Im Zusammenspiel der vielfältigen Herausforderungen, der Ressourcen aus
zahlreichen Disziplinen und der unterschiedlichsten Erfahrungsquellen verwundert es nicht, dass neben- und miteinander eine kaum noch zu überblickende Anzahl an Modellen und Konzepten zur Durchführung von Evaluationen entstanden sind. Stufflebeam u. a. (2000) tragen beispielsweise 22 verschiedene
Modelle zusammen,[38] Patton (1997, S. 192ff.) präsentiert gar eine Übersicht von
58(!) Designtypen. Diese sind überwiegend auf spezifische Fragestellungen und Settings ausgerichtet und spielen dort jeweils ihre Stärken aus. Alle denkbaren Varianten zu präsentieren ist wenig erhellend. Jedoch werden im folgenden Kapitel (3) vier
prominente und unterschiedliche Grundmodelle vorgestellt und jeweils auf ihre Stärken und Schwächen hin beleuchtet.

2.4 Irgendjemand – Wer bewertet nach welchen Kriterien?

Ohne das Thema „Bewertung" anzusprechen, gibt es keinen Anlass, von Evaluation
als einer spezifischen Form angewandter Sozialwissenschaft zu reden, denn das Ziel
von Evaluation kann „präzisiert werden als: empirisch gestützte Gewinnung von Bewertungen mit intersubjektivem Geltungsanspruch" (Kromrey 2007, S. 113). In der
Literatur zu Theorie, Methodologie und Praxis wird dieses Thema jedoch in der Regel ausgespart.[39]

Das Wertfreiheitspostulat des kritischen Rationalismus verpflichtet Forschung
traditionell zu objektivem Vorgehen; Werte können zwar Untersuchungsgegenstand

---

38 Eine knappe und vergleichende Zusammenschau dieser 22 Konzepte findet sich bei Stuffle-
    beam (2001).
39 Ausnahmen bestätigen die Regel: So setzen sich z. B. Beywl (2006) und Lüders (2006) mit
    Bewertungen durch Evaluation auseinander. Ein weiterer Beitrag stammt von Kromrey
    (2007), der folgenden Untertitel für seinen Beitrag in der Zeitschrift für Evaluation wählt:
    „Oder: Wie sich die Evaluationsforschung um das Evaluieren drückt".

sein, Bewertungen sind jedoch nicht als Aufgabe für Forschung vorgesehen (vgl. z. B. Shadish/Reichardt 1987, S. 17f.). Sie bleiben ebenso wie Zwecksetzung und Nutzung dem außerwissenschaftlichen Entdeckungs- und Verwertungszusammenhang zugewiesen. In der Auseinandersetzung mit Stakeholdern von Evaluationen zeigt sich jedoch, dass Evaluation auch in einem politischen Rahmen stattfindet, letztlich selbst auch politisches Handeln ist:

> „Wer ausdrücklich Evaluationsforschung betreibt muss damit rechnen und suggeriert seinen Partnern gegenüber, dass er oder sie nicht nur empirisch valide Sachverhaltsdarstellungen liefert, sondern darüber hinaus auch eine *qualitativ andere, eben wissenschaftliche Bewertung* dieser Sachverhalte zu offerieren vermag." (Lüders 2006, S. 51, Herv. im Orig.).

MICHAEL SCRIVEN (z. B. 1987, 1991, 1997) gehört zu den beständigen Mahnern, der Evaluatorinnen und Evaluatoren in zahlreichen Veröffentlichungen immer wieder daran erinnert, dass Bewertungen unbedingt in deren Tätigkeitsspektrum inbegriffen sind.[40] Auch in der praktischen Umsetzung wird deutlich, dass Evaluationen auf vielfältigen Ebenen mit Werten konfrontiert sind: Jedem Programm liegt eine politische, wertgebundene Entscheidung zu Grunde.[41] Welche Aspekte eines Programms untersucht werden, ist ebenfalls immer durch Werte bestimmt. Je nach Design werden Werte auf verschiedene Weise berücksichtigt (Beywl 2006), und natürlich ist die Festlegung von Güte- oder Qualitätskriterien wertegeladen. Wenn also Evaluation auf Programme trifft, muss sie sich zwangsläufig mit Werten auseinandersetzen und Wege im Umgang mit Werten finden.[42] Zumindest müssen unbedingt folgende Fragen aufgeworfen werden:

– Um bewerten zu können, braucht es Kriterien, anhand derer die Bewertung vorgenommen werden kann. *Welches* sind also die Kriterien, nach denen Evaluation bewerten kann?
– Wer legt die Kriterien fest?
– Wer führt die Bewertung durch?

Insgesamt hält die Literatur drei Strategien zum Umgang mit Werten bereit: eine metatheoretische, die Aussagen zur Rechtfertigung von Werten vorgibt (SCRIVEN), eine präskriptive, die bestimmten Werten Priorität über andere einräumt (z. B. HOUSE) und zuletzt eine deskriptive, die Werte, so wie sie vorkommen beschreibt, ohne irgendwelchen Werten den Vorzug zu geben (vgl. Shadish u. a. 1991, S. 48). Zunächst ist SCRIVENS (1991, 1997) Position zu nennen, der die Ansicht vertritt, dass Evalua-

---

40 „The correct formulation of the role of evaluation research is to say that the evaluator *must* draw evaluative conclusions (otherwise they are doing less than their job) (...)." (Scriven 1987, S. 109)
41 Dies illustriert GUERON (1997) prägnant am Beispiel des Wechsels von welfare- zu workfare-Politik in den USA.
42 Damit sind Evaluatorinnen und Evaluatoren vor große Herausforderungen gestellt: „While evaluators have increasingly come to acknowledge that values deserve more attention, they have not known how to proceed in this delicate task, for most evaluators were trained to believe that values are not part of ‚science'." (Cook/Shadish 1987, S. 46)

tion, will sie eine eigenständige Disziplin sein, die Aufgabe habe, Gütekriterien und Erfolgsmargen – z. B. für gute Lehre, für gute Gesundheitsprävention, für gute Arbeitsmarktintegration etc. – zu bestimmen. Er unterscheidet zwischen Güte (merit) und Wert (worth) (Scriven, z. B. 1991 S. 1): Güte umschreibt den intrinsischen Wert eines Programms oder anders ausgedrückt, die Qualität in der es durchgeführt wird. Der Wert als extrinsischer hingegen umfasst den Nutzen eines Programms, sei es nun für eine bestimmte Zielgruppe oder für eine gesamte Gesellschaft. Um es am Beispiel einer Meta-Evaluation (der Evaluation einer Evaluation) – die ja in der glücklichen Lage ist, über Standards zu verfügen, an denen sich Güte ablesen lässt – zu verdeutlichen: Die Güte einer Evaluation ergibt sich daraus, inwieweit sie die Standards einhält, beispielsweise wie genau und kostenbewusst sie vorgeht, ob die Ergebnisse rechtzeitig vorliegen, wie gültig diese sind, wie umfassend Beteiligte und Betroffene einbezogen und wie deren persönliche Rechte gewahrt werden usw. Der extrinsische Wert der Evaluation hingegen lässt sich umschreiben mit: Wie nützlich waren die Ergebnisse, konnten sie einen Beitrag zu anstehenden Entscheidungen liefern, haben die Beteiligten etwas gelernt etc.?

Um Qualitätskriterien zu erschließen sowie zu bewertenden Ergebnissen zu kommen, setzt Scriven mehr auf wissenschaftliche Strategien als auf Ethik, vor allem auf Bedarfsanalysen.[43] In letzter Konsequenz heißt das: Für ihn ist ein Programm umso besser, je mehr es diesem gelingt, einen Bedarf zu befriedigen. Problematisch ist diese Position aus zwei Gründen: Erstens stehen nicht unbedingt alle notwendigen Informationen zur Verfügung bzw. der Fragenkatalog, den Evaluatorinnen und Evaluatoren bearbeiten müssen, sprengt jeglichen Rahmen.[44] Außerdem, was m. E. deutlich schwerer wiegt, findet sich in diesem Konstrukt kein Platz für Wertepluralismus und Interessenkonflikte.

Eine zweite Strategie – vor allem von Ernest House vertreten – besteht darin, dass Evaluation sich an einem übergeordneten ethischen Werterahmen orientiert. Konkret bevorzugt House (1993 S. 114ff.) das von John Rawls entwickelte Gerechtigkeitskonzept. Dieses sieht vor, dass die am stärksten Benachteiligten den größten Nutzen aus Programmen ziehen sollen – und sich damit die Qualität sowie der Erfolg von Programmen danach bemessen, wie gut es gelingt, soziale Ungleichheiten zu nivellieren. Grundsätzlich heikel an dieser Strategie ist – unabhängig davon, welchen Wertekanon man anlegt –, dass nicht davon auszugehen ist, dass alle diesen auch teilen. Damit steigt die Gefahr, dass Beteiligte und Auftraggebende die Ergebnisse nicht akzeptieren und folgerichtig auch nicht nutzen werden.

---

43 In Srivens (1987, S. 109) eigenen Worten liest sich das so: „(...) that these [evaluative, S.G.] conclusions must not be drawn from the evaluator's personal values (...); that the conclusion must be shown (...) to follow from objectively determined, demonstrably relevant, and comprehensive facts by way of logically sound inferences; and that these conclusions will sometimes not reflect all of the values that will correctly enter into implementation decisions. Typically the values will come from the best available needs assessments and from whatever other sound scientific, legal, lexical, and logical arguments and evidence that bear on the issue."

44 Scriven stellt dementsprechend eine umfassende, sich ständig erweiternde Evaluations-Checkliste zusammen, die realistisch in keiner noch so gut ausgestatteten Evaluation Anwendung finden kann (www.wmich.edu/evalctr/checklists/).

Die dritte und am weitesten verbreitete Variante im Umgang mit Werten wird als deskriptive Strategie bezeichnet. Grundlage für wertende Aussagen bilden diejenigen Werte, die Programme selbst transportieren und vorgeben. Entweder können diese aus den Vorgaben der Politik abgeleitet und/oder von Programmdurchführenden spezifiziert werden. In dieser Herangehensweise bleibt die Möglichkeit außer Acht, dass Politik oder Programmdurchführende möglicherweise Ziele verfolgen, die – aus anderer Perspektive – nicht erstrebenswert sind. Wer sagt, dass Politik es gut mit ihren Gesellschaftsmitgliedern meint? Wer sagt, dass Programmdurchführende nicht in erster Linie z. B. ihren Mittelzufluss abgesichert wissen wollen. Bei diesem Vorgehen ist relativ unumstritten, dass Evaluatorinnen und Evaluatoren die Aufgabe zukommt, die Werte der Beteiligten und Betroffenen von Programmen festzustellen. Ob dann wiederum Evaluation auch bewertende Schlussfolgerungen zieht oder diesen Arbeitsschritt Auftraggebenden und/oder auch anderen Beteiligtengruppen überlässt, das wird je nach Konzept verschieden gehandhabt.[45]

Im deutschsprachigen Raum orientiert man sich analog zu Güte und Wert (merit und worth) eher an aus dem (betriebswirtschaftlich orientierten) Qualitätsmanagement stammenden Konzepten. Ein gängiges Modell stammt von AVESIS DONABEDIAN (1980), der Qualität in drei zentrale Dimensionen unterteilt:

- Strukturqualität: organisatorische Rahmenbedingungen, materielle, personelle und finanzielle Ressourcen, physische und soziale Umwelt;
- Prozessqualität: Ablauf der Leistungserbringung, Zielgruppenerreichung;
- Ergebnisqualität: Output, Outcome und Impact.

Bei dieser Einteilung werden nicht nur die Durchführung und Ergebnisse von Programmen betrachtet, sondern diese auch in Beziehung zu den Rahmenbedingungen gesetzt: Die Strukturqualität bietet die Voraussetzung, um überhaupt Prozessqualität hervorzubringen, diese wiederum ist notwendig, um Ergebnisqualität erlangen zu können. Qualität lässt sich daran bemessen, inwieweit es gelingt, die im Vorfeld gesetzten Kriterien zu den einzelnen Aspekten zu erreichen. Für das Beispiel der Meta-Evaluation würde dies bedeuten, dass zusätzlich zu betrachten wäre, unter welchen Bedingungen – z. B. Laufzeit, finanzielle und personelle Ausstattung usw. – die Evaluation durchgeführt wurde.

Eine weitere Ergänzung und strukturelle Verschiebung der relevanten Qualitätsdimensionen schlägt Stockmann (2006, S. 169ff.) vor:

---

45 In STUFFLEBEAMS (2000, S. 35) Definition von Evaluation wird beispielsweise deutlich, dass das Bewerten eindeutig Stakeholdern überlassen wird: „(…) evaluation means a study designed and conducted to assist some audience to assess an objects merit and worth.“

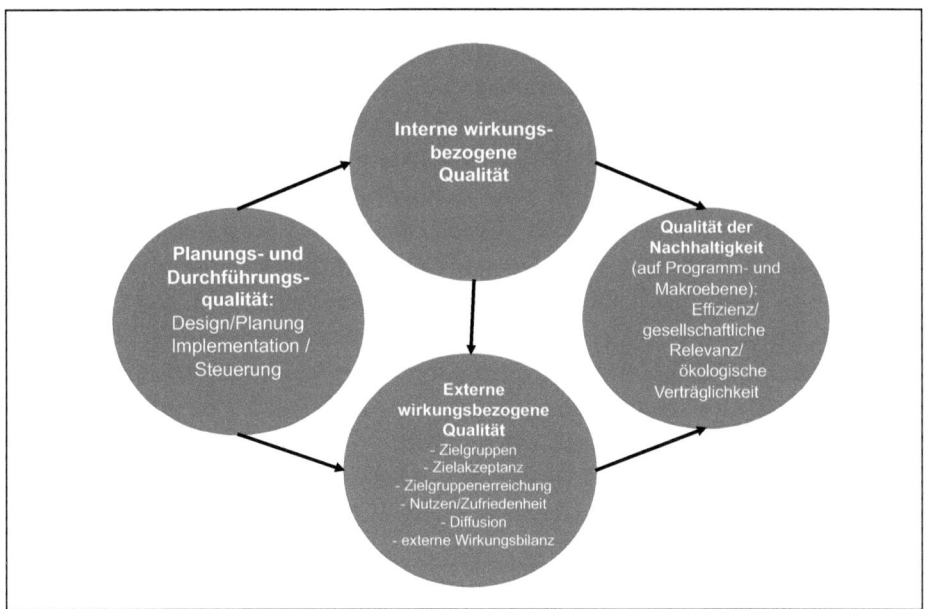

Abbildung 3:   Qualitätsdimensionen zur Bewertung von Leistungen und Wirkungen nach Stockmann (2006, S. 171)[46]

Dieses Qualitätsmodell ist nun bereits auf Programme und deren Qualität zugeschnitten. Neu hinzugekommen sind unter anderem die Dimensionen der Planungsqualität und der Nachhaltigkeit. Außerdem wird eine Unterscheidung getroffen zwischen Wirkungen, die ein Programm nach innen, in die durchführende Organisation hinein, und denen, die ein Programm nach außen – einerseits Richtung Zielgruppen und andererseits Richtung Gesellschaft – entfaltet. Diesem Modell liegen Wirkungsannahmen zugrunde, die denen von DONABEDIAN recht ähnlich sind: Gute Planung und Steuerung bieten die Voraussetzungen, dass sich die durchführende Organisation selbst positiv entwickelt und dass für die Zielgruppen Nutzen sowie Zufriedenheit gewährleistet sind. Hohe interne und externe Qualität sind gleichzeitig auch die Grundlage für Nachhaltigkeit.

Neu ist, dass deskriptive Elemente um präskriptive ergänzt werden. So sind als normative Setzungen folgende Vorgaben enthalten: Organisationen sollen sich in der Durchführung von Programmen weiterentwickeln, und sie sollen rational und effektiv strukturiert sein. Das Programm soll seine Erkenntnisse verbreiten, von gesellschaftlicher Relevanz, effizient und ökologisch verträglich sein. Die meisten der genannten Kriterien sind heutzutage vermutlich breit akzeptiert, wie beispielsweise Effizienz und ökologische Verträglichkeit. Jedoch stellt sich die Frage, warum nicht weitere Kriterien benannt werden, wie z. B. Geschlechtergerechtigkeit, die aktuell für

---

46   Im Buch von STOCKMANN (2006) verläuft der Pfeil zwischen „Planungs- und Durchführungsqualität" und „externe wirkungsbezogene Qualität" in umgekehrter Richtung. Dem Text und weiteren Abbildungen lässt sich jedoch entnehmen, dass es sich um ein Versehen handeln muss.

alle staatlichen und EU-geförderten Projekte und Programme verbindlich eingefordert wird und eine ebenso hohe Akzeptanz aufweist.

Dieses Beispiel soll aufzeigen, wie selbstverständlich Werte bereits in Evaluationskonzepte Einzug halten – und wie schwierig es gleichzeitig ist, sich allgemein auf einen verbindlichen Wertekatalog zu einigen. Dies trifft erst recht zu, wenn man davon ausgehen muss, dass Modelle aufgrund begrenzter Evaluationsressourcen nicht beliebig erweiterbar sind – und die Komplexität sozialer Programme ohnehin niemals in Gänze abbildbar ist. Selbst wenn für alle Politikbereiche Vorgaben existierten bzw. wenn es gelänge, sich auf allgemeingültige Aspekte zu einigen, so ist noch nicht die Frage beantwortet, welche Margen zu den einzelnen Dimensionen erreicht sein müssen, um von Erfolg, von hoher, niedriger oder verbesserungsbedürftiger Qualität zu reden. Je näher es an die Konkretisierung von Qualitätskriterien geht, desto weniger kann von Eindeutigkeit ausgegangen werden.

Qualitätskonzepte unterliegen außerdem einer weiteren Problematik: Qualität ist nicht situations- und kontextunabhängig zu bestimmen, vielmehr gilt,

> „dass Qualität eben **nicht** als Merkmal des zu bewertenden Objekts selbst zu verstehen ist, sondern als ein *relationales* Merkmal: als Eignung, Brauchbarkeit, Güte **in Bezug auf** bestimmte Ziele und Zwecke sowie auf bestimmte Klienten- und Nutzergruppen" (Kromrey 2007, S. 119, Herv. im Orig.).

Unabhängig davon, ob Evaluationen um Güte, Wert oder Qualität von Programmen kreisen: Die Tätigkeitsbezeichnung „Evaluatorinnen und Evaluatoren" suggeriert – für Auftraggebende, für Programmbeteiligte sowie für Rezipientinnen und Rezipienten –, dass Bewertungen in deren Zuständigkeit gehören. Letztlich benötigt die Evaluation methodische Verfahren, die bewertende Schlussfolgerungen intersubjektiv nachvollziehbar machen können. Weil diese weder ausgereift noch unumstritten sind (Kromrey 2007, S. 122), besteht die übliche Strategie in der Praxis darin, dass Bewertungen letztlich von denen vorzunehmen sind, die dazu besonders befähigt erscheinen (Kromrey 2001a, S. 107). Das können dann interne und externe Expertinnen und Experten sowie – sofern Feldkompetenz vorhanden – auch Evaluatorinnen und Evaluatoren sein.

Insgesamt lässt sich festhalten, dass sich in der Praxis die Evaluation nicht darin erschöpft, empirische Erhebungen durchzuführen. Vielmehr müssen sich Evaluatorinnen und Evaluatoren mit Werten und Bewertungskriterien des Programms auseinandersetzen. Dies hat zur Folge, dass ihnen nicht „nur" die Aufgabe zufällt, Output, Outcome und Impact von Programmen zu beschreiben, sondern dass sie auch mit Verfahren zu Bewertungen, Qualitätseinschätzungen, Verbesserungspotentialen etc. aufwarten müssen. Sie müssen zumindest für alle Beteiligten transparent machen, welche und wessen Bewertungskriterien die Grundlage darstellen. Im nächsten Schritt stellt sich somit die Frage nach den Aufgaben und Rollen von Evaluatorinnen und Evaluatoren.

2.5 Rollen und Aufgaben von Evaluatorinnen und Evaluatoren

Je nach Funktion, die eine Evaluation erfüllt, und abhängig davon, in welcher Beziehung sie zum Programm steht, ergeben sich unterschiedliche Aufgabenzuweisungen und Rollen für Durchführende von Evaluationen.

Eine *externe* Evaluation zeichnet sich dadurch aus, dass Evaluatorinnen und Evaluatoren keine weitere Funktion innerhalb des Programms einnehmen, außer dass sie eben evaluieren. In diesem Fall ergeben sich je nach Auftraggebenden drei Optionen: Entweder verfolgen sie „eigene" – wissensgenerierende – Fragestellungen (Forschungsparadigma), diejenigen der Programmfinanzierenden (Kontrollparadigma) oder diejenigen der Programmdurchführenden (überwiegend Entwicklungsparadigma). Zumindest unter dem Kontroll- und Entwicklungsparadigma sind die jeweiligen Auftraggebenden auch diejenigen, die Entscheidungen über das Programm treffen und Konsequenzen einleiten. Wer die Interpretation der Daten sowie Bewertungen vornimmt, das gilt es auszuhandeln.

Üblich ist auch eine *interne* Evaluation. In diesem Fall gibt es innerhalb der programmdurchführenden Organisation eine oder mehrere verantwortliche Personen (evtl. Qualitätsbeauftragte genannt), die Evaluationen initiieren und/oder selbst durchführen. Diese können vorzugsweise formative Funktionen erfüllen und damit einen Beitrag zur Programmgestaltung (oftmals auch zur Organisationsentwicklung) liefern. Möglich ist jedoch auch eine interne Evaluation, die kontrolliert, ob beispielsweise ein Teilprojekt oder eine Abteilung die Ziele der Organisation verfolgt oder das Programm eine Maßnahme so durchführt, wie von der Leitung geplant und vorgesehen. Die Verteilung der Steuerungskompetenzen für die Evaluation – vom Vornehmen der Bewertungen bis hin zum Einleiten von Konsequenzen – ist abhängig vom Zweck und ebenfalls vom Leitungsstil der Organisation.

Nicht zuletzt sind auch Selbstevaluationen nicht ausgeschlossen, bei denen Durchführende von Programmen ihre eigenen Strategien und Interventionen systematisch auf ihre Funktionsfähigkeit oder Nützlichkeit hin untersuchen. In ganz seltenen Fällen kann eine Selbstevaluation auch zu Forschungszwecken unternommen werden, in dieser Konstellation wird m. E. jedoch überwiegend eine formative Evaluation sinnvoll sein. Eine Art „Selbstkontrolle" kann kaum funktionieren, weil einerseits Außenstehende den Ergebnissen skeptisch gegenüberstehen werden und weil andererseits Selbstevaluatorinnen und Selbstevaluatoren die Motivation für den zusätzlichen Aufwand daraus schöpfen, dass sie ihre Arbeit besser gestalten können.

Für interne wie auch Selbstevaluationen ist in der Regel angezeigt, dass zwar Entscheidungen organisationsintern getroffen werden, trotzdem aber externe Beratung hinzugezogen wird: Ihr kommt dann die Aufgabe zu, die methodische Umsetzung anzuleiten, ebenso die Zielklärungs-, Interpretations- und Bewertungsprozesse moderierend zu begleiten.

Ohne über Vor- und Nachteile der verschiedenen Konstellationen spekulieren zu wollen, dürfte in dieser Übersicht bereits deutlich geworden sein, dass Evaluatorinnen und Evaluatoren zwangsläufig verschiedene Rollen gegenüber den Beteiligten und Betroffenen einnehmen können. Das Spektrum reicht von „selbst" Teil des Programms zu sein, über „kritische Freundinnen und Freunde"[47] bis hin zu „neutralen" Beobachtenden von außen. Außerdem ist nochmals zu betonen, dass im Verlaufe des gesamten Evaluationsprozesses zahlreiche Entscheidungen zu treffen und Aufgaben wahrzunehmen sind, dementsprechend auch ein erhebliches Konfliktpotential gegeben ist. Eine Minimalforderung von Kromrey (2001a, S. 110) lautet daher:

> „Ein Rat sollte aber auf jeden Fall beherzigt werden: Bei der Planung des Evaluationsvorhabens sind zumindest drei Funktionen analytisch klar voneinander zu trennen: Informationsbeschaffung, Evaluierung, Ableitung von Konsequenzen aus den Befunden. Zwischen den Beteiligten ist auszuhandeln und verbindlich festzulegen, wer welche Aufgaben übernimmt und wem welche Zuständigkeiten zugebilligt werden."

Bereits in der Phase der Klärung von Evaluationszweck und Informationsbedarf ergeben sich für Evaluatorinnen und Evaluatoren außerdem zusätzliche Aufgaben und Handlungsoptionen: In den seltensten Fällen können Auftraggebende präzise angeben, was mit der Evaluation erreicht werden soll und welche Fragen zu beantworten sind. In diesem Arbeitsschritt werden Evaluatorinnen und Evaluatoren zunächst beratend auftreten, die Auftraggebende dabei unterstützen, Zwecke der Evaluation und Fragestellungen zu formulieren. Die Beratung umfasst das Aufzeigen von Optionen und deren möglichen Konsequenzen sowie das Aufspüren möglicher Konflikte. Konfliktlinien können typischerweise zwischen Stakeholdergruppen (Programmfinanzierenden, Programmdurchführenden und Zielgruppen), jedoch auch innerhalb dieser Gruppen auftreten. Unter diesen Umständen sind bei Evaluatorinnen und Evaluatoren Mediationsfähigkeiten gefragt. Auch müssen die (Entscheidungs- und Bewertungs-)Kompetenzen für die weiteren Schritte abgestimmt und verbindlich vereinbart werden. Darüber hinaus sind bereits zu diesem Zeitpunkt ihre Methodenkenntnisse vonnöten: Sie müssen einschätzen können, welche Fragestellungen sich bei gegebenem Budget und Fristen realistisch beantworten lassen. Idealerweise werden anschließend die Bewertungsmaßstäbe festgelegt. Hierbei können Evaluatorinnen und Evaluatoren – je nach Zuschnitt und Design – theoretische und Feldkompetenzen einbringen.

In der Entwicklung des passenden Designs steht die Sozialforscherin bzw. der Sozialforscher im Vordergrund. Konzipierte Erhebungsmethoden müssen mit den Beteiligten, vor allem mit Programmdurchführenden, abgestimmt werden, denn oftmals bedeuten sie einen Eingriff in das Programm. In den meisten Fällen finden Befragungen, seltener Beobachtungen – ob von Zielgruppen, ihren Angehörigen oder auch anderen Personen, die im Umfeld des Programms stehen oder in seinem Kontext beschäftigt sind – statt. Auch in der Phase der Datenerhebung sind vor allem methodische Kompetenzen gefragt. In die Entwicklung der Instrumente können

---

47 Die Bezeichnung „critical friend" stammt ursprünglich aus pädagogischen Reformkonzepten der 1970er Jahre und wurde von FETTERMAN (z. B. 1997) als Rolle für Evaluatoren und Evaluatorinnen vorgeschlagen.

Beteiligte und Betroffene durchaus einbezogen werden (z. B. als Pretesterinnen und Pretester), in manchen Fällen bietet es sich an, dass sie – unter Anleitung von Evaluatorinnen und Evaluatoren – sogar selber die Datenerhebung vornehmen.

Die anschließende Datenanalyse können Evaluatorinnen und Evaluatoren vornehmen, in der Aufbereitung der Daten muss jedoch eine den Adressatinnen und Adressaten angemessene Sprache gefunden werden. In der Phase der Interpretation der Daten und der Bewertung kommt die am Anfang verabredete Rollenverteilung zum Tragen. Typischerweise übernehmen Evaluatorinnen und Evaluatoren jetzt moderierende Funktionen.

Der letzte Schritt im Evaluationsprozess besteht darin, Konsequenzen zu ziehen und Entscheidungen zu treffen. An dieser Stelle ist die Rolle der Evaluation vorrangig abhängig davon, welchen Part sie innerhalb des Programms übernimmt. Bei Selbstevaluationen werden die Evaluationsdurchführenden selbstverständlich die Aufgabe wahrnehmen, Konsequenzen einzuleiten, im Falle von internen Evaluationen werden sie zumindest in Entscheidungsprozesse einbezogen. Für externe Evaluationen endet die Verantwortung vor der politischen und strategischen Umsetzung von Empfehlungen in Politik oder Praxis. Damit ist nicht ausgeschlossen, dass Evaluatorinnen und Evaluatoren beratende Funktionen in der Planung einnehmen.

Ausgenommen den unwahrscheinlichen Fall, dass Auftraggebende Zweck, Fragestellung und Zuschnitt/Design bereits klar vorgeben, sollte deutlich geworden sein, dass sich die Aufgaben und Rollen von Evaluatorinnen und Evaluatoren nicht auf die von Forschenden sowie Methodenexpertinnen und Methodenexperten reduzieren lassen. Dies hat entsprechende Konsequenzen für die Qualifizierung von Evaluatorinnen und Evaluatoren. Gefragt sind vor allem auch ihre kommunikativen, planerischen, konfliktregulierenden und vermittelnden Kompetenzen, was sich unter anderem auch in den Richtlinien zur Qualifizierung in der Evaluation niederschlägt (DeGEval 2008). Insofern ist Evaluation weit mehr als nur forschendes Handeln (vgl. Tabelle 2).

Tabelle 2: Arbeitsschritte – Rollen – Kompetenzen

Arbeitsschritt Evaluation	Rolle der Evaluation	Kompetenzen Evaluatorinnen/Evaluatoren
Zweck und Ziel der Evaluation festlegen	Moderation; Mediation; Beratung	Kommunikative, beratende, konfliktregulierende Kompetenzen
Informationsbedarf feststellen und Fragestellungen formulieren	Beratung; Moderation	Feldkompetenz; kommunikative Kompetenzen
Angemessenes Design entwerfen	Forschung	Methodenkenntnisse; theoretisches Wissen; Zeit- und Projektmanagementtechniken
Datenerhebungen	Forschung	Methodenkenntnisse; Projektmanagement
Datenanalyse und Interpretation	Forschung; Ergebnisübermittlung	Methodenkenntnisse; kommunikative Kompetenzen
Rückbezug auf die Evaluationsfragen und -zwecke	Ergebnisübermittlung; Moderation (Beratung)	Kommunikation (evtl. Feldkompetenz)

2.6 Evaluation – Zwischen allen Stühlen

> *„Because evaluators are paid to improve social programs, they must interact with programs on the latter's terms. They have to embrace the whole messy world of social programming, knowing that its boundaries do not respect those of the disciplines in which they are trained, while also realizing that they will have to learn practical lessons they could not have been taught, or would not have appreciated, during their training."*
> (Cook/Shadish 1987, S. 31)

Evaluation bewegt sich auf einem spannungsreichen Terrain zwischen Politik, Praxis und Wissenschaft. Aus diesen jeweiligen Perspektiven werden unterschiedliche, nicht selten in Konflikt zueinander stehende Interessen, Anforderungen, Erwartungen und Befürchtungen an Evaluationen herangetragen: Politik will in der Regel Praxis kontrolliert wissen, muss jedoch seitens der Praxis mit zahlreichen Widerständen und Verhinderungsstrategien rechnen. Wissenschaft ist der Genauigkeit und Gründlichkeit verpflichtet, was wiederum oft den finanziellen und zeitlichen Rahmen sprengt oder auch einen – zuweilen störenden – Eingriff in die Praxis bedeutet. Wie für fast jede Auftragsforschung besteht auch für Evaluation die Gefahr missbraucht zu werden. Politik möchte Ausgaben oder Streichungen nachträglich legitimieren, Praxis möchte die eigene Finanzierung absichern.

Auf diesem Minenfeld sind höchste Transparenz und Klarheit gefordert. Die Festlegung auf die vorrangige Funktion der Evaluation ermöglicht eine erste Orientierung und kann Akzentsetzungen befördern. Sehr grob und idealtypisch lassen sich die verschiedenen Handlungssysteme auch den verschiedenen Perspektiven zuordnen, so dass Politik für das Kontroll-, Wissenschaft für das Forschungs- und die Praxis für das Entwicklungsparadigma stehen können. Trotz dieser analytischen Unterscheidung muss jedoch davon ausgegangen werden, dass üblicherweise alle Sphären ineinander greifen. Es geht weder mit noch ohne einander: Wissenschaftliche Anforderungen an präzise und gültige Erkenntnisse lassen sich selten in der Praxis von Programmen realisieren, wobei gleichzeitig unzuverlässige sowie ungültige Ergebnisse für Praxis oder Politik keine nützliche Grundlage für Entscheidungen bieten. THOMAS WIDMER (2004, S. 90) kommt zu dem Schluss:

> „Zusammenfassend läßt sich feststellen, daß an die Evaluation vielfältige Erwartungen geknüpft werden, die sich zudem oft gegenseitig konkurrieren. Weiter besteht die Gefahr, daß sich Evaluation durch spezifische Anforderungen vereinnahmen läßt. Sich in diesem Spannungsfeld zu bewegen, stellt für alle an der Evaluation Beteiligten hohe Anforderungen.“

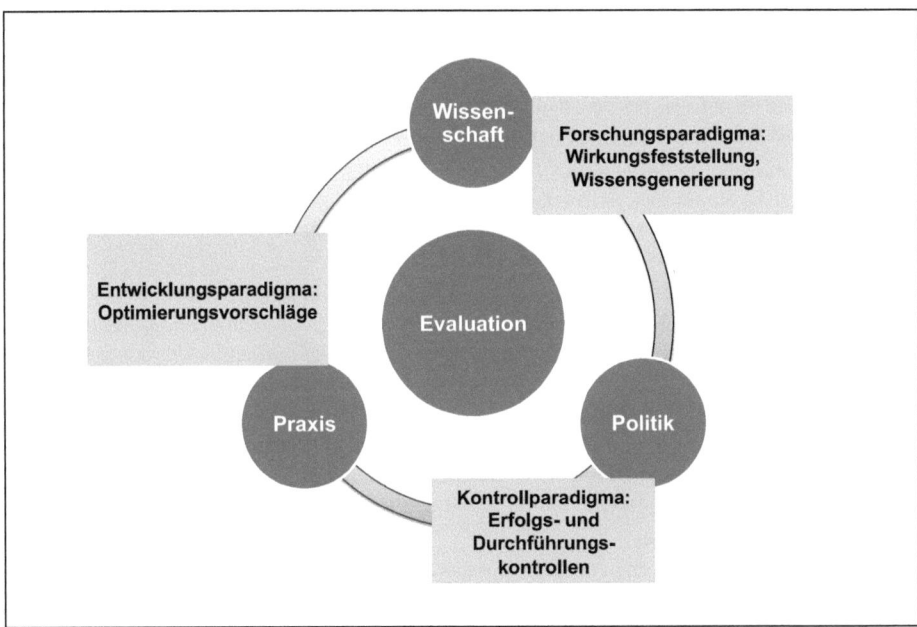

Abbildung 4:   Das Spannungsfeld von Evaluationen[48]

---

48 In diesem Modell ist die Gesellschaft bzw. die Öffentlichkeit als ein Adressat von Evaluationen zugunsten der Konfliktlinie zwischen Praxis und Politik ausgeblendet. Zum Verhältnis zwischen Evaluation und Öffentlichkeit siehe WIDMER (2004, S. 88).

Eine Lösung in diesem Spannungsfeld bieten die im Herbst 2001 von der DeGEval verabschiedeten Standards für Evaluation (DeGEval 2002),[49] die einerseits den Auftraggebenden Orientierung bieten sollen, gleichzeitig einem Missbrauch und unprofessioneller Umsetzung vorbeugen sollen. Sie bestehen aus vier verschiedenen Gruppen: den Nützlichkeits-, Durchführbarkeits-, Korrektheits- und Genauigkeitsstandards (siehe untenstehenden Kasten), denen insgesamt 30 Einzelstandards zugeordnet sind. Bei genauer Betrachtung wird deutlich, dass diese in sich ebenso spannungsreich sind, wie es dem Feld entspricht, denn auch die verschiedenen Standards werden in der Praxis miteinander konkurrieren. So können leicht Genauigkeit und Durchführbarkeit – z. B. möglichst valide Ergebnisse gegen möglichst geringe Kosten –, ebenso Nützlichkeit mit Korrektheit – Vollständigkeit und Klarheit der Berichterstattung versus Datenschutz – miteinander in Konflikt geraten, und so ließe sich die Liste fortsetzen. Allerdings formulieren die Standards nicht Minimalanforderungen, sondern einen Idealzustand, der als Grundlage zur Einschätzung der Qualität einer Evaluation dienen kann (Joint Committee 1999). In einer Kurzfassung lassen sich die Standards der DeGEval wie folgt darstellen (www.degeval.de).

Nützlichkeit – Durchführbarkeit – Fairness – Genauigkeit

Nützlichkeit

Die Nützlichkeitsstandards sollen sicherstellen, dass die Evaluation sich an den geklärten Evaluationszwecken sowie am Informationsbedarf der vorgesehenen Nutzer und Nutzerinnen ausrichtet.

N1 Identifizierung der Beteiligten und Betroffenen

Die am Evaluationsgegenstand beteiligten oder von ihm betroffenen Personen bzw. Personengruppen sollen identifiziert werden, damit deren Interessen geklärt und so weit wie möglich bei der Anlage der Evaluation berücksichtigt werden können.

N2 Klärung der Evaluationszwecke

Es soll deutlich bestimmt sein, welche Zwecke mit der Evaluation verfolgt werden, so dass die Beteiligten und Betroffenen Position dazu beziehen können und das Evaluationsteam einen klaren Arbeitsauftrag verfolgen kann.

N3 Glaubwürdigkeit und Kompetenz des Evaluators / der Evaluatorin

Wer Evaluationen durchführt, soll persönlich glaubwürdig sowie methodisch und fachlich kompetent sein, damit bei den Evaluationsergebnissen ein Höchstmaß an Glaubwürdigkeit und Akzeptanz erreicht wird.

N4 Auswahl und Umfang der Informationen

Auswahl und Umfang der erfassten Informationen sollen die Behandlung der zu untersuchenden Fragestellungen zum Evaluationsgegenstand ermöglichen und gleichzeitig den Informationsbedarf des Auftraggebers und anderer Adressaten und Adressatinnen berücksichtigen.

N5 Transparenz von Werten

Die Perspektiven und Annahmen der Beteiligten und Betroffenen, auf denen die Evaluation und die Interpretation der Ergebnisse beruhen, sollen so beschrieben werden, dass die Grundlagen der Bewertungen klar ersichtlich sind.

---

49 Die offizielle Kurzfassung findet sich unter: http://www.degeval.de.

N6 Vollständigkeit und Klarheit der Berichterstattung

Evaluationsberichte sollen alle wesentlichen Informationen zur Verfügung stellen, leicht zu verstehen und nachvollziehbar sein. **N7 Rechtzeitigkeit der Evaluation**
Evaluationsvorhaben sollen so rechtzeitig begonnen und abgeschlossen werden, dass ihre Ergebnisse in anstehende Entscheidungsprozesse bzw. Verbesserungsprozesse einfließen können.

N8 Nutzung und Nutzen der Evaluation

Planung, Durchführung und Berichterstattung einer Evaluation sollen die Beteiligten und Betroffenen dazu ermuntern, die Evaluation aufmerksam zur Kenntnis zu nehmen und ihre Ergebnisse zu nutzen.

Durchführbarkeit

Die Durchführbarkeitsstandards sollen sicherstellen, dass eine Evaluation realistisch, gut durchdacht, diplomatisch und kostenbewusst geplant und ausgeführt wird.

D1 Angemessene Verfahren

Evaluationsverfahren, einschließlich der Verfahren zur Beschaffung notwendiger Informationen, sollen so gewählt werden, dass Belastungen des Evaluationsgegenstandes bzw. der Beteiligten und Betroffenen in einem angemessenen Verhältnis zum erwarteten Nutzen der Evaluation stehen.

D2 Diplomatisches Vorgehen

Evaluationen sollen so geplant und durchgeführt werden, dass eine möglichst hohe Akzeptanz der verschiedenen Beteiligten und Betroffenen in Bezug auf Vorgehen und Ergebnisse der Evaluation erreicht werden kann.

D3 Effizienz von Evaluation

Der Aufwand für Evaluation soll in einem angemessenen Verhältnis zum Nutzen der Evaluation stehen.

Fairness

Die Fairnessstandards sollen sicherstellen, dass in einer Evaluation respektvoll und fair mit den betroffenen Personen und Gruppen umgegangen wird.

F1 Formale Vereinbarungen

Die Pflichten der Vertragsparteien einer Evaluation (was, wie, von wem, wann getan werden soll) sollen schriftlich festgehalten werden, damit die Parteien verpflichtet sind, alle Bedingungen dieser Vereinbarung zu erfüllen oder aber diese neu auszuhandeln.

F2 Schutz individueller Rechte

Evaluationen sollen so geplant und durchgeführt werden, dass Sicherheit, Würde und Rechte der in eine Evaluation einbezogenen Personen geschützt werden.

F3 Vollständige und faire Überprüfung

Evaluationen sollen die Stärken und die Schwächen des Evaluationsgegenstandes möglichst vollständig und fair überprüfen und darstellen, so dass die Stärken weiter ausgebaut und die Schwachpunkte behandelt werden können.

F4 Unparteiische Durchführung und Berichterstattung

Die Evaluation soll unterschiedliche Sichtweisen von Beteiligten und Betroffenen auf Gegenstand und Ergebnisse der Evaluation in Rechnung stellen. Berichte sollen ebenso wie der gesamte Evaluationsprozess die unparteiische Position des Evaluationsteams erkennen lassen. Bewertungen sollen fair und möglichst frei von persönlichen Gefühlen getroffen werden.

F5 Offenlegung der Ergebnisse

Die Evaluationsergebnisse sollen allen Beteiligten und Betroffenen soweit wie möglich zugänglich gemacht werden.

Genauigkeit

Die Genauigkeitsstandards sollen sicherstellen, dass eine Evaluation gültige Informationen und Ergebnisse zu dem jeweiligen Evaluationsgegenstand und den Evaluationsfragestellungen hervor bringt und vermittelt.

G1 Beschreibung des Evaluationsgegenstandes

Der Evaluationsgegenstand soll klar und genau beschrieben und dokumentiert werden, so dass er eindeutig identifiziert werden kann.

G2 Kontextanalyse

Der Kontext des Evaluationsgegenstandes soll ausreichend detailliert untersucht und analysiert werden.

G3 Beschreibung von Zwecken und Vorgehen

Gegenstand, Zwecke, Fragestellungen und Vorgehen der Evaluation, einschließlich der angewandten Methoden, sollen genau dokumentiert und beschrieben werden, so dass sie identifiziert und eingeschätzt werden können.

G4 Angabe von Informationsquellen

Die im Rahmen einer Evaluation genutzten Informationsquellen sollen hinreichend genau dokumentiert werden, damit die Verlässlichkeit und Angemessenheit der Informationen eingeschätzt werden kann.

G5 Valide und reliable Informationen

Die Verfahren zur Gewinnung von Daten sollen so gewählt oder entwickelt und dann eingesetzt werden, dass die Zuverlässigkeit der gewonnenen Daten und ihre Gültigkeit bezogen auf die Beantwortung der Evaluationsfragestellungen nach fachlichen Maßstäben sichergestellt sind. Die fachlichen Maßstäbe sollen sich an den Gütekriterien quantitativer und qualitativer Sozialforschung orientieren.

G6 Systematische Fehlerprüfung

Die in einer Evaluation gesammelten, aufbereiteten, analysierten und präsentierten Informationen sollen systematisch auf Fehler geprüft werden.

G7 Analyse qualitativer und quantitativer Informationen

Qualitative und quantitative Informationen einer Evaluation sollen nach fachlichen Maßstäben angemessen und systematisch analysiert werden, damit die Fragestellungen der Evaluation effektiv beantwortet werden können.

G8 Begründete Schlussfolgerungen

Die in einer Evaluation gezogenen Folgerungen sollen ausdrücklich begründet werden, damit die Adressatinnen und Adressaten diese einschätzen können.

G9 Meta-Evaluation

Um Meta-Evaluationen zu ermöglichen, sollen Evaluationen in geeigneter Form dokumentiert und archiviert werden.

Bemerkenswert ist, dass die Standards – zu Recht – keinerlei Vorschriften oder Maßgaben über die Verwendung von Designs formulieren. Neben den angesprochenen eher evaluationspolitischen Minenfeldern gilt es natürlich auch in einem engeren Sinne vielfältige methodische und methodologische Herausforderungen zu bewältigen.

Die Darstellung der diversen Erwartungen, Aufgabenstellungen und Konfliktlinien von Evaluation sollte verdeutlicht haben, dass es inmitten aller möglichen Varianten, Gegenstände und Fragestellungen von Evaluation nicht die eine Musterlösung für das richtige „Wie" geben kann. Damit ist die Suche nach angemessenen Designs mindestens genau so interessant und abwechslungsreich wie das Aufgabenspektrum von Evaluatoren und Evaluatorinnen. Und auch in Bezug auf die Wahl von Methoden gilt es, Flexibilität und Passgenauigkeit zu gewährleisten ohne in Beliebigkeit zu verfallen.

2.7 Das Praxisbeispiel: Die Rahmenbedingungen

Die Beschreibung der Optionen und Herausforderungen von Evaluationen blieb bislang absichtsvoll feldübergreifend und damit notwendigerweise abstrakt. Wie bei jedem angewandten Forschungsvorhaben treten die Spannungsbögen jedoch erst in der Praxis deutlich zutage. Um die entscheidenden Weichenstellungen und Fallstricke zu illustrieren, werden im Folgenden exemplarisch die Charakterisierungen, Aufgabenstellungen, Probleme und Lösungsmöglichkeiten mithilfe eines Beispiels erläutert.

Üblicherweise werden besonders gut gelungene Projekte, in denen Planung und Umsetzung idealtypisch verlaufen, zur Veranschaulichung ausgewählt. Von diesem Vorgehen soll hier jedoch aus verschiedenen Gründen Abstand genommen werden: Zunächst ist davon auszugehen, dass es in jedem Evaluationsvorhaben Klippen gibt, dass eigentlich immer etwas schief geht, dass immer Kompromisse geschlossen werden müssen. Ein leuchtendes, rundum gelingendes Beispiel liegt im Regelfall fern der Realität. Noch wichtiger ist, dass gerade Fehler die größten Lernchancen bieten. Viel zu selten besteht die Möglichkeit (oder wird sie wahrgenommen), Grenzen und Scheitern in Publikationen zu thematisieren. Gerade das Aufzeigen von Lücken und Problemen sensibilisiert für Schwierigkeiten und fordert die Suche nach Lösungen heraus. Zu guter Letzt war das Evaluationsprojekt, das Anregungen zu den folgenden Überlegungen gab, alles andere als perfekt. Gerade deswegen eignet es sich gut, um zu illustrieren, welche Spielräume und Grenzen verschiedene Designs aufweisen.

Wie zu Beginn des Kapitels ausführlich erörtert, ist eine kaum zu überblickende Vielfalt an Evaluationen möglich. Eine zentrale Herausforderung besteht genau darin, Design und Umsetzung auf das konkrete Vorhaben hin möglichst passgenau abzustimmen. Am folgenden Beispiel sollen nicht nur die Entscheidungen dargestellt werden, die im Projekt tatsächlich anfielen, es sollen auch Optionen und Variationen über das eng eingegrenzte Vorhaben hinaus erläutert werden, um so den Blick zu öffnen für alternative Vorgehensweisen mit ihren Stärken und Schwächen.

2.7.1 Der Evaluationsgegenstand

Das zur Illustration herangezogene Evaluationsvorhaben war am Institut für Soziologie der Freien Universität Berlin verortet und umfasst den Zeitraum von 2002 bis 2004. Zum Jahrtausendwechsel waren nicht nur Evaluationen, sondern auch Schlagworte wie E-Learning, virtuelle Universität, Notebook Universities und digitale Hochschule in Deutschland en vogue. Hinter den Schlagworten verbirgt sich die Idee, dass ein verstärkter Einsatz von Computer und Internet in der universitären Ausbildung und Forschung zentrale Impulse setzen kann.

Die in die digitalen Medien gesetzten Erwartungen und Hoffnungen waren vielfältig. Davon zeugen zahlreiche Vorschläge und Forderungen der hochschulpolitisch relevanten Gremien wie dem Wissenschaftsrat (WR 1998), der Hochschulrektorenkonferenz (HRK 1997) und der Bund-Länder-Kommission (BLK 1999a, 1999b). Stellvertretend sei der Wissenschaftsrat zitiert, dem es vor allem um die Qualitätsverbesserung der Hochschulausbildung sowie die Entwicklung innovativer Lehr- und Lernstrategien ging:[50]

> „Multimedia eröffnet (…) neue Wege für eine qualitative Verbesserung und Flexibilität des Lehrangebots. Dies ermöglicht die Entkopplung der bisherigen Zeit- und Ortsgebundenheit von Lehre und Studium. Die Einführung von Multimedia erlaubt für die Lehrenden eine Entlastung von Routinelehre (vielfach durchgeführt in Massenveranstaltungen) und eröffnet damit Freiräume für ein verstärktes Angebot von Seminaren, die Verkleinerung von Gruppen und eine Intensivierung des wissenschaftlichen Diskurses zwischen Lehrenden und Lernenden im sozialen Prozeß des Studiums." (Wissenschaftsrat 1998, S. 41f.)

Das Bundesministerium für Bildung und Forschung legte 2000 das mit 400 Millionen Euro ausgestattete Programm „Neue Medien in der Bildung" auf. Darin wurden z.B. die Entwicklung von Learning-Management-Systemen und Lernsoftware sowie die Durchführung von Online-Seminaren und ähnliche Vorhaben gefördert.[51] Die Förderung im Bereich der Hochschule beabsichtigte, einen Beitrag zur Verbesserung der Qualität der Lehre zu liefern, den Anteil des betreuten Selbststudiums zu erhöhen, neue Fernstudien- und Weiterbildungsangebote sowie innovative Kombinationen von Präsenzlehre mit Selbst- bzw. Fernstudienanteilen zu entwickeln. Eine Erhöhung der Wettbewerbsfähigkeit auf internationaler Ebene sowie gegenüber der Wirtschaft wurde angestrebt, und nicht zuletzt sollten die Ergebnisse nachhaltig gesichert werden (BMBF 2000, S. 15-18).

Das Institut für Soziologie der Freien Universität Berlin kam nicht in den Genuss dieser Förderung. Trotzdem hielten computer- und internetbasierte Information und Kommunikation selbstverständlich auch hier Einzug in Lehre und Ausbildung: Visualisierungen für den Unterricht mit Overhead-Folien wurden mehr und mehr durch digitale Folienpräsentationen ersetzt, Produkte der Studierenden (Hausarbeiten, Übungsaufgaben, Thesenpapiere) wurden am Computer angefertigt, Lehrende richteten Homepages ein, das Internet wurde zunehmend als Informationsquelle genutzt, die Kommunikation zwischen Lehrenden und Studierenden verlagerte sich

---

50 Ein umfassender Überblick über die Positionen der hochschulpolitischen Gremien findet sich in Schulmeister (2001), vor allem in Kapitel 1, nationale und internationale Weichenstellungen. Die Vielfalt der Ziele werden in Kapitel 4.6.1 noch einmal aufgegriffen.
51 Einen Überblick über die entstandenen Produkte findet sich in der Veröffentlichung des BMBF (2004).

peu à peu auf E-Mails. Im Unterschied zu den Modellprojekten an den Hochschulen fand in diesem Kontext die Einbeziehung von Computern und Internet in vielen Fällen eher ungeplant und unsystematisch statt.

Für die Methodenausbildung – genauer gesagt für die „Einführung in die Methoden der empirischen Sozialforschung" – wurde bereits bis 2000 von ECKART STRUCK und HELMUT KROMREY (2001, 2006, 2009) der „PC-Tutor", eine Selbstlern-CD, entwickelt (und evaluiert), die den Lehrstoff des Lehrbuchs „Methoden empirischer Forschung" (Kromrey 2000; 2009) zum Selbstlernen aufbereitet. Sie kann von Studierenden zur Klausurvorbereitung und zur Bearbeitung von Übungsaufgaben genutzt werden. Nun sollte ergänzend zum bestehenden Lehrangebot der Methodenübung eine internetbasierte Lernumgebung geschaffen werden.

Zum besseren Verständnis des Praxisvorhabens zunächst ein paar Bemerkungen zu Inhalt und Rahmenbedingungen: Die „Einführung in die Methoden empirischer Sozialforschung" bildete den Auftakt für die Methodenausbildung der Soziologiestudierenden. Das Lehrziel der Einführung bestand darin, die Grundbegriffe der Methodenlehre und Schritte eines Forschungsvorhabens zu vermitteln sowie die Studierenden in die Lage zu versetzen, Fachbegriffe argumentativ anzuwenden und eine kleine empirische Untersuchung planen zu können. Dazu durchliefen die Studierenden – im klassischen Fall – eine wöchentlich stattfindende zweistündige Vorlesung, in der Verständnisfragen geklärt werden konnten, und begleitend dazu zweistündige Übungen, in denen die Bearbeitung einer Gruppenarbeit (Planung eines Forschungsvorhabens) angeleitet wurde. Beide Veranstaltungen gehörten zum Pflichtprogramm: Studierende mussten belegen, dass sie die abschließende Klausur bestanden und die Gruppenaufgabe erfolgreich bearbeitet haben, um sich zum Vordiplom anmelden zu können.

Weil die Einführung in die Methoden empirischer Sozialforschung zum Pflichtbestandteil des Grundstudiums gehörte und weil die Personalausstattung am Institut für Soziologie im Verhältnis zu den Studierendenzahlen relativ gering war, handelte es sich um eine typische Massenveranstaltung. Die Vorlesungen im Wintersemester[52] wurden von über 200 Personen besucht, auch die Teilnehmendenzahlen der jeweils parallel angebotenen vier Übungen lagen teilweise bei bis zu 90 Teilnehmenden je Veranstaltung. Weiterhin charakteristisch für eine Pflichtveranstaltung wie die beschriebene war, dass die Teilnahme überwiegend extrinsisch motiviert war und die Studierenden seltener ein Interesse am Thema und den Inhalten mitbrachten (intrinsische Motivation).

Um den Massenansturm im Wintersemester zu entschärfen, wurde im Sommersemester ein so genannter „Selbstlernkurs" angeboten. Dieser umfasste insgesamt fünf vierstündige Präsenzveranstaltungen, in denen Fragen zum Lehrstoff geklärt und die Bearbeitung der Gruppenaufgaben vorbereitet, vor allem aber nachbesprochen wurde. Diese Veranstaltungsform wurde nicht zuletzt entwickelt, weil die

---

52 Seit Mitte der 1990er Jahre stiegen die Zahlen der Studienanfänger der Soziologie laut Selbstreport des Instituts für Soziologie: Waren es im Hauptfach 1995 noch 127; 1998 bereits 161 und 1999 dann 200 Zulassungen. Hinzu kamen außerdem Nebenfachstudierende.

Mehrheit der Studierenden zur Sicherung des Lebensunterhalts jobbte.[53] Sie wurden so von Präsenzterminen entlastet.

Das Konzept eines Selbstlernkurses setzt die Eigeninitiative der Studierenden und ihre Fähigkeiten und Bereitschaft zu selbstgesteuertem Lernen voraus. Um diese Prozesse zu unterstützen, erhielten die Teilnehmenden folgende zusätzliche Unterstützungsangebote:

– ergänzende Beratungsangebote vor allem zur Begleitung der Arbeitsgruppen,
– einen Selbstlernleitfaden zur Anleitung der zeitlichen Strukturierung der Selbstlernphasen,
– den PC-Tutor, der den Lehrstoff digital aufbereitet sowie das Anwendungsbeispiel flankiert.

Trotz der erweiterten Offerten zeigte sich immer wieder, dass das Selbstlernkonzept für viele Studierende eine Überforderung darstellte, was sich unter anderem in hohen Abbruchquoten ausdrückte (teilweise bis zu 50%). Diese Überforderung erklärte sich teils dadurch, dass die Studierenden in der Mehrheit die Schule gerade erst verlassen hatten und noch sehr an eine schulische Lernkultur gewöhnt waren, die in der Regel weniger auf selbstständiges Agieren setzt. Gerade für die Lerngruppen, in denen die Übungsaufgaben bearbeitet wurden, war es schwierig, regelmäßige (wöchentliche) Treffen zu realisieren. Dies umso mehr, als eben nicht nur feste Klassen- oder Kursverbände fehlten, sondern auch der wöchentliche Termin für die Übung.

Hier setzte die Erweiterung der Lernumgebung um weitere, vor allem internetbasierte Angebote an. Eine „mediale Lernumgebung" lässt sich mit MICHAEL KERRES (1998, S. 16) folgendermaßen fassen:

> „Es ist dies ein bewußt gestaltetes Arrangement technischer Medien und Hilfsmittel[n] als Teil einer sozialen und materiellen Umgebung, die Lernangebote und Dienstleistungen bereit hält, und in der das mediengestützte Lernen im Vordergrund steht."

Die durch das Internet gebotenen Möglichkeiten sollten die Unterstützungsleistungen der Lehre komplettieren. Gerade zur Unterstützung des selbstgesteuerten Lernens wurde den „neuen Medien" ein hohes Potential zugeschrieben. So formuliert beispielsweise die Hochschulrektorenkonferenz:

> „Die diesbezüglichen Erwartungen richten sich vor allem darauf, mit Hilfe entsprechender Lehr-Lern-Verfahren eine bessere Anpassung an individuelle Lernbedürfnisse, Lerngeschwindigkeiten und Zeitbudgets der Studierenden zu erreichen. Neue Medien sollen das Selbstlernen unterstützen und damit zugleich Freiräume für das Lehrpersonal zur Betreuung der Studierenden schaffen." (HRK 1996, o. S.)

---

53 Laut Eingangsbefragungen im WS 01/02 jobbten 32,7% (m: 33%; w: 34%, o. Ang. 50%) der Studierenden wöchentlich, 20,1% (m: 58%; w: 12%) unregelmäßig während des Semesters; im SS 2003 37,7% (m: 44%; w: 36%) wöchentlich und 18,2% (m: 20%; w: 29,6%) unregelmäßig während des Semesters.

Hier setzten die konzeptionellen Überlegungen für die Nutzung des Internets in der Anleitung der Übungsaufgabe an: Neben den bestehenden Lehrangeboten sollten Studierende nun zeit- und ortsunabhängig auf zusätzliche Informationen zugreifen können, vorausgesetzt ein Internetzugang war vorhanden. Außerdem war ein Mehr an Austausch zwischen den Studierenden sowie mit Lehrenden möglich. Außerhalb der festgelegten Sprechstunden konnten Rückfragen und Beratungen nun über E-Mails erfolgen und Fragen in einem internetbasierten Diskussionsforum gestellt werden.

Die zusätzlichen Lernunterstützungen und Lehrangebote fanden nicht nur im Rahmen des Selbstlernkurses Anwendung, sondern wurden auch als Ergänzung zu regulären Veranstaltungen im Wintersemester (je zwei Semesterwochenstunden Vorlesung und Übung) eingesetzt. Die Übungen sollten statt wie bisher durch wissenschaftliche Mitarbeitende von studentischen Tutorinnen und Tutoren durchgeführt werden. Die Aufgabe der Autorin bestand darin, die studentischen Mitarbeitenden zu koordinieren, fachlich zu begleiten, in Konfliktfällen (zwischen Tutorinnen, Tutoren und Studierenden) zu vermitteln und Material zur Bearbeitung zur Verfügung zu stellen.

Tabelle 3:   Grundgerüst der Übungsveranstaltung

	Information	Beratung	Koordination	Arbeitshilfen
Präsenzteil	Powerpointfolien zu Begriffen und Vorgehen	Sprechstunden (individuell und für Gruppen)	Gruppenbildung; Terminvereinbarungen	Feedback zur Bearbeitung (allgemein und an Beispielen)
Traditionelle Medien	Lehrbuch; Handapparat in der Bibliothek			Leitfaden; Selbstlernen
PC-Tutor	Lexikon; Digitale Aufbereitung des Lehrstoffs			Beispielaufgabe
Internetbasierte Angebote	Eingesetzte Powerpointfolien; Hintergrundmaterial; Beispiele Forschungsprojekte; Links	(für Einzelne oder Gruppen) Feedback zur Bearbeitung der Übungsaufgabe per E-Mail	Aktuelle Informationen; Erinnerungsmails; Diskussionsforum	Beispielaufgabe mit Kommentaren

Bereits mit der Idee einer internetbasierten Lernumgebung stand fest, dass das Vorhaben evaluiert werden soll. Ausschlaggebend hierfür war die Absicht, neue Informations- und Kommunikationsformen nicht unsystematisch und zufällig, sondern erfahrungsbasiert einzubeziehen. Eine besondere Herausforderung bestand darin, dass ein angemessener Einsatz von Informations- und Kommunikationstechnologien in der Lehre unterschiedliche Kompetenzen erfordert: inhaltliche Expertise, didaktisches Wissen sowie technische Kenntnisse. Selten kann eine Person alle Felder gleichermaßen abdecken, aber auch die Kooperation zwischen den verschiedenen Disziplinen gestaltet sich nicht problemlos (z. B. Kerres 1998, S. 184ff.). In vielerlei Hinsicht betrat die Verantwortliche Neuland; hier versprachen die Evaluationsergebnisse eine erhöhte Handlungssicherheit und Unterstützung bei Konzeptfragen.

Diese kurze Beschreibung des Praxisvorhabens legt bereits einige Charakteristika des Evaluationsgegenstands offen. Das „Programm" beinhaltete eine partielle Neuerung, das heißt in ein bestehendes Lehrangebot wurden neue Elemente integriert. Selbstverständlich wurde mit der Entscheidung für die Lernumgebung nicht die erste E-Mail mit Studierenden ausgetauscht; auch eine Homepage mit Informationen zur Veranstaltung bestand bereits. Es gab also nicht den einen Startschuss für die Implementierung des Vorhabens. Darüber hinaus war die Neuerung nur ein Teil des Gesamtpakets „Methodenausbildung". Das Ziel bestand ja gerade darin, die internetbasierte Lernumgebung nahtlos in die bestehenden Ausbildungsangebote zu integrieren.[54]

Daraus folgt, dass die Grenzen dieses Evaluationsgegenstands fließend waren. Typisch für eine Neuerung ist darüber hinaus, dass die Implementierung schrittweise vonstatten geht, dass zunächst erprobt und angepasst wird. Damit ist der Gegenstand dynamisch und veränderlich. Das galt auch für die Lernumgebung: Technische Probleme mussten gelöst, Missverständliches geklärt, Abläufe abgestimmt, kurzum die konzeptionelle Idee musste in die realen Bedingungen eingegliedert werden.

Weiterhin charakteristisch ist, dass der Gegenstand facettenreich ist. „Internetbasierte Lernumgebung" suggeriert zwar eine Einheit, jedoch besteht diese aus einem Bündel einzelner Interventionen und Angebote, die im Idealfall miteinander verknüpft sind und sich gegenseitig ergänzen.

Schließlich muss noch festgehalten werden, dass das zu evaluierende „Programm" – der Evaluationsgegenstand – die *internetbasierte Lernumgebung* war, es sich also um einen spezifischen Ausschnitt der Lehrevaluation handelte. Damit soll zum einen der Unterschied zu einer Produktevaluation herausgestellt sein, denn im Mittelpunkt des Erkenntnisinteresses stand die (medienunterstützte) soziale Interaktion. Zwar entstanden im Rahmen des Vorhabens auch Produkte als Bestandteil der Lernumgebung, die auch zu evaluieren waren, hinterfragt werden sollte aber in erster Linie der Prozess, *wie* diese an die Nutzenden herangetragen werden, *wie* sie in die Lehre integriert werden. Zum anderen soll eine begriffliche Abgrenzung gegen „Evaluation von E-Learning" (wie beispielsweise bei Meister u. a. 2004) oder gar „virtuellem Lernen" vorgenommen werden: Auf dem Prüfstand befand sich das Lehrangebot, nicht die Lernenden. Darüber hinaus erscheinen die Begriffe „elektronisches Lernen" oder „virtuelles Lernen" grundsätzlich problematisch: Beide verschleiern, dass Lernprozesse intra- und interpersonal stattfinden – unabhängig vom unterstützenden Medium.

---

54 Die Ergänzung von Präsenzlehre um internet- und computerbasierte Angebote wird entweder als „Hybridveranstaltung" (z. B. Dresing 2007) oder auch als „blendend learning" (Reinmann-Rothmeier 2003) bezeichnet.

Analog argumentiert z. B. ROLF SCHULMEISTER (2001, S. 53), der sich kritisch mit der Bezeichnung „virtuell" in Kombination mit Lernen auseinandersetzt:

> „Lernen ist immer real, unabhängig davon, ob es mit physischen oder elektronischen Medien, in realen oder virtuellen Umgebungen stattfindet."

In Anlehnung an Kapitel 3.2 lässt sich eine vorläufige Eingrenzung des Evaluationsgegenstands entlang der Schlagworte relevanter Aspekte eines Programms wie in Tabelle 4 vornehmen:

Tabelle 4:   Ausgangslage und Folgen der Lernumgebung

	Im konkreten Fall – beispielhaft
Externe Einflüsse	Politisch gewollte Nutzung des Internets im Rahmen der Hochschulen; Umstrukturierungsphase der Hochschulen: neben Einsparungen Modellförderung von „Neuen Medien in der Hochschule"; einerseits schleichender Einzug des Internets in die Hochschule, andererseits massive Förderung von Modellprojekten
Bedingungen	Pflichtveranstaltung des Grundstudiums
Input	In diesem Fall keine zusätzlichen Mittel; Durchführende: keine Programmiererfahrung, intrinsische Motivation am Vorhaben
Income	Studierende am Beginn des Studiums: wenig Erfahrung mit Selbstlernkonzepten, vorwiegend extrinsische Motivation, heterogene Medienkompetenz, heterogene Zugänge zum Internet
Plan	Genutzte und nützliche internetbasierte Lernumgebung; Erwerb von Selbstlernkompetenzen
Outputs	durchgeführte Beratungen per E-Mail; Anzahl der begleiteten Studierenden; digital aufbereitetes Informationsmaterial
Outcomes	Anvisiert: Kenntnisse und Nutzung selbstgesteuerter Lernstrategien, methodenspezifisches Begriffsinventar kennen und anwenden lernen, kleines Forschungsprojekt planen können
Impacts	Nutzung des Internets wird für alle Lehrveranstaltungen systematisch betrieben; Benutzung der Lernumgebung zur Umstrukturierung von Diplom- auf Bachelor- und Masterabschlüsse (Maluspunkte, Leistungsnachweise)

2.7.2 Optionale Evaluationsfunktionen und Rollenverteilungen

Typisch für eine Evaluation, die Kontrollzwecke erfüllen soll, wäre folgende Situation: Öffentliche Gelder fließen in die Einführung neuer Medien an den Hochschulen; die Finanzierenden wollen wissen, ob mit den Geldern verantwortlich umgegangen wird, ob beispielsweise tatsächlich Neuerungen entwickelt oder die zusätzlichen Mittel zur Weiterführung bisheriger Lehr- und Forschungsverpflichtungen genutzt werden. Auch könnte ein Zweck der Evaluation sein festzustellen, ob mit dem Einsatz von Internet und PC die Qualität der Lehre verbessert wird, die deutschen Hochschulen konkurrenzfähiger werden etc.

In dem dargestellten Vorhaben spielte das Kontrollparadigma jedoch keine Rolle, unter anderem weil eben keine zusätzlichen Mittel eingesetzt wurden und es keine Auftraggebenden gab, die das Vorhaben hätten kontrollieren wollten. Zwar bestand aus eigener Sicht durchaus die Frage, ob das Vorhaben erfolgreich sein würde, aber nicht in einem summativen Sinne, d.h. das Anliegen war es nicht, eine zusammenfassende Aussage darüber zu treffen, ob die Lernumgebung gut oder schlecht ist, ob sie fortgeführt oder abgeschafft werden soll. Schließlich stand außer Frage, dass die Bedeutung und der Einsatz internetbasierter Kommunikations- und Informationstechnologien in der Hochschulausbildung steigen würde.

Eine Evaluation unter forschender Perspektive schien vor diesem Hintergrund durchaus einen sinnvollen Ansatz zu bieten. Fragen, die sich auftaten, waren: Für welche Lerntypen eignen sich internetbasierte Informations- und Kommunikationswege? Gibt es geschlechtsspezifische Nutzungsarten? Werden bestimmte Lernendengruppen benachteiligt (oder bevorteilt)? Wie integrieren Lernende neue Zugangsmöglichkeiten zu Informationen, zu Kommilitoninnen und Kommilitonen, zu Lehrenden in ihr Lernen? Wie wirkt sich eine internetbasierte Lernumgebung auf den Lernerfolg aus? Idealerweise hätten Erkenntnisse hervorgebracht werden sollen, die über die konkrete Lehrveranstaltung hinaus reichen. Beispielsweise hätte untersucht werden können, unter welchen Bedingungen es gelingen kann, neue Informations- und Kommunikationswege ohne zusätzlichen Input in den Alltag zu integrieren. Ebenso spannend wäre die Frage, wie viel persönlichen Kontakt Teilnehmende am Anfang ihres Studiums benötigen. Für das Forschungsparadigma waren insofern günstige Bedingungen gegeben, als dass sich die Evaluatorin und Projektdurchführende im Hochschulkontext befand. Vorteilhaft war auch, dass das Bundesmodellprogramm „Neue Medien in der Bildung" zahlreiche Gelegenheiten für fachlichen Austausch bot.

Jedoch scheiterte dieses umfassende Vorhaben letztlich an den bescheidenen (vor allem zeitlichen) Ressourcen. In der Entwicklung der Lernumgebung sowie der Begleitung der Methodenübungen dominierten alltägliche und praktische Herausforderungen. Dadurch ergab sich die Evaluationsfunktion quasi von selbst: Sie sollte die Entwicklung und Verbesserung der Praxis unterstützen und Informationen darüber beisteuern, wie die Lernumgebung gestaltet sein muss, damit sie von den Studierenden als unterstützend wahrgenommen und genutzt wird. Außerdem sollte ein Beitrag geleistet werden zur Integration der internetgestützten Angebote in die organisatorischen Abläufe der Methodenveranstaltung.

Dementsprechend verfolgte die Evaluation in erster Linie eine Entwicklungsperspektive. Die praktischen und methodischen Entscheidungen waren darauf abzustimmen. Design, Erhebungen, Datenanalyse und -interpretation mussten das Potential haben, einen Beitrag zur Entwicklung und Verbesserung der internetbasierten Lernumgebung zu liefern und den sich permanent verändernden Gegebenheiten anzupassen.

Dass die Evaluation die Entwicklungsperspektive verfolgte lag auch daran, dass es sich bei dem Vorhaben eindeutig um eine Selbstevaluation handelte.[55] Unter den gegebenen Rahmenbedingungen lag die Steuerung der Praxis und der Evaluation in einer Hand. Damit entfielen einige Herausforderungen: Der Kreis der Beteiligten und Betroffenen war überschaubar, womit Verhandlungen und Auftragsklärungen mit Auftraggebenden entfielen.

Durchaus wären andere Spielarten des Settings möglich: Eine – gerade im Kontext des Bundesmodells übliche – Variante hätte sein können: Das Institut beauftragt eine interne oder auch externe Evaluation,[56] in einer Phase, in der – sei es für den gesamten Soziologie-Studiengang, sei es für alle Pflichtveranstaltungen im Grundstudium – Lehrende den Einsatz internetbasierter Kommunikation für ihre Veranstaltungen erproben sollen oder wollen. Unter solchen Umständen wäre die Auftragsklärung eine zentrale und schwierige Aufgabe geworden. Diese wäre abhängig davon, von wem die Initiativen für den Medieneinsatz sowie die Evaluation ausgingen. In besonderem Maße hätte geklärt werden müssten, ob es um die Kontrolle der Qualität des Medieneinsatzes gehen oder ob den Lehrenden eine Art Dienstleistung und Beratung zur Seite gestellt werden sollte. Auch die Grenzziehung zwischen Lehre (Inhaltsexpertise und Didaktik) und Medieneinsatz hätte problematisch werden können. Auszuloten gewesen wäre, inwieweit Evaluation sich mit Inhalten oder der allgemeinen didaktischen Konzeption beschäftigen darf oder muss.

Über das Spannungsfeld zwischen Auftraggebenden, Betroffenen und Beteiligten verrät dieses Beispiel also wenig.[57] Allerdings bleibt die Herausforderung bestehen, den Zweck der Evaluation, die Fragestellungen und das Design zu klären bzw. festzulegen. Statt der Fähigkeiten, in Konfliktfällen zu vermitteln und Klärungsprozesse zu moderieren, stehen in der Planung und Umsetzung von Selbstevaluationen hohe Planungskompetenz sowie Eigendisziplin im Vordergrund. Selbstevaluationen laufen Gefahr, in der alltäglichen Umsetzung von Praxis die Evaluation aus den Augen zu verlieren.

Eine ihrer großen Stärken besteht in der Nähe zur Praxis und zum Feld. In der regelmäßigen Konfrontation mit dem, was im Programm geschieht, ergeben sich zusätzliche Möglichkeiten der Informationsbeschaffung, die Integration der Datensammlung in die Praxis sowie der Ergebnistransfer können leichter gelingen. Jedoch so sehr die Nähe zum Feld eine Chance ist, so birgt sie auch die Gefahr der so genannten „Betriebsblindheit". Gerade Routinen sind schwer in Frage zu stellen, Veränderungspotentiale sind im Alltag nicht ohne Weiteres erkennbar.

---

55 Die DeGEval (2004a, S. 5) definiert Selbstevaluation in ihren „Anwendungen der Standards auf das Handlungsfeld der Selbstevaluation" folgendermaßen: „Unter Selbstevaluation werden systematische, datenbasierte Verfahren der Beschreibung und Bewertung verstanden, bei denen die praxisgestaltenden Akteure identisch sind mit den evaluierenden Akteuren."

56 Üblicherweise vergeben Hochschulen Evaluations- oder Forschungsaufträge aus Kostengründen nicht nach außen. Allerdings sind die Grenzen zwischen intern und extern im Kontext von Hochschulen fließend (siehe auch Hense 2006, S. 71f.).

57 Das Spannungsfeld von Evaluation um Kontext Hochschule, im besonderen Maße bei der Einführung so genannter „Neuer Medien" wird von Schwarz (z. B. 2004) beschrieben.

Diese Betriebsblindheit ist allerdings eher ein Problem der Praxis als das der Selbstevaluation, denn letztere dient ja ausdrücklich dazu, Alltagsroutinen zu durchbrechen und Praxis datenbasiert zu hinterfragen. Eine bewährte Strategie hierzu besteht darin, ergänzende Perspektiven einzubeziehen. So formulieren die Empfehlungen der DeGEval (2004, S. 9) für die Anwendung der Standards bei Selbstevaluationen:

> „Selbstevaluationen sollen so geplant werden, dass die Akteure sich selbst, ihr Team und die Einrichtung bzw. den Dienst dabei unterstützen, die Interessen, Bedürfnisse und Bedarfe der verschiedenen Zielgruppen zu berücksichtigen und die Aktivitäten danach auszurichten."

Für die internetbasierte Lernumgebung war es demnach wichtig, die Perspektiven der Studierenden und der studentischen Tutorinnen und Tutoren einzubeziehen sowie das Angebot mit der Vorlesung zur Methodenlehre abzustimmen.

Nachdem nun die ersten Weichenstellungen gesetzt, der Zweck, die einzubeziehenden Personengruppen und Verantwortungsfragen präzisiert und eingegrenzt sind, erfordert der nächste Schritt die Entwicklung eines Designs. Zunächst bietet es sich an, einen Überblick über klassische Vorgehensweisen von Evaluationen zu geben. In einem nächsten Schritt kann dann geprüft werden, wie tauglich sie für das Evaluationsprojekt sind und wo sich mögliche Übertragungsprobleme ergeben.

3. Klassische Konzepte zur Durchführung von Evaluationen

> *„Evaluators need to be aware of both contemporary and historical aspects of their emerging profession, including its philosophical underpinnings and conceptual orientations. Without this background, evaluators are doomed to repeat past mistakes and, equally debilitating, will fail to sustain and built on past successes"* (Madaus/Stufflebeam 2000, S. 18).

Im Anschluss an die vorangehende Einführung zur Evaluation, wo deren Bandbreite von Bedingungen, Konstellationen, Funktionen und Anforderungen dargestellt ist, soll an dieser Stelle ein Überblick über die wichtigsten klassischen Konzepte zu deren Durchführung gegeben werden. George F. Madaus und Daniel L. Stufflebeam begründen mit ihrem obenstehenden Zitat, warum es notwendig ist, sich mit der Entwicklung der Evaluationsmethodologie auseinanderzusetzen: Aus den Erfahrungen früherer und aktueller Vorgehensweisen lassen sich wertvolle Rückschlüsse auf Herausforderungen und Risiken ziehen. Daneben soll deutlich werden, auf welche Probleme theoriebasierte Evaluation eine Antwort liefern will und in welchem Kontext dieser Ansatz entstand und sich weiterentwickelte.

Das Feld der Evaluationskonzepte zeichnet sich durch eine große Vielfalt aus. So identifiziert beispielsweise Stufflebeam (2000, 2001) 22 verschiedene Modelle. Diese unterscheiden sich je nach Fokus auf den Evaluation ausgerichtet ist, basieren auf verschiedenen wissenschaftstheoretischen Grundannahmen und weisen Evaluatorinnen und Evaluatoren verschiedene Aufgaben zu. Demzufolge liegt die Herausforderung darin, die zentralen Konzepte herauszufiltern, um die Bandbreite der verschiedenen Perspektiven abzubilden und dabei gleichzeitig die wichtigsten Einflüsse – vor allem für die deutschsprachige Evaluation – zu rekonstruieren.

Aufgenommen sind aus diesen Gründen:
- das zielbasierte Konzept von Ralph Tyler, das den Anfang von Evaluation markiert (3.1);
- experimentelle und quasi-experimentelle Designs, die vor allem das Wissenschaftsparadigma repräsentieren und heute vielfach noch als der methodische Goldstandard von Evaluationen gelten (3.2);
- des Weiteren die nutzungsfokussierte Evaluation von Michael Q. Patton (Utilization-Focused Evaluation), die vor allem für die Praxis von Evaluationen steht (3.3)
- sowie die konstruktivistische Evaluation nach Egon Guba und Nicola Lincoln (Fourth Generation Evaluation) (3.4).

Auf einen weiteren Hauptakteur der Evaluation, Michael Scriven, wird lediglich als Kritiker bestehender Konzepte rekurriert. Sein Ansatz der „zielfreien Evaluation" (goal-free evaluation) hat sich weder theoretisch noch praktisch durchsetzen können. Im letzten Abschnitt folgt eine Situationsbeschreibung der aktuellen Methoden-debatte, die viele der vorangegangenen Anregungen aufgreift und eher pluralistisch orientiert ist.

Die Beschreibung der einzelnen Konzepte orientiert sich weitgehend an den Schriften ihrer Begründer. Genauer unter die Lupe genommen werden die von ihnen akzentuierten Evaluationsgegenstände und -fragestellungen, das Vorgehen bzw. das Design und die daraus resultierenden Rollen für Evaluatorinnen und Evaluatoren. Diese Rollen beschreiben jeweils unterschiedliche Aufgabenspektren sowie verschie-dene Beziehungen zum Programm. Abschließend werden die Konzepte in Hinblick auf ihre spezifischen Stärken und Schwächen und ihre Bedeutung für methodologi-sche Debatten beleuchtet.

Die Reihenfolge in der Darstellung ist chronologisch aufgebaut, um zu unterstrei-chen, dass die Entwicklung der Methodendebatte die praktischen Erfahrungen aus Evaluationen aufnimmt und in modifizierte Konzepte mündet. Die Vorgehenswei-se begründet sich außerdem darin, dass Evaluation ein sich entwickelndes und damit ein sich ständig veränderndes Forschungs- und Praxisfeld ist. Das spiegelt sich auch darin wider, dass die einzelnen Protagonistinnen und Protagonisten ihre Positionen verändern, was wiederum darauf verweist, dass Evaluation ein ausgesprochen dyna-misches und lernfähiges Feld ist.[58]

3.1 Zielorientierte Evaluation[59] (Ralph W. Tyler)

3.1.1 Grundzüge des Konzepts

Die Darstellung und Diskussion von Konzepten der Evaluation mit zielorientierter Evaluation und Tyler zu beginnen, erklärt sich daraus, dass kein Konzept eine ähn-lich hohe Bedeutung in der *Praxis* von Evaluationen hat und keine Strategie in der Durchführung von Evaluationen häufiger angewandt wird. Zusätzlich gilt Tyler, der zielbasierte Evaluationen praktisch erprobte und auch darüber publizierte, als *der* „Vater der Evaluationsforschung".[60] Ebenso bezeichnen ihn Guba/Lincoln (1989, S. 28) als *den* Begründer der Programmevaluation.

Maßgeblichen Einfluss hat das TYLERsche Modell, das sogenannte „Tyler-Ratio-nal", auch auf die erziehungswissenschaftliche Curriculumforschung und -entwick-lung. Damit sei am Rande darauf verwiesen, dass eine wichtige Wurzel der Evalua-tion vor allem in der Bildungs- und Erziehungsforschung zu finden ist. Um Tylers Herangehensweise an Evaluation zu verstehen, ist es notwendig, seine Arbeit in den

---

58 Zur Wechselbeziehung zwischen Theorie und Praxis von Evaluation finden sich bei Christie (2003a, 2003b) zahlreiche Hinweise und Illustrationen.

59 Beywl (1988) spricht von zielgesteuerter Evaluation, Scriven (1991, S. 178ff.) unterscheidet zwischen Zielerreichungs- und zielbasierter Evaluation (goal-achievement, goal-based).

60 Madaus/Stufflebeam (2000, S. 8) führen ihn mit folgenden Worten ein: „Ralph W. Tyler has had enormous influence on education in general and educational evaluation and testing in particular. He is often referred to, quite properly we feel, as the father of educational eva-luation."

entsprechenden historischen Kontext einzubetten. TYLER war von 1933 an der Leiter einer auf acht Jahre angelegten Studie, der sogenannten „Eight Year Study", die zur Aufgabe hatte, Modellschulen mit traditionellen Schultypen zu vergleichen. Den Hintergrund für dieses Modellprogramm lieferten die Weltwirtschaftskrise und der Erste Weltkrieg, die das US-amerikanische Bildungssystem und deren Curricula zur Diskussion gestellt hatten.

Messverfahren an Schulen und Universitäten sind so alt wie diese Bildungseinrichtungen selbst. Individuelle Leistungsmessungen erfüllen die Funktionen, über Zulassungen zu entscheiden sowie Auskunft darüber zu geben, mit welchem Erfolg Lernende Bildungsmaßnahmen durchlaufen haben. Frühe Bewertungsverfahren waren kaum standardisiert: Prüfungen wurden vor allem mündlich durchgeführt, Beurteilungen beruhten auf der Einschätzung von z. B. Essays und Aufsätzen. Im Zuge von Fordismus und Taylorismus – der wissenschaftlichen Organisation von Produktionsabläufen und weiterer gesellschaftlicher Prozesse (scientific management) – bekamen die Performanzmessungen bei Lernenden eine zusätzliche Funktion: Durch die Standardisierung von Lerntests und ersten Intelligenztests konnten zunächst die Leistungen von Schülerinnen und Schülern ebenso wie von Studierenden einem Vergleich unterzogen werden. Zusätzlich fanden die ersten Versuche statt, Klassen, Schulen und Ausbildungen einander gegenüberzustellen (z. B. Madaus/Stufflebeam 2000, S. 6ff.).[61]

An den, vor allem zu Beginn des 20. Jahrhunderts, verfolgten Strategien zur Messung von Lernerfolgen kritisiert TYLER (2000) drei grundsätzliche Punkte: Erstens bemängelt er, dass vorrangig auswendig Gelerntes abgeprüft werde, wobei die bloße Reproduktion von Informationen nicht das Ziel von Bildung sein könne und auch nicht das Ziel derjenigen war, mit denen TYLER zusammenarbeitete. Zudem könnten die Testergebnisse nur sehr eingeschränkten Aufschluss darüber geben, welchen Beitrag das didaktische Konzept und dessen Umsetzung haben. Darüber hinaus kritisiert er, dass die verwendeten Testverfahren die Lernstrategien der Lernenden ungünstig beeinflussten.[62] Damit stellt TYLER die bis dahin gängige Praxis in der Entwicklung von Lehrplänen ebenso in Frage wie auch die damals eingesetzten Lernerfolgsmessungen.

In den Fokus der TYLER'schen Bildungsforschung rückt statt der individuenzentrierten Leistungsmessung mittels standardisierter Tests eine pädagogische Strategie der Curriculumsentwicklung (Beywl 1988, S. 16ff.). Die Hebel, an denen TYLER (2000, S. 93) ansetzt – sowohl in Hinblick auf die Curriculumentwicklung als auch die Evaluation – sind die Bildungsziele (objectives of education). Sie legen die Ziele fest, deren Erreichung Lehrende die Lernenden unterstützen wollen. Neben der For-

---

61 Diese standardisierte Leistungsmessung zu Vergleichszwecken erlangt im Zuge der Pisa-Studien erneut enorme Bedeutung und Beachtung (siehe: www.oecd.org).

62 „I found that the instructors were using tests that demanded only that students recall specific information. None of the tests required the more complex behaviours that the courses were planned to help students learn. (…) Using tests of this sort, the instructors were unable to assess objectively the progress of their students in learning what the courses were designed to help them learn. Furthermore, the use of tests of recall gave the students the wrong notion of what they are expected to learn" (Tyler 2000, S. 88).

mulierung der Lehrziele besteht die Lehrplanentwicklung darin, Strategien zur Bereitstellung von Lernerfahrungen, die das Erreichen der Ziele ermöglichen sollen, zu beschreiben. Der dritte Schritt sieht vor, für diese Lernerfahrungen eine möglichst effektive Organisation der Anleitung zu finden. Zu guter Letzt soll bereits während der Curriculumentwicklung geplant werden, wie diese Effektivität überprüft bzw. evaluiert werden kann.

Die Evaluation beginnt bereits mit der Lehrzielfestlegung. Um das Erreichen dieser Ziele überprüfen bzw. evaluieren zu können, müssen sie operationalisierbar beschrieben werden. Da es für TYLER nicht primär um die Vermittlung von schlicht reproduzierbaren Informationen geht, besteht die Aufgabe von Lehre und Lehrplanung darin, Anwendungsgelegenheiten für erworbenes Wissen zu planen und umzusetzen. Für Evaluationen bedeutet dies, dass die erworbenen Fähigkeiten und Kenntnisse situationsgebunden – also nicht ausschließlich mittels Multiple-Choice-Tests – überprüft werden. Um dies zur Grundlage von Evaluation werden zu lassen, müssen nun Wege zur Dokumentation des angewandten Wissens erarbeitet und Erfolgsspannen für Effektivität ausgewiesen werden. Zusätzlich muss die Repräsentativität von Lernsituationen gewährleistet sein, d.h. das Beherrschen der erworbenen Kenntnisse in verschiedenen Lernsituationen muss in schriftlichen, mündlichen und praktischen Formen überprüft werden.

Aus diesen Schritten ergibt sich ein Lehrplan-Entwicklungsprozess, der eng verwoben ist mit seiner Evaluation. Indem Lehrziele von Anfang an operationalisierbar formuliert werden sollen, gestaltet die Evaluation das Curriculum von Anfang an mit. Dieser verschränkte Prozess lässt sich folgendermaßen darstellen (Abbildung 5).

Zu Zeiten der „Eight Year Study" war eine begriffliche Unterscheidung zwischen summativer und formativer Evaluation noch nicht eingeführt.[63] Rückblickend betrachtet lässt sich rekonstruieren, dass die Auftraggebenden wohl eher eine summative Evaluation im Sinn hatten, indem sie überprüft wissen wollten, ob die Absolventinnen und Absolventen der Modellschulen mindestens ebenso gut gelernt hatten, wie diejenigen, die herkömmliche Schulen absolviert hatten.[64] Auch im „Tyler Rational" spielt die Kontrolle der Effektivität eine zentrale Rolle. Gleichzeitig jedoch enthält das von TYLER und seinen Mitarbeitenden entwickelte und umgesetzte Evaluationskonzept auch deutliche formative Komponenten. Immer wieder betont er, dass seine Aufgabe als Evaluator darin bestehe, die Weiterentwicklung der Lehrpläne zu unterstützen.

Losgelöst von dieser beispielhaft angeführten Studie können zielorientierte Evaluationen nachstehende typische Fragestellungen verfolgen:
– Hat das Programm die gesetzten Ziele erreicht?
– In welchem Ausmaß wurden die Ziele erreicht?
– Führen veränderte Strategien zur Verbesserung der Zielerreichung?

---

63 Die Begriffe „formativ" und „summativ" sind SCRIVEN (z.B. 1972a; 1972b) zuzuschreiben.
64 „The purpose of the Eight Year Study was to demonstrate that students who were trained by these unorthodox curricula would nevertheless be able to succeed in college" (Guba/Lincoln 1989, S. 27).

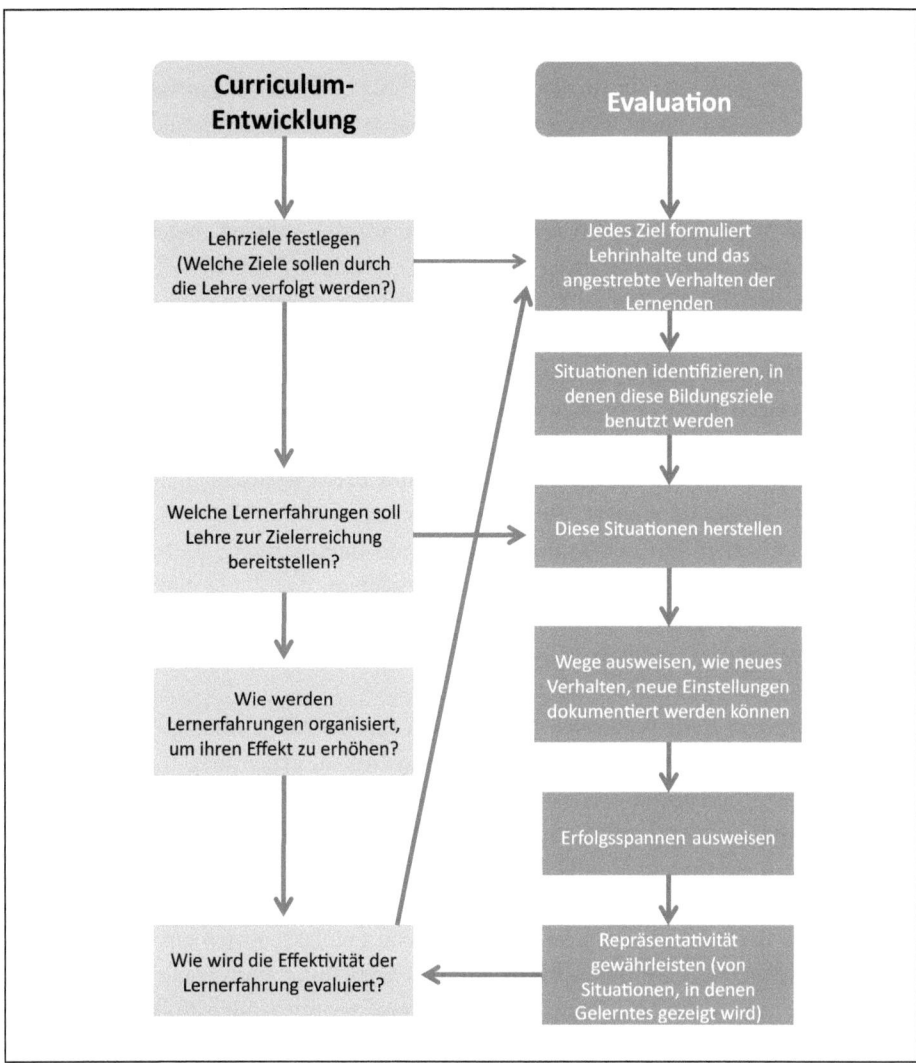

Curriculum-Entwicklung

- Lehrziele festlegen (Welche Ziele sollen durch die Lehre verfolgt werden?)
- Welche Lernerfahrungen soll Lehre zur Zielerreichung bereitstellen?
- Wie werden Lernerfahrungen organisiert, um ihren Effekt zu erhöhen?
- Wie wird die Effektivität der Lernerfahrung evaluiert?

Evaluation

- Jedes Ziel formuliert Lehrinhalte und das angestrebte Verhalten der Lernenden
- Situationen identifizieren, in denen diese Bildungsziele benutzt werden
- Diese Situationen herstellen
- Wege ausweisen, wie neues Verhalten, neue Einstellungen dokumentiert werden können
- Erfolgsspannen ausweisen
- Repräsentativität gewährleisten (von Situationen, in denen Gelerntes gezeigt wird)

Abbildung 5: Tyler Rational (in Anlehnung an Tyler, 2000)

Insgesamt lässt sich ein Evaluationsdesign, dessen Vorgehen auf operationalisierten Zielen fußt, unter entwicklungs- aber ebenso gut unter kontrollparadigmatischer Perspektive umsetzen. Relevante Unterscheidungsmerkmale bei formativen und summativen Evaluationen zielorientierter Art sind neben dem programmgestaltenden oder prüfenden Zweck außerdem, wer eigentlich die Ziele, deren Erreichung überprüft wird, vorgibt. Werden die Ziele als externe Überprüfungskriterien gesetzt oder von den Programmdurchführenden selbst entwickelt? Wer kann aus den Untersuchungsergebnissen Konsequenzen bzw. Entscheidungen ableiten?

3.1.2 Rolle der Evaluatorinnen und Evaluatoren

Alleine durch seine Kritik an den bis dahin üblichen Leistungsmessungen in Bildungseinrichtungen macht TYLER deutlich, dass er nicht ausschließlich als „objektiver" Beobachter oder Forscher an die Schulen geht, sondern lässt erkennen, dass er durchaus eigene pädagogische Ziele verfolgt. Indem er Vorgaben dazu macht, welche Schritte in einem Lehrplan festgeschrieben werden müssen, beteiligt er sich an der Praxis. Insbesondere nimmt er durch die Feststellung, dass das Ziel von Bildung nicht darin besteht, auswendig Gelerntes schlicht zu reproduzieren, selbstverständlich einen Eingriff in die Praxis vor, insofern als hier ein übergreifendes Bildungsziel gesetzt wird: Es geht TYLER um die Erlangung von anwendbarem Wissen. Nicht zuletzt deswegen spielt er bis heute nicht nur in der Evaluationsforschung, sondern auch in der Didaktik und Pädagogik eine entscheidende Rolle.

Wer letztlich Entscheidungen über Ziele und Erfolgsspannen trifft, wird in den Texten nicht eindeutig geklärt. TYLER betont immer wieder, dass eine enge Zusammenarbeit zwischen den Lehrkräften und dem Evaluationsteam stattfand.[65] Insofern ist von einem frühen Evaluationskonzept auszugehen, das die systematische Einbeziehung von Beteiligten vorsieht (siehe auch Beywl 1988, S. 19). Allerdings werden nicht alle Beteiligten und Betroffenen, wie z.B. Schülerinnen, Schüler und Eltern berücksichtigt.

Losgelöst von dem konkreten Beispiel TYLERs im Anwendunsgfeld Schule und Bildung, ist mit dem zielbasierten Konzept ein Modell erkennbar, bei dem Evaluatorinnen und Evaluatoren den Verantwortlichen für die Programmentwicklung und -durchführung beratend zur Seite stehen. Dabei sind zwei Varianten denkbar: Entweder steuern sie ihre methodischen Kompetenzen, z.B. in der Formulierung operationalisierbarer Ziele bei oder sie setzen ihr gegenstandsbezogenes Fachwissen zur Präzisierung der Zielbereiche und Festlegung von Erfolgsspannen ein.

TYLER agiert zwar an der Schnittstelle von Forschung und Praxisberatung, problematisiert aber nicht den daraus möglicherweise resultierenden Rollenkonflikt. Bei ihm funktioniert das Nebeneinander zwischen Forschung und Beratung scheinbar reibungslos. Grundsätzlich sind jedoch mit einem solchen Vorgehen Rollen- und Wertekonflikte vorprogrammiert. Auch wird nicht thematisiert, inwieweit Evaluation Einfluss auf die Festsetzung von Bewertungsmaßstäben nimmt bzw. *wessen* Ziele und Erfolgsspannen letztlich zu Grunde gelegt werden. Je nachdem, ob es sich um Evaluationen unter Entwicklungs- oder Kontrollperspektive handelt, wird sich das Verhältnis zwischen Evaluierenden und Programmbeteiligten deutlich verändern.

---

65 „The instructors and I worked closely together in developing tests, studying and discussing the results, and trying to improve the courses where the test results suggested inadequacies. [...] Program evaluation proved to be a very useful means in assisting course improvements" (Tyler 2000, S. 89).

3.1.3 Kritische Würdigung

Mit den Vorschlägen TYLERS wird für viele der Startschuss für eine neue Profession, der Evaluation, gegeben. Außerdem spielt in der Praxis von Evaluationen das zielbasierte Konzept heute – zumindest in Deutschland – eine herausragende Rolle. Die Anwendung bleibt nicht auf den Bildungsbereich beschränkt, sondern ist auf die meisten Politikfelder übertragbar.

Die Attraktivität ist dadurch zu erklären, dass eine Strategie angeboten wird, die eine enge Brücke zwischen Projektmanagement und Evaluation bietet. Die Formulierung von operationalisierbaren Zielen kann für die Planung, Steuerung und Durchführung sowohl von Programmen, Maßnahmen als auch Projekten eine nützliche und hilfreiche Strategie bieten. Gerade im letzten Jahrzehnt hat sich durchgesetzt, dass Programme Ziele formulieren, jeder Antrag auf finanzielle Zuwendungen sich auf Ziele stützt und jede Berichterstattung über Mittelverwendung sich ebenfalls immer wieder auf Zielerreichungen beziehen muss. Ziele in Politik und Praxis sind also weder von der regionalen, nationalen noch von der internationalen Ebene wegzudenken.

Die zentrale Stärke zielorientierter Evaluationen besteht darin, dass sich Evaluation, Politik und Praxis derselben Sprache bedienen und als Folge davon Prozesse in diesen Bereichen voneinander profitieren können: Werden Ziele für die Praxis formuliert, so können diese auch für die Planung und Umsetzung von Evaluationen genutzt werden; wie umgekehrt die Formulierung von Zielen im Rahmen einer Evaluation die Praxis gestalten kann. Einschränkend muss angemerkt werden, dass Ziele offiziell über einen hohen Stellenwert verfügen, im Konkreten jedoch oftmals Widerstände gegen eine Festlegung auf operationalisierbare Ziele und überprüfbare Erfolgsspannen festzustellen sind (vgl. Kapitel 4.2.1).

Für SCRIVEN (1991) liegt gerade in dieser engen, über die Ziele geschaffenen Verbindung zwischen Programm- bzw. Projektmanagement und Evaluation eine wichtige Schwäche dieses Modells. Evaluation hat für SCRIVEN die Aufgabe, eine Einschätzung von Wert und Güte eines Evaluationsgegenstands zu liefern, die unabhängig von Programmzielen zu betrachten sei.[66] Er macht die Fachöffentlichkeit darauf aufmerksam, dass es sich bei Zielen um fragwürdige Konstrukte handelt. Z.B. ist kritisch zu hinterfragen, wer darüber entscheidet, ob Ziele angemessen sind und, ob es überhaupt erstrebenswert ist, diese Ziele zu erreichen. Darüber hinaus bedeutet eine Evaluation entlang der vom Programm gesetzten Ziele, dass nicht intendierte Resultate oft ausgeblendet und übersehen werden (siehe auch Stockmann 2006, S. 176ff.). SCRIVEN entwirft zum zielbasierten Ansatz das Gegenkonzept der zielfreien Evaluation bzw. der „goal-free evaluation", ein Vorgehen, das die mit dem Programm verknüpften Ziele explizit ausklammert. Evaluatorinnen und Evaluatoren, die dieses Konzept verfolgen, nehmen die Ziele bewusst nicht zur Kenntnis, sie schützen

---

66 Für SCRIVEN (1991, S. 179) gehören Ziele zum Programmmanagement, haben jedoch nichts mit Evaluation zu tun: „[…] goals have nothing to do with merit, only with management monitoring."

sich gar davor, die Ziele zu kennen.[67] Statt der Ziele rücken für SCRIVEN Bedarfsanalysen in den Mittelpunkt. Der Wert eines Programms bemisst sich also danach, wie gut es diesem gelingt, die zuvor festgestellten Bedürfnisse von Zielpersonen zu befriedigen.[68] Von dieser Strategie verspricht sich SCRIVEN (z. B. 2000), dass Evaluierende nicht vorrangig im Dienste von Management und Auftraggebenden agieren.[69]

Neben SCRIVENs Kritik wird, vor allem aus Sicht der Wissenschaft, folgende Frage an zielorientierte Evaluationskonzepte herangetragen: Wenn Messungen ergeben, dass bestimmte Ziele innerhalb der anvisierten Erfolgsspannen erreicht wurden, wie kann überhaupt belegt werden, dass das Programm dafür verantwortlich war? Zwar wendet TYLER Vorher-Nachher-Messungen an, jedoch ist damit noch nicht belegt, dass diese Ergebnisse nicht auch mittels anderer Curricula oder sowieso automatisch hätten erreicht werden können. Für Wirkungsfeststellungen scheint daher ein ausschließlich an Zielen orientiertes Modell eher ungeeignet (vgl. 3.2).

Zusätzlich birgt das von TYLER vorgeschlagene Vorgehen, operationalisierbare Ziele zu formulieren, die Gefahr in sich, dass Evaluationen Ziele ins Visier nehmen, die leicht zu operationalisieren sind, aber nicht unbedingt die zentralen Absichten von Programmen repräsentieren. Typischerweise werden leicht quantifizierbare Erfolgsmargen auf der Output-Ebene vorgegeben, die jedoch kaum etwas über die *wichtigen* Folgen aussagen. Ein weiteres Problem bei TYLER ist darin zu sehen, dass eine Gewichtung der verschiedenen Zielbereiche noch nicht eingelöst ist (vgl. z. B. Wittmann 1985, S. 321).

Trotz aller ernstzunehmenden Kritik am zielorientierten Konzept, muss festgehalten werden, dass Ziele nach wie vor für Evaluationen ein, wenn nicht gar *der* zentrale Bezugspunkt sind und die meisten – auch im Folgenden dargestellten – Konzepte ohne sie nicht auskommen. Nur wenige Evaluatorinnen und Evaluatoren akzeptieren eine allgemeine präskriptive Ethik, wie z. B. „soziale Gerechtigkeit" bei ERNEST HOUSE (z. B. 1993), als alternatives Entscheidungskriterium. Jedoch besteht gemeinhin Einigkeit, dass Ziele alleine nicht die einzige Bezugsgröße für die Bewertung von Programmen darstellen können (Shadish/Reichard 1987, S. 26).[70]

---

67 „In the pure form of this type of evaluation [the goal-free, S.G.], the evaluator is not told the purpose of the program but does the evaluation with the purpose of finding out what the program is actually *doing* without being cued as to what it is trying to do" (Scriven 1991, S. 180, Herv. im Orig.).

68 So schreibt SCRIVEN (2000, S. 255): „But if one has some kind of needs assessment in hand, then one can use it to evaluate all effects, whether intended or not."

69 Die zielfreie Evaluation von SCRIVEN ersetzt letztlich Managerinnen und Manager durch Programmadressaten. Offen bleibt außerdem, wer die relevanten „Konsumentinnen" oder „Konsumenten" bestimmt.

70 Siehe z. B. COOK/SHADISH (1987, S. 49): „Although goals have been rejected as the sole source of criteria of merit, no replacement has yet been agreed upon."

3.2 Experimental- und Quasiexperimentaldesigns (Donald T. Campbell)

> *„Once upon a time, the evaluation researcher needed only the ‚Bible' (‚Old Testament', Campbell and Stanley, 1963; ‚New Testament', Cook and Campbell, 1979) to look up an appropriate research design [...]"* (Pawson/Tilley 2004, S. 1).

Kaum jemand hat die Methodendebatte in der Evaluation so stark geprägt wie Donald T. Campbell. Vor allem der zunächst zusammen mit Julian Stanley verfasste Text zu experimentellen und quasi-experimentellen Designs und das später (1979) mit Thomas Cook herausgegebene Buch zu Quasi-Experimenten haben die Vorstellungen darüber, wie Evaluation methodisch umzusetzen ist, entscheidend beeinflusst.[71] Beide Werke beschränken sich explizit *nicht* ausschließlich auf die Durchführung von Evaluationen. Vielmehr wollen sie einen Beitrag zur angewandten Sozialforschung leisten. Ihre Vorschläge dazu, wie sich die Potentiale von Laborexperimenten auch im Feld nutzen lassen,[72] bescheren ihnen eine Schlüsselrolle in der Debatte um Evaluationsdesigns.

3.2.1 Grundzüge

Vor allem in den 1970er Jahren verfolgt Campbell (z. B. 1972) die Utopie einer „experimentierenden Gesellschaft", in der zur Lösung von Problemen Reformen als Experimente durchgeführt werden.[73] Diese systematisch umgesetzten und wissenschaftlich begleiteten Feldversuche sollen Aufschluss darüber geben, welche Interventionen die besten und erfolgreichsten Lösungen für gesellschaftliche Probleme anbieten. Campbell gilt als ein Anhänger der Sozialindikatorenbewegung, die sich auf der Grundlage von wissenschaftlich gut abgesicherten Daten ein nützliches Steuerungsinstrument für eine bessere und gerechtere Gesellschaft verspricht (vgl. Shadish u. a. 1991, S. 136ff.).

Ein Experiment wird dabei als ein Test bzw. das gezielte Ausprobieren einer Intervention verstanden, die eine Veränderung hervorbringen soll. Ein methodisch kontrolliertes Vorgehen im Experiment soll einen Kausalzusammenhang zwischen einer Intervention – als Ursache – und der Wirkung belegen. Die analytischen

---

71 Diese beiden Werke werden allgemein als höchst einflussreich betrachtet. Beispielhaft seien Shadish u. a. (1991, S. 120) angeführt: „Campbell and Stanley's (1966) work Experimental and Quasi-Experimental Designs for Research, [...], has been rated as more influential than any other evaluation work or concept."

72 Campbell/Stanley (1966) konzentrieren sich auf die Bildungs- und erziehungswissenschaftliche Forschung.

73 Die Haltung Campbells zu einer experimentierenden Gesellschaft drückt sich deutlich in diesem Zitat aus: „The United States and other modern nations should be ready for an experimental approach in which we try out new programs designed to cure specific social problems, in which we learn whether or not these programs are effective, and in which we retrain, imitate, modify, or discard them on the basis of apparent effectiveness on the multiple imperfect criteria available" (Campbell 1972, S. 187).

Grundbestandteile eines wissenschaftlichen Experiments sind dementsprechend zunächst in der Sprache experimenteller Forschung:

X	Treatment bzw. eine Maßnahme oder Intervention	verstanden als Ursache und dementsprechend als experimentelle oder unabhängige Variable
M	Messung von Beobachtungs-merkmalen, die durch X verändert werden[74]	verstanden als Wirkung und dementsprechend als abhängige Variable

Grundsätzlich sollen (Quasi-)Experimente im Kontext von Evaluationen die Fragen beantworten: Was hat das Programm bewirkt? Was wäre anders gewesen, hätte das Programm nicht stattgefunden? Welchen Unterschied macht es, wenn eine Person, eine Organisation oder eine Region einem Programm ausgesetzt sind? Experimente dienen insofern der Wirkungsforschung und sind dem Forschungsparadigma zuzuordnen. Formative Fragestellungen können und sollen nicht beantwortet werden.

Um Aufschluss über Wirkungen und Effekte des experimentellen Treatments erhalten zu können, bedienen sich (quasi-)experimentelle Designs, im Labor oder im Feld, des Prinzips des Vergleichs. Das ideale, jedoch nicht verfügbare, Instrument zur Feststellung eindeutiger Ursache-Wirkungs-Zusammenhänge wäre der Einsatz einer Zeitmaschine (Reichhardt/Mark 1999, S. 195f.). In Ermangelung dieser Strategie werden in experimentellen Versuchsanordnungen möglichst äquivalente Gruppen als alternative Vergleichsgrößen gebildet. Sie werden entweder der Maßnahme ausgesetzt oder nicht.

> „Im Mittelpunkt des klassischen *Experiments* steht das Bemühen, für die Datenerhebung Bedingungen zu schaffen, in denen *nur* das Ursache-Wirkungs-Prinzip zwischen Maßnahme und Effekt zur Geltung kommen kann." (Kromrey 2009, S. 88, Herv. im Orig.).

Unter Laborbedingungen mag es möglich sein, Störeinflüsse in ausreichendem Maße zu kontrollieren, Gruppen kontrolliert zusammenzusetzen und den Stimulus gezielt und „rein" umzusetzen.[75] Ein entscheidendes Kennzeichen von (sozialen) Programmen liegt aber gerade darin, dass sie in der Regel nur eingeschränkt zu kontrollieren sind, da sie in veränderlichen gesellschaftlichen Kontexten umgesetzt werden. Deswegen gilt es Strategien zu entwickeln, die es erlauben, auch in Feldsituationen Erkenntnisse aus Experimenten zu ziehen. Der Ansatzpunkt der CAMPBELL'schen Überlegungen besteht insofern weniger darin, Strategien zu entwickeln, wie Experimente im Labor oder im Feld planerisch und praktisch umgesetzt werden können;

---

74 Im englischen Original steht der Buchstabe „O" zunächst für „observation", in den späteren Texten, z.B. bei COOK/CAMPBELL (1979) für „outcome". Die Entscheidung wurde im Rahmen dieser Arbeit gegen die Bedeutung „outcome" getroffen, weil damit der sowieso immer wieder verschieden benutzte Begriff zusätzlichen Wirren ausgesetzt wäre.

75 Damit ist allerdings noch nicht die Frage beantwortet, welche Beobachtungsmerkmale von Interesse und wie diese zu erheben sind.

vielmehr beschäftigt er sich mit der Aufbereitung und Analyse von Daten, die aus Feldforschungen gewonnen werden.[76]

Seine methodischen Überlegungen verfolgen in erster Linie das Anliegen, offen zu legen, welche Kurzschlüsse in der Interpretation von Daten möglich sind. CAMPBELLS Argumente verlaufen dabei in zwei Richtungen: In seinem Text von 1972 wendet er sich explizit an Politik und Administration, die dazu neigen, Daten übereilt als Bestätigung für den Erfolg der von ihnen aufgelegten Programme anzusehen. Daneben möchte er Forschende auf kritische Rückfragen zur Aussagekraft ihrer Untersuchungen vorbereiten, so dass diese ihre Ausführungen „wasserdicht" machen können.

Das Augenmerk von CAMPBELL und seinen Co-Autoren liegt nun einerseits darauf zu beschreiben, welche Einwände gegen die Validität von Ergebnissen aus experimentellen Vergleichen zu formulieren sind, und andererseits Lösungsstrategien aufzuzeigen, wie diesen rivalisierenden Erklärungen zu begegnen sei. Den Anforderungen an Validitätsnachweise entsprechen folgende, von CAMPBELL/STANLEY (1966, S. 6-13) als prä-experimentell bezeichnete, Designs *nicht* (Tabelle 5):

Tabelle 5: Prä-experimentelle Designs

G_1 X M	Bei *einer* Gruppe (G_1) wird nach einem Treatment *eine* Messung durchgeführt (one-shot case-study)
G_1 M_1 X M_2	Bei *einer* Gruppe werden eine Vorher- und eine Nachher-messung durchgeführt (one-group pretest-posttest-design)
G_1 X M_1 ———————————— G_2 M_2	Das Design wird um eine Vergleichsgruppe ergänzt, die nicht einem Treatment ausgesetzt wird; die gestrichelte Linie weist darauf hin, dass es sich nicht um äquivalente Gruppen handelt (static-group comparison)

Diese Designtypen werden als prä-experimentell bezeichnet, weil sie nicht in der Lage sind, den Validitätsanforderungen zu genügen, denn sie öffnen Tür und Tor für zahlreiche rivalisierende Erklärungen. Als wichtigste Einwände gegen die Validität dieser Designtypen benennen CAMPBELL/ STANLEY (1966, S. 5f.):
– Externe Einflüsse (history): Beobachtbare Unterschiede lassen sich dadurch erklären, dass Veränderungen über die Zeit hinweg durch andere Einflüsse als das Treatment eingetreten sind. Für das Beispiel von Lehr-Lern-Prozessen bedeutet das: Vergleicht man das Wissen von Lernenden vor einer Bildungsveranstaltung mit den Kenntnissen danach, so wäre es denkbar, dass verzeichnete Veränderungen durch Lernprozesse außerhalb der Bildungsveranstaltung ausgelöst wurde.
– Entwicklungs-/Reifungs-Effekte (maturation): Beobachtbare Unterschiede können quasi automatisch über die Zeit hinweg eingetreten sein. Höhere sprachliche Kompetenzen könnten demnach nicht durch den Lese-Schreib-Unterricht sondern durch die natürliche Entwicklung des Kindes begründet sein.

---

76 Jedoch lassen sich Hinweise darauf, welche Daten erhoben werden müssen, daraus ableiten.

- Testeffekte (testing): Ergebnisse können durch die Datenerhebung selbst ausgelöst sein. Das mehrmalige Bearbeiten desselben Lerntests kann die Ursache für den Lernzuwachs sein.
- Veränderungen im Messinstrument (instrumentation): Unterschiedliche Messwerte sind nicht durch das Treatment, sondern durch Veränderungen im Messinstrument erklärbar, wenn z. B. eine Klausur (als Messinstrument des Erkenntniszuwachses) leichtere Aufgaben enthält als die Klausur im Vorjahr.
- Regressionseffekte (statistical regression): Erklärungen für überdurchschnittlichen Lernzuwachs (im Vergleich zwischen vorher und nachher) sind nicht in der speziellen Lehrmethode (Treatment) sondern darin zu sehen, dass in der Vorerhebung außergewöhnliche, untypisch niedrige Messwerte erzielt wurden.
- Selektion (selection): Messwerte sind auf systematische Verzerrungen in der Auswahl der Fälle zurückzuführen. Unterschiede zwischen Kontroll- und Experimentalgruppe könnten statt durch verschiedene Lehrmethoden durch unterschiedliche Gruppenzusammensetzungen erklärt werden.
- Ausfälle (mortality): unterschiedliche Ausfallquoten zwischen Experimental- und Kontrollgruppe führen zu systematischen Verzerrungen der Ergebnisse. In der Bildungsforschung gilt es beispielsweise, Abbrecherinnen und Abbrecher nicht aus dem Blick zu verlieren.

Diese rivalisierenden Erklärungen stellen für CAMPBELL U. A. Angriffe auf die Gültigkeit von Kausalhypothesen dar. CAMPBELL/STANLEY (1967, S. 5) unterscheiden zunächst zwischen interner und externer Validität. Interne Validität liefert eine Antwort darauf, ob tatsächlich das experimentelle Treatment für beobachtbare Veränderungen im Verhalten, in Einstellungen usw. verantwortlich ist. Die externe Validität gibt Aufschluss darüber, auf welche Gruppen, Personen oder Situationen die beobachtete Wirkung übertragbar ist. Eine notwendige Voraussetzung, um Aussagen über die externe Validität treffen zu können, liefert die interne Validität.[77] COOK/CAMPBELL (1979) erweitern diese Validitätsaspekte und ergänzen statistische Schlussvalidität („statistical conclusion validity", S. 41ff.), die bedroht ist, wenn Untersuchungsergebnisse durch Stichprobenfehler verfälscht sind. Als zusätzliches Gütekriterium benennen sie Konstruktvalidität, die die Gültigkeit der theoretischen Konstruktion sowohl von Ursache und als auch von Wirkung umfasst.[78]

Sozialforschende sind verpflichtet, sich gegen die vorgenannten Einwände zu wappnen, indem zusätzliche und alternative Messwerte in der Analyse berücksichtigt werden. Strategien hierzu liefern verschiedene experimentelle und quasi-experimentelle Designs.

---

77 „While internal validity is the sine qua non, and while the question external validity, like the question of inductive inference, is never completely answerable, the selection of designs strong in both types of validity is obviously our ideal" (Campbell/Stanley 1967, S. 5). Eine Gegenposition zum Stellenwert interner und externer Validität nimmt CRONBACH (z. B. 1972) ein. Für ihn geht es gerade in der Evaluation darum, zu Möglichkeiten der Übertragbarkeit/ Generalisierbarkeit Aussagen treffen zu können.

78 Genauer und ausführlicher dargestellt findet sich die Konstruktvalidität bei COOK/CAMPBELL (1979, S. 59-70); eine Kurzfassung mit Beispielen bei REICHARDT/MARK (1998, S. 197ff.).

„Echte Experimente" (true experiments)[79] bieten die Chance, viele konkurrierende Interpretationen zu entkräften. Deren Prinzip besteht darin, dass mindestens zwei Vergleichsgruppen bestehen, die in allen wesentlichen Merkmalen identisch sind. Jedoch ist die Kontrollgruppe keiner oder einer alternativen Intervention ausgesetzt. Der Vergleich der Messwerte nach der Intervention gibt dann Aufschluss darüber, welchen Einfluss „X" hat. Um zu äquivalenten Vergleichsgruppen zu gelangen, erfolgt die Zuweisung zu Experimental- und Kontrollgruppen durch Randomisierung (R). Die Grundidee der Randomisierung besteht darin, dass durch eine zufallsgesteuerte Zuweisung[80] zu einer Experimental- und Kontrollgruppe systematische Unterschiede zwischen ihnen – in Bezug auf die externen Einflüsse, Maturation sowie in Bezug auf die Ausgangsvoraussetzungen – weitestgehend ausgeschaltet werden können. Wenn schon nicht gewährleistet werden kann, dass die Ausgangsbedingungen der Teilnehmenden in Kontroll- oder Experimentalgruppe identisch sind, so öffnet man *allen* Einflüssen die Tür. Wenn Teilnehmende zufällig auf Kontroll- und Experimentalgruppe verteilt sind, dann gleichen sich die Unterschiede automatisch aus.

Das umfassendste Design stellt das sogenannte „Salomon-Four-Design" dar, bei dem vier randomisiert (R) zugewiesene Gruppen (G_{1-4}) verschiedenen Messungen ausgesetzt sind:

G_1	R	M_1	X	M_2
G_2	R	M_3	M_4	
G_3	R	X	M_5	
G_4	R		M_6	

Außer dass systematische Verzerrungen zwischen Experimental- und Kontrollgruppe mittels Randomisierung kontrolliert werden, können zusätzlich Validitätsprobleme, die durch das Messen selbst entstehen, gelöst werden. Der Einfluss der Messungen (M_{1+3}) wird ebenso wie das Treatment (X) als unabhängige Variable kontrolliert. Als echtes Experiment gelten auch das Pretest-Posttest-Kontrollgruppen-Design (also die beiden oberen Zeilen) sowie das Posttest-Kontrollgruppen-Design (das auf die Messungen 1 und 3 verzichtet). Diese bieten jedoch im Vergleich zur kompletten „Salomon-Four-Variante" entsprechend mehr Angriffsfläche für konkurrierende Erklärungen.

Auch wenn randomisierte Experimente die größten Stärken in der Abwehr von Bedrohungen der Validität aufweisen,[81] so bieten quasi-experimentelle Designs immerhin alternative Strategien, um konkurrierende Erklärungen auszuschalten. Dies

---

79 Einen Überblick über Logik und Vorgehen bei randomisierten Experimenten und mehrere Beispiele bietet BORUCH (1998).

80 Zufallsgesteuert bezieht sich in experimentellen Anordnungen nicht auf Zufalls*auswahlen*, sondern lediglich auf die Verteilung von zumeist Freiwilligen auf die Vergleichsgruppen (Kromrey 2009, S. 90).

81 „[...] true experiments should almost always be preferred to quasi-experiments where both are available. Only occasionally are the threats to external validity so much greater for the true experiment that one would prefer a quasi-experiment" (Campbell 1972, S. 217).

ist vor allem dann entscheidend, wenn aus ethischen[82] oder pragmatischen Gründen eine Randomisierung nicht vorgenommen werden kann. Eine Lösungsstrategie besteht darin, statt randomisierter Kontrollgruppen, als zusätzlichen Faktor „Zeit" mit einzubeziehen. Die Vergleichswerte stammen bei diesen Zeitreihenanalysen von Messergebnissen zu verschiedenen Zeitpunkten an jeweils ein und demselben Fall.

M_1	M_2	M_3	M_4	X	M_5	M_6	M_7	M_8

Daneben besteht als weitere Möglichkeit, die Intervention (bzw. das Treatment) durchzuführen, auszusetzen (-X) und dann wieder einzuführen. Dies könnte beispielsweise so aussehen:

M_1	X	M_2	M_3	-X	M_4	X	M_5	M_6	-X	M_7	X	M_8

Dieses Vorgehen empfiehlt sich, wenn es sich um Interventionen handelt, von denen nur ein vorübergehender Effekt erwartet wird (z. B. schnell wirkende Schmerzmittel). Mit diesen Anordnungen kann beispielsweise der Einwand der Regression und auch der der Maturation entkräftet werden. Stellt man die Messergebnisse in Kurvenform dar, wird sichtbar, ob tatsächlich die Intervention einen Effekt hat. Wenn also ein sich abzeichnender Trend durch das Treatment nicht verändert wird, lässt sich vermuten, dass Veränderungen anderen Einflüssen zugeschrieben werden müssen.[83]

Diese Versuchsanordnungen lassen sich um nicht-äquivalente Kontrollgruppen ergänzen, womit wiederum viele Einwände ausgeräumt werden können. Neben mehrmaligen Messungen zu verschiedenen Zeitpunkten entwickeln CAMPBELL und seine Kollegen zahlreiche weitere Vergleichsstrategien: Kontrollgruppen können beispielsweise gezielt, nach den für entscheidend gehaltenen Merkmalen, zusammengestellt werden, Kohorten können als Vergleichsgruppen dienen und darüber hinaus können statistische Kontrollen vorgenommen werden. COOK/CAMPBELL (1979) empfehlen jeweils die Kombination verschiedener Kontrollverfahren. Übersichtliche Zusammen-fassungen liefern PETER ROSSI U. A. (1988) sowie CAROL T. FITZ-GIBBON und LYONS L. MORRIS (1987).

---

82 Ethische Probleme entkräftet CAMPBELL (1972, S. 217) weitgehend, denn er hält Randomisierung – speziell bei Interventionen, die ein knappes Gut sind – für eine wertvolle Strategie, die auch zu einer Demokratisierung und gerechteren Verteilung führen kann.

83 Anschaulich nachvollziehen lässt sich dies anhand der Darstellungen bei CAMPBELL/STANLEY (1963, S. 38).

3.2.2 Die Rolle von Evaluatorinnen und Evaluatoren

Die beiden für die Evaluation als Standardwerke geltenden Texte von CAMPBELL, STANLEY und COOK beanspruchen keineswegs konkrete Aussagen zur Methodologie von Evaluationen zu machen. Das Anliegen besteht vielmehr darin, einen Beitrag zur Wirkungsforschung zu leisten und Möglichkeiten aufzuzeigen, wie das Verfahren von Laborexperimenten in der Feldforschung – und damit in der angewandten Sozialforschung bzw. Bildungsforschung – nutzbar gemacht werden kann.[84] Insofern beschreiben die Autoren die Rollen der Evaluatorinnen und Evaluatoren nicht explizit. Es lässt sich jedoch ableiten, welches Grundverständnis von deren Aufgaben sie haben.

Bei CAMPBELL sind Forschende diejenigen, die Politik und Administration mit weitestgehend wissenschaftlich haltbaren Interpretationen von Daten versorgen. Die Aufgabe der Evaluatorinnen und Evaluatoren besteht darin, kritisch auf die Gültigkeit der Rückschlüsse und deren Einschränkungen zu achten. Damit befinden sie sich in der Rolle von Dienstleistenden für Politik und Verwaltung. Bewertungen vorzunehmen sowie die Nutzung von Ergebnissen liegen für CAMPBELL nicht in der Verantwortung der Forschenden. Diese Prozesse sind der Politik sowie der Öffentlichkeit vorbehalten (vgl. Shadish u. a. 1991, S. 160ff.).

Evaluatorinnen und Evaluatoren sind für CAMPBELL wissenschaftlich arbeitende Fachleute, deren Berichte und Ergebnisse vor allem kritischen Rückfragen aus der Wissenschaftsgemeinde standhalten müssen. Als Forschende kommt ihnen die Aufgabe zu, auf die Einhaltung der wissenschaftlichen Standards zu achten.[85] Erst in der von CAMPBELL als Utopie entworfenen „experimentierenden Gesellschaft" weitet sich ihre Rolle aus: Wissenschaft und Forschung werden zu einem entscheidenden Faktor in der Planung und Entwicklung von Reformen.[86]

---

84 COOK/CAMPBELL (1979, S. 1f.) beschreiben ihr Anliegen wie folgt: „The major purpose of this book is to outline the experimental approach to causal research in fieldsettings. We hope that our work will prove useful to persons interested in both theoretical and applied research. [...] The present book is not intended to be a definite treatise on field research. Many topics central to such a propose will only lightly touched upon including: how to check on the importance of one's guiding questions; how to physically sample respondents; how to construct and validate measures; how to collect qualitative data; how to present research findings."

85 Eine wohl typische CAMPBELL'sche (1972, S. 193) Formulierung: „[...] from the point of view of the social scientist's proper standards of evidence."

86 „In the world as it is, Campbell wants evaluators to be sideline commentators, speaking truthfully to other social scientists but holding their tongues when co-opted evaluators and self-serving administrators create slanted evaluation reports. In utopia, evaluators function differently – as honest truth-telling servants to enlightened administrators who desire and debate feedback" (Shadish u. a. 1991, S. 155).

3.2.3 Kritische Würdigung[87]

CAMPBELL befasste sich als Wissenschaftler mit einem weitaus größeren Themenfeld als nur mit Problemen rund um Feldexperimente. Neben seiner ausführlichen Beschäftigung mit wissenschafts-theoretischen Paradigmen hat er auch einige Schriften zur Bedeutung von und zum Vorgehen bei qualitativer Sozialforschung im Kontext von Evaluation und Feldforschung verfasst.[88] Gleichwohl wird er in der Rezeption – vor allem in der deutschsprachigen – hauptsächlich mit seinen Beiträgen zu experimentellen und quasi-experimentellen Designs angeführt.

Unter wissenschaftlichen Gesichtspunkten ist der Einfluss von CAMPBELLS Vorschlägen und kritischen Anmerkungen immens. Indem er die Bedeutung von Validität in den Mittelpunkt rückt, werden Fragen an bisherige Evaluationsdesigns aufgeworfen. Mit seinen Überlegungen ist implizit ein entscheidender Kritikpunkt am Vorgehen zielorientierter Evaluation aufgegriffen: Wenn nachgewiesen ist, *dass* ein Programmziel erreicht wurde, so ist damit noch *nicht* bewiesen, dass tatsächlich das Programm dafür verantwortlich war und nicht irgendein anderer äußerer Faktor.[89] CAMPBELL beschränkt sich nicht auf kritische Rückfragen, sondern erweitert mit quasi-experimentellen Designs das Methodenrepertoire von Forschenden.

Experimentelle und quasi-experimentelle Designs überzeugen vor allem dadurch, dass ihre Logik eine große Nähe zum Alltagsverständnis und -handeln hat. Vorher-Nachher-Vergleiche sowie Vergleiche zwischen Gruppen finden vielfältigen Einsatz in Strategien zur Entscheidungs- und Bewertungsfindung. Trotz alledem und gerade in der Praxis von Evaluationen haben sich (quasi-) experimentelle Designs kaum durchsetzen können. Sie erhalten ihre Relevanz höchstens in Hinblick auf nahezu unerreichbare Standards. Auch in deutschsprachigen Büchern zur Evaluationsforschung werden experimentelle und quasi-experimentelle Untersuchungspläne immer wieder als das Nonplusultra vorgestellt, aber sobald es an die Praxis von Evaluationen geht, sinkt ihre Bedeutung und Verbreitung drastisch.[90] Beispielsweise werden bei HEINRICH WOTTAWA und HEIKE THIERAU (2003) unter dem Kapitel „Untersuchungspläne" ausschließlich (quasi-)experimentelle Anordnungen vorgestellt, am Ende jedoch kommen sie zu dem Schluss:

> „Nur für den relativ kleinen, aber das Bild des Evaluators zumindest in der Literatur stark prägenden Teilbereich summativer Evaluation können Idealvorstellungen bezüglich des Designs gelegentlich wirklich realisiert werden. In den übrigen Fällen stellen Designforderungen häufig nur eine Denkhilfe in Form eines nicht-

---

87 Eine deutschsprachige Zusammenfassung sowie eine umfassende Kritik der Arbeiten von CAMPBELL und Co. finden sich bei FREY/FRENZ (1982).
88 Einen umfassenden Überblick über das Gesamtwerk von CAMPBELL bieten SHADISH U.A. (1991), die alle Mitarbeitende von CAMPBELL waren.
89 Dieses Anliegen experimenteller Logik beschreiben CAMPBELL/STANLEY (1966, S. 3) wie folgt: „[...] we recognize experimentation as the basic language of proof, as the only decision court for disagreement between rival theories [...]."
90 FINNEY/MOOS (1992, S. 15f.) ziehen einen Vergleich zwischen Experimentaldesigns und dem Fahren eines Cadillacs und formulieren den Einwand: „although one would not select a Cadillac for travel over all types of terrain".

erreichbaren Ideals dar, dessen Annäherung man soweit wie möglich versuchen sollte" (Wottawa/Thierau 2003, S. 130).

Wenn man der Frage nach den Gründen der geringen Präsenz von (quasi-) experimentellen Designs in der Praxis von Evaluationen nachgeht, stößt man auf einige grundsätzliche Probleme dieses Vorgehens. Zwar ist die Rolle, die Evaluatorinnen und Evaluatoren im Rahmen von (quasi-) experimenteller Forschung einnehmen, auf den ersten Blick relativ konfliktfrei. Die Verantwortung für die Entwicklung und Umsetzung von Programmen liegt eindeutig in den Händen von Politik und Praxis, somit auch die Festlegung von Zielen und Werten. Jedoch gilt es, den hohen methodischen Anforderungen an die Umsetzung von experimentellen Versuchsanordnungen gerecht zu werden: Das Treatment und externe Einflüsse müssen stabil gehalten werden, Beobachtungsvariablen müssen kontrollierbar sein. Diese Ansprüche kommen nicht seltem einem Eingriff in die Praxis gleich und geraten damit in Widerspruch zum Alltag von Maßnahmen und Projekten (vgl. Kromrey 2001a, S. 119ff.).

Indem sich CAMPBELL und seine Co-Autoren ausschließlich mit Problemen der Datenanalyse, -interpretation und -aufbereitung beschäftigen, bleiben Fragen danach, welche Daten auf welche Weise zu erheben sind, unbeantwortet. Implizit vorausgesetzt sind stichhaltige Hypothesen darüber, worin die zentralen Ursachen und Wirkungen bestehen. Diese Voraussetzung ist in den meisten Fällen jedoch nicht gegeben (z.B. Kromrey 2001a, S. 120f.). Ausgehend von einer „experimentellen Gesellschaft", in der sich Forschende unkompliziert vorliegender umfassender Datenbanken bedienen können, könnte der Fokus auf statistische Verfahren durchaus berechtigt sein.[91] Jedoch ist die Datenlage nicht so optimistisch einzuschätzen. Außerdem muss kritisch angemerkt werden: Selbst bei Experimenten mit relativ leicht zu quantifizierenden Treatments, z.B. die Verabreichung von Medikamenten, ist bekannt, dass gerade die kontrollierte Umsetzung von Interventionen ein hochkompliziertes Unterfangen ist (vgl. z.B. Frey/Frenz 1982; Suchman 1967, S. 87, 96ff.).

Grundsätzlich umstritten ist, ob die, ursprünglich aus den Naturwissenschaften stammenden, experimentellen Verfahren überhaupt auf soziale Programme übertragbar sind. Während ein zentrales Anliegen von experimenteller Forschung darin besteht, möglichst alle externen Einflüsse auszuschalten oder zumindest (statistisch) zu kontrollieren, leben soziale Dienstleistungen gerade von und mit externen Einflüssen. Damit stellt sich die Frage, welche Erkenntnisse aus (Quasi-) Experimenten für die Planung und Umsetzung von Programmen überhaupt ableitbar sind. Regelmäßig angeführt wird in diesem Zusammenhang das sogenannte „Blackbox-Problem": Wenn es im Rahmen experimenteller Versuchsanordnungen gelingt, eindeutig

---

91 SHADISH U.A. (1991, S. 156) stellen CAMPBELLS Grundannahmen in Frage: „The problem is that even though Campbell's theory of current social programming is realistic, his theory of practice is based on a utopia that is less so. Since most evaluators live in the world of current programming, this puts them in a substantial dilemma."

Effekte zuzuweisen, kann jedoch nicht erklärt werden, warum das Programm erfolgreich war.[92] So kommt auch WERNER WITTMANN (1985, S. 194) zu dem Schluss:

> „Die größte Schwäche in der Anwendung randomisierter Experimente liegt in der Campbell'schen Konzeption darin, daß wir über Entstehung der Effekte, Ursachen der Variabilität wenig erfahren können."

Als Lösung dieser Probleme schlagen beispielsweise JÜRGEN BORTZ und NICOLA DÖRING (1995) vor, bei formativen Evaluationen auf qualitative Strategien zurückzugreifen und experimentelle Untersuchungsanordnungen summativen Evaluationen vorzubehalten. WITTMANN (1995, S. 192ff.) beurteilt die Chancen für experimentelle Designs ähnlich kritisch, bei erst in der Entwicklungsphase befindlichen Programmen gar als „reine Geldverschwendung" (S. 198). Hingegen seien experimentelle Versuchsanordnungen „immer bei gut implementierten und optimierten Programmen in der summativen Evaluation die Methode der Wahl" (Wittmann 1985, S. 198).

3.3 Nutzungsfokussierung[93] – Pragmatistisches Paradigma (PATTON)

Auch wenn PATTON's „nutzungsfokussierte Evaluation"[94] (utilization-focused evaluation) in der Fassung von 1997 mit einer Hommage an DONALD CAMPBELL endet, so lassen sich beide Ansätze doch deutlich einander gegenüberstellen. Während sich CAMPBELL eindeutig als Wissenschaftler positioniert, entscheidet sich PATTON für Praxis und Politik als Referenzrahmen.

PATTON ist nicht der Einzige, der seit Beginn der 1970er Jahre diese so genannte pragmatistische Wende vollzieht. Ihn als Repräsentanten auszuwählen[95] beruht auf den Überlegungen, dass sich seine Ansätze unverkennbar in den Standards für Evaluation (bspw. DeGEval 2002) wiederfinden und dass er außerdem, z. B. durch WOLFGANG BEYWLS (1988) Publikation zur „responsiven Evaluation", die deutsche Evaluation deutlich beeinflusst hat.

---

92 Beispielsweise argumentieren ROSSI/WRIGHT (1986, S. 65): „Concerns such as these [Fragen nach falschen Programmdesigns, fehlerhafter Durchführung, Fehlverständnis der Bedürfnisse der Beteiligten u. a., S.G.] make it quite apparent that a useful evaluation has to answer many questions other than simply, Did the program work? Knowing that a program failed to achieve its ends is certainly useful information, but knowing why it failed is, undeniably, more useful."

93 In deutschsprachigen Veröffentlichungen ist zumeist von Nutzenfokussierung die Rede. Bei genauer Betrachtung geht es in PATTONs Evaluationskonzept jedoch in erster Linie darum, dass die Evaluationsergebnisse genutzt (im Sinne von gebraucht) werden, erst in zweiter Linie, dass aus der Evaluation Nutzen gezogen wird, auch wenn er den Prozessnutzen von Evaluationen herausstellt (Patton 1997, S. 87ff.; 2008, S. 151ff.).

94 Eine Kurzfassung der nutzungsfokussierten Evaluation findet sich in PATTON (2000).

95 SHADISH U. A. (1991) beispielsweise stellen im Unterschied dazu WEISS und WHOLEY vor. ALKIN/ CHRISTIE (2004) hingegen schlagen WEISS dem Methodenzweig, PATTON, WHOLEY, FETTERMAN und andere dem Nutzenzweig zu.

3.3.1 Grundzüge

Nach der ersten Boom-Phase der Evaluation in den 1960er Jahren stellte sich mehr und mehr die Frage, was sich durch Evaluation verändert hat.[96] Ursprüngliche Vorstellungen eines rationalen Entscheidungsmodells und eine damit verknüpfte instrumentelle Nutzung von Evaluationsergebnissen erwiesen sich im Alltag als unangemessen (vgl. z. B. Weiss 1977). Hatte man angenommen, dass Evaluationsergebnisse zur Grundlage von Entscheidungen, z. B. über die Fortführung oder Einstellungen von Programmen gemacht werden, so zeigte sich in der Praxis, dass Entscheidungen nach anderen Kriterien erfolgten. Damit war die Frage aufgeworfen: Zu welchem Zweck sollen Evaluationen überhaupt durchgeführt werden?[97]

PATTON U. A. (1977) führten eine eigene Studie zur Nutzung von Evaluationsstudien durch, und im Ergebnis steuert PATTON den Diskussionen weitere Erklärungen für die Nicht-Nutzung bei. Offensichtlich konnte es nicht alleine daran liegen, dass Ergebnisse nicht überzeugten, schon eher lag das Problem darin, dass die Evaluation eben nicht die Ergebnisse lieferte, die für Auftraggebende von Interesse und damit zum Gebrauch geeignet waren. Bisherige Evaluationen würden ausschließlich durch die Evaluatorinnen oder die Evaluatoren gesteuert, die *ihre* Fragen stellen, *ihre* Verfahren wählen und *ihre* Schlüssen ziehen.[98]

Dem setzt die nutzungsfokussierte Evaluation den Anspruch entgegen, die Lücke zwischen der Gewinnung von Evaluationsergebnissen und deren Nutzung für Entscheidungsprozesse oder Programmverbesserungen zu schließen.[99] Statt der Debatte um interne oder externe Validität, statt Reliabilität von Messungen und Generalisierbarkeit von Ergebnissen rückt nun eine neue Dimension in den Fokus: die Nutzbarkeit von Ergebnissen *und* Prozessen. Auf der Grundlage seiner eigenen Erfahrungen in der Durchführung von Evaluationen und der Ergebnisse seiner Studie entwickelte PATTON ein Konzept, das die Nutzung von Evaluationen zum zentralen Entscheidungskriterium ihrer Durchführung macht. Das heißt, dass alle strategischen und methodischen Entscheidungen daraufhin auszurichten sind, dass die Evaluation und deren Ergebnisse nützlich sein und genutzt werden sollen. Zunächst bedeutet dies, die Nutzung von Evaluationen *nicht* dem Zufall zu überlassen. Zwar hält PATTON (1997, S. 53) es für durchaus denkbar, dass im Verlauf der Durchführung einer Evaluation ungeplanter Nutzen entsteht, jedoch die Nutzung von Ergebnissen dem Zu-

---

96 Dies nicht nur im übertragenen Sinn, sondern ganz wörtlich, wenn man beispielsweise die Motti der Tagungen der Amerikanischen Evaluations Gesellschaft betrachtet, so z. B. 1986 „What Have We Learned?" oder 1987 „Utilization of Evaluation".

97 COOK (1997, S. 41) fasst die Situation als eine Krise der Evaluation auf: „Such empirical observations led to a crisis in evaluation. If the field could not be justified in terms of instrumental use, how could it be justified?"

98 „[...] what emerges is an evaluation by the evaluators, for the evaluators, and of the evaluators." (Patton 1997, S. 53) Und daraus resultiert: „An academic stance that justifies the evaluator standing above the messy fray of people and politics is more likely to yield scholarly publications than improvements in programs" (Patton 1997, S. 57).

99 In PATTON's (1997, S. 6) Worten: „[...] narrowing the gap between generating evaluation findings and actually using those findings for program decision making and improvement."

fall zu überlassen, sorgt nach Pattons Ansicht geradezu dafür, dass eben kein Gebrauch gemacht wird.

In den Mittelpunkt der Evaluation rückt der beabsichtigte, geplante Gebrauch, den vorgesehene Nutzerinnen und Nutzer (intended use by intended users) vom Evaluationsprozess und seinen Ergebnissen machen. Zunächst beantwortet Patton, wer diese „intended users" *nicht* sind. Zuallererst handele es sich *weder* um Evaluatorinnen oder Evaluatoren, *noch* um externe Auditorien, die ihre wissenschaftlich orientierten Fragen von außen an das Programm herantragen. Es muss sich laut Patton auch nicht zwangsläufig um die Finanzierenden oder Auftraggebenden der Evaluation handeln, die oftmals keine spezifischen Absichten mit der Evaluation verfolgten.[100] Gesteuert werde die Evaluation ebenso wenig durch anstehende Entscheidungen, hier grenzt sich Patton gegen entscheidungsbasierte Evaluationskonzepte ab. Zum einen müsse es in Evaluationen nicht immer um anstehende Entscheidungen gehen, und außerdem – was für die nutzungsfokussierte Evaluation noch bedeutsamer ist – stehen im Mittelpunkt von Evaluationen konkrete Personen und eben nicht Organisationen oder (abstrakte) Funktionen. Patton geht es vielmehr um die Personen, die die Ergebnisse nutzen wollen, die ein Erkenntnisinteresse verfolgen. Ganz zentral in seinem Evaluationskonzept und auch Ergebnis seiner Nutzungsstudie (Patton u. a. 1977) ist der sogenannte „persönliche Faktor" (personal factor).[101]

Die Patton'sche Vorstellung von Responsivität[102] unterscheidet sich von Robert Stakes und Guba/Lincolns Konzepten (vgl. 3.4): Noch gemeinsam ist allen das Grundanliegen, dass die Evaluation Erkenntnisinteressen und -bedarf der Beteiligten befriedigen sollte. In der Frage, wer zu beteiligen sei, gehen die Antworten jedoch auseinander: Während Stake (2000) und Guba/Lincoln (z. B. 1989, S. 51f., 201ff.) von *allen* Beteiligten und Betroffenen oder teilweise von Publikum (audience) sprechen, hält Patton (1997, S. 43ff.) es für einen Trugschluss anzunehmen, dass alle potentiellen Beteiligten und Betroffenen auch tatsächlich ein Interesse an der Durchführung von Evaluationen hätten.[103] Vielmehr sollten Evaluatorinnen und Evaluatoren ihr Vorgehen an denen ausrichten, die Motivation und Interesse mitbringen. So spricht er immer wieder von „primary intended users", also von intendierten *Haupt*nutzenden. Diese ausfindig zu machen ist eine der ersten Aufgaben in der Evaluation: Ausgehend von den Auftraggebenden und ersten Gesprächen mit Programmbeteiligten obliegt es deren Geschick herauszufinden, wer an der Nutzung von Evaluationsergebnissen interessiert ist.

---

100 Typisch hierfür sind die Situationen, in denen Evaluationen standardgemäß gefordert bzw. beauftragt werden.

101 Patton (2008, S. 66) stellt als Ergebnis der Studie heraus: „The personal factor is the presence of an identifiable individual or group of people who personally care about the evaluation and the findings it generates. Where such persons or groups were present, evaluations were used; where the personal factor was absent, there was a correspondingly marked absence of evaluation impact."

102 Der Begriff der „Responsivität" wird ausführlich von Beywl (1988, v. a. S. 140ff.) erörtert.

103 Hier argumentiert Patton analog zu Weiss (1989a; 1989b).

Aus diesen grundsätzlichen Überlegungen leitet sich folgerichtig ab, dass es kein vorgefertigtes Design für die Durchführung einer Evaluation geben kann. Die Frage nach Methoden sowie deren wissenschaftstheoretischen Grundlagen tritt im Konzept der nutzungsfokussierten Evaluation in den Hintergrund. Entscheidendes Kriterium bei der Wahl des methodischen Zuschnitts sowie der eingesetzten Erhebungsverfahren ist deren Nützlichkeit in Hinblick auf den Zweck der Evaluation. PATTONS pragmatistischer Ansatz zeigt sich auch darin, dass sich Datenerhebungen an den Erfordernissen der Praxis zu orientieren haben, also deren Problemlösungs- und Programmverbesserungspotential entscheidend ist.[104]

Die Grundregel der nutzenfokussierten Evaluation lautet: Wenn herausgearbeitet ist, was der Zweck der Evaluation ist und welche Fragestellungen beantwortet werden müssen, um diesen Zweck erfüllen zu können, dann müssen *angemessene* Datenerhebungs-, Analyse- und Interpretationsverfahren gefunden und angewendet werden. Die Evaluation muss sich also aller verfügbaren Methoden und Instrumente bedienen können. Herauszuheben ist jedoch, dass PATTON gerade qualitativen Verfahren einen wichtigen Stellenwert im Rahmen von Evaluationen zuweist und mit einer Monographie (Patton 1990) Konzepte qualitativer Sozialforschung für Evaluation aufbereitet.

Programmziele nehmen bei PATTON (1997, S. 147ff.; 2008, S. 231ff.) eine Schlüsselrolle ein. Sie sind, neben der angestrebten Nutzung durch die wichtigen Beteiligten, eine zentrale Orientierungsgröße. Er führt verschiedene Strategien zur Präzisierung von Zielen und Outcomes vor, unter anderem eine theoriebasierte Variante, die im folgenden Kapitel ausführlicher dargestellt wird. Ergänzend ist darauf hinzuweisen, dass für PATTON (2008, S. 239ff.) Outcome-Ziele eine wesentlich größere Aussagekraft besitzen als Output-Ziele.

Diese zentralen Prämissen zusammenfassend, lässt sich der idealtypische Verlauf einer nutzungsfokussierten Evaluation – stark vereinfacht – in Anlehnung an BEYWL (1999, S. 151) wie folgt darstellen (Abbildung 6):[105]

---

104 Diese Herangehensweise findet sich auch in PATTONS Begründung für den Einsatz qualitativer Methoden: „[...] there is a very practical side to qualitative methods that simply involves asking open-ended questions of people and observing matters of interest in real-world settings in order to solve problems, improve programs, or develop policies. In short, *in real world practice, methods can be seperated from the epistemology out of which they have emerged*" (Patton, 1990, S. 89f., Herv. im Orig.).

105 Bei PATTON (2008, S. 568f.; 2000, S. 435) findet sich ein Verlaufsmodell, das die einzelnen Schleifen in Zwischen- und Entscheidungsschritten umfangreicher aufführt.

Abbildung 6:   Schritte nutzungsfokussierter Evaluation

Im Unterschied zur Abbildung ist die Durchführung der nutzungsfokussierten Evaluation kein linearer Prozess. Durch die Feststellung von Erwartungen und Befürchtungen kann beispielsweise deutlich werden, dass relevante Beteiligte oder Gruppen von Beteiligten nachträglich miteinbezogen werden müssen. Auch können sich durch die Aufnahme neuer Beteiligter veränderte Fragestellungen ergeben usw. Zentral ist bei diesem Vorgehen, dass mit jedem neuen Schritt eine Abstimmung mit den vorgesehenen Nutzenden erfolgen muss. Außerdem muss sich die beabsichtigte Nutzung der Ergebnisse als roter Faden durch den Prozess ziehen. Dies führt in letzter Konsequenz dazu, dass auch die Planung und Vorbereitung der Nutzung ein Arbeitsschritt *innerhalb* der Evaluation ist.

3.3.2 Die Rollen von Evaluatorinnen und Evaluatoren

Ebenso wie die methodische Umsetzung der Evaluation, werden auch die Rollen von Evaluatorinnen und Evaluatoren durch die Nutzenden und den von ihnen angestrebten Gebrauch bestimmt. Insgesamt führt PATTON (2008, S. 210f.) 14 unterschiedliche, mögliche Rollenzuschreibungen auf. Die Aufgaben reichen von Beratung über Mediation und Moderation bis hin zu Forschung oder Bewertung. Ihre Stellung zum Programm kann außenstehend wie auch teilnehmend sein. Im Fall von summativen Evaluationen kommt es vor allem darauf an, dass die methodologische Kompetenz im Vordergrund steht; werden eher formative Zwecke verfolgt, rücken die beratenden Aufgaben mehr in den Vordergrund. Entscheidend sind jeweils die Interessen und Absichten der Evaluationsnutzenden.[106]

Herauszuheben ist außerdem, dass die Rolle der Evaluatorinnen und Evaluatoren im Verlauf des Prozesses veränderlich ist. Durchgängig gefragt sind jedoch deren kommunikative Kompetenzen, von der Einbeziehung wichtiger Beteiligter und Betroffener, über die Präzisierung des Evaluationszwecks, Formulierung der Fragestellungen, Erstellung der Erhebungsinstrumente bis hin zur Präsentation der Ergebnisse sowie Planung von Konsequenzen.[107] Diese vielfältigen Rollen von Evaluatorinnen und Evaluatoren beschreibt PATTON (2008, S. 207ff.) mit „aktiv – reaktiv – adaptiv". Damit umreißt er, dass sie aktiv gestalten sowie flexibel und anpassungsfähig auf verschiedene Situationen und Anforderungen reagieren können müssen. Expertise bzgl. des Programms haben allerdings die Beteiligten und Betroffenen des Programms, nicht aber die Evaluierenden.

Evaluation verstanden als ein Beratungsprozess von Programmverantwortlichen oder -beteiligten wurde bereits von TYLER angedeutet und wird durch PATTON nun konsequent weitergedacht. Während sich CAMPBELL auf die Rolle des Forschenden beschränkt, sieht PATTON Evaluatorinnen und Evaluatoren in einer deutlich breiteren Verantwortung. Ihnen obliegt nicht nur die Aufgabe, gültige und zuverlässige Informationen für Politik und Praxis bereit zu stellen, sondern der Prozess muss so gestaltet werden, dass Nutzende einen Gewinn haben. Die Strategien die PATTON dazu vorschlägt, führen jedoch dazu, dass die Rolle des neutralen Beobachters aufgegeben werden muss. Daraus resultiert ein Spannungsverhältnis zwischen Anforderungen aus der Praxis und aus der Wissenschaft, bei dem PATTON (1997, S. 123ff.) eindeutig der *praktischen* Verwendbarkeit von Ergebnissen den Vorzug einräumt.

3.3.3 Kritische Würdigung

Zweifellos verbirgt sich hinter der Anforderung von Nutzung und Nutzen sowohl von Ergebnissen als auch Prozessen eine zentrale Schlüsselfrage von Evaluationen.[108] Diese Erkenntnis reflektieren auch die Standards für Evaluationen, die Gruppe der Nützlichkeitsstandards sind gar an erster Stelle genannt (DeGEval 2002). Ist diese Herausforderung einmal angenommen, so ergibt sich daraus zwangsläufig, dass die Aufgabe von Evaluationsdurchführenden nicht mehr auf Forschung allein beschränkt bleiben *kann*, vielmehr müssen Evaluatorinnen und Evaluatoren über eine

---

106 Zusammenfassend lässt sich das Rollenspektrum mit PATTON (1997, S. 122) charakterisieren: „In utilization-focused evaluation, the evaluator is always a negotiator – negotiating with primary intended users what other roles he or she will play. Beyond that, all roles are on the table, just as all methods are options. Role selection follows from and is dependent on intended use by intended users."

107 Hier liegt laut PATTON (2008, S. 53) die besondere Herausforderung für Evaluatorinnen und Evaluatoren: „[...] the burden for clear communication rests on the evaluator. It is the evaluator who must find ways of bridging the communications gap."

108 COOK/SHADISH (1987, S. 45) stellen fest: „Indeed, almost all theorists of evaluation agree that usage is stimulated by frequent, close contact between evaluators and prospective users."

breite Palette an Kompetenzen verfügen. Folgerichtig gehören kommunikative, bera-tende und vermittelnde Kenntnisse zu deren Ausbildung (DeGEval 2008).

PATTON gelingt es, ein Evaluationskonzept zu kreieren, das der komplizierten Stellung von Evaluation zwischen Wissenschaft, Politik und Praxis gerecht wird. Als Resultat ergibt sich ein hohes Anforderungsprofil, das einerseits Evaluation zu einem ausgesprochen abwechslungsreichen und interessanten Berufsfeld macht, gleichzeitig jedoch die Frage aufwirft, ob es realistisch einlösbar ist. Jedenfalls entwirft PATTON eine multitalentierte Evaluatorin, die methodisch das komplette Spektrum abdecken kann sowie ein umfassendes Arsenal an Gesprächsführungstechniken mitbringt.

In nutzungsfokussierten Evaluationen sind sicherlich zahlreiche Rollenkonflikte vorprogrammiert. Die konsequente Einbeziehung der Nutzenden und das Herausar-beiten ihrer Fragestellungen – unterstützt durch den „persönlichen Faktor", den PAT-TON immer wieder hervorhebt – erschwert in erheblichem Maße die mögliche Auf-gabenstellung, unvoreingenommene Beobachtungen und Messungen durchzuführen. Grundsätzlich stellt sich die Frage, ob sich das nutzungsfokussierte Vorgehen ohne Weiteres mit der Aufgabe der Bewertung in Einklang bringen lässt. Diesen Konflikt löst PATTON, indem er die Bewertung den Kriterien und Maßstäben der Nutzenden überlässt.

Nicht nur von SCRIVEN (1991, 2000) wird kritisiert, dass vor allem die Interessen der Auftraggebenden der Evaluation Berücksichtigung finden. Gerade diejenigen, die sowieso in Wissenschaft und Politik zumeist unterrepräsentiert seien, z.B. die Ziel-gruppen[109] von sozialen Programmen, blieben außen vor. Entscheidender ist jedoch, dass durch die notwendig enge Zusammenarbeit mit den Auftraggebenden die Eva-luatorinnen und Evaluatoren deutlich in ihrer Unabhängigkeit eingeschränkt sind, erst recht wenn sie mit der Durchführung von Evaluationen ihren Lebensunterhalt ver-dienen. Diese Problematik verschärft sich dann, wenn die wichtigen Nutzenden der Evaluation unterschiedliche Interessen und Anliegen verfolgen.

3.4 „Evaluation der vierten Generation" (4th Generation Evaluation – GUBA/LINCOLN)

GUBA und LINCOLN ist es gelungen, mit ihren Beiträgen für einige Jahre die US-amerikanische Evaluationsgesellschaften erheblich aufzumischen. In der Literatur wird für die 1980/1990er Jahre häufig sogar von einem „„kalten' Krieg der Paradig-men" (Stockmann 2004a, S. 21) gesprochen.[110] GUBA/LINCOLNs (1989, 1986) Evalua-tionskonzept ist in seiner Herleitung und Begründung explizit darauf angelegt, eine Gegenposition zu bisherigen Evaluationskonzepten zu formulieren und deren Unver-einbarkeit zu unterstreichen. GUBA/LINCOLN entwerfen eine Polarität zwischen po-

---

109 SCRIVEN spricht statt von Zielgruppen von Konsumenten und Konsumentinnen.
110 Auch LEE formuliert aus einer US-amerikanischen Binnenperspektive: „These differences [zwischen naturalistischem und positivistischem Paradigma, S.G.] have been the subject of prolonged and persistent debate, sometimes characterized as the ‚paradigm wars'" (Lee 2004, S. 150).

sitivistischen, postpositivistischen sowie pragmatistischen erkenntnistheoretischen Grundlagen auf der einen Seite – die sie allesamt als „konventionelle Konzepte" bezeichnen – und ihrem konstruktivistischen Verständnis von der Welt auf der anderen Seite.[111] Im Unterschied zu PATTONS (1990) „qualitativer Evaluation" geht es GUBA/LINCOLN (z.B. 1989, S. 42) nicht um die Erweiterung des methodischen Repertoires von Evaluatorinnen und Evaluatoren, vielmehr negieren sie konsequent paradigmatische Grundlagen bisheriger Modelle. Eine solch polarisierende Herangehensweise, die die Welt der Forschung in „herkömmliche" und „neue" Methoden einteilt, ist aus heutiger Sicht schwer nachvollziehbar, repräsentiert jedoch zutreffend die Entstehungssituationen von qualitativen Forschungskonzepten allgemein.[112]

3.4.1 Grundzüge

Die Bezeichnung „vierte Generation" verweist darauf, dass GUBA/LINCOLN bis Mitte der 1980er Jahre drei Vorläufer-Generationen ausmachen: Die erste Phase bezeichnen sie als „Mess-Generation" (measurement generation), die sie vor allem in der Bildungs- und Intelligenzforschung durch JOSEF RICE und ALFRED BINET repräsentiert sahen. Darauf folgte die Phase der Beschreibung (second generation: description), als deren Begründer sie TYLER betrachten. Die dritte Generation bezeichnen GUBA/LINCOLN mit dem Begriff „Judgement" (Urteilen), vertreten durch SCRIVEN.

Allen drei Phasen werfen sie grundlegende Probleme vor: Herkömmliche Evaluationskonzepte neigen dazu, vorrangig die Perspektive der Auftraggebenden zu berücksichtigen („managerialism", Guba/Lincoln 1989, S. 32ff.), die in der Konsequenz zu Unfairness und Entmachtung anderer Beteiligtengruppen[113] führe. Damit greifen sie eine Kritik von SCRIVEN auf. Ihm werfen GUBA/LINCOLN (1989, S. 34, 75) jedoch im Gegenzug vor, dass eine einseitige Beachtung von Konsumentinnen und Konsumenten und damit der Ausschluss von Programmmanagern, Projektverantwortlichen und -durchführenden, im Grunde genommen derselbe Fehler sei (Guba/ Lincoln 1989, S. 75). Der zweite Kritikpunkt schließt hier nahtlos an, nämlich das Nicht-Erkennen bzw. Ignorieren eines bestehenden Wertepluralismus. Weder das Postulat der Wertfreiheit noch das Setzen eines übergeordneten Wertesystems könne eine Lösung des Dilemmas bieten, in dem sich Evaluation befinde. Des Weiteren werfen sie bestehenden Konzepten vor, dass diese zu sehr die Wissenschaftlichkeit ihres

---

111 Zunächst betitelten GUBA und LINCOLN, bezugnehmend auf die naturalistische Soziologie, ihr Konzept mit „naturalistic evaluation", (siehe z.B. Guba 1987).

112 Für die Situation in der BRD beschreibt LAMNEK (1988, S. 31) beispielsweise: „Zunächst ging es in einer ersten Rezeptions- und Entwicklungsphase qualitativer Sozialforschung primär darum, das qualitative Paradigma gegenüber den quantitativen Ansätzen abzugrenzen und theoretisch zu begründen."

113 GUBA/LINCOLN (z.B. 1989, S. 40ff.) nehmen eine Grobklassifizierung der Stakeholder vor, die deren diverse Perspektiven augenfällig unterstreicht. Sie unterscheiden zwischen Vertreterinnen/Vertretern („agents") des Evaluationsgegenstandes (z.B. Entwickelnde, Finanzierende, Durchführende), Begünstigte („beneficiaries", z.B. direkte und indirekte Zielgruppen) und Opfer („victims"), also diejenigen die durch den Evaluationsgegenstand benachteiligt sind.

Vorgehens hervorheben.[114] Unter „wissenschaftlichem" (scientific) Vorgehen verstehen GUBA/LINCOLN die Anwendung naturwissenschaftlich orientierter Forschungsmethoden und das Festhalten an der Vorstellung, dass es *eine* Realität gebe und, dass Forschung die Aufgabe habe, diese Wirklichkeit möglichst genau und richtig abzubilden. Statt Evaluation auf Forschung zu reduzieren, betonen der Autor und die Autorin den Prozesscharakter einer Evaluation, der sozial, politisch und wertorientiert bestimmt sei.[115]

Dem traditionellen Wissenschaftsverständnis setzen GUBA/LINCOLN eine konstruktivistische Erkenntnistheorie entgegen: Statt von der Existenz einer objektiven Realität gehen sie davon aus, dass jedes Individuum seine eigene Wirklichkeit konstruiert.[116] Konstruktionen werden verstanden als Interpretationen, die Individuen auf der Grundlage ihrer vorangehenden Erfahrung entwerfen (Guba/Lincoln 1989, S. 70). Diese individuellen Interpretationen müssen nicht immer verschieden sein, sondern können geteilt werden. Weil jedoch der Referenzrahmen „objektive Wirklichkeit" negiert wird, kann keine Konstruktion „richtiger" oder „falscher" sein als eine andere.[117] Dementsprechend kann weder ein „richtiges" noch ein „falsches" Urteil gefällt werden. Möglich ist hingegen, dass sich Beteiligte auf eine gemeinsame Konstruktion, z. B. über ein Programm, verständigen. Damit ist bereits das Ziel einer „Evaluation der Vierten Generation" beschrieben, nämlich der mit den Beteiligten ausgehandelte Konsens über einen Evaluationsgegenstand. Dieser Konsens beinhaltet nun nicht die Abbildung der Wirklichkeit, sondern eine weitere Konstruktion, die besser informiert und weiter entwickelt (more sophisticated) ist. Das End*produkt* ist eine Fallstudie, die im Idealfall den Konsens darstellt und ergänzend Aspekte, bei denen Dissens besteht, benennt (vgl. Abb. 3.3).

GUBA und LINCOLN (1989, S. 53ff.) knüpfen neben dem Konstruktivismus auch an STAKES (z. B. 2000) Vorschläge zur responsiven Evaluation an.[118] Gestaltende Elemente einer Evaluation und deren Fokus liefern hierbei die Fragestellungen und Erkenntnisinteressen der Stakeholder oder, wie GUBA/LINCOLN es nennen, deren Anliegen, Ansprüche und Absichten (concerns, claims, and intentions). Diese Strategie

---

114 GUBA/LINCOLN (1989, S. 35) sprechen von: „overcommitment to the scientific paradigm of inquiry".

115 Bereits im Vorwort stellen GUBA/LINCOLN (1989, S. 7) klar: „Perhaps most startling, we do not treat evaluation as a scientific process, because it is our conviction that to approach evaluation scientifically is to miss completely its fundamentally social, political, and value-oriented character."

116 GUBA/LINCOLN (1989, S. 43) fassen das konstruktivistische Paradigma wie folgt zusammen: „[...] it denies the existence of an objective reality, asserting instead that realities are social constructions of the mind, and that there exist as many constructions as there are individuals (although clearly many such constructions will be shared)."

117 Einschränkend ist jedoch darauf hinzuweisen, dass sich Konstruktionen als mehr oder weniger tragfähig und angemessen erweisen können.

118 Das Zusammengehen von Konstruktivismus und responsiver Evaluation drücken GUBA/LINCOLN (1989, S. 184) in folgender umfassender Definition aus: „Fourth generation evaluation is a marriage of responsive focusing – using the claims, concerns, and issues of stakeholders as the organizing elements – and constructivist methodology – aiming to develop judgemental consensus among stakeholders who earlier held different, perhaps conflicting, emic constructions."

soll außerdem die Nutzung der Evaluationsergebnisse befördern. Sie grenzen sich jedoch von pragmatistischen Ansätzen, wie die von Patton und Wholey, ab, indem sie auch hier wieder deutlich auf den Konstruktivismus verweisen: Aus ihrer Sicht scheitert die Nutzung an voneinander abweichenden Konstruktionen, die sich gegenseitig als nicht „richtig" anerkennen.

Statt verschiedener Konstruktionen wollen Guba/Lincoln einen Konsens über das Programm erreichen. Die Methode hin zum Konsens nennen sie „hermeneutisch-dialektische Zirkel".[119] Mit dem Begriff „hermeneutisch" knüpfen sie an interpretative Verfahren an; „dialektisch" soll unterstreichen, dass vergleichend und kontrastierend Synthesen hervorgebracht werden. Das Evaluationsteam führt dazu zunächst Einzelinterviews mit Repräsentantinnen und Repräsentanten verschiedener Stakeholder-Gruppen durch, die anfangs völlig offen, später gegebenenfalls mehr und mehr strukturiert, verlaufen. Das Ziel der Interviews besteht darin, die Konstruktion der Befragten zu erheben sowie sie mit vorangegangenen Konstruktionen zu konfrontieren. Die Auswahl der Interviewpartner erfolgt nicht nach Kriterien der Repräsentativität, sondern nach dem Prinzip der größtmöglichen Unterschiede (maximum variation sampling, Guba/Lincoln 1989, S. 178). Als Strategie schlagen Guba/Lincoln eine Art Schneeballprinzip vor, bei dem zuvor Interviewte nach Personen befragt werden, die vermutlich eine andere Sicht haben. Diese „hermeneutisch-dialektischen Zirkel" gelten dann als abgeschlossen, wenn Interviews redundant werden bzw. fast keine neuen Perspektiven mehr beisteuern. Die Aufgabe der Evaluatorinnen und Evaluatoren besteht darin, anschließend mit den Stakeholdern auszuhandeln, über welche Aspekte ein Konsens besteht und welche Konstruktionen miteinander unvereinbar bleiben. In Erhebungen und Aushandlungsprozesse speisen sie außerdem Konstruktionen aus Programmdokumenten, teilnehmenden Beobachtungen und der Fachliteratur ein.

Ein Kennzeichen dieses zirkulären Forschungsprozesses ist das iterative Vorgehen, bei dem einzelne Personen oder Gruppen durchaus mehrmals interviewt werden können. Weiterhin typisch ist die Verschränkung von Erhebungen und Auswertungen miteinander, das heißt, dass das nächste Interview erst geführt wird, wenn aus dem vorangegangenen die Konstruktionen herausgearbeitet wurden. Wie bei einer Evaluation Interviews dokumentiert werden oder wie die Auswertung und die Interpretation erfolgen sollen, dazu liefern Guba/Lincoln keine Hinweise.

Am vorläufigen Ende des Evaluationsprozesses steht eine Fallstudie, die in Anlehnung an Clifford Geertz (1987) eine „dichte Beschreibung" (thick description) des Evaluationsgegenstands enthält, den Konsens ausweist und ebenso die Aspekte, zu denen weitere Aushandlungsprozesse notwendig wären bzw. solche, über die eben keine Einigung erzielt werden kann.

---

119 Guba/Lincoln (1989, S. 149, Herv. im Orig.) erläutern folgendermaßen: „It is *hermeneutic* because it is interpretative in character, and *dialectic* because it represents a comparison and contrast of divergent views with a view of achieving a higher-level synthesis of them all, in the Hegelian sense."

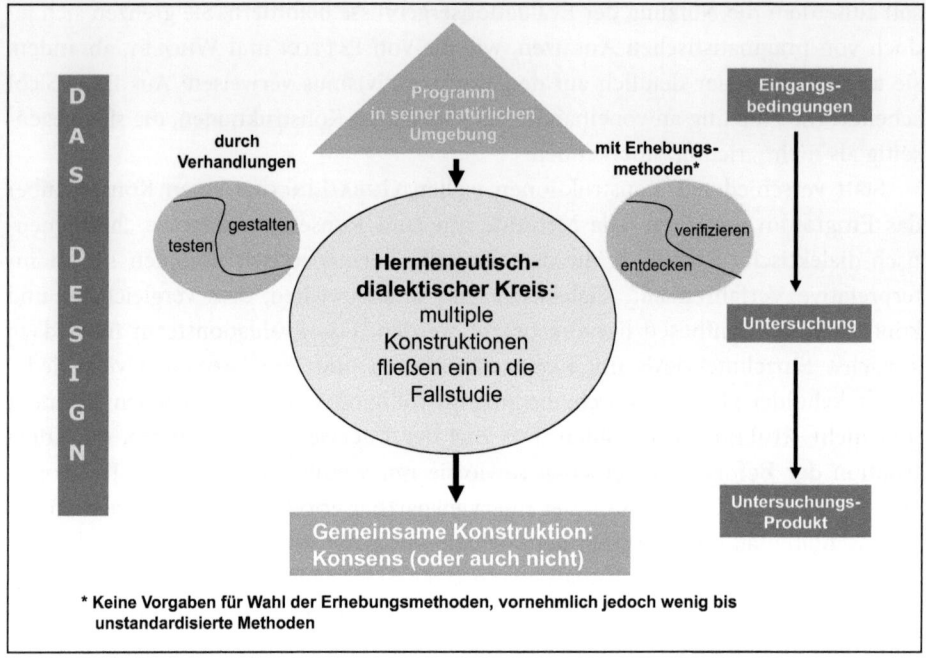

Abbildung 7: Das Design einer konstruktivistischen Evaluation (nach Guba/Lincoln, 1989, S. 174)

Die Grundannahmen und das Vorgehen haben für die Zwecke, die die Evaluation verfolgen soll und kann, verschiedene Konsequenzen: Eine konstruktivistische Evaluation kann ein Programm nur in seiner natürlichen Umwelt untersuchen. Die Ergebnisse, d.h. die Konstruktionen, gelten nur für exakt dieses Programm in der gegebenen Umwelt, sind also explizit kontextgebunden.[120] Damit können Erkenntnisse nicht generalisiert werden.[121] Interventionen werden nicht als stabile Faktoren betrachtet und Veränderungen finden als nicht-lineare Prozesse statt. Die Suche nach Ursache-Wirkungs-Zusammenhängen spielt im Rahmen konstruktivistischer Evaluation dementsprechend keine Rolle.

GUBA/LINCOLN (1989, S. 189ff.) sehen vier verschiedene Aufgaben, die Evaluationen erfüllen können:

– „formative merit evaluation": Einschätzung der intrinsischen Güte eines Evaluationsgegenstands mit dem Ziel ihn zu verbessern,

– „formative worth evaluation": Einschätzung des extrinsischen Werts eines Evaluationsgegenstands, mit dem Ziel diesen zu verbessern,

---

120 Kontext fasst im Konzept von GUBA/LINCOLN (1989, S. 174ff.) die zeit- und ortsgebundene Umgebung der Stakeholder. Der Begriff wird ähnlich verwandt wie die „externen Einflüsse" der „traditionellen Paradigmen" mit dem Unterschied, dass die relevanten Aspekte nicht vorab bestimmbar sind.

121 Weil gerade diese Grundannahme scharf kritisiert wurde, sei sie hier im Original aufgeführt: „[...] findings from one context cannot be generalized to another; neither problems nor their solutions can be generalized from one setting to another" (Guba/Lincoln, 1989, S. 45).

- „summative merit evaluation": Einschätzung der intrinsischen Güte, um entscheiden zu können, inwieweit Standards erfüllt werden und
- „summative worth evaluation", Einschätzung des extrinsischen Werts, um über Fortsetzung oder Beendigung zu entscheiden,

Dabei räumen sie ein, dass sich die „Evaluation der vierten Generation" besonders gut mit formativen Aufgabenstellungen verträgt.

Zu guter Letzt formulieren GUBA/LINCOLN Grundsätze für ihr Evaluationskonzept. Die Standards des JOINT COMMITTEE (1999) halten sie als Basis für akzeptabel,[122] jedoch unzureichend.[123] So entwickeln sie ergänzende Kriterien wie Authentizität und Verlässlichkeit (dependability). Für die Glaubwürdigkeit nehmen sie eine Akzentverschiebung vor: Angestrebt ist nicht eine objektive und unabhängige, sondern eine umfassende, verschiedene Perspektiven berücksichtigende Beschreibung des Evaluationsgegenstands, die für alle nachvollziehbar und verständlich ist (Guba/Lincoln 1989, S. 228ff.).

3.4.2 Die Rolle von Evaluatorinnen und Evaluatoren

Die Forschungstätigkeit konstruktivistischer Evaluatorinnen und Evaluatoren besteht vor allem in der Erhebung von Interpretationen des Evaluationsgegenstands. Sie begeben sich in einen „Lehren-Lernen-Kontakt" mit ausgewählten Beteiligten und Betroffenen, wobei sie einerseits Interviewte über Konstruktionen anderer Beteiligter informieren und gleichzeitig von den Befragten über deren Sicht informiert werden. Als Forschende müssen sie Kenntnisse im Umgang mit quantitativen sowie qualitativen Verfahren mitbringen.

Anschaulich dargestellt werden in den Beiträgen von GUBA/LINCOLN zwar die Erhebungssituationen sowie das Vorgehen der Interviewten, unbeleuchtet bleiben jedoch ihre Auswertungs- und Interpretationsarbeit respektive die Formulierung von Konstruktionen. Vieles spricht dafür, dass diese Interpretationen im Team ausgeführt werden, insofern befinden sich Evaluatorinnen und Evaluatoren auch in der Rolle von Team-Playern.

Evaluatorinnen und Evaluatoren haben die Aufgabe, neben der Erhebung und Analyse von Interpretationen des Programms, die Konsensbildungsprozesse zu leiten. GUBA/LINCOLN bezeichnen diese Rolle als „Dirigenten" (orchestrator) der Verhandlungen: Sie legen die Tagesordnungen fest, moderieren die Diskussionen und übernehmen bei Konflikten die Mediation.

---

122 In der deutschsprachigen Literatur der sog. „qualitativen" Evaluation besteht ebenfalls die Tendenz, eigene Standards entwickeln zu wollen, allerdings findet eine deutlichere Ablehnung der DeGEval-Standards statt (Flick 2006b; v. Kardorff 2006).

123 „Our position is that we can live with these standards although they are by no means very powerful for judging the quality of a given evaluation on those matters that are of central importance to fourth generation evaluation" (Guba/Lincoln 1989, S. 230).

In der Logik konstruktivistischer Evaluation werden Evaluatorinnen und Evaluatoren zu gleichberechtigten Beteiligten. Statt eine Kontrollfunktion einzunehmen, werden sie zu Kollaborateurinnen und Kollaborateuren (Guba/Lincoln 1989, S. 260). Dabei gelten sie nicht als neutrale oder objektiv Beobachtende, sondern sie sind explizit dazu eingeladen bzw. aufgefordert, das Programm als „Change-Agents" mitzugestalten.[124] Bei genauer Betrachtung nehmen die Konstruktionen der Evaluierenden allerdings eine Sonderrolle ein. Einerseits sind deren Konstruktionen etisch (interne Perspektive), während die der Stakeholder emisch (externe Perspektive) sind. Andererseits ist durch die Kenntnis vieler verschiedener Sichtweisen von Interviewten die (Re-)Konstruktion der Evaluatorinnen und Evaluatoren in besonderem Maße entwickelt und verfügt über eine breite Informationsbasis.[125] Dementsprechend bewegen sie sich in einem Spannungsfeld zwischen der Leitung von Diskussionen, Gesprächen und Verhandlungen sowie der gleichberechtigten Teilnahme, indem sie Konstruktionen besteuern oder das Programm gestalten.

3.4.3 Kritische Würdigung

Wie immer man das Evaluationskonzept von Guba/Lincoln beurteilt, auf alle Fälle ist es beiden zu verdanken, dass Debatten über methodologische Grundlegungen von Evaluationsverfahren auf die Tagesordnung gesetzt wurden. Zudem haben sie thematisiert, dass Programme aus verschiedenen Perspektiven betrachtet werden und durch die Evaluation zu betrachten sind. Daraus resultiert eine erhöhte Sensibilisierung für unterschiedliche Interessen an Programmen und Evaluationen, deren Konsequenzen sich auch in den Evaluationsstandards widerspiegeln.[126] Darüber hinaus ebneten Guba/Lincoln den Weg für qualitative Evaluationsansätze, was letztlich zu einer Bereicherung und Erweiterung des methodischen Repertoires beitrug.[127]

Ein zentraler Ansatzpunkt von Guba und Lincoln besteht in einem allgemein unumstrittenen Wertepluralismus, der für jede Evaluation die Frage aufwirft, *wessen*

---

124 Hier lassen sich eindeutig Parallelen zur Aktionsforschung (vgl. Kap. 5.3) erkennen. Genau betrachtet beziehen sich die Gestaltungs- und Änderungsaufgaben von Evaluatorinnen und Evaluatoren jedoch weniger auf die Praxis als auf die Entwicklung von Konstruktionen (Guba/Lincoln 1989, S. 260ff.).

125 Diesen schmalen Grat beschreiben Guba/Lincoln (1989, S. 238) folgendermaßen: „The inquirer's construction cannot be given privilege over that of anyone else (except insofar as he or she may be able to introduce a wider range of information and a higher level of sophistication than may any other single respondent)."

126 So zum Beispiel der Standard N 5 Transparenz von Werten: „Die Perspektiven und Annahmen der Beteiligten und Betroffenen, auf denen die Evaluation und die Interpretation der Ergebnisse beruhen, sollen so beschrieben werden, dass die Grundlagen der Bewertungen klar ersichtlich sind" (DeGEval 2002).

127 Cook (1997, S. 35) beschreibt als eine Konsequenz der wissenschaftstheoretischen Diskussionen: „Practioners of qualitative evaluation methods need not to be defensive now as they were 25 years ago. They are full brothers and sisters in evaluation."

Wertmaßstäbe angelegt werden.[128] Sie thematisieren damit eine bis dahin „wenig beschriebene und oft verschwiegene – Verhandlungs(un)kultur im Spannungsfeld zwischen Auftraggebern, von der Evaluation betroffenen Akteuren sowie dem Anspruch an wissenschaftliche Seriosität und Erwartungen der Öffentlichkeit" (v. Kardorff 2000, S. 240f.). Eines ihrer wichtigen Anliegen ist es, fair und gleichberechtigt alle Beteiligten-Gruppen einzubeziehen. Sie sind sich zwar darüber im Klaren, dass unter den Beteiligten Machtgefälle bestehen, jedoch bergen die vorgeschlagenen diskursiven Verfahren die Gefahr in sich, die bestehenden Machtgefälle schlicht zu reproduzieren. Die bisher dargestellten Evaluationskonzepte bieten zwar keine Strategien, diese Ungleichgewichte aufzuheben, sie vertreten jedoch auch nicht den Anspruch.

Angeregt durch die auch von Guba/Lincoln vorgetragene Kritik an der einseitigen Orientierung an Auftraggebenden („managerialism") entstanden in der Folge einige interessante neue Ansätze, wie die „Empowerment Evaluation" (Fetterman u. a. 1996) und das transformatorische-emanzipatorische Paradigma (Mertens 2004). Beiden Konzepten ist gemeinsam, dass speziell diejenigen, die strukturell mit weniger Einflussmöglichkeiten ausgestattet sind, in besonderem Maße an der Evaluation beteiligt werden. Im Falle der Empowerment Evaluation werden die Beteiligten im Rahmen der Evaluation durch Informationen zur Selbstevaluation bzw. zur systematischen Reflexion der eigenen Arbeit qualifiziert.[129] Die emanzipatorische Evaluation hat hingegen den Auftrag, vor allem die Sichtweisen und Perspektiven der Benachteiligten einzufangen und zu integrieren.

In der Praxis werden konstruktivistische Evaluationen mit einem grundsätzlichen Problem konfrontiert: Wozu sollen sie überhaupt durchgeführt werden, wenn keine „richtigen" Ergebnisse erzielt werden können? Wie vermittelt man den Auftraggebenden, dass sie von der Evaluation lediglich eine besser informierte und höher entwickelte Konstruktion erhalten? Wodurch rechtfertigt sich der hohe Einsatz finanzieller und zeitlicher Ressourcen der Beteiligten, wenn diese die Grundannahmen des Konstruktivismus nicht teilen? Guba/Lincoln räumen schließlich selbst ein, dass Stakeholder in der Regel sehr wohl von existierenden Realitäten ausgehen.[130] Höchst problematisch ist darüber hinaus, dass die Erkenntnisse und Ergebnisse keinesfalls außerhalb des konkreten Settings genutzt werden können.

---

128 „Further, if values do enter into an inquiry, then the questions of what values and whose values become paramount. If the findings of studies or evaluations can vary as a function of the value system brought to bear, then the arbitrary choice of a *particular* value system tends to empower certain individuals and to disempower and disenfranchise others, that is, those with other values" (Guba/Lincoln 1989, S. 65, Herv. im Orig.).

129 Eine Kurzfassung der Empowerment Evaluation findet sich in Fetterman (1997).

130 Guba/Lincoln (1989, S. 48) stellen selbst die Frage: „If evaluations cannot ferret out the truth, what use can there be doing them?" Sie schätzen die Situation so ein: „(...) it is crucial to take into account the fact that this form of evaluation [die konstruktivistische, S.G.] is neither widely known nor commonly accepted; it is not what one would call ‚mainstream'" (Guba/Lincoln, 1989, S. 188).

Das Angebot, das eine „Evaluation der vierten Generation" bereithält,[131] ist nur dann attraktiv, wenn anspruchsvolle Voraussetzungen erfüllt sind: Notwendig ist neben der hohen Integrität bei allen Beteiligten auch deren Kommunikationsfähigkeit und die Bereitschaft, Macht zu teilen und Werte zu revidieren. Außerdem sind Veränderungsbereitschaft und ein enormer Einsatz von Zeit und Energie (Guba/Lincoln 1989, S. 149f.) notwendig. Hier setzt RALF BOHNSACKS (2006, S. 151) grundlegende Kritik an:

> „Auffällig ist [...], mit welcher Unbefangenheit Guba und Lincoln von einer *Veränderbarkeit* von ‚Konstruktionen' ausgehen. Dies hängt wiederum damit zusammen, dass der Begriff der ‚Konstruktion' insofern undifferenziert bleibt, als nicht unterschieden wird zwischen den situativ aushandelbaren und veränderbaren Definitionen auf der Ebene des unmittelbar wörtlich Mitteilbaren einerseits und jenen dauerhaften, weil biographisch und sozialisationsgeschichtlich verankerten ‚Konstruktionen' auf der Ebene des impliziten – begrifflich nicht so ohne Weiteres artikulierbaren – Wissens andererseits" (Herv. im Orig.).

Unvereinbar ist die „Evaluation der vierten Generation" mit Evaluationen unter einem Kontrollparadigma. Die von GUBA und LINCOLN genannten Voraussetzungen sind nicht in Einklang zu bringen mit Situationen, in denen es um die Fortführung bzw. Beendigung eines Programms oder um abschließende Urteile geht.

3.5 Überwindung des Paradigmenstreits: Methodenpluralismus

Die Auseinandersetzung mit diesen vier grundlegenden Herangehensweisen an Evaluationen sollte unterschiedliche Antworten auf die vielfältige Anforderungen und Erwartungen an Evaluationen aufzeigen und außerdem verdeutlichen, dass aus den praktischen Erfahrungen in der Umsetzung Konsequenzen gezogen wurden, dass Akzentverschiebungen und Weiterentwicklungen stattfanden. Die bisher dargestellten Evaluationskonzepte weisen allesamt Stärken und Schwächen auf; sie sind für unterschiedliche Evaluationsaufgaben und -fragestellungen geeignet.

Mittlerweile scheint der durch GUBA/LINCOLN provozierte Paradigmenstreit in der Evaluation weitgehend überwunden zu sein, zumindest ist er in den Hintergrund getreten. Heutzutage besteht Konsens darüber, dass es keine eindeutigen Rezepte zur Durchführung von Evaluationen geben kann.[132] Situationen, Aufgaben sowie Zielstellungen sind zu vielfältig, um ihnen mit dem *einen* Konzept begegnen zu können. JENNIFER GREEN und VALERIE CARACELLI (1997, S. 19) stellen nach Zeiten harter paradigmatischer Auseinandersetzungen mittlerweile eher „ökumenische

---

131 Ihr Angebot an Auftraggebende lautet: „To substitute relativity for certainty, empowerment for control, local understanding for generalized explanation, and humility for arrogance, seems to be a clear gains for the fourth generation evaluator" (Guba/Lincoln 1989, S. 48).

132 So schreiben beispielsweise BERK/ROSSI (1990, S. 9): „In other words, there is really no such thing as a truly perfect evaluation, and idealized textbook treatments of research design and analysis typically establish useful aspirations but unrealistic expectations."

Perspektiven" und einen pluralistischen Umgang mit Designs und Methoden in den Vordergrund. Ebenso stimmen die meisten Forschenden darin überein, dass Evaluation zwar wissenschaftlichen Standards verpflichtet sei, jedoch auch die praktischen Gegebenheiten von Programmen zu berücksichtigen habe. Thomas Cook und William Shadish (1987) sprechen bezeichnenderweise von Evaluation als einer „weltlichen Wissenschaft"[133].

Die neuen Ansätze lauten „Methodenmix", „Multimethodenansatz" oder „Triangulation". Als gemeinsamer Nenner scheint sich die Verwendung von quantitativen *und* qualitativen Methoden durchzusetzen. Dabei sind zwei Strömungen zu unterscheiden. Greene/Caracelli (1997) benennen eine pragmatistische Variante, die sich je nach Fragestellung und Angemessenheit unterschiedlicher Erhebungsverfahren bedient, wie sie bereits mit dem Ansatz von Patton vorgestellt wurde. Alternativ schlagen Greene/Caracelli eine „dialektische" Version vor, bei der „quantitative" und „qualitative" Methoden gezielt integriert werden, um jeweilige Schwächen auszugleichen und Stärken zu nutzen. Hierunter fallen Konzepte wie die Triangulation (z. B. Denzin 1989; Flick 2004) oder der Methodenmix (z. B. Tashakkori/Teddlie 2003a; Creswell/Plano Clark 2007). Sie streben jeweils ein eigenständiges Paradigma an (vgl. ausführlich dazu Kapitel 6.1).

Insgesamt scheint das Beharren auf einen Königsweg zur Durchführung von Evaluationen der Vergangenheit anzugehören. Vielmehr bedient man sich eines breiten Spektrums methodischer Zugänge und Umsetzungsstrategien. Grundsätzlich ist zu begrüßen, dass das Design- und Methodenrepertoire ausgeweitet wird, um den diversen Bedingungen, Herausforderungen und Aufgabenstellungen gerecht zu werden. Gleichzeitig besteht jedoch die Gefahr, dass Methoden willkürlich gewählt und kombiniert werden, ohne dass eine transparente und methodisch saubere Integration diverser Denkmodelle und Erhebungsverfahren erfolgt.

Auch theoriebasierte Evaluationskonzepte sind im Zuge der Suche nach Lösungen für die Lücken der zuletzt dargestellten Evaluationsdesigns entstanden (vgl. 4.2). Die konzeptionelle sowie praktische Umsetzung von Evaluationen bringt Herausforderungen mit sich, die mit dem vorhandenen Instrumentarium nicht einzulösen sind. Statt einer vorwiegend pragmatisch orientierten Kombination von Designs und Erhebungsverfahren soll die Theoriebasierung eine Klammer setzen und eine alternative Grundlage für die Planung und Umsetzung von Evaluationen schaffen. Gleichzeitig bietet die Programmtheorie einen Rahmen, der die Integration verschiedener Methoden ermöglicht, ohne Gefahr zu laufen, dass Konzepte unverbunden nebeneinander stehen. An die Stelle der Orientierung von Evaluationen an bevorzugten Designs tritt die Ausrichtung an Theorien. So lautet zumindest der Anspruch. Was sich hinter dem Begriff Theorie verbirgt, wie diese zur Grundlage von Evaluati-

---

133 „Because evaluators are paid to improve social programs, they must interact with programs on the latter's terms. They have to embrace the whole messy world of social programming, knowing that its boundaries do not respect those of the disciplines in which they were trained, while also realizing that they will have to learn practical lessons they could not have been taught, or would not have appreciated, during their training" (Cook/Shadish 1987, S. 31).

onen werden kann, ob und wie der Anspruch eingelöst werden kann, darum wird es im Folgenden dieser Arbeit gehen.

Zunächst werden jedoch die im Kapitel 4 diskutierten Evaluationsdesigns als Optionen für das Illustrationsbeispiel überprüft.

3.6 Die vorgestellten Konzepte am Beispiel

Nachdem in diesem Kapitel vier ausgewählte grundlegende Evaluationsansätze vorgestellt wurden, soll nun überprüft werden, welche Möglichkeiten diese für die Evaluation der internetbasierten Lernumgebung bereithalten und an welche konzeptionellen und praktischen Grenzen deren Umsetzung stieß. Anhand des Beispiels lassen sich die Stärken und Schwächen der verschiedenen Designs veranschaulichen. Der Fokus liegt in diesem Abschnitt also weniger auf dem tatsächlichen Vorgehen als darauf, gedanklich die verschiedenen Optionen durchzuspielen. Am Rande ergeben sich dabei weitere Informationen über die Bedingungen des konkreten Vorhabens.

3.6.1 Zugang über die Ziele

Es war naheliegend die Evaluation der internetbasierte Lernumgebung entlang von Zielen vorzunehmen, da deren Entwicklung selbstverständlich Ziele verfolgte.[134] Aufgrund der doppelten Aufgabenstellung – Verantwortung für die Umsetzung der internetbasierten Lernumgebung *sowie* für die Evaluation – bot die Reflektion der Ziele für die Autorin ein zweifaches Potential: Ziele fungierten als praxissteuernde Instrumente und konnten gleichzeitig die Basis der Evaluation bilden.

Die spezifischen Ziele der internetbasierten Lernumgebung existierten nicht losgelöst von den Lehrzielen für die Einführung in die Methoden empirischer Sozialforschung. Die Methodenlehre war ein zentraler Baustein der Ausbildung von Soziologinnen und Soziologen, in deren Einführung es darum ging, das fachspezifische Vokabular kennen zu lernen, es zu verstehen und argumentativ sowie auch praktisch anwenden zu können. Außerdem diente sie der Vorbereitung auf Projektseminare, empirische Studienabschlussarbeiten sowie letztlich die spätere Berufspraxis.

Der Übungsteil übernahm, im Rahmen der Einführung, die spezifische Funktion, die in der Vorlesung kennen gelernten Begriffe und Konzepte zu vertiefen. Es sollte ein kleines Forschungsprojekt zu einem vorgegebenen Rahmenthema entlang vorgegebener Arbeitsschritte geplant werden. Auf diese Ziele war das gesamte Lehrangebot und damit auch die internetbasierte Lernumgebung ausgerichtet. Letztere sollte den Studierenden ergänzende Gelegenheiten zur Beschaffung von veranstaltungsrelevanten Informationen, zur vertiefenden Auseinandersetzung mit dem Lehrstoff und zum interaktiven Austausch untereinander bieten. Diese flankierenden Angebote re-

---

134 Selbstverständlich ist es nicht, spezifische Ziele zu verfolgen. Gerade der Einsatz computer- und internetbasierter Medien war zum Ende des letzten Jahrhunderts schlicht modern.

agierten auf einige schwierige Randbedingungen, wie z. B. die weiten Wege in Berlin und auf dem Universitätscampus oder die hohe zeitliche Belastung vieler Studierender, die parallel zum Studium jobbten. Daneben musste die Methodenausbildung aufgrund begrenzter personeller Kapazitäten und einer enormen Nachfrage ohnehin neu organisiert werden. Die Übungen sollten künftig durch studentische Tutorinnen und Tutoren angeleitet werden. Deren Arbeit sollte ebenfalls durch die internetbasierte Lernumgebung unterstützt werden.

Für die Methodenlehre allgemein lagen bereits, wie im TYLER'schen Konzept vorgesehen, messbare Lehrziele sowie Messoperationen vor. Zunächst ist die Klausur am Ende eines jeden Semesters zu nennen. Diese enthielt 15 Aussagen zur empirischen Methodenlehre, bei denen Studierende über „richtig" oder „falsch" entscheiden und vor allem ihre Entscheidung begründen mussten. Dieses Vorgehen entspricht TYLERS Evaluationskonzept, auch wenn es vordergründig dazu diente, den Erwerb eines Leistungsnachweises zu regeln. Analog zu den Zielen wurde also eine Anwendungssituation geschaffen, die nicht einfach Wissen abfragte, sondern die Anwendung von Kompetenzen forderte, wie das Verstehen von und Argumentieren mit Fachvokabular. Auf der individuellen Ebene, das heißt zur Benotung, waren sogar Erfolgsspannen vorgegeben.

> *Beispielaufgabe aus der Klausur (Struck/Kromrey 2007, Frage 10):*
> „Rein deskriptive Untersuchungen sind ohne theoretische Vorannahmen möglich."
>
> Musterlösung:
> „Die obige Aussage ist falsch. Es gibt grundsätzlich keine theoriefreie Beobachtung. Auch bei deskriptiven Untersuchungen werden Entscheidungen über zu beobachtende Sachverhalte mit Hilfe von Theorien oder (unbewussten oder bewussten) theoretischen Vorannahmen getroffen."

Auch für den Übungsteil bestand bereits mit der Aufgabe „Planung eines Forschungsvorhabens" ein Verfahren zur Messung der Zielerreichung. Zu Semesterende wurde die sukzessiv entwickelte Beschreibung des Forschungsprojekts daraufhin überprüft, ob die Arbeitsgruppen alle vorgegebenen Schritte erledigt hatten und, ob die Aufgabenstellung richtig verstanden sowie angemessen umgesetzt werden konnte. Hiermit wurde allerdings nicht der individuelle Lernerfolg, wie in der Klausur, festgestellt, sondern die Leistung der gesamten Gruppe.

Beispielübungsaufgabe

Rahmenthema: Die Erlebnisgesellschaft und ihr Erscheinungsbild in den Medien
Untersuchungstyp: deskriptive empirische Untersuchung
Datenerhebungsmethode: standardisierte Erhebung

Aufgabe 0:
Wählen Sie einen Namen für Ihr Forscherteam und lesen Sie die angegebenen Texte zum Thema Erlebnisgesellschaft

Aufgabe 1: Präzisierung des Themas
a) (hypothetischer) Zweck der Untersuchung
b) (hypothetischer) Grund für die Untersuchungsrelevanz des Themas
c) (hypothetisches) Erkenntnisinteresse

Aufgabe 2:
a) Nachbearbeitung der Aufgabe 1. Diese dient als Grundlage der Weiterarbeit.
b) Formulierung der forschungsleitenden Annahmen/Hypothesen
  – *Herausarbeiten der für die Fragestellung wichtigen Aspekte/Dimensionen des Untersuchungsgegenstandes*
  – *Formulierung der Beziehungen zwischen den Aspekten/Dimensionen*
  – *Systematisierung zu einem „deskriptiven Schema/Modell"*
c) Bedeutungsanalyse der zentralen Begriffe, die im entwickelten „deskriptiven Schema" vorkommen:
d) Definition der Begriffe

Aufgabe 3:
a) Nachbearbeitung der Aufgabe 2. Diese dient als Grundlage der Weiterarbeit am gewählten Thema.
b) Operationalisierung der im deskriptiven Schema enthaltenen Dimensionen des Untersuchungsgegenstandes:
  – *falls nötig: Unterdimensionen*
  – *falls nötig: Indikatoren mit den dazugehörenden Korrespondenzregeln angeben*
c) Festlegung und Begründung der Informationsbasis
d) Festlegung des Erhebungsinstrumentes
e) Skizze des Auswahlplanes:
  – *Grundgesamtheit*
  – *Auswahleinheiten*
  – *Untersuchungs- und Erhebungseinheiten*

Aufgabe 4:
a) Nachbereitung der Aufgabe 3. Diese dient als Grundlage der Weiterarbeit am gewählten Text.
b) Skizze des Aufbaus eines standardisierten Erhebungsinstrumentes
c) Wichtige Teile des Datenerhebungsinstrumentes ausformulieren
  – *Operationalisierung einiger zentraler Begriffe*
  – *Kontextinformationen*

Schwieriger gestaltete sich die Formulierung operationaler Ziele, die sich spezifisch auf die internet-basierte Lernumgebung bezogen. Relativ einfach war der Rückgang der Abbruchquoten im Selbstlernkurs festzustellen, vorausgesetzt frühere Abbrüche wären dokumentiert.[135] Wenn auch wünschenswert, so war es bereits deutlich schwieriger, Gründe für die Beendigung der Teilnahme zu erheben. Damit ist ein klassisches Problem von Lehrevaluationen benannt: Informationen von Abbrecherinnen und Abbrechern – so interessant gerade deren Rückmeldungen wären – sind nur selten zu gewinnen, da diese in der Regel nicht mehr erreicht werden können.

Zur Bestimmung operationaler Ziele hinsichtlich des Lernverhaltens, wie eine zusätzliche und intensivere Auseinandersetzung mit dem Lerngegenstand oder die Steigerung der Selbstlern- und Medienkompetenzen, ergaben sich in diesem Zusammenhang spezifische Herausforderungen, aber auch neue Chancen. Diese resultierten im Wesentlichen aus den veränderten Rahmenbedingungen des Lernens. Wie Studierende ihr Selbstlernen organisierten, wie sie sich mit dem Lerngegenstand auseinandersetzten, welche Lernangebote sie wahrnahmen und wie sie diese nutzten, das war nicht ohne Weiteres beobachtbar. Gerade das Selbstlernen zeichnet sich dadurch aus, dass die direkte Interaktion zwischen Lehrenden und Lernenden in der Face-to-Face-Situation reduziert ist, z. B. entfallen Gelegenheiten zum Feststellen von (Un-)Aufmerksamkeit, der Blick in fragende oder verstehende Gesichter etc. Andererseits entstehen neue Informationsquellen, die in mancherlei Hinsicht Vorteile gegenüber Beobachtungsdaten haben, weil ein erheblicher Teil der Kommunikation schriftlich, per E-Mail, im Diskussionsforum etc. stattfindet und damit automatisch dokumentiert wird.

Die intensive Auseinandersetzung mit dem Lerngegenstand hätte anhand von Lernzeiten quantifiziert erhoben werden können, z. B. über die Selbstauskunft der Studierenden, wobei Selbsteinkünfte nur eingeschränkt zuverlässig sind. Alternativ hätten Logfile-Analysen herangezogen werden können, die Auskunft darüber geben, wie häufig und wie lange Internetseiten angesteuert waren.[136] In beiden Fällen wären jedoch keinerlei Aussagen zur *Qualität* des Lernaufwands zu treffen.

Typischerweise wird in der Operationalisierung von Zielen, wie auch insgesamt in Lehrevaluationen, auf die Befragung von Studierenden zu deren Zufriedenheit mit und deren Akzeptanz von Lehrangeboten zurückgegriffen. Die Zufriedenheit der

---

135 Ideal wäre eine differenzierte Dokumentation der Abbrüche, da unterschiedlich zu bewerten ist, ob der Abbruch eher am Anfang oder gegen Ende des Semesters stattfindet. Es ist durchaus wünschenswert, wenn Studierende nach der Vorstellung des didaktischen Konzepts des Selbstlernkurses eine bewusste Entscheidung gegen diese Lehrform treffen, weil sie beispielsweise davon ausgehen, dass sie festere Lernstrukturen brauchen. Ein später Abbruch hingegen bedeutet eine Verschwendung von Ressourcen – sowohl für Studierende als auch für Lehrende.

136 Logzeiten sind allerdings kaum interpretierbar: „So kann eine achtmal längere Verweildauer im Netz auf einen langsamen Arbeitsstil, auf ein konzentriertes Nachdenken oder auf das Vergessen des PC-Ausschaltens u. a. m. hinweisen." (Schmidt-Lauff 2004, S. 87, FN 4).

Studierenden ist zwar ein deutlicher Hinweis auf ein positives Lernklima,[137] nur wären alleine damit kaum Aussagen zur Güte einer Lernumgebung zu treffen:[138]

> „Daß etwas ‚gut ankommt', daß etwas auf hohe Akzeptanz stößt, sagt aber nicht unbedingt etwas über die Qualität dessen aus, was beurteilt werden soll, sondern es sagt in erster Linie etwas über den Urteilenden und seine Präferenzen aus" (Kromrey 1994b, S. 93).

Im Zusammenhang mit der Einführung neuer Medien in der Hochschulbildung wird außerdem darauf hingewiesen, dass die positive Resonanz auch auf den „Neuigkeitseffekt" zurückzuführen ist (z. B. Nistor 2002; Kerres 1999, S. 5). Grundsätzlich besteht die schwierige Aufgabe auf dem Weg von den allgemeinen, abstrakten Zielen zu messbaren Zielen und Indikatoren für eine Zielerreichung darin, die Differenz möglichst gering zu halten (vgl. Kerres 1998, S. 158ff.). Der Versuch, die Ziele der Lernumgebung operational zu formulieren, offenbarte jedoch die Gefahr einer Banalisierung der Ziele.

Und selbst wenn es gelungen wäre, den Zuwachs an Methodenkompetenzen als operationale Ziele zu formulieren, so stünde Evaluation vor der nächsten Aufgabe, nämlich Erfolgsspannen festzulegen, an Hand derer über die (Nicht-)Zielerreichung hätte entschieden werden können. Um hierbei der Gefahr einer willkürlichen Festsetzung zu entgehen, benötigte man Erfahrungs- oder Vergleichswerte, die gerade bei Neuerungen oftmals nicht vorliegen. Möglicherweise hätte man im vorliegenden Fall auf Ergebnisse früherer Semester zurückgreifen können. Dem stand entgegen, dass eine eindeutige Grenzziehung zwischen „Methodenkurs ohne internetbasierte Lernumgebung" und „Methodenkurs mit" nicht vorzunehmen war (vgl. 2.7). Wäre die Evaluation auf solche Zielvorgaben und Erfolgsspannen ausgerichtet gewesen, stellte sich die Frage nach dem Erkenntnisgewinn. Unbeantwortet bliebe, worauf eine deutliche Verbesserung der Klausur- und Übungsleistungen zurückführbar wäre.

Auch wenn die beiden Erhebungsarten (Lerntest und Übungsaufgabe), die explizit auf den Lernerfolg abzielten, dem Vorgehen Tylers weitgehend entsprachen, war der Einfluss des didaktischen Konzepts und dessen Umsetzung nicht unbedingt feststellbar: Die Erreichung der Lehrziele war von vielen Faktoren abhängig, nicht vorrangig vom Lehrangebot. Welchen Beitrag die internetbasierte Lernumgebung zur (Nicht-)Zielerreichung leistete, war alleine anhand operationalisierbarer Zielvorgaben nicht zu beantworten. Ergänzend ist festzuhalten, dass mit einer ausschließlichen Orientierung an den Zielen des Programms unbeabsichtigte Folgen nicht erfassbar gewesen wären (vgl. Stockmann 2007, S. 64ff.).

---

137 Im weit verbreiteten „Vier-Ebenen-Modell" von Kirkpatrick/Kirkpatrick (2006) stellt die Evaluation der Reaktionen die erste Ebene dar, darauf aufbauend folgen die Ebene des Lernens, des Verhalten und der Ergebnisse.
138 Die Problematik von Lehrevaluationen durch Zufriedenheitsmessungen bei Studierenden wird umfassend von Kromrey (z. B. 2001b; 2004) erörtert.

3.6.2 Zugang über Wirkungen mit (quasi-)experimentellen Designs

Um den erzielten Effekt ursächlich auf eine Intervention zurückführen zu können, werden in der Regel experimentelle oder, als mögliche Variante, quasi-experimentelle Designs als der Königsweg betrachtet. Die Frage danach, ob mit dem Einsatz einer internetbasierten Lernumgebung bessere Lernerfolge erzielt werden konnten bzw. für welche unter den Studierenden diese erreicht werden konnten, war durchaus interessant und naheliegend. Tatsächlich bot das hier gewählte Beispiel auf den ersten Blick einige günstige Bedingungen zur Umsetzung eines solchen Vorhabens. Da es sich um eine Pflichtveranstaltung handelte, konnte beispielsweise davon ausgegangen werden, dass ausreichende Fallzahlen erreichbar waren und auch die Bildung von Kontrollgruppen möglich wäre.

Zumindest im Wintersemester wurden vier verschiedene Übungstermine angeboten, damit hätte sogar die Möglichkeit bestanden, zwei davon mit, zwei ohne internetbasierte Lernumgebung anzubieten. Bei der üblichen freiwilligen Zuordnung der Studierenden zu den Veranstaltungen wären allerdings Selektionseffekte vorprogrammiert und damit systematische Verzerrungen nicht auszuschließen. Man müsste davon ausgehen, dass alle oder die meisten „medienfernen" Studierenden sich gegen die internetbasierte Unterstützung entschieden hätten. Eine randomisierte Gruppenzusammensetzung hätte theoretisch eine Alternative bieten können, allerdings hätte diese vermutlich große Unzufriedenheit bei den Studierenden ausgelöst. In der Folge hätten sich die Verantwortlichen mit Wechselwilligen auseinandersetzen müssen, was vor dem Hintergrund einer nur mäßig beliebten Pflichtveranstaltung zeitraubende Konflikte mit sich gebracht hätte. Von parallel arbeitenden Vergleichsgruppen musste nicht zuletzt auch deswegen Abstand genommen werden, weil es letztlich unmöglich war, den Zugriff der Kontrollgruppe auf die internetbasierte Lernumgebung zu verhindern. Selbst ein Zugriffsschutz durch Passwörter hätte nicht abwenden können, dass sich diese unter den Studierenden verbreitet hätten.

Mindestens genauso relevant für die Entscheidung gegen ein solches Vorgehen waren didaktische Grundüberlegungen. Ein Ziel bestand explizit darin, das Lehrangebot zu erweitern, um den Studierenden zusätzliche Gelegenheiten zu bieten, sich mit dem Lerngegenstand auseinanderzusetzen. Interessierten Studierenden den Zugang zu verweigern, würde dem Anliegen von Lehre entgegen laufen. Da es sich um eine Selbstevaluation handelte, war es mithin folgerichtig, einer gut funktionierenden Programmpraxis höhere Priorität einzuräumen.

Wesentlich angemessener waren unter den gegebenen Bedingungen quasi-experimentelle Designs, vor allem eine Zeitreihenanalyse. Dieses Vorgehen wurde dadurch begünstigt, dass bereits eine umfassende Datenbasis bestand. Nicht nur, dass selbstverständlich die erzielten Klausur- und Übungsergebnisse der früheren Semester dokumentiert waren und das Prinzip der Leistungsüberprüfung beibehalten wurde. Zusätzlich lagen die Daten von Eingangs- und Abschlussbefragungen der Teilnehmenden zu der Einführung in die Methoden vor, die im Zuge der Evaluation der traditionellen Veranstaltung, des Selbstlernkurses und der Erprobung des PC-Tutors durchgeführt wurden. Es bestanden also hinsichtlich der Datenlage ausgesprochen gute Ausgangsbedingungen, die es sogar ermöglicht hätten, differenziert nach Geschlecht, Lerntyp, Motivation oder außeruniversitärer Belastung Aussagen zu treffen.

Verlässliche Aussagen zur Wirkung der internetbasierten Lernumgebung hätten getroffen werden können, wenn z. B. die Teilnehmerstruktur der Kurse ähnlich geblieben wäre. Tatsächlich fand aber eine grundlegende Veränderung statt. Ursache hierfür war der Umstand, dass ab dem Sommersemester 2001 der Soziologiestudiengang zulassungsbeschränkt wurde. Die Universitätsverwaltung reagierte mit einem kontinuierlich ansteigenden, internen Numerus Clausus auf die geringer werdende Personalausstattung. Nachdem in den Vorjahren auch diejenigen ein Soziologiestudium aufnahmen, die in der Psychologie oder der Publizistik keinen Studienplatz erhalten konnten, kamen nun nicht einmal alle diejenigen zum Zuge, die sich explizit für das Fach entschieden hatten. Wenn sich im Zeitraum der Implementierung der internetbasierten Lernumgebung die Ergebnisse deutlich verbessert hätten, hätten die Veränderungen mindestens so überzeugend mit höher motivierten oder leistungsstärkeren Studierenden, deren Hochschulabschlüsse deutlich besser waren, erklärt werden können.

Außer der Voraussetzung, Kontroll- und Vergleichsgruppen heranziehen zu können, setzen (quasi-)experimentelle Designs voraus, dass die Intervention stabil bleibt. Auch diese Voraussetzung war im vorliegenden Fall nicht gegeben. Wie bereits in Kapitel 2.7 beschrieben, befand sich die Einführung der internetbasierten Lernumgebung eindeutig in der Entwicklungs- und Erprobungsphase. Es war explizit vorgesehen, umgehend Anpassungen und Verbesserungen vorzunehmen, sobald Probleme deutlich würden.[139]

Zusätzlich ergeben sich Fragen hinsichtlich der kontrollierten Feststellung der abhängigen Variablen. Im Rückblick auf den vorhergehenden Abschnitt ist in Frage zu stellen, ob tatsächlich die in Noten gemessenen Lernerfolge das zentrale Ziel der internetbasierten Lernumgebung sein können. Letztlich ist die Intention der neuen Lernangebote gleichermaßen bescheidener und anspruchsvoller: Bescheidener, weil die besseren Lernerfolge erst am Ende einer langen Ereigniskette zu erwarten gewesen wären; anspruchsvoller, weil es auch um die Förderung neuer Lernstrategien ging. Welche Potentiale und auch Risiken in der Nutzung des Internets für die Methodenausbildung lagen, war am Anfang noch nicht eindeutig prognostizierbar. Anders ausgedrückt: Stichhaltige Hypothesen über die zentralen Ursache- und Wirkungsfaktoren bestanden noch nicht. Auch wenn zur Jahrtausendwende E-Learning oder der Einsatz digitaler Medien in der Lehre umfassend erforscht und untersucht wurden auf eindeutige Ergebnisse konnte noch nicht zurückgegriffen werden.[140]

---

139 Stehen Innovationen im Fokus der Evaluation, so ist das Vorgehen von HENSE/KRIZ (2006) unangemessen, die auf der Grundlage bereits erfolgter Wirkungsforschung auf der Suche nach Verbesserungspotentialen eine formative Evaluation anschließen.
140 So argumentiert auch GRÖHBIEL (2002, S. 101f.). In Studien, die mit Vergleichsgruppen arbeiten, können in der Regel zumindest auf der Ebene der Lernerfolgsmessung keine Effekte festgestellt werden (z. B. Heydthausen/Günther 2003, S. 223).

Dieses Beispiel verdeutlicht, wie anfällig (quasi-)experimentelle Designs für nicht kalkulierbare Veränderungen im Programm und dessen Umwelt sind. Daneben gilt festzuhalten, dass die bisherigen Überlegungen deutlich auf das Evaluationsvorhaben unter dem Vorzeichen der Wirkungsforschung zugeschnitten sind. Über Verbesserungspotentiale der internetbasierten Lernumgebung könnten so keine Aussagen getroffen werden.[141]

3.6.3 Zugang über Nutzungsabsichten

Der entscheidende Gewinn einer Orientierung an PATTONs Vorschlägen bestand darin, sich, vor der methodischen Planung, zunächst einmal mit der Vergewisserung der Nutzungsabsichten zu beschäftigen. Tatsächlich konnte im vorliegenden Beispiel, in der Planung sowie der Umsetzung, der intendierte Nutzen systematisch berücksichtigt werden Deshalb wird an dieser Stelle das Vorhaben konkretisiert und nicht nur hypothetisch durchgespielt.

In Anlehnung an Abbildung 6: Schritte nutzungsfokussierter Evaluation galt es zunächst, sich der wichtigsten Beteiligten und Betroffenen der internetbasierten Lernumgebung zu vergewissern, um zu überprüfen, welche Nutzungsabsichten diese an die Evaluation richteten.

- Die *Studierenden* waren in erster Linie Betroffene des Programms; darüber hinaus außerdem als Informationsgebende in die Evaluation miteinzubeziehen. Ein Nutzungsinteresse an der Evaluation lag bei ihnen auf individueller Ebene weniger vor. Nachfolgende Studierende konnten jedoch von Verbesserungen profitieren.
- Der *Lehrstuhlinhaber* war in seiner Funktion mitverantwortlich für die internetbasierte Lernumgebung. Darüber hinaus galt es, die Übung eng auf die Vorlesung abzustimmen; vor allem im Selbstlernkurs verschmolzen die Inhalte von Vorlesung und Übung weitgehend. Er konnte die Evaluation nutzen, um die Stimmigkeit des Lehrkonzepts und vor allem die Einbeziehung des Internets zu überprüfen.
- Die studentischen *Tutorinnen* und *Tutoren* nutzten die internetbasierte Lernumgebung als Informationsquelle und gleichzeitig waren sie ein Teil der Lernumgebung. Sie begleiteten beispielsweise die Arbeitsgruppen in der Bearbeitung ihres Forschungsplans per E-Mail und in persönlichen Sprechstunden. Sie konnten wichtige Informationen zur Funktionstüchtigkeit der Lernumgebung beisteuern. Hilfreich waren hierbei ihre Nutzungsperspektive und der enge Kontakt zu ihren Kommilitoninnen und Kommilitonen. Evaluationsergebnisse konnten ihnen Hinweise dazu liefern, wie sie die internetbasierten Angebote im Rahmen der Tutorien optimal einsetzen konnten.

---

141 Dass sich mit (quasi-)experimentellen Designs zwar Verbesserungsbereiche ausmachen lassen, sich aber weder das zu Grunde liegende Problem noch die Lösung erschließen, illustrieren BERGMANN U.A. (2004).

- Hauptverantwortlich für die Gestaltung der internetbasierten Lernumgebung und für deren Evaluation war die Autorin als Dozentin selbst. Hier lagen die zentralen Nutzungsabsichten. Diese richteten sich vor allem darauf, Verbesserungspotentiale und Schwachstellen zu identifizieren, um die internetbasierte Lernumgebung zu optimieren.

Zusammenfassend lässt sich feststellen, dass die Bestimmung der Nutzung der Evaluation und die zentrale Steuerungsfunktion in Händen der Selbstevaluatorin lagen. Die anderen am Programm beteiligten Personen und Personengruppen waren in unterschiedlicher Weise in der Evaluation zu berücksichtigen: Die Studierenden, als Hauptzielgruppe der Evaluation, konnten wertvolle Informationen über die internetbasierte Lernumgebung aus der Nutzerperspektive liefern. Ihre aktive Beteiligung kostete sie jedoch Zeit. Die Evaluation musste also so konzipiert werden, dass zum einen die Lernbemühungen der Studierenden nicht behindert wurden und sie gleichzeitig motiviert waren, Informationen preiszugeben. Die studentischen Mitarbeitenden sowie der Lehrstuhlinhaber wurden beratend und unterstützend für die Konzeptionierung der Evaluation hinzugezogen. Ihre Erkenntnisinteressen und möglichen Nutzungsabsichten wurden ergänzend berücksichtigt.

Wie in Kapitel 2.7 ausgeführt, sollte die Evaluation in erster Linie Gestaltungshinweise für die internetbasierte Lernumgebung liefern. Ergebnisse sollten dazu dienen, die Lehrangebote so anzupassen, dass sie von den Studierenden als hilfreich wahrgenommen und genutzt würden, um letztlich deren Kompetenzzuwachs zu befördern.

Neben der Ausrichtung auf diese Entwicklungsperspektive muss eine zweite, indirekte Nutzungsabsicht erwähnt werden: Das Vorhaben sollte auch in die hiermit vorliegende Qualifizierungsarbeit einfließen. Unter dieser Perspektive hätten auch Forschungsfragestellungen relevant werden können. Die Frage nach den Wirkungen der internetbasierten Lernumgebung oder beispielsweise die Frage danach, wie die internetbasierte Lernumgebung den Lernerfolg für verschiedene Lernende beeinflusst, hätten in den Mittelpunkt des Interesses gerückt werden können. Beide intendierte Nutzen bargen ein Konfliktpotential in sich, das sich jedoch logisch und pragmatisch auflöste: Bevor es an Wirkungsfeststellungen ging, musste das neue Angebot zunächst einmal gut funktionieren, d. h. technische und didaktische Mängel waren zu beheben und einzelne Elemente in die organisatorischen Abläufe zu integrieren.

Schnell wurde deutlich, dass sich hinter dieser Nutzungsabsicht ein umfassender und vielfältiger Informationsbedarf verbarg; eben weil es sich um ein Pilotprojekt handelte. Zum Beispiel war in der Planungs- und Entwicklungsphase noch ungewiss, welche Bereitschaft die Studierenden mitbringen würden, sich überhaupt mit neuen Informations- und Kommunikationsformen auseinanderzusetzen; wie sie diese in ihre Lernstrategien integrieren und für welche Lernenden die zusätzlichen Angebote ein Gewinn bringen würden; welche technischen und organisatorischen Hindernisse zu überwinden wären; wie der Aufbau und die Begleitung der internetbasierten Lernumgebung überhaupt den Arbeits- und Organisationsablauf der Lehrenden verändern würde.

Das nutzungsfokussierte Vorgehen stellte eine wichtige Hilfestellung dar, um das Vorgehen entlang der Nutzungsabsicht zu planen, die Fragestellungen zu konkretisieren und zu präzisieren, damit letztlich auch Datenerhebungen anzupassen. Kritische Nachfragen, wie und wozu Informationen bzw. erhobene Daten genutzt werden können, vermieden einige Irrwege und ebenso einige Blindleistungen im Rahmen der Informationsbeschaffung. Allerdings ergaben sich keine weiteren Hinweise für den methodischen Zuschnitt der Evaluation. Als Prüfkriterium für die zu treffenden Entscheidungen konnte die intendierte Nutzung jedoch jeweils herangezogen werden.

3.6.4 Zugang über Konstruktionen

Das Konzept Guba/Lincolns stellt Konstruktionen des Evaluationsgegenstands von Beteiligten- und Betroffenengruppen in den Mittelpunkt von Evaluationen. Dieses Vorgehen lenkt die Aufmerksamkeit der Evaluation auf Einschätzungen und Bewertungen aus *unterschiedlichen* Perspektiven. Stehen in Pattons nutzungsfokussiertem Konzept die *Evaluations*beteiligten im Zentrum, so fokussiert die Evaluation der vierten Generation auf die Durchführenden und Betroffenen des *Programms* und deren Konstruktionen.

Bei der Implementierung „neuer Medien" in der Hochschullehre wird die Einbeziehung aller Beteiligter allgemein als wichtig erachtet. Gemeinhin besteht Konsens, dass die Integration von Internet und PC nur dann gelingt, wenn sie allgemein akzeptiert wird, wenn die infrastrukturellen Voraussetzungen geschaffen sind und die notwendigen Kompetenzen vorhanden sind (z. B. Bremer u. a. 2002). Den Anspruch, Beteiligte und Betroffene einzubeziehen, würden die meisten Evaluationskonzepte für sich formulieren. Ein konstruktivistisches Evaluationskonzept lenkt jedoch zusätzlich die Aufmerksamkeit auf die Verschiedenartigkeit von Erwartungen und daraus resultierenden Bewertungen. Auch Michael Kerres (1998, S. 189f.) weist beispielsweise darauf hin, dass Lehr- und Lernziele nicht unbedingt deckungsgleich sind. Zumindest bei tendenziell eher unbeliebten Pflichtveranstaltungen ist es unmittelbar einsichtig, dass sich die internetbasierte Lernumgebung aus unterschiedlichen Perspektiven anders darstellt. Während Lehrende einen intensiveren Austausch der Studierenden mit den Lehrinhalten anstreben, wünschen sich die Zielgruppen schnellere und kürzere Wege zum Lernerfolg. Lernerfolg beinhaltet für extrinsisch motivierte Studierende den Scheinerwerb, für Lehrende hingegen den Erwerb eines Mindestmaßes an Wissen und Fertigkeiten. Während Studierende sich evtl. eine individuellere und flexiblere Begleitung erhoffen, verbinden Lehrende vielleicht mit dem Einsatz „neuer Medien" eine Entlastung.

Guba/Lincolns Differenzierung der Stakeholder-Gruppen nach Programmentwickelnden, finanzierenden und -durchführenden auf der einen Seite sowie nach

„Begünstigten" und „Opfern" auf der anderen Seite, machte darauf aufmerksam, dass auch die Zielgruppen nicht als homogen zu betrachten sind.[142] Die Studierenden waren nach ihrem Geschlecht, ihrer Motivation, ihren Vorkenntnissen, ihren Lernstrategien und nicht zuletzt auch nach ihren Medienkompetenzen sowie ihren technischen Zugangsmöglichkeiten ins Internet zu unterscheiden. So war zu berücksichtigen, dass 20% der Studierenden im Grundstudium über keinen individuellen Internetzugang, annähernd 10% nicht über einen eigenen Computer verfügten.[143] Für diese Gruppe hatte eine internetbasierte Lernumgebung eine völlig andere Bedeutung als für diejenigen, für die die Nutzung des Internets eine alltägliche Routine darstellte.

Analog einer konstruktivistischen Evaluation würden diese jeweils sehr verschiedenen Konstruktionen der internetbasierten Lernumgebung zunächst gleichberechtigt nebeneinander stehen. Damit unterscheidet sich dieses Vorgehen deutlich von der Herangehensweise TYLERS oder PATTONS: TYLER nimmt ausschließlich die Lehrziele in den Blick, während PATTON auf die wichtigen Evaluationsnutzenden abzielt. Gerade in Hinblick darauf, dass dem Lernklima eine wichtige Rolle zukam, war es für die Entwicklung und Gestaltung der internetbasierten Lernumgebung wichtig, sich mit den verschiedenen Perspektiven auseinanderzusetzen. Andererseits war jedoch in Zweifel zu ziehen, dass, vor allem hinsichtlich der Heterogenität der Erwartungen, Voraussetzungen und Bedürfnisse, ein Konsens darüber herstellzustellen wäre, welche Kriterien eine qualitativ hochwertige internetbasierte Lernumgebung erfüllen muss. Insofern blieb ungeklärt, welche methodischen und praktischen Konsequenzen aus der Vielfalt an Konstruktionen zu ziehen wären.

Ein weiterer Nachteil der Evaluation der vierten Generation lag darin, dass nach GUBA/LINCOLN Ergebnisse aus einem konkreten Setting nicht in andere Zusammenhänge übertragbar sind. Dabei war sicherlich nicht infrage zu stellen, dass es sich lohnt, die Bedingungen und den Kontext des Programms, respektive der internetbasierten Lernumgebung, genauer zu beleuchten (vgl. auch die Genauigkeitsstandards der DeGEval). Für die Entwicklung des Vorhabens ebenso wie für dessen Evaluation wären unbedingt zu berücksichtigen:

- dass sich die Zielgruppe am Beginn ihres Studiums befand,
- dass die Studierenden v. a. hinsichtlich ihrer Medien- und Selbstlernkompetenz heterogen zusammengesetzt waren,
- dass die Methodenlehre zum Pflichtprogramm des Grundstudiums gehörte,
- dass es sich um eine Massenveranstaltung handelte, die im Rahmen einer Präsenzuniversität stattfand,

---

142 Selbstverständlich braucht man nicht unbedingt GUBA/LINCOLN, um darauf aufmerksam zu werden, dass Programme auch Verliererinnen und Verlierer haben. In den anderen vorgestellten Konzepten wird dieser Umstand jedoch in der Regel nicht spezifisch angesprochen.
143 Dies ergab eine Befragung von Studierenden (n=230) im Grundstudium des Instituts für Soziologie im Sommersemester 2002, die im Rahmen eines Projektseminars von SANDRA GÖLKER und MICHAEL SIMON durchgeführt wurde. Dieses Ergebnis deckt sich mit Untersuchungen an anderen Hochschulen (z. B. Hanekop u. a. 2003).

– dass für die Entwicklung der internetbasierten Lernumgebung keine zusätzlichen Ressourcen zur Verfügung standen und,
– dass nicht auf spezifische IT-Expertise seitens der Entwicklerin der Lernumgebung zurückgegriffen werden konnte.

So spezifisch die Situation, so typisch war sie auch: Parallel zu dem groß angelegten Bundesprogramm „Neue Medien in der Bildung" hielt das Internet Einzug in die traditionelle Hochschullehre der Präsenzuniversitäten. Nicht zuletzt, weil die Bedeutung des Internets für die Wissenschaft stieg und auch für den größten Teil der Studierenden die Kommunikation via E-Mail oder die Informationsrecherche im Internet zur Normalität wurden, musste sich die Lehre auf die veränderten Bedingungen einstellen. Ein entscheidender Reiz des Evaluationsvorhabens lag genau darin, Erfahrungen und Erkenntnisse darüber zu gewinnen, wie die neuen Möglichkeiten angemessen genutzt werden können – selbstverständlich über die einzelne, konkrete Lehrveranstaltung hinaus.

Wenn auch im Konzept von GUBA/LINCOLN nicht explizit als mögliche Variation benannt, bot die konstruktivistische Evaluation für die Selbstevaluation im vorliegenden Fall wichtige Chancen: Zum einen stellte eine kontinuierliche Weiterentwicklung der internetbasierten Lernumgebung keinerlei Probleme für das Design dar; zudem hätte die zwangsläufig entstehende Betriebsblindheit durch alternative Konstruktionen und Perspektiven korrigiert werden können. Andererseits setzen GUBA/LINCOLN[144] voraus, dass Evaluatorinnen und Evaluatoren mit anderen Beteiligten gleichberechtigt sind, wovon im vorliegenden Fall nicht ausgegangen werden konnte.

Bis hierher lässt sich feststellen, dass die dargestellten klassischen Zugänge zur Evaluation von Programmen auf jeweils spezifische Funktionen und Ziele zugeschnitten sind, die sich jeweils nicht uneingeschränkt auf das Beispielvorhaben übertragen lassen. Gleichzeitig jedoch ist zu konstatieren, dass aus allen Vorgehensweisen wichtige Anregungen gezogen werden konnten: Die Vergewisserung über die Ziele und deren Konkretisierung bzw. Operationalisierung lieferte wertvolle Beiträge zur Feinsteuerung der Praxis. Die Argumente CAMPBELLS und seiner Kollegen richteten die Aufmerksamkeit auf kurzschlüssige Interpretationen von Daten und Informationen. Eine Nutzungsfokussierung forderte ein, dass das Design der Evaluation erst nach reiflichem Abwägen der Nutzungsabsichten zu entwickeln war. Den Vorschlägen von GUBA und LINCOLN wiederum war eine Sensibilisierung dafür zu verdanken, dass die internetbasierte Lernumgebung aus unterschiedlichen Perspektiven betrachtet und eingeschätzt wurde.

Grundsätzlich bedeutete es einen Gewinn, verschiedene Optionen zur Umsetzung abzuwägen. Je nach Konzept wurden entsprechende Facetten untersucht. Gerade wenn Innovationen in einem Bereich evaluiert werden, in dem es um interaktive Lehr- und Lernprozesse geht, scheint es angemessen, verschiedene methodische

---

144 So schreiben GUBA/LINCOLN (1989, S. 261): „In the spirit of shared mutual responsibility the evaluator can no more escape the consequences of the reconstruction that is achieved – whatever that turns out to be – than can any other participant."

Zugänge zu wählen. Allerdings war bislang nicht geklärt, wie die unterschiedlichen Anregungen und Erkenntnisse miteinander in Einklang zu bringen waren. Trotz der Auseinandersetzung mit diesen klassischen Evaluationsansätzen erschien keine der Varianten für die Evaluation der internetbasierten Lernumgebung als ausreichend und zugleich umsetzbar. Erst mit der Recherche theoriebasierter Evaluationskonzepte erschlossen sich neue, erfolgversprechende Perspektiven.

4. Konzepte theoriebasierter Evaluationen

Im Zuge der Ausdifferenzierung von Modellen und Konzepten zur Durchführung von Evaluationen betritt die „theoriebasierte Evaluation" seit den 1970er Jahren die Bühne. Zum ersten Mal thematisiert EDWARD SUCHMAN (1967), der vor allem im Gesundheitsbereich forschte, die Rolle von Hypothesen über Wirkmechanismen für Planung und Durchführung von Evaluationen.[145]

Die Anlässe für die „Erfinder" der „theoriebasierter Evaluationen", sich auf die Suche nach einem alternativen Evaluationsmodell zu begeben, waren vielfältig: CAROL H. WEISS (v.a. 1972c, 1972d, 1988a,1988 b, 1999; Weiss/Bucuvalas 1980) beschäftigte sich in zahlreichen Publikationen mit Fragen danach, warum Entscheidungsträger in Politik und Organisationen geringe Resonanz auf Evaluationen zeigen und warum Organisationen resistent gegen Lernprozesse und Veränderungen sind. HUEY-TSYH CHEN und PETER H. ROSSI (z.B. 1981; Chen 2004) waren vor allem angetrieben durch die zumeist ernüchternden Ergebnisse von Studien, die in der Regel keine oder nur sehr schwache Effekte von Programmen belegen konnten. Zusätzlich zeigte sich immer häufiger, dass die Ergebnisse von Evaluationen mehrdeutig und widersprüchlich ausfielen und eine Unterscheidung zwischen Programmscheitern und Programmerfolg durch Evaluationen selten möglich war (Pawson/Tilley 2004, S. 3ff.). Gemeinsam war den Protagonistinnen und Protagonisten das Anliegen, Licht in die „Blackbox" von Programmen zu bringen. Sie teilten die Einschätzung, dass die Frage- und Aufgabenstellung von Evaluationen einen neuen Akzent erfahren solle: Statt zu messen, ob Programme (nicht) funktionieren, sollte der Fokus darauf liegen zu erheben, *wie* und *weshalb* ein Programm erfolgreich oder eben auch nicht greifen kann.[146]

4.1 Bezeichnungen und Relevanz theoriebasierter Evaluationskonzepte

Seit den 1990er Jahren taucht auf Tagungen und in Veröffentlichungen die Begriffspaarung Theorie und Evaluation immer wieder auf. Nebeneinander stehen „theory-based evaluation" (v.a. WEISS), „theory-driven evaluation" (CHEN und ROSSI), „program theory" (Bickman 1987a, 1990) „program theory evaluation" (Rogers 2000; Rogers u.a. 2000a, 2000b) und „theory of action approach" (Patton 1997 S. 215ff.). Im Jahr 1997 steuern dann RAY PAWSON und NICK TILLEY den Begriff „Realistic Evaluation" bei, der zwar nicht die Theorie im Namen des Konzepts trägt, sich jedoch explizit zu einem theoriegesteuerten Evaluationskonzept bekennt (siehe z.B. Pawson/Tilley 2004, S. 25ff.).

---

145 So schreibt SUCHMAN (1967, S. 86): „(…) what is often overlooked by the evaluative researcher who may tend to forget that a test of ‚Does it work?' presupposes some theory as to why one might expect it to work."
146 PATRICIA ROGERS (2000a) überschreibt ihren Überblicksartikel mit: „Program Theory. Not Wether Programs Work, But How They Work".

Diese verschiedenen Bezeichnungen verweisen nicht nur auf verschiedene Autorinnen und Autoren, vielmehr spiegeln sie sowohl unterschiedliche erkenntnistheoretische Grundlagen als auch differente Verständnisse von „Theorie" bzw. „Programmtheorie" und von der Durchführung von Evaluationen wider. Ebenso lassen sich Unterschiede in der Vorliebe für Erhebungs- und Auswertungsverfahren feststellen. Diese Differenzen treten jedoch zugunsten einer Theoriebasierung in den Hintergrund.

Angesichts einer solchen Fülle an Bezeichnungen ist es für die vorliegende Arbeit erforderlich einen Terminus zu bestimmen, der alle möglichen Varianten umfasst und als Oberbegriff fungieren kann. CHEN und ROSSI konnten zwar mit „theory-driven Evaluation" in der Literatur die meiste Beachtung erfahren, jedoch lässt sich „driven" nicht ohne Informationsverlust in die deutsche Sprache übertragen.[147] Der von NICOLETTA STAME (2004) verwendete Terminus „theory oriented evaluations"[148] wiederum schwächt die handlungsleitende Komponente der Theorie ab. Demgegenüber weist die Bezeichnung „Programmtheorie-Evaluation" zwar zutreffend der Programmtheorie die zentrale Rolle zu, suggeriert jedoch, dass die Programmtheorie und nicht das Programm selbst zum Evaluationsgegenstand wird. Hingegen bietet „theoriebasierte Evaluation" – die hier gewählte Bezeichnung – den Vorteil, dass ausreichend Spielraum für die Vielfalt an Bedeutungen von Theorie bleibt und gleichzeitig die grundlegende Rolle von Theorie unterstrichen wird. Geht es im Folgenden jedoch um die jeweils spezifischen Vorschläge der jeweiligen Protagonistinnen und Protagonisten, so werden deren Bezeichnungen benutzt.

Der Begriff „Theorie" im Titel fast aller Konzepte legt die Frage nahe, ob mit theoriebasierten Evaluationsmodellen eine neue theoretische Fundierung von Evaluation angestrebt wird. Tatsächlich fordern einige Autorinnen und Autoren ein Mehr an Theorie und kritisieren atheoretische Vorgehensweisen (z. B. Chen/Rossi 1984, Lipsey 1997). Jedoch weist die Theoriebasierung nicht in die Richtung von Grundlagenforschung, vielmehr regen vor allem CHEN/ROSSI (1984) eine Rückbesinnung auf bestehendes (sozialwissenschaftliches) Wissen an.[149] So setzt CHEN (1990a) seinem „theory-driven"-Ansatz methodengesteuerte Konzepte entgegen, die mit dem Bestreben, rigorose methodische Strategien einzuhalten, die verbesserte Praxis von Evaluationen und Programmen aus dem Blick verlieren.

Immer wieder wird KURT LEWIN zitiert: „Nothing is as Practical as a Good Theory"[150] – nichts ist so praktisch wie eine gute Theorie. Hier zeigt sich, dass es theoriebasierten Evaluationen weniger um eine Mehrung theoretischen Wissens, als um praktische Impulse geht. Praxis umfasst dabei sowohl diejenige in Evaluationen als auch diejenige in Programmen. So formuliert PATRICIA ROGERS (2002), dass ein zen-

---

147 „Theoriegesteuerte Evaluation" wäre zwar durchaus ein gangbarer Weg, lässt aber ein eher mechanistisches Modell vermuten.

148 In den letzten Kapiteln seiner Monographie spricht auch CHEN (1990) von „theory-oriented evaluation", und sein Buch von 2005 erscheint unter dem Titel „Practical Evaluation".

149 Zuweilen wird auch eine engere Anbindung der Evaluation an Grundlagenforschung gefordert (z. B. Wang u. a. 1986).

150 Z. B. WEISS (1995) sowie PAWSON (2003) veröffentlichten Artikel unter dieser Überschrift.

trales Anliegen von Evaluationen darin besteht, die Planung und Umsetzung von Programmen zu verändern und zu verbessern.[151] Auch die Umsetzung von Evaluationen soll einen konzeptionellen und praktischen Nutzen durch die Theoriebasierung erfahren. Theoriebasierte Evaluationen geben sich nicht damit zufrieden, wenn Evaluatorinnen und Evaluatoren breiteres theoretisches Wissen einbringen bzw. ihren Evaluationsgegenstand theoretisch reflektieren. Vielmehr soll die „Theorie" – was sich dahinter verbirgt wird noch zu klären sein (siehe 4.3) – methodische Entscheidungen begründen. Angestrebt wird ein Rahmenkonzept zur Durchführung von Evaluationen.[152] Dieser Ansatz schlägt zwar spezifische Vorgehensweisen vor, Entscheidungen für Untersuchungsdesigns und Erhebungsverfahren sind damit jedoch noch nicht getroffen.

Ein Blick auf die Veröffentlichungen belegt, dass zumindest für die englischsprachige Literatur eine zunehmend gestiegene Bedeutung der Programmtheorie konstatiert werden kann. In ihrem Lehrbuch von 1972 (1998, 2. überarb. Aufl.) widmet Weiss der theoriebasierten Evaluation ein Kapitel, seit Beginn der 1980er Jahre melden sich die Co-Autoren Chen und Rossi (1981, 1984, 1987) in diversen Zeitschriftenaufsätzen und seit 1992 als Herausgeber eines Sammelbandes[153] zu Wort. Leonard Bickman (1987a, 1990) gibt zwei Sammelhefte von „New Directions for Program Evaluation" zur Programmtheorie heraus. Große Beachtung gewinnt auch die erste Monographie zur „Theory-Driven Evaluation" von Chen im Jahr 1990, der versucht ein Rahmenkonzept für die gesamte Bandbreite von Evaluationsfunktionen und -fragestellungen zu präsentieren. Rogers (2000a, 2000b) „importiert" das theoriebasierte Konzept aus den USA nach Australien.

Der entscheidende Durchbruch für theoriebasierte Evaluationen in Europa gelingt mit dem Erscheinen von „Realistic Evaluation" von Pawson und Tilley im Jahr 1997 (2004, siehe auch Leeuw 2002, S. 8). So überrascht auch nicht der Titel „Learning, Theory and Evidence" der 5. Konferenz der European Evaluation Society (EES) 2002 in Sevilla, auf der die Theoriebasierung von zahlreichen Referentinnen und Referenten thematisiert wird.[154]

Trotz dieser Entwicklung pflegte die theoriebasierte Evaluation im deutschsprachigen Evaluationskontext bis vor wenigen Jahren höchstens ein Schattendasein, was sich erst seit 2004 ändert. Noch im Jahr 2003 bleibt eine Anfrage von Wolfgang Beywl im „forum-evaluation"[155] nach einem deutschsprachigen Literaturtipp

---

151 Rogers (2002, S. 2) hebt hervor: „(…) an emphasis on making a difference – to the projects and programs we are involved in evaluating, to the organisations we work with, and for the people whom these projects and organisations are intended to benefit."
152 So formuliert Chen (1990a, S. 11): „the necessity of developing a broader and more comprehensive conceptual framework for guiding evaluation practice."
153 Der Sammelband erscheint unter dem Titel „Using Theory to Improve Program and Policy Evaluations" (Chen/Rossi 1992a).
154 Einige Beiträge dieser Konferenz sind in Heft 1 des Jahres 2004 der Zeitschrift „Evaluation" (Los Angeles; London; New Delhi; Singapore: Sage) abgedruckt. Eine Zusammenfassung der Debatte liefert van der Knaap (2004).
155 Das „forum-evaluation" ist ein internetbasiertes Diskussionsforum – ähnlich dem von der AEA organisierten „EVALTALK" in den USA – mit dessen Hilfe der fachliche Austausch im deutsch-sprachigen Raum organisiert ist.

zur theoriebasierten Evaluation ohne Antwort. Einschränkend ist anzumerken, dass sie in Aufsätzen nicht völlig unerwähnt bleibt: HELMUT KROMREY (2001a) widmet sich z. B. der theoriebasierten Evaluation als Alternative zum Experimentaldesign; EVERT VEDUNG (1999, S. 124ff.) schlägt für den öffentlichen Sektor ein Monitoringverfahren vor, das sich an Programmtheorien orientiert. HOLGER HORZ U. A. (2003, S. 228f.) nehmen in der Evaluation multimedialer Lehrveranstaltungen Bezug auf einen „theoriebasierten, multiperspektivischen Evaluationsansatz".

Seit etwa 2004 erfährt die Theoriebasierung in der deutschsprachigen Evaluationsliteratur einen rasanten Aufschwung. Im Mai 2004 findet in „forum-evaluation" die erste Diskussion zur Theoriebasierung statt, an der sich sieben Personen beteiligen, bevor im Oktober 2005 auf der 8. Jahrestagung der DeGEval die erste Veranstaltungsreihe zur theoriebasierten Evaluation unter dem Titel „Verstehen wie Programme wirken – Modellierungen von Wirkungen über Programmtheorie" stattfindet.

Deutliche Impulse für die Debatte setzt KARIN HAUBRICH (2004, 2006a, 2006b, 2009), die sich mit theoriebasierten Ansätzen vor allem in Hinblick auf Cluster-Evaluationen multizentrischer Programme auseinandersetzt. Auch JAN HENSE und WILLY CHRISTIAN KRIZ (2005, 2006) sind zu nennen, die das Potential theoriebasierter Evaluation zur Wirkungsfeststellung im Rahmen von Bildungsforschung ausloten. Im Frühjahr 2008 erscheint in der Zeitschrift für Evaluation der erste Aufsatz, der ein Instrument zur Umsetzung von theoriebasierter Evaluation präsentiert (Galla u. a. 2008) und im Februar 2011 hält CHEN (2011) im Rahmen einer Tagung zur „Evaluation von Programmen und Projekten zur Förderung einer pluralistischen und demokratischen Kultur" in Bielefeld einen Vortrag zu theoriegesteuerter Evaluation und leitet einen vierstündigen Workshop zum selben Thema.

Trotz dieser mittlerweile recht beachtlichen Anzahl – wenn auch nach wie vor überwiegend englischsprachiger Publikationen – thematisieren zahlreiche Autorinnen und Autoren, dass den theoriebasierten Evaluationsansätzen der Sprung in die Praxis auch in den USA noch nicht gelungen sei (siehe vor allem Bickman 1990; Chen/Rossi 1992b; Brickmayer/Weiss 2000). Diesen Befund bestätigen CHRIS L. CORYN U. A. (2011) mit einer umfangreichen Review an Veröffentlichungen im Zeitraum von 1990 und 2009: Nur vereinzelt können sie praktische Umsetzungen identifizieren.[156] Über die Ursachen kann an dieser Stelle nur spekuliert werden. So ist zu vermuten, dass eine „Theoriebasierung" wenig „marktfähig" ist: Zum einen lassen sich wohl die wenigsten Evaluatorinnen und Evaluatoren eine „Theorielosigkeit" unterstellen, zum anderen ist vorstellbar, dass Programmverantwortliche, Praktikerinnen und Praktiker schnell eine deutliche Praxisferne wittern. So ließe sich die Begriffswahl von PAWSON/TILLEY erklären, denn „realistische Evaluation" klingt praxisnah und attraktiv. Jedoch ist zweifelhaft, ob unter diesem Label ein Durchbruch für die Praxis von Evaluationen gelingen kann, denn „realistisch" erhöht weder die Transparenz noch die Präzision für Adressaten und Beteiligte.

---

156 So stellen CORYN U. A. (2011, S. 217) zusammenfassend fest: „Although theory-driven forms of evaluation are widely discussed in the evaluation literature, at professional development offerings, at meetings of specialized associations and societies, and informally on listservs, actual examples are sparse."

Abgesehen von den begrifflichen Problemen stehen theoriebasierte Evaluationen vor denselben methodologischen Herausforderungen wie jedes andere Konzept zur Programmevaluation. Ein verbreiteter Vorwurf lautet beispielsweise, dieses Konzept sei zu zeit- und kostenintensiv, um in der Praxis erfolgreich Anwendung zu finden (z. B. Rogers 2000a, Weiss 2000, Stame 2004). Zuweilen wird auch die Akzeptanz seitens der Nutzenden sowie die Aussagekraft der Ergebnisse infrage gestellt (z. B. Cook, 2000).

Welche konzeptionellen Angebote theoriebasierte Evaluation unterbreitet, welche Vorschläge zur Beantwortung von Designfragen formuliert werden, darum soll es im Folgenden gehen. Das Ziel besteht darin, einen Überblick über die graduell unterschiedlichen theoriebasierten Evaluationskonzepte zu liefern, allerdings ohne am Ende den Vorschlag für *das eine beste* Vorgehen anbieten zu wollen. Vielmehr werden die jeweiligen Schwierigkeiten, Herausforderungen und natürlich auch Stärken herausgearbeitet, um zu verdeutlichen, welches Konzept sich für welche Aufgabenstellung in besonderem Maße eignet. Damit soll letztlich das Repertoire an Strategien für die Durchführung von Evaluationen erweitert werden.

Um den spezifischen Ansatz theoriebasierter Evaluationen nachvollziehbar zu machen, muss vor einer Darstellung der konzeptionellen Vorschläge zunächst die kritische Auseinandersetzung mit verbreiteten Evaluationskonzepten stehen, sind doch die Konzepte in Abgrenzung zu diesen und in deren Weiterentwicklung entstanden. Dazu findet ein Rückgriff auf die im vorangegangenen Kapitel beschriebenen Designs, im Speziellen auf zielorientierte Evaluation, (quasi-)experimentelle Designs und die „Evaluation der vierten Generation" statt (4.2). Die Schwierigkeiten dieser Vorgehensweisen aus Sicht einer theoriebasierten Evaluation werden am Beispiel des Bundesprogramms „Neue Medien in der Bildung" illustriert, das die Hintergrundmusik für das hier dargestellte Illustrationsbeispiel lieferte.

Ausgehend von den für theoriebasierte Evaluationen spezifischen Kritikpunkten lassen sich schließlich Lösungsvorschläge entwickeln. Zentral sind dabei der Begriff der Theorie sowie folgende damit in Zusammenhang stehende Fragen: Was verbirgt sich hinter dem Begriff „Theorie", das heißt *welche* und *wessen* „Theorien" sind gemeint (vgl. 4.3)? Nicht zuletzt ist zu klären, welche Funktion den Theorien in der Umsetzung der Evaluation zukommt. Im Anschluss werden die Vorschläge zum Vorgehen in der Durchführung von Evaluationen aufgeführt und miteinander verglichen (4.4). Zusammenfassend wird reflektiert, welchen Nutzen explizierte Programmtheorien für die Evaluation und die Praxis von Programmen haben (4.5).

4.2 Kritik an bestehenden Evaluationskonzepten

Erst durch die Analyse der Probleme und Schwächen klassischer Zugänge zu Programmevaluationen aus der Sicht theoriebasierter Evaluationskonzepte, werden die alternativen Ideen und Vorschläge nachvollziehbar. Eine erneute Auseinandersetzung mit Zugängen über Ziele, (quasi-) experimentelle Wirkungsforschung sowie über

Konstruktionen einer „Evaluation der vierten Generation" rechtfertigt sich dadurch, dass aus der Sicht theoriebasierter Evaluationen spezifische Argumente herangezogen werden. Die Kritikpunkte liegen auf unterschiedlichen, miteinander verflochtenen Ebenen: Sie thematisieren evaluationspraktische, strategische und methodologische Aspekte.

4.2.1 Das Kreuz mit den Zielen – Kritik an zielorientierter Evaluation

Sollen Programme nach ihren Ergebnissen und Folgen beurteilt werden, erscheint auf den ersten Blick eine Evaluation plausibel, die sich an den Programmzielen orientiert. Programme werden initiiert (und finanziert), weil für Probleme Lösungsstrategien gesucht werden und weil mit dem Programm bestimmte Ziele erreicht werden sollen. Dass insofern durch Evaluationen die Frage beantwortet werden soll, ob und in welchem Ausmaß es Programmen gelingt, Erwartungen zu erfüllen, liegt nahe. Darüber hinaus bietet eine Orientierung an Zielen eine gute Hilfestellung und Entscheidungsgrundlage für die Evaluation komplexer Programme.

Problematisch wird ein solches Vorgehen erst bei genauerer Betrachtung des Konstrukts Ziele. Zunächst ist in Übereinstimmung mit WEISS (1972b, S. 7, 1998, S. 51-55) festzustellen, dass Ziele in der Regel sehr vage, diffus und global – eben nicht eindeutig, operationalisierbar und damit überprüfbar – formuliert sind.[157] Außerdem lässt sich häufig beobachten, dass Programme eine Vielzahl an – zuweilen gar widersprüchlichen – Absichten verfolgen. CHEN/ROSSI (vor allem 1981) erachten es als problematisch, dass in der Regel Programm-Administratoren nicht über sozialwissenschaftliche Ausbildungen verfügen, sondern ihre Vorgehensweise und Sprache eher juristisch und politisch geprägt sei.

Noch schwerer wiegt, dass Ziele (vor allem in der Phase der Programmentwicklung) nicht mit Blick auf Evaluationen gesetzt werden, sondern gänzlich andere Funktionen erfüllen sollen: In Übereinstimmung mit WEISS (1988a, 1988b) und CHEN (1990a, S. 90f.) ist davon auszugehen, dass mit Zielen vielmehr um politischen Konsens gerungen wird, denn schließlich sollen Mittel zur Finanzierung bereitgestellt werden. Auch müssen Programmziele Umsetzungsspielräume offen halten. So lässt sich leicht erklären, warum offizielle Ziele oftmals unrealistisch und mehrdeutig formuliert sind. MICHAEL Q. PATTON (2008, S. 267f.) spricht in diesem Zusammenhang auch von der Paradoxie von Zielen.[158]

Auf Projekt- und Maßnahmenebene hat es Evaluation weniger mit allgemeinen, vagen Zielen zu tun, vielmehr ist es verbreitet, dass willkürlich, leicht zu quantifizierende Output-Ziele gewählt werden (siehe auch Chen/Rossi 1981, S. 41). Gerade in

---

157 Sehr deutlich wird WEISS (1998, S. 52) im folgenden Satz: „Occassionally, the official goals are merely a long list of pious and partly incompatible platitudes."

158 PATTON (2008, S. 267) erläutert diese Paradoxie folgendermaßen: „Focusing an evaluation on program goals is clearly not the straightforward, logical exercise depicted by the classical evaluation literature because decision making in the real world is not purely rational and logical. This is the paradox of goals. They are rational abstractions in nonrational systems."

Deutschland hat sich im Zuge einer Zielvereinbarungseuphorie und New Public Management eine neue Kultur der Zielformulierung entwickelt: quantifizierende Ziele sind zum festen Bestandteil von Antragstellungen geworden. Zustandekommen und Angemessenheit dieser Zielsetzungen werden jedoch kaum kritisch hinterfragt. Ziele schaffen zusätzliche Probleme, wenn sie unter einer zeitlichen Perspektive betrachtet werden. In der Regel durchlaufen Programme eine Geschichte von der ersten Idee bis zu ihrem Abschluss. Im Laufe dieser Geschichte verändern sich die Ziele, passen sich den realen Möglichkeiten an, reagieren auf politische Veränderungen und greifen neue Anforderungen auf (z. B. Weiss 1998, S. 60f.). Die Evaluation steht damit vor dem Problem zu entscheiden, *welche* der Ziele ihr Orientierung bieten und Beurteilungskriterien liefern sollen. Darüber hinaus verfolgen Programme nicht selten langfristige Absichten, vor allem in der Bildung und in der Prävention. Ob ein Langzeitziel erreicht wurde, kann in der Regel erst lange *nach* Abschluss einer Evaluation entschieden werden.

Eine weitere Falle der ausschließlich an Zielen orientierten Evaluation[159] besteht darin – und hiermit schließen sich CHEN/ROSSI der Position SCRIVENS (vgl. Kap 3.1.3) an –, dass diese Strategie gegenüber nicht-intendierten Effekten blind ist. Wenn jedes Programm, jede Maßnahme multiple Effekte hat, dann muss davon ausgegangen werden, dass ein Programm durchaus auch nicht-beabsichtigte (ob positive oder negative) Wirkungen zeigt (z. B. Suchman 1967, S. 126f.). Allerdings bietet die zielfreie Evaluation SCRIVENS keine Hinweise, welche der prinzipiell unendlich vielen Möglichkeiten nicht-intendierter Effekte einer Untersuchung unterzogen werden sollten (Chen/Rossi 1981, S. 40). Gleichzeitig erscheine SCRIVENS zielfreies Vorgehen („goal-free-fashion") unrealistisch und schwer umsetzbar, da kaum vorstellbar sei, dass eine Evaluation durchgeführt werden kann, ohne in Kontakt zu den Stakeholdern zu treten. Falls das gelänge, müsse mit zahlreichen Widerständen in der Akzeptanz und Nutzung der Evaluationsergebnisse gerechnet werden (Chen 1990a, S. 171f.).

Ein Weiteres unter 3.1.3 bereits angesprochenes Problem einer an Zielüberprüfung orientierten Evaluation besteht darin, dass messbare Ergebnisse von sozialen Programmen in der Regel nicht ausschließlich auf die Programme selbst zurückführbar sind (z. B. Chen/Rossi 1984).[160] Die bloße Feststellung, dass beispielsweise Teilnehmende besser gelernt oder sich erfolgreicher in das Berufsleben integriert haben, kann noch nicht belegen, dass auch tatsächlich das Programm bzw. die Maßnahme die Ursache des Erfolgs ist. Umgekehrt lässt sich ebenso wenig belegen, dass die Quelle eines Misserfolgs im Programm liegt. Die Entscheidung über die Einstellung

---

159 CHEN und ROSSI (1981, S. 40) benutzen den Begriff „gaol-trap", den sie wie folgt erläutern: „(…) since the evaluator mainly focus their attention on a few narrowly defined measurable effect variables picked from among official purposed program goals, and assess whether the program treatments affect those narrowly defined outcome variables. If a treatment achieves those effects, than a program is declared a success; otherwise it is a failure." (Chen/Rossi 1981, S. 41)

160 CHEN/ROSSI (1984, S. 340) stellen fest: „The outcomes of social programs are rarely, if ever, attributable solely to treatments and intervening processes but are also determined by other sources."

oder Ausweitung eines Programms kann damit nicht alleine auf der Grundlage von Zielüberprüfungen gefällt werden.

Fast die gesamte Palette der genannten Schwierigkeiten, die sich aus Zielen als einziger Orientierung für Evaluation ergeben, lässt sich entlang des Modellprogramms des Bundesministeriums für Bildung und Forschung (BMBF) „Neue Medien in der Bildung" nachzeichnen. In der Ausschreibung wird das Ziel des Bundesmodells folgendermaßen formuliert:

> „Ziel des Programms ist es,
> * Mehrwert durch die Computernutzung im Bereich des Lehrens und Lernens zu schaffen,
> * den Strukturwandel im Bildungsbereich voranzutreiben, der durch Globalisierung und die IuK-Techniken induziert ist,
> * den Markt für Lernsoftware, dem weltweit zweistellige Zuwachsraten prognostiziert werden, in der Bundesrepublik Deutschland zu stimulieren und
> * eine eigenständige nationale Lernkultur bewahren zu helfen." (BMBF 2000, S. 8)

Für den Bereich der Hochschule war beabsichtigt, mit der Förderung die Qualität der Lehre zu verbessern, den Anteil des betreuten Selbststudiums zu erhöhen, neue Fernstudien- und Weiterbildungsangebote sowie neue Kombinationen aus Präsenzlehre und Selbst-/Fernstudienanteilen zu entwickeln. Darüber hinaus wurde eine Erhöhung der Wettbewerbsfähigkeit auf internationaler Ebene sowie zwischen Hochschule und Wirtschaft angestrebt und nicht zuletzt sollten die Ergebnisse nachhaltig gesichert werden (BMBF 2000, S. 15-18).

Diese Absichten suggerieren, ein Allheilmittel für sämtliche hochschulpolitischen Herausforderungen gefunden zu haben: Die neuen Techniken sollen ökonomische, organisatorische sowie didaktische Probleme lösen und die nationale sowie internationale Wettbewerbsfähigkeit deutscher Hochschulen verbessern (Kandzia 2003, S. 14ff.). PAUL-THOMAS KANDZIA und GABRIELE KRAUS (2003) stellen fest, dass die durch die zuwendungsgebenden Instanzen formulierten Ziele in erster Linie an einer Außenwirkung orientiert und folglich „notwendig grob und an populären Schlagworten orientiert" bleiben.

Entsprechend werden in der abschließenden „Werkschau" nach Ablauf des Programms die Zielstellungen neu akzentuiert und wohl auch realistischer formuliert:

> „Mit der Förderung des Bundesministeriums für Bildung und Forschung (BMBF) von Webbasierten und multimedialen Lehrinhalten an Hochschulen war insbesondere die Absicht verbunden, aus den Entwicklungsarbeiten heraus für Lehrende und Lernende Produkte entstehen zu lassen, die sich kurzfristig in den Studienalltag integrieren lassen." (BMBF 2004, S. 7)

Das ursprünglich formulierte Ziel ist jetzt deutlich konkretisiert, allerdings auch kaum wiedererkennbar. In diesen offiziellen Verlautbarungen spiegelt sich eindeutig eine Zielveränderung wider. CHRISTINE SCHWARZ (2004, S. 45f.) spricht im

Kontext des Programms „Neue Medien in der Bildung" von einer „an Beliebigkeit grenzende[n] Vielfältigkeit der Projektziele (Polytelie)" oder „Elastizität von Zielen", die zielbasierter Evaluation alles andere als eine solide Grundlage beschert sowie Evaluatorinnen und Evaluatoren vor nahezu unlösbare Aufgaben stellt.

Für die überwiegend unabhängig voneinander evaluierten mehr als 100 Einzelprojekte im Bundesmodell „Neue Medien in der Bildung" bieten die seitens des BMBF seinerzeit formulierten Globalziele wenig Orientierung. So überrascht es kaum, dass Beispiele, die das Ziel einer gestiegenen Wettbewerbsfähigkeit zum Maßstab erklären, nicht auszumachen sind. Stattdessen werden überwiegend – teilweise durchaus anspruchsvolle – Produktevaluationen durchgeführt.[161] Diese orientieren sich an den Zielen Nutzerfreundlichkeit und Nutzbarkeit. Es sind nur wenige Evaluationen dokumentiert, die sich am Programmziel, einen Mehrwert für Lernen und Lehre zu schaffen, orientieren. Diese Evaluationen wiederum basieren vor allem auf Zufriedenheitsbefragungen sowie der Erhebung von Verbesserungsvorschlägen von Studierenden, Lehrenden oder Tutorinnen und Tutoren (z. B. Noistor u. a. 2002; Osiander 2003; Kaiser u. a. 2003; Dresing 2007). Zwischen der Zufriedenheit derjenigen, die Lehr- und Lernmedien nutzen und einem Mehrwert für Lehre und Lernen (z. B. schneller, besser, nachhaltiger Lernen etc.) klafft freilich eine erhebliche Lücke. Dieser Kurzschluss ist ähnlich einzuordnen wie die Gleichsetzung von Studierendenzufriedenheit und Qualität der Lehre (vgl. Kromrey 1994b, 2000, 2001b).

4.2.2 Labor oder Praxis – Kritik an experimentellen Designs

Experimentelle Designs im Rahmen von Evaluationen setzen dort an, wo mit dem Erreichen der Ziele noch nicht belegt ist, dass das Programm auch tatsächlich die Ursache für die Zielerreichung ist. Vielfach wird die Güte von Evaluationen daran gemessen, wie vollständig sie die Bedingungen des klassischen randomisierten Experiments erfüllen können.[162] Trotz dieser weithin akzeptierten Idealisierung identifiziert (und formuliert) theoriebasierte Evaluation drei grundsätzliche Problemfelder, die genauer zu betrachten sind:
a) die Bildung strukturidentischer Vergleichsgruppen,
b) die Kontrolle und die Auswahl von unabhängigen Variablen/Treatmentvariablen,
c) die Kontrolle und die Auswahl der geeigneten abhängigen Variablen/Outcomevariablen.

Zu a): In der Logik experimenteller Designs stellt der Prozess der Randomisierung das ideale Instrument dar, um strukturidentische Vergleichsgruppen zu erhalten. In

---

161 Ein ausgefeiltes System von Produktevaluation digitaler Medien (vor allem von Learning Management Systemen) haben Baumgartner u. a. (2002a) entwickelt. Weitere Beispiele finden sich z. B. in Baumgartner u. a. 2002b, Lautenschlager u. a. 2002.

162 Auch Chen/Rossi (1984, S. 337) stellen fest: „(...) alternative designs for impact assessment are valued to the extent that such designs mimic the validity advantages of randomized experiments."

der Praxis von Feldforschung – und damit auch von Evaluationen – scheitert das randomisierte Experiment jedoch bereits oft aus ganz pragmatischen Gründen. Beispielsweise lassen sich bei Programmen, die flächendeckend eingeführt werden, randomisierte Kontrollgruppen gar nicht erst bilden (so z. B. die Reform des SGB III/ „Hartz IV", das als Bundesgesetz für *alle* Arbeitslosen und von Arbeitslosigkeit Bedrohten in der Bundesrepublik Anwendung findet).

Auch bei punktuell erprobten Modellvorhaben steht die zufallsgesteuerte Zuweisung von Teilnehmenden auf Experimental- und Kontrollgruppe im Allgemeinen im Widerspruch zur Auswahl von Teilnehmenden aus Programmsicht. Programmdurchführende formulieren in der Regel gezielte und absichtsvolle Zielgruppenkriterien. So könnten Akteure aus der Praxis die Ansicht vertreten, dass allen Interessenten der Zugang zur Maßnahme ermöglicht werden müsse,[163] dass vor allem besonders Bedürftige teilnehmen sollen oder das Programm mit besonders erfolgversprechenden Teilnehmenden arbeiten will. Jedenfalls kann ein Randomisierungsverfahren gerade bei Programmdurchführenden auf erhebliche Widerstände stoßen.[164] Für den Einsatz internetbasierter Lernangebote würde einiges dafür sprechen, gerade den an PC-Arbeit Interessierten und Fähigen einen Zugang zu ermöglichen, weniger Interessierten die Teilnahme freizustellen oder alle gleichermaßen zu konfrontieren. Warum Interessierten der Zugang verweigert werden soll, ist aus Programmsicht nur schwer begründbar (vgl. 3.6.2). Außerdem muss gewährleistet sein, dass Treatment- und Kontrollgruppe ausreichend voneinander isoliert bleiben, so dass die Maßnahme keine (unkontrollierbaren) Effekte auf die Kontrollgruppe haben kann. Für den Universitätskontext ist nur schwer vorstellbar, dass z. B. Zugangscodes zu einem webbasierten Angebot – sofern die Nutzenden es als hilfreich erachten – tatsächlich bei der ausgewählten Treatment-Gruppe bleiben, die Kontrollgruppe also vollständig vom Angebot ferngehalten werden kann.

Daneben ist für die interne Validität von Feldexperimenten entscheidend, dass die Fallzahlen groß genug sind, dass das Sample in sich ausreichend homogen ist, es zwischen Experimental- und Kontrollgruppe keine unterschiedlich großen Ausfallquoten gibt und dass das Experiment einige Male wiederholt werden kann (Chen/ Rossi 1987, S. 98).[165]

Nicht nur, dass es oft praktisch unmöglich ist, Bedingungen für „echte Experimente" in der Praxis umzusetzen, auch ist mit PAWSON/TILLEY (2004, S. 36ff.) zu fragen, ob Randomisierungen nicht auch aus methodologischen Überlegungen heraus als grundsätzlich problematisch zu erachten sind. Ihr Argument lautet, dass Programme prinzipiell durch die Interaktion zwischen Programmdurchführenden und Teilnehmenden funktionieren und wirken, die Verteilung auf Kontroll- und Treat-

---

163 Daneben kann es sein, dass manche Programme Schwierigkeiten haben, überhaupt Teilnehmende zu finden.

164 WEISS (1998, S 217ff.) hält es für zwingend notwendig, dass Evaluatorinnen und Evaluatoren die Zuweisung zu Teilnahme- und Kontrollgruppe vornehmen. Sie vertritt allerdings die Ansicht, dass bei sorgfältiger Argumentation die Praxis durchaus vom Nutzen dieses Verfahrens überzeugt werden könne.

165 Zu den Anforderungen an Sample-Größen vgl. LIPSEY 1998.

mentgruppe jedoch immer einen Eingriff in das Programm darstellt. Den so genannten „Freiwilligkeitseffet" (volounteer effect), den experimentelle Designs kontrollieren müssen, erachten PAWSON/TILLEY (2004, S. 38) gerade als eine zentrale Komponente von zahlreichen Programmen. Die Frage danach, was Menschen (oder auch Organisationen) zur Programmteilnahme (nicht nur beim Eintritt, sondern während des gesamten Verlaufs) veranlasst, gelte es gerade durch Evaluation mit zu beantworten. Zusätzlich bemängeln sie, dass experimentelle Designs – und dies gelte auch für (quasi-)experimentelle Designs – immer nur Vergleiche zwischen Kontroll- und Experimentalgruppen zuließen, obwohl in den meisten Fällen doch gerade binnendifferenzierte Aussagen wesentlich aufschlussreicher seien, also die Frage: Für *wen* greift das Programm besonders gut, wer profitiert weniger?

Zu b) Wie HANS GEORG FRENZ und SIEGFRIED FREY (1982) deutlich machen, beschäftigen sich DONALD CAMPBELL und seine Mitarbeiter (vgl. Kapitel 3.2.3) vorrangig mit der Datenanalyse und vernachlässigen die Auseinandersetzung mit der Frage, wie denn nun Treatmentvariablen bestimmt und erhoben werden können: Was genau ist das „Treatment", wie lässt es sich in der Feldsituation überhaupt isolieren und kontrollieren? Auch CHEN und ROSSI (1984, S. 338) setzen hier an. Sie stellen die berechtigte Frage, ob die Schaffung und Erhebung künstlicher Treatments vor allem im Bereich personalintensiver Humandienstleistungen überhaupt angemessen sei, da Programme sich in der Regel aus einem Bündel von Maßnahmen, Strategien und Interventionen zusammensetzen. Soziale Dienstleistungen sind in der Praxis eben nicht standardisiert – warum sie also in standardisierter Form evaluieren? Darüber hinaus muss bei Programmen, die sich in der Entwicklung befinden, davon ausgegangen werden, dass sich Interventionen und Aktivitäten in ungeplanter Weise beständig verändern können.

Im Bemühen, die hohen methodischen Anforderungen an Experimentaldesigns zu erfüllen, besteht nach CHEN/ROSSI die Gefahr, dass wichtigere Aspekte auf der Strecke bleiben. Die Stärke von experimentellen Designs, Netto-Effekte von Maßnahmen bestimmen zu können, ohne verstehen zu müssen, wie das Innenleben eines Programms aussieht,[166] kann in der Evaluation zur entscheidenden Schwäche werden. Damit ist das Problem von Blackbox-Evaluationen beschrieben: In der Fixierung auf das Verhältnis von unabhängigen zu abhängigen Variablen bleibt der Transformationsprozess innerhalb des Programms außer Acht (siehe z.B. Chen 1990a, S. 18). Analog argumentieren PAWSON/TILLEY (2004, S. 11), experimentell orientierte Designs stellten die falschen Fragen: Statt zu ergründen, ob ein Programm erfolgreich ist oder nicht, wäre es viel aufschlussreicher zu erfahren, welche Strategi-

---

166 CHEN/ROSSI (1984, S. 338) halten diesen Tatbestand auch für verführerisch: „A very seductive and attractive feature of controlled experiments is that it is not necessary to understand how a social program works in order to estimate its net effects through randomized experiments (…)."

en unter welchen Umständen erfolgreiche Ergebnisse erzielen können.[167] Aufgrund der Dominanz des Experimentaldesigns in der Literatur sind das Verstehen sozialer Programme und die theoretische Modellierung sozialer Interventionen vernachlässigt worden (Chen/ Rossi 1984, S. 338). Blackbox-Designs sind auch nicht sensibel für organisationale Kontexte oder das Verhältnis von geplanter zu tatsächlich durchgeführter Aktivität (Chen 1990a, S. 22). Gerade der Erfolg von Gruppenangeboten, die z.B. typisch für Bildungsprogramme sind, hängt immer auch entscheidend von gruppendynamischen Prozessen ab, die unter kontrollierten Treatment-Settings nicht berücksichtigt werden können (Chen/Rossi 1981, S. 49; Pawson/Tilley 2004, S. 41).

Zu c): Die Frage, welche Veränderungen (in Verhalten, in Einstellungen etc.) durch das Programm ausgelöst und damit gemessen werden sollen, wird in der Literatur zu experimentellen Designs selten problematisiert (vgl. Frey/Frenz 1982).[168] Zur Bestimmung der relevanten abhängigen Variablen bilden letztlich die durch das Programm vorgegebenen Ziele den zentralen Referenzrahmen. Im Arbeitsschritt der „Präzisierung des Zielsystems einschließlich der Festlegung des angestrebten Zielniveaus" (Kromrey 2001a, S. 120) ist die Evaluationsforschung damit bei der schwierigen Basis von Zielüberprüfungsmessungen angelangt, bei globalen, vagen, sich verändernden, teilweise widersprüchlichen Zielen. Zudem sind in der Auswahl der relevanten Variablen stichhaltige, im Idealfall bereits empirisch getestete Hypothesen über Ursache-Wirkungszusammenhänge vorausgesetzt, die im Besonderen bei innovativen Programmen oftmals erst entwickelt werden müssen. Vor allem nichtintendierte Effekte sind schwer fassbar, unerwartete Effekte darüber hinaus grundsätzlich nicht beobachtbar. (Chen Rossi 1984; Chen 1990a; Pawson/Tilley 2004).

Die Kritik an experimentellen Designs zusammenfassend ist zu berücksichtigen, dass die experimentelle Logik aus der Laborforschung stammt, deren Bedingungen in der Praxis kaum herstellbar sind.[169] So argumentiert auch Kromrey (2001a, S. 122):

> „Es wurde bereits mehrfach darauf hingewiesen, dass die Evaluationsforschung in der unter methodologischen Gesichtspunkten schwierigen Situation ist, die Bedingungen der Untersuchung nur in beschränktem Maße festlegen und kontrollieren zu können. Vorrang vor der Forschung hat das Programm. Auch weniger anspruchsvolle ‚quasi-experimentelle-Anordnungen', in denen Abweichungen vom echten Experiment durch alternative methodische Kontrollen ersetzt werden, sind nur selten realisierbar."

---

167 Pawson/Tilley (2004, S. 46) kritisieren am experimentellen Vorgehen: „This framework tends to overlook the real engine for change in social programs which is the process of differently resourced subjects making constrained choices amongst the range of opportunities provided."

168 Mit der Forderung nach Konstruktvalidität (z.B. Cook/Campbell 1979) ist zwar vorgegeben, dass Indikatoren für abhängige sowie unabhängige Variablen angemessen zu bestimmen sind, wie der Forderung nachzukommen ist, wird jedoch nicht thematisiert.

169 So fordern Cook/Shadish (1987, S. 31) von Evaluatorinnen und Evaluatoren: „They have to embrace the whole messy world of social programming (…)."

Da das Bundesprogramm „Neue Medien in der Bildung" überwiegend an Universitäten umgesetzt wurde, bewegte sich dessen Evaluation durchaus in einem eher forschungsfreundlichen Kontext, der zuweilen gar randomisierte Kontrollgruppen zuließ. Allerdings ist die Aussagekraft bei Fallzahlen von 26 (Windlinger u.a. 2002) oder 18 Teilnehmenden (Mayer 2003, S. 232) pro Vergleichsgruppe fraglich. Zudem lässt sich bei quasi-experimentellen Vergleichsgruppen die Äquivalenz anzweifeln, wenn neben dem untersuchten didaktischen Konzept in der Kontrollgruppe ein anderer Lehrinhalt vermittelt wird (wie z.B. bei Bergmann u.a. 2004).

Schwerer wiegt jedoch gerade im Programm „Neue Medien in der Bildung", und das unterstreicht auch die Beispielevaluation, dass sich der Evaluationsgegenstand erst in der Entwicklungsphase befindet. Letztlich kommen die Studien zum Schluss, dass zunächst technische sowie didaktische Anfangsfehler und Kinderschuhprobleme abzustellen sind, bevor eine Wirkungsfeststellung, für die (quasi-)experimentelle Designs vorgesehen sind, vorgenommen werden kann. BERGMANN U.A. (2004, S. 18) kommen so zu dem Ergebnis:

> „Eine Phase der Optimierung der problemorientierten Lehre[170] ist deshalb einer Beurteilung ihrer Wirksamkeit voranzustellen."

Hinsichtlich der zu messenden Outcomes lassen sich die Kritikpunkte aus einer theoriebasierten Perspektive ebenfalls illustrieren: Zufriedenheit mit neuen Lehr- und Lernformen kann wiederum nicht das ausschlaggebende Kriterium für Wirkung sein (s. 3.6.2). Selbsteinschätzungen der Studierenden über ihren Lernerfolg oder über die Anwendbarkeit des erworbenen Wissens mögen durchaus mehr Aufschluss geben, ebenso plausibel erscheinen Leistungsmessungen durch Klausurergebnisse. Diese zeigen jedoch in der Regel keine oder nur marginale Unterschiede. Ebenso regelmäßig lässt sich jedoch feststellen, dass die Klausurleistung in engem Zusammenhang mit der aufgewendeten Lernzeit steht (z.B. Heydthausen/Günther 2003).

In diesem Zusammenhang lässt sich das Spannungsfeld zwischen Praxis und Forschung am Beispiel von HORST O. MAYER (2003) illustrieren. Um den Lernaufwand methodisch unter Kontrolle zu halten, wurde das digitale Angebot so eingerichtet, dass darauf nur zu festgesetzten Zeiten (analog zum Präsenzunterricht) zugegriffen werden konnte. Dieses Vorgehen konterkariert die zentrale Intention digitaler Lernsoftware, Lernzeiten individuell und flexibel gestalten zu können.[171]

---

170 Der Evaluationsgegenstand im vorliegenden Beispiel war die mediengestützte „problemorientierte Lehre".

171 Auf den Konflikt zwischen Programm und experimenteller Forschung spielen PAWSON/TILLEY (2004, S. 46) mit folgendem Bild an: „Experimental horses, it might be said, choose their own courses."

4.2.3 Relativistische Konstruktionen – Kritik an der „Evaluation der vierten Generation"

Laufen experimentelle Evaluationsdesigns Gefahr Programme als Blackbox zu behandeln, widmen sich konstruktivistische Modelle explizit deren Innenleben. Statt externe Einflüsse auszuschalten bzw. methodisch zu kontrollieren, untersuchen Egon Guba und Yvonna Lincoln Programme ausdrücklich in ihrer natürlichen Umwelt. In der Kritik an rigorosen Designs stimmen sie insofern teilweise mit theoriebasierter Evaluation überein. So greift beispielsweise Chen (z. B. 1990a, S. 77ff.) die Anregungen von Guba/Lincoln sowie Robert Stake (2000) und David Fetterman (1997) durchaus auch positiv auf. In allen Texten von Chen (z. B. 1990b) und Weiss (z. B. 1998) wird darüber hinaus deutlich, dass sie sich dem – teilweise erbittert geführten – Paradigmenstreit in den USA entziehen wollen.

Gleichwohl werden trotz Übereinstimmungen zwischen theoriebasierten Vorschlägen und der Evaluation der vierten Generation in der Kritik positivistischer, objektivistischer Evaluationsmodelle, erhebliche Einwände geäußert. Vor allem Pawson/Tilley (z. B. 2004, S. 17ff.) grenzen sich von den Vorschlägen Guba/Lincolns explizit und mitunter polemisch ab.[172] Die wichtige Erkenntnis, dass es die Menschen seien, die sich dafür entschieden, Programme funktionieren zu lassen, könne nicht die gesamte Methodologie einer Evaluation fundieren und begründen (Pawson 1996, S. 218).

Während in experimentell-orientierten Evaluationen versucht wird, den Kontext von Programmen zu kontrollieren und damit als Störfaktor auszuschalten, bewegt sich konstruktivistische Evaluation – so Pawson/Tilley (2004, S. 22) – nur im „Hier und Jetzt" und setzt ausschließlich auf die Einzigartigkeit eines Projekts. In der Konsequenz führt dies dazu, dass der Transfer von Erfahrung und Wissen von einem Kontext in den anderen nicht möglich sei.[173] Damit wären grundsätzlich Evaluationen zwecklos, bei denen es explizit um die Transferfähigkeit von Ergebnissen geht, wie beispielsweise bei Untersuchungen von Pilotvorhaben. Der Idee von Modellprojekten liegt die Prämisse zugrunde, dass erfolgreich erprobte Strategien auch andernorts ähnliche Ergebnisse erbringen könnten. Ebenso ist die Evaluation von „multizentrischen Programmen" (Haubrich 2004, 2006a) unvereinbar mit der Vorstellung, dass Aussagen ausschließlich für *ein* Vorhaben in *einem* spezifischen Kontext gelten können. Ein Programm, mit unterschiedlichen Strategien an verschiedenen Standorten umgesetzt, muss Beziehungen zwischen seinen Bestandteilen erkennen lassen.

Hier lässt sich der Beitrag von Chen/Rossi (1987) zum Verhältnis von interner und externer Validität anschließen. Interne Validität bezeichnet die eindeutige Zuweisung von Effekten eines Treatments zu Outcomes in einem spezifischen Experi-

---

172 Stellvertretend zum Beleg der entschiedenen Opposition von Pawson/Tilley (2004, S. IX) gegenüber konstruktivistischer Evaluationskonzepten kann folgende Bemerkung herangezogen werden: „*Elliot Stern* who only expects to be ‚a footnote in the history of evaluation' but could be the all-time hero if only he would ban constructivism from his journal." (Herv. im Orig.)

173 In den Worten Pawson/Tilleys (2004, S. 23) lautet der Vorwurf: „So whilst they [Guba/Lincoln, S.G.] are happy to accuse experimentalists of ‚context-stripping' they only manage to replace it with ‚context-hopping'."

ment, wohingegen externe Validität Aussagen dazu treffen kann, für welche Teilnehmenden unter welchen (äußeren) Bedingungen der Effekt übertragbar ist. Gerade von DONALD CAMPBELL und THOMAS COOK wird der internen Validität oberste Priorität eingeräumt, während für LEE J. CRONBACH (z. B. 1972, 1982) gerade der externen Validität höchste Wichtigkeit zukommt. Theoriebasierte Evaluationskonzepte stellen dem entgegen, dass das eine ohne das andere nicht aussagekräftig sei. CHEN (2004, S. 132) benennt retrospektiv als wichtigste Triebfeder für seine Auseinandersetzung mit und der Weiterentwicklung der theoriegesteuerten Evaluation, die interne und externe Validität ausbalancieren zu wollen.[174] Denn wenn die Transferfähigkeit von Erfahrung schwer erreichbar oder nebensächlich ist – wie in Experimentaldesigns – dann bleibt einerseits unbeantwortet, wozu die unter (mehr oder weniger streng imitierten) Laborbedingungen gewonnenen Erkenntnisse nützen können. Wenn andererseits die kausale Erklärung für die Wirksamkeit eines Programms auf wackligen Füßen steht, dann steht folgerichtig auch die Transferfähigkeit infrage.

Ein weiterer zentraler Einwand aus Sicht theoriebasierter Evaluation bezieht sich auf die Grundannahme des Konstruktivismus, dass alle Aussagen über die Welt sozial konstruiert sind und deswegen eine privilegierte Sicht eine Unmöglichkeit ist. Daten, Wissen und Beweise verfügten somit über keinerlei eigenständige Relevanz, eine Evaluation könne nicht weiter kommen als bis zu „neuen" Konstruktionen. Die hermeneutischen Zirkel bewegten sich nicht spiralförmig, sondern drehten sich – völlig relativistisch – im Kreis.[175] Die Aufgabe von Evaluatorinnen und Evaluatoren würde reduziert auf die Durchführung von Aushandlungsprozessen. Zudem ignorierten GUBA/LINCOLN strukturelle und institutionsinterne Machtgefälle.

Abschließend ist ein weiterer Kritikpunkt von WEISS (1998, S. 87) zu benennen, der auf die postulierte Ausschließlichkeit des Designs von GUBA/LINCOLN abzielt. WEISS hält entgegen, dass Designentscheidungen anhängig von der Funktion und den Fragestellungen einer Evaluation zu treffen sind.[176] Auch CHEN (1990a, S. 23ff.) argumentiert gegen die Fixierung auf einen Designtyp und fordert eine konzeptuelle Integration unterschiedlicher Ansätze.

Im Modellprogramm „Neue Medien in der Bildung" konnte kein veröffentlichtes Beispiel einer „Evaluation der vierten Generation" identifiziert werden. Der einzige Bezug zu GUBA/LINCOLN im Kontext des Bundesmodellprogramms findet sich bei CHRISTINE SCHWARZ (2003, 2004). Sie nutzt jedoch Anregungen der „Evaluation der vierten Generation" zu einer Metaanalyse darüber, wie Evaluationen von entwickelten Medien im Bundesprogramm angelegt sind.

---

174 CHEN (2004, S. 32) schreibt: „I have argued that the usefulness of a program evaluation can be enhanced through optimizing or balancing internal and external validities instead of maximizing one at the expense of the other."
175 PAWSON (1996, S. 216) benennt als Konsequenz: „(...) this throwing out the objectivist baby with the relativist bathwater."
176 So schreibt WEISS (1998, S. 87) beispielsweise: „The gist of this text is that form follows function, design follows question. Once the evaluator knows which question the study is going to pursue, she selects the type of design that enables the study to answer them."

Einige wenige Durchführende von Evaluationen im Kontext der „Neuen Medien in der Bildung" sprechen zwar von „qualitativer Evaluation" oder „qualitativer Fallstudie" (Draheim u. a. 2001), die Bezeichnung „qualitativ" bezieht sich jedoch auf die Art der erhobenen Daten, auf die Auswertungsstrategie oder zum Teil auf geringe Fallzahlen.[177] Andere, wie z. B. MICHAEL HEGER (2004), akzentuieren die Responsivität und die Dialogfunktion von Evaluation, jedoch weniger mit einem konstruktivistischen als mit einem Aktionsforschungsansatz (vgl. 5.3). Wurde in Kapitel 3.4.3 als Stärke der „Evaluation der vierten Generation" herausgehoben, dass konsequent verschiedene Perspektiven auf den Untersuchungsgegenstand einbezogen werden, so ist erstaunlich, wie selten dieser Aspekt im Programm „Neue Medien in der Bildung" aufgegriffen wird. In den Veröffentlichungen werden meistens ausschließlich Feedbacks von Studierenden zur Evaluation eingesetzt, so berücksichtigen BENJAMIN STINGL und BERND REMMELE (2002) die Perspektive von Tutorinnen und Tutoren. Selten werden mehrere Sichten einbezogen (wie z. B. bei Gavriilidis 2001; Link 2001; Baumgartner u. a. 2002b). Auf der Ebene der Programmumsetzung kritisieren deshalb unter anderem CLAUDIA BREMER U. A. (2002, S. 38):

> „Nur eine abgestimmte Strategie unter Beteiligung vieler ‚Stakeholder' kann hier effektiv sein – auch wenn solche Vorgehensweise mehr Zeit braucht als kurzfristig plan- und durchführbare, projektorientierte Maßnahmen, denen jedoch gleichzeitig die Nachhaltigkeit und eine breite Wirkung über das engere Einsatzgebiet hinaus fehlt."

Dieses Prinzip wird in den meisten Evaluationen jedoch vernachlässigt. Völlig ungeklärt bleibt darüber hinaus, wie die verschiedenen Perspektiven zusammengeführt werden können.

An dieser Stelle lässt sich zusammenfassen, dass die Kritik an den klassischen Zugängen zur Programmevaluation über Ziele, experimentelle Designs oder Konstruktionen den Ausgangspunkt für die theoriebasierten Überlegungen darstellte. Diese Kritik für sich genommen stellt bereits einen wichtigen Denkanstoß dar, insofern sie Evaluatorinnen und Evaluatoren für praktische, konzeptionelle und methodische Fallstricke sensibilisiert. Entscheidend ist jedoch, ob und wie weiterführend die Vorschläge theoriebasierter Evaluationskonzepte einzuschätzen sind. Zunächst gilt es zu klären, worin eine Theoriebasierung eigentlich besteht, um daran anschließend zu erläutern, wie diese in der Durchführung von Evaluationen umgesetzt werden kann.

4.3 Von Theorien bis zu Programmtheorien

Im Zuge der schrittweisen Weiterentwicklung und Verfeinerung von Konzepten theoriebasierter Evaluationen seit den 1970er Jahren bilden sich verschiedene Strömungen heraus. Unter dem gemeinsamen Dach einer Theoriebasierung versammeln sich

---

177 Teilweise wird von „qualitativer Evaluation" gesprochen, letztlich werden jedoch im Schritt der Auswertung qualitative Daten quantifiziert (z. B. Kaiser u. a. 2003).

infolgedessen verschiedene Begriffe von Theorie sowie unterschiedliche Vorstellungen davon, was Programme ausmacht und wie Evaluationen durchzuführen sind. Im Folgenden werden insofern zwar die Unterschiede herausgearbeitet, jedoch nicht unangemessen tiefe Gräben gezogen. Vielmehr geht es darum, die Vielfalt und Breite innerhalb der theoriebasierten Ansätze deutlich zu machen.[178]

Gemeinsame Basis aller Vorschläge ist es, die Aufgabenstellung von Evaluation neu zu formulieren: Statt die Frage zu beantworten „funktioniert das Programm?" bzw. „wie gut funktioniert das Programm?", soll die Blackbox von Programmen geöffnet werden. In den Fokus rücken nun die Antworten auf die Frage: Durch welche Strategien und Aktivitäten kann das Programm Ergebnisse und Wirkungen erzeugen? Dabei kann es um die Schlüssigkeit und Angemessenheit des Konzepts, die Umsetzung des Programms, seiner einzelnen Elemente und seiner Ergebnisse und Wirkungen gehen (vgl. Stuffelebeam 2000, S. 57). Theoriebasierte Evaluationen sollen je nach Auftrag Kontroll-, Entwicklungs- oder Forschungszwecken dienen können. Sie sollen Aussagen zur Wirkung von Programmen ermöglichen und über Verbesserungspotentiale informieren (Rogers 2000a, S. 210).

Statt über Ziele oder Wirkungen erfolgt der Zugang zu Programmen und deren Evaluation über Theorien, die ihnen zugrunde liegen. Der Theorie-Begriff als zentrale Komponente des Evaluationskonzepts ist unbedingt erläuterungsbedürftig, da er durchaus zu vielfältiger Interpretation Anlass bietet. Wichtig ist herauszuheben, dass eine „theoriefreie" Evaluation ebenso wenig möglich ist, wie jede Form von Beobachtung theoriegeleitet ist (Kromrey 2009, S. 13f.; vgl. auch Rogers 2000a, S. 211f.). Einer zielbasierten Evaluation liegt beispielsweise die Annahme zugrunde, dass ein Programm, das seine Ziele erreicht, wertvoll ist. Experimentelle Designs überprüfen Theorien über Ursache-Wirkungszusammenhänge, und selbst eine fragwürdige Evaluation, in der zur Feststellung von Lehrqualität einzig die Zufriedenheit der Lernenden erhoben wird, verfolgt eine Theorie: Je höher die Zufriedenheit der Lernenden, desto höher die Lehrqualität. Umso mehr stellt sich die Frage, was das Neue der theoriebasierten Evaluationsansätze ist.

Dazu muss zunächst erläutert werden, mit welchen verschiedenen Bedeutungen der Begriff „Theorie" im Kontext theoriebasierter Evaluationen belegt ist und wie er unterschiedlich präzisiert wird. Grundsätzlich ist von einem sehr breiten Theorieverständnis auszugehen. Ganz allgemein lässt sich der Zusammenhang zwischen mindestens zwei Sachverhalten, der entweder bereits empirisch bestätigt oder (noch) Vermutung ist, als Theorie bezeichnen (vgl. Chen 1990b, S. 7; Kromrey 2009, S. 47). Einzig ausgeschlossen im Kontext theoriebasierter Evaluationen werden globale gesellschaftliche Entwürfe und umfassende gesellschaftliche Theorien,[179] explizit einge-

---

178 Es wäre unangemessen Fronten zu errichten, da sich die Protagonistinnen und Protagonisten in ihren Texten immer wieder aufeinander beziehen und ihre Konzepte zumeist als Ergänzungen verstehen.

179 Bei Chen/Rossi (1984, S. 339) liest sich das so: „Of course the kind of theory we have in mind is not the global conceptual schemes of the grand theorists, but much more prosaic theories that are concerned with how human organizations work and how social problems are generated."

schlossen sind hingegen Alltagstheorien oder das, was PAWSON/TILLEY (2004, S. 88) mit „folk theories" bezeichnen. Unter Theorien können also Annahmen und „ad-hoc Theorien", die eher auf „gesundem Menschenverstand", individueller und professioneller Erfahrung basieren ebenso verstanden werden wie empirisch überprüfte Hypothesen.

Die Darstellung der Positionen von CHEN und ROSSI stellt eine besondere Herausforderung dar, da beide von unterschiedlichen Theoriebegriffen ausgehen.[180] Deutlich wird dies vor allem in dem von ROSSI verfassten Vorwort zu CHENS „Theory-Driven Evaluation" (1990a). Die gemeinsam verfasste Version scheint eher die Position ROSSIS widerzuspiegeln. Im „gemeinsamen" Verständnis von CHEN/ROSSI (1984, S. 338f.) beinhaltet der Begriff „Theorie" in erster Linie sozialwissenschaftliche Kenntnisse und Wissen über soziale Interventionsprozesse sowie empirisch bestätigte Annahmen über die Genese sozialer Probleme und die Organisation sozialer Arbeit. Dementsprechend fordern sie eine stärkere Einbeziehung theoretischen Denkens in die Planung und Umsetzung von Evaluationen. Statt sich ausschließlich an methodischen Anforderungen rigoroser Designs auszurichten, sollen sich Evaluatorinnen und Evaluatoren auf sozialwissenschaftliche Kenntnisse besinnen. Besonders im Blick haben sie dabei die Soziologie und die Ökonometrie. Generell streben CHEN/ROSSI eine theoretisch untermauerte Durchführung von Evaluationen an, wovon dann im nächsten Schritt auch Programme profitieren sollen. Eine engere Anbindung von bestehendem (sozialwissenschaftlichen) Wissen an Evaluationen ermögliche wiederum einen breiteren Erfahrungsschatz, der in Wissenschaft und Praxis zurückfließen könne. Aufgegriffen und eingefordert wird dieses Verständnis von der Rolle der Theorie in der Evaluation beispielsweise von MARK W. LIPSEY (1993, 1997), der sich gegen unvermittelt nebeneinander stehende Programme und deren Evaluationen wendet („ad hoc and piecemeal") und stattdessen für ein theoriegeleitetes Zusammenfließen von Erfahrungen und Erkenntnissen eintritt.[181] CHEN (1990a) favorisiert einen deutlich weiter gefassten Theorie-Begriff, der handlungsleitendes Wissen, Normen und Werte einschließt.[182]

Bei WEISS (z.B. 1995, 1997), MICHAEL PATTON (1997) und dem späteren CHEN (2005, z.B. S. 16) stehen die Hypothesen und Vermutungen („assumptions") von Programminitiierenden und Programmdurchführenden bzw. Evaluationsnutzenden im Vordergrund, die gegebenenfalls durch Fachliteratur zu ergänzen oder zu hinterfragen sind. Unter Theorien verstehen sie konkrete, auf das Programm bezogene und

---

180 ROSSIS Werk zeichnet sich dadurch aus, dass er sehr viel und immer wieder mit verschiedenen Co-Autoren veröffentlicht hat. Seine originäre Position ist nur schwer auszumachen. So bemerken auch SHADISH U.A. (1991, S. 378): „Rossi collaborates extensively with colleagues who are major figures in their own right – Freeman, Berk, Chen, and Wright. (...) Rossi's work is so diverse that it is hard to know which works are most central to his theory of evaluation."

181 „What I have in mind instead is broader intervention theory that characterizes the nature and effectiveness of whole categories of social programs and synthesizes information gleaned from numerous evaluation studies" (Lipsey 1997, S. 8). Auch SHADISH (1992) schlägt vor Meta-Evaluationen theoriegestützt durchzuführen.

182 CHEN (1990a, S. 40) definiert „theory" folgendermaßen: „a set of interrelated assumptions, principals, and/or propositions to explain and guide social actions".

selektive Annahmen darüber, auf welchem Weg Veränderungen ausgelöst werden sollen.[183] Diese Theorien spiegeln also die innere Handlungslogik eines Programms wider.

Einen ähnlichen Ausgangspunkt für die Theoriebildung wie WEISS nehmen PAWSON und TILLEY (2004 S. 116, S. 123ff.): Annahmen von Programminitiierenden (policy maker), Praktikerinnen und Praktiker aus dem Programm und Teilnehmenden, (theoretisches) Wissen der Evaluatorinnen und Evaluatoren sowie Evaluationsberichte stehen am Anfang. Anvisiert sind „Theorien mittlerer Reichweite" („middle-range theories"), die sich durch ein gewisses Abstraktionsniveau auszeichnen, jedoch immer auf einen konkreten Kontext bezogen sind.

Zusammenfassend lässt sich festhalten: Während CHEN/ROSSI ein Mehr an Theorie bzw. eine gründliche theoretische Fundierung in der Evaluation fordern, fokussieren WEISS und PATTON auf Mikromechanismen. PAWSON/TILLEY nehmen das Wechselspiel zwischen Programminterventionen, Zielgruppen und Kontext ins Visier.[184] Diese graduell verschiedenen Akzentuierungen erklären sich durch unterschiedliche wissenschaftstheoretische Backgrounds und Praxisfelder.

Nach und nach wird der Begriff „Theorie" in der Literatur durch *„Programmtheorie"* abgelöst und damit präzisiert. Statt als Ausgangspunkt allgemeine Kenntnisse und Erfahrungen über soziale Interventionen zu wählen, wird die Theorie in einen direkten Zusammenhang zum Evaluationsgegenstand gesetzt, präzise wäre also von *gegenstands-* oder *programmbezogenen Theorien* zu sprechen. So stellt folgerichtig vor allem BICKMAN (1987b, 1990) Programmtheorien in den Mittelpunkt seiner Überlegungen. Er definiert diese als die Konstruktion eines plausiblen und vernünftigen Modells darüber, *wie* das Programm funktionieren soll. Damit sind also nicht abstrakte wissenschaftliche Theorien, sondern spezifische – mehr oder weniger abgesicherte – Annahmen über die Funktionsweise von konkreten Programmen gemeint.[185] Alternativ finden sich Begriffe wie „Programmlogik" (program logic), „logisches Modell" (beispielsweise von der W. K. Kellogg Foundation 2004 lanciert) oder „Programm-Modell" (program model), sogar der Begriff „Programm-Philosophie" („program philosophy")[186] wird vorgeschlagen.

Die Protagonistinnen und Protagonisten theoriebasierter Evaluationskonzepte akzentuieren jeweils unterschiedliche Dimensionen und Komponenten dieser Pro-

---

183 Wie breit WEISS (1995, S. 72) den Begriff Theorie spannt, unterstreicht folgendes Zitat: „Theories represent the stories that people tell about how problems arise and how they can be solved. Laypeople as well as professionals have stories about the origins and remedies of social problems (…). These stories, whether they arise from stereotypes, myths, journalism, or research knowledge, whether they are true or false, are potent forces in policy discussions."

184 STAME (2004, S. 63) nimmt eine alternative Klassifizierung vor: „For Chen and Rossi good theories should substitute for no theory; for Weiss, better theories should substitute bad ones; for Pawson and Tilley, theories become good thanks to what actors do about them."

185 BICKMAN (1987b, S. 5) definiert Programmtheorie als „(…) the construction of a plausible and sensible model of how a program is supposed to work. Typically these models are developed for a particular program and do not represent ,off-the shelf' use of a single established social science theory."

186 Dieser Vorschlag stammt von CONRAD/MILLER (1987) und umfasst neben den Annahmen über die Wirk- und Funktionsweise eines Programms auch die Werte der beteiligten Akteure.

grammtheorien. Dementsprechend entwickeln sie verschiedene heuristische Rahmen, an denen sich die Entwicklung und Formulierung einer Programmtheorie orientieren soll.[187] Zusätzlich verweisen diese verschiedenen „Programmtheorien" auf jeweils spezifische Begriffe von Kausalität. Die wichtigsten Konzepte von Programmtheorien sollen im Folgenden vorgestellt werden:

- kausale und normative Programmtheorien bei CHEN/ROSSI und CHEN,
- das Kontext-Mechanismus-Outcome-Modell (CMO) von PAWSON/TILLEY,
- die Zielkette (chain of objectives) bei PATTON (1997) und SUCHMAN sowie
- die „Veränderungstheorie des Programms" (the program's theory of change) von WEISS (z. B. 1995, 1997b) und PATTON (2008).

Kausale und normative Programmtheorien bei Chen/Rossi und Chen

Am Beginn steht das Konzept von CHEN/ROSSI, da es einen allumfassenden Rahmen anbieten möchte, der die Gesamtevaluation eines Programms ermöglichen soll.[188] Ihr Kausalitätsmodell von 1984 orientiert sich am Experimentaldesign und lässt sich als seine Erweiterung und Verfeinerung interpretieren. Die beiden Autoren verstehen ihr Konzept als eine „Mahnung", bestehende sozialwissenschaftliche Erkenntnisse in größerem Umfang zu berücksichtigen. Theoretisches und empirisches Wissen soll helfen, die von Experimentaldesigns vernachlässigten Aspekte – wie Treatment, nicht-intendierte Effekte – zu spezifizieren und zur angemessenen, realistischen Grundlage für Bewertungen zu machen. Auch soll den Anforderungen an die (interne sowohl als auch externe) Validität von Evaluationsdesigns durch eine konsequente Einbeziehung von (theoretischen) Vorüberlegungen zum Kontext von Programmen begegnet werden (Chen/Rossi 1987). CHEN/ROSSI betonen immer wieder, dass für sie (quasi-)experimentelle Designs anzustreben sind. Ihr Konzept der „theory-driven evaluation" sehen sie als Ergänzung und als Alternativvorschlag für den Fall, dass randomisierte Experimente nicht umsetzbar sind.[189]

Als heuristischen Rahmen für eine Programmtheorie schlagen CHEN und ROSSI (1984, S. 341) folgendes Modell vor (Abbildung 8):

---

187 Eine übersichtliche Zusammenstellung bietet ROGERS (2000a).
188 Hierin findet sich ROSSIS Vorstellung einer „comprehensive evaluation" wieder (vgl. Shadish u. a. 1991, S. 380ff.).
189 CHEN/ROSSI (1984, S. 354): „We have argued for a paradigm that accepts experiments and quasi-experiments as dominant research designs, but that emphasizes that these devices should be used in conjunction with a priori knowledge and theory to build models of the treatment process and implementation system to produce evaluations that are more efficient and that yield more information about how to achieve desired effects."

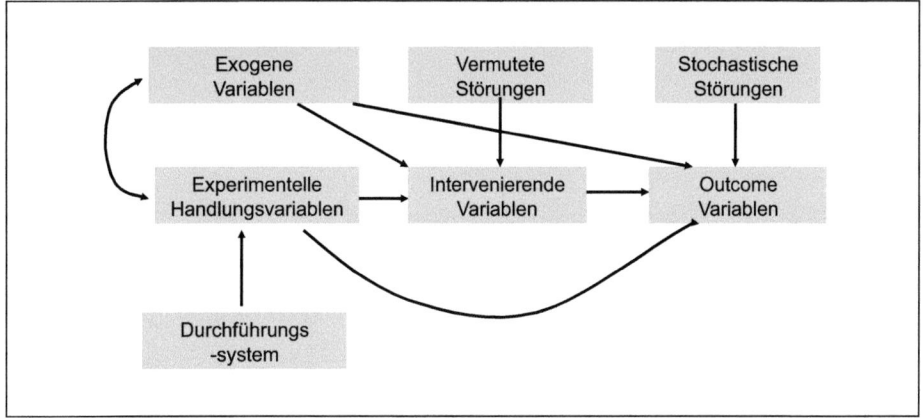

Abbildung 8:   Programm-Modell in Anlehnung an Chen/Rossi (1984, S. 341)

Dieser Vorschlag von CHEN/ROSSI erweitert ein vereinfachtes Ursachen-Wirkungs-modell, das sich darauf beschränkt, Treatment- und Output-/bzw. Outcome-Variablen zu messen. Letztlich bietet es nichts Neues. Es fordert nur die Kontrolle von Drittvariablen ein, die im Grunde genommen für jede Form von Wirkungsforschung notwendig ist. Blackbox-Designs sind um Variablen zur durchführenden Organisation eines Programms (implementation system) und um die Programmumwelt (differenziert zwischen exogenen Variablen, angenommenen und zufälligen Störungen) ergänzt. Von all diesen zusätzlichen Komponenten kann angenommen werden, dass sie sowohl Einfluss auf die Durchführung sowie die Ergebnisse von Programmen haben. CHEN/ROSSIs Plädoyer für eine theoriegesteuerte Evaluation kann insofern auch als eindringliches Plädoyer für eine umfassende Einbeziehung (sozialwissenschaftlicher) Kenntnisse, Forschungsberichte, Ergebnisse von Evaluationen ähnlicher Programme sowie Programm-Konzepte zur Bestimmung der Variablen betrachtet werden.

CHEN argumentiert seit den 1990er Jahren zunehmend mit dem Begriff „Programmtheorie" (als Kontextualisierung von „Theorie"). Bestandteile seiner Programmtheorie sind die Aktivitäten, die erfolgen müssen, um angestrebte Ziele zu erreichen, wichtige (intendierte und nicht-intendierte) Wirkungen sowie die Art und Weise, wie diese Wirkungen erzielt werden.[190] CHEN (1990a, S. 45) stellt heraus, dass darüber hinaus Informationen über den Kontext eine wichtige Rolle in der Evaluation von Programmen spielen.

Mit seinem Anliegen, einen „theoriegesteuerten"-Rahmen für unterschiedlichste Evaluationsanforderungen zu formulieren, differenziert er verschiedene Arten von Programmtheorien (vgl. Abbildung 9). Grob klassifiziert sind diese nach „normativer Theorie" – also der Plan bzw. die Norm des durchzuführenden Programms – und „kausaler Theorie" – also die Verbindung von Programm mit dessen Wirkung.

---

190 CHEN's (1990a, S. 43) Definition einer Programmtheorie lautet: „ (…) a specification of what must be done to achieve the desired goals, what other important impacts may also be anticipated, and how these goals and impacts would be generated."

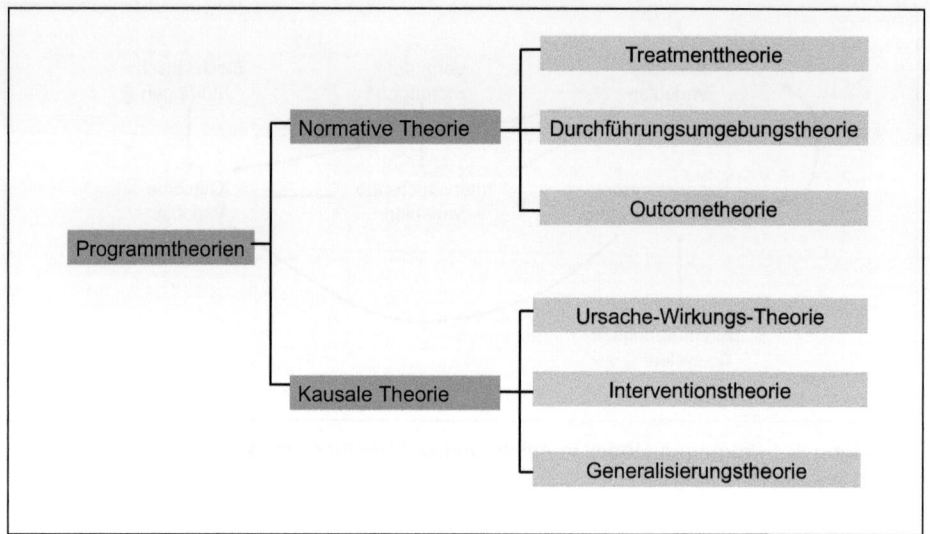

Abbildung 9:   Das Spektrum von Programmtheorien nach CHEN (1990a, S. 53)

Diesen verschiedenen Typen von Programmtheorien sind Evaluationstypen zugeordnet, für die CHEN jeweils Vorschläge hinsichtlich Vorgehen und Durchführung unterbreitet. Damit verabschiedet er sich von der Vorstellung einer allumfassenden Evaluation. Stattdessen eröffnet CHEN Möglichkeiten für Evaluationen mit unterschiedlicher Schwerpunktsetzung, wobei er jedoch immer wieder deutlich darauf hinweist, dass verschiedene Programmtheorien (und damit auch Evaluationen) konstruktiv kombiniert werden können. WEISS (z.B. 1998, S. 57ff.) und ROGERS U.A. (2000b, S. 5f.) stellen in Abgrenzung zu diesem breit gefassten Verständnis von Programmtheorie in verschiedenen Veröffentlichungen fest, dass Programmtheorien immer Aussagen zum Verhältnis von Programmaktivitäten und damit ausgelösten Veränderungen enthalten müssen. Damit schließen sie die von Chen vorgeschlagenen normativen Programmtheorien aus.

PAWSON/TILLEYS „Kontext-Mechanismus-Outcome"

Im Konzept der „Realistischen Evaluation" gelten Programme als Umsetzungen von Theorien. Die allgemeine Formel für die Programmtheorie lautet: „Wenn wir für diese Menschen jene Ressourcen bereithalten, dann kann ihr Verhalten verändert werden."[191] Evaluation obliegt demnach die Aufgabe herauszufinden, ob die dem Programm zugrunde liegenden Annahmen der Realität standhalten. PAWSON UND TILLEY (2004, S. 25ff. , S. 77) ordnen sich selbst den theoriegesteuerten Evaluationen zu, sie grenzen sich jedoch sehr deutlich von einem Variablen-Modell – wie das von CHEN/ROSSI – ab. In ihrer Vorstellung bestehen Programme aus komplexen Sequenzen von Ereignissen und Aktivitäten, die sich nicht adäquat in Treatment-Vari-

---

191 PAWSON (2003, S. 472): „That core hypothesis is always as follows: ‚If we provide these people with these resources it may change their behaviour'."

ablen ausdrücken lassen (z. B. Pawson/Tilley 2004, S. 64). Immer wieder bekennen sie sich zum erkenntnistheoretischen Realismus,[192] wie bereits die Namensgebung ihres Konzepts belegt. Demzufolge grenzen sie sich von einem Kausalitätsverständnis ab, das (quasi-)experimentellen Designs unterliegt und davon ausgeht, dass auf Wirkungen ausschließlich logisch geschlossen werden kann (wie eben mittels Vergleichsgruppen). Pawson und Tilley (2004, S. 57ff.) hingegen gehen – aus naturwissenschaftlicher Forschung abgeleitet und in Anlehnung an Roy Bhaskar – davon aus, dass Kausalität direkt beobachtbar ist. In Abgrenzung zu klassischen Kausalitätsmodellen formulieren sie ein Konzept „erzeugender Kausalität" (generative causation), das die Grundlage ihres Verständnisses von Programmen bildet.

Ein soziales Programm ist für Pawson/Tilley (z. B. 2004, S. 63ff.) ein spezieller Fall eines sozialen Wandels, der vielschichtig und komplex verläuft. Die im Unterschied dazu einfache „Formel" einer Programmtheorie lautet:

$$\text{„Outcome"} = \text{„Mechanismus"} + \text{„Kontext"}$$
$$(\text{outcome} = \text{mechanism} + \text{context})$$

Um die „erzeugende Kausalität", die sich hinter dieser Formel verbirgt, zu erläutern, müssen zunächst diese drei Schlüsselbegriffe in ihrer Bedeutung erklärt werden.

„Outcomes" definieren Pawson/Tilley (2004, S. 71ff.) als messbare Veränderungen über einen gewissen Zeitraum.[193] Diese Veränderungen stellen sich als statistische Messgrößen dar, wobei Pawson/Tilley in ihren Beispielen oftmals auf Kriminalitätsraten zurückgreifen, nicht zuletzt, da sie vorwiegend im Bereich der Kriminalitätsprävention oder der Arbeit mit Strafgefangenen forschen und evaluieren (siehe z. B. Pawson/Tilley 1998).

Der Begriff „Kontext" umfasst neben geographischen und sozialstrukturellen Angaben auch Normen, Werte, Beziehungen und soziale Regeln, die im Programmumfeld eine Rolle spielen. Für die Evaluation ist entscheidend, dass Programme immer in bereits bestehende Kontexte eingeführt werden, die mehr oder weniger offen (hospitable) für deren Angebote sind (Pawson/Tilley 2004, S. 69ff.). Trotz aller erbitterten Opposition gegenüber der Evaluation der vierten Generation argumentieren sie vehement und geradezu sozialkonstruktivistisch für die Einbeziehung von Kontextfaktoren. Im Unterschied zum Verständnis von Guba/Lincoln, die den Kontext nutzen, um das Programm „vor Ort" besser zu verstehen, wollen Pawson/Tilley mit Aussagen zum Kontext explizit Generalisierungen vornehmen. Gerade der Vergleich

---

192 Der erkenntnistheoretische Background von Pawson/Tilley stellt sich bei genauer Betrachtung als nicht so stringent dar, wie die deutlichen Bekenntnisse vermuten lassen. Es verwundert nicht, dass der Herausgeber der „Evaluation" – Elliot Stern – Pawson darum bittet, seine wichtigsten Einflüsse darzustellen. Als Antwort präsentiert Pawson (2011) Schriften von Roy Bashkar, Margret Archer, Jon Elster, Robert Merton und Karl Popper.

193 „The terms ‚outcome' and ‚outcome pattern' will be used to describe the change in rates ($R_2 - R_1$) over time, and it is such outcomes which constitute the explanatory goal of evaluation research." (Pawson/Tilley 2004, S. 74)

von Programmen in verschiedenen Kontexten soll hier die entscheidenden Erkenntnisse liefern.[194]

Die sozialkonstruktivistischen Züge der Realistischen Evaluation werden bei ihrem Begriff „mechanism" noch deutlicher: Dieser lässt sich nur unzureichend und missverständlich mit „Mechanismus" übersetzen.[195] Gemeint ist stattdessen der Auslöser für die Funktions- oder auch Wirkfähigkeit des Programms (Pawson/Tilley 2004, S. 66f.). Ihren Begriff „Mechanismus" grenzen PAWSON/TILLEY scharf von dem des „Treatment" ab.[196] Denn damit Outcomes ausgelöst werden können, kommt es entscheidend darauf an, dass sich die Beteiligten – auf der Grundlage ihrer Kapazitäten und Ressourcen – dafür entscheiden, die Angebote des Programms aufzugreifen und damit den Wirkzusammenhang zu aktivieren. AVRIL BLAMEY und MAHAIRI MACKENZIE (2007, S. 450) sprechen deswegen auch zu Recht von einem Auslösemechanismus, einem „generative mechanism".

Das Kausalitätsverständnis einer „generative causation", das PAWSON/TILLEY ihren Überlegungen zugrunde legen, lässt sich demnach wie folgt abbilden (Abbildung 10):

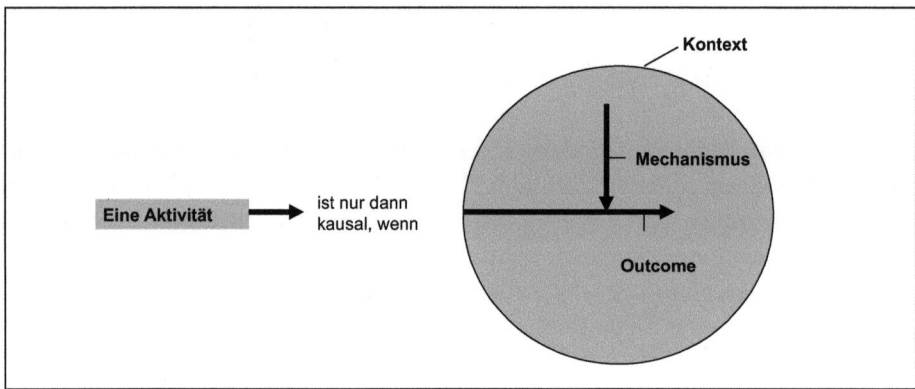

Abbildung 10: Erzeugende Kausalität bei PAWSON/TILLEY (2004, S. 59)

Eine Aktivität kann nur dann eine Wirkung erzeugen, wenn in einem konkret beschreibbaren Kontext ein Wirkungszusammenhang aktiviert wird, der sich als funktionierender Prozess beobachten lässt, der wiederum beobachtbare Veränderungen erzeugt. Ein Programm lässt sich in verschiedene Kontext-Mechanismus-Outcome (CMO)-Konfigurationen aufsplitten, die nach- oder nebeneinander stehen, in denen z. B. derselbe Wirkzusammenhang in unterschiedlichen Kontexten verschiedene Outcomes produziert.[197]

---

194 Hierin zeigt sich wiederum das grundlegende Verständnis von Theorie, nämlich als Theorie mittlerer Reichweite.

195 An dieser Stelle sei in besonderer Weise HELMUT KROMREY gedankt, der mir zum „Mechanismus"-Begriff und dem Kausalitätsverständnis von PAWSON/TILLEY wichtige Hinweise gab.

196 So schreibt PAWSON (2003, S. 482): „One of my pet hates about programme evaluation is the usage of the term ‚treatment' to describe the multifarious activities that make up a social programme."

197 Beispiele finden sich bei PAWSON/TILLEY (2004) z. B. auf S. 203f., S. 206.

Die Stärke dieses Ansatzes besteht darin, dass Programme in ihren Kontexten begriffen werden. Dadurch versprechen sich die Autoren, Aussagen zur Schlüsselfrage Realistischer Evaluation – *Was greift für wen unter welchen Umständen?* – treffen zu können. Das Konzept kann ebenfalls für die Evaluation von multizentrischen („multi-site") Programmen attraktiv sein, weil Gemeinsamkeiten und Unterschiede entlang der CMO-Matrix verfolgt werden können. Kritisiert wird hingegen (z. B. Dahler-Larsen 2001, S. 339f.), dass PAWSON/TILLEY den Kontext statisch betrachten und damit Veränderungen im Kontext (z. B. durch das Programm ausgelöste) nicht erfassen.

Zielketten und logische Modelle (SUCHMAN und PATTON)

Zielketten und logische Modelle öffnen die Blackbox von Input-Output-Messungen dadurch, dass auf dem Weg von Programmaktivitäten und der Erreichung des Programmziels so genannte Mittlerziele betrachtet werden. SUCHMANN (1967, S. 52ff.) spricht von einer „kumulativen Zielkette" („cumulative chain of objectives"), in der in einer aufsteigenden Zielordnung über Handlungs- und Mittlerziele das Programmziel stufenweise erreicht werden soll. Die Aufgabe der Evaluation besteht nun darin, zunächst das Programm in eine Abfolge von Hypothesen zu übersetzen, die diese „kumulative Zielkette" konkretisieren. Daran anschließend gilt es, die jeweiligen Hypothesen zu überprüfen, ob beispielsweise die Aktivität A das Handlungsziel B erreicht und ob B tatsächlich einen positiven Einfluss auf den Prozess C hat usw.[198]

Auch PATTON[199] (1997, S. 215ff.) orientiert sich an SUCHMANS Zielhierarchie und stellt die Handlungstheorie des Programms (the program's theory of action) in den Mittelpunkt seines „logischen Rahmenkonzepts" (logical framework approach). Ausgangspunkt seiner Programmtheorie sind einzelne Aktivitäten, die jeweils in unmittelbare Handlungsziele („immediate objectives"), oder mittelbar in Mittlerziele („intermediate objectives") oder Programmziele („ultimate objectives") münden.[200] Die Evaluation überprüft entlang dieser Kette von Ereignissen („chain of events") die (wichtigen) Annahmen zur Verbindung von Aktivität und Ergebnissen anhand zuvor aufgestellter Evaluationskriterien.[201] Die Idee von PATTON lässt sich durch das folgende logische Modell abbilden (Abbildung 11):

---

198 In SUCHMANS (1967, S. 177) Worten heißt das: „The evaluation study tests some hypothesis that activity A will attain objective B because it is able to influence process C which affects the occurrence of this objective. An understanding of all three factors – program, objective and intervening process – is essential to the conduct of evaluative research."
199 Auch in der vierten Auflage stellt PATTON (2008, S. 333ff.) einige solcher Zielketten vor, in der Überschrift des betreffenden Kapitels spricht er jedoch von „Theories of Change".
200 Bei diesen Übersetzungen habe ich mich an den Vorschlägen von Univation (2004) orientiert.
201 Ein Beispiel für eine solche Programmtheorie findet sich bei PATTON (1997, S. 230f.).

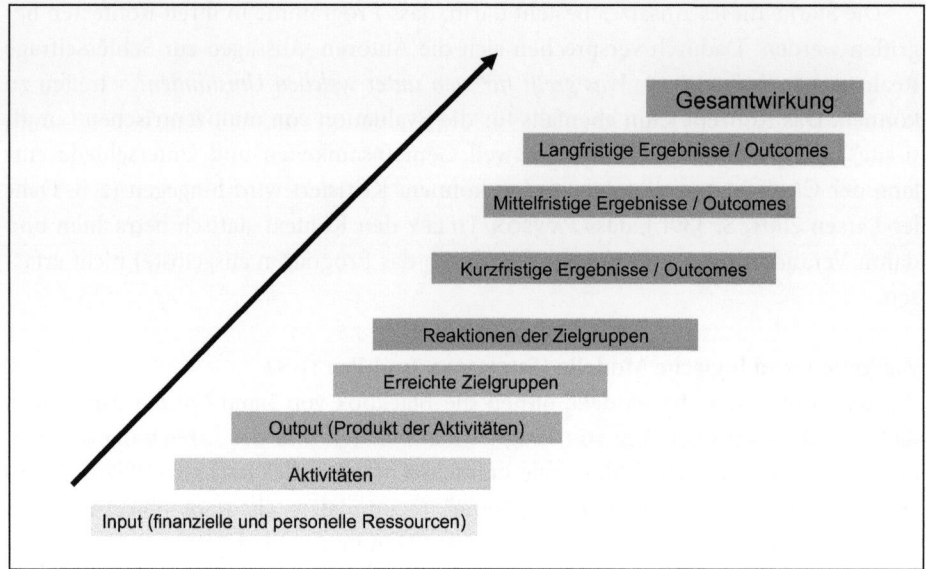

Abbildung 11:   Logisches Modell (in Anlehnung an Haubrich 2004, S. 164)[202]

Dieses logische Modell ist eine bereits ausdifferenzierte Version der grundlegenden Vorstellung, wie Programme wirken, so wie sie beispielsweise von der W. K. KELLOG FOUNDATION (2004) vertreten wird:

$$\text{Input/Ressourcen} \rightarrow \text{Aktivitäten} \rightarrow \text{Outputs} \rightarrow \text{Outcomes} \rightarrow \text{Impact}$$

Das logische Modell impliziert einige Grundannahmen darüber, wie Wirkungen erzielt werden: Den einzelnen Stufen hin zur Gesamtwirkung unterliegt in erster Linie eine zeitliche Logik, z. B. von unmittelbaren Reaktionen der Zielgruppen in Zwischenschritten hin zu langfristigen Ergebnissen. Diese Kette kann einerseits dazu genutzt werden, die Praxis zu planen (respektive den Plan für die Praxis zu repräsentieren) oder den Plan mit der Realität abzugleichen.

Seine Stärke scheint dieses Modell vor allem bei der Evaluation multizentrischer Programme auszuspielen, bei denen verschiedene Projekte an unterschiedlichen Orten mit jeweils eigenen Strategien ein Programmziel erreichen wollen (Haubrich 2004, Klingelhöfer 2007). Durch die Zielhierarchie bleiben die verschiedenen Aktivitäten der einzelnen Projekte mit dem Programmziel verknüpft und können miteinander verbunden werden. Unberücksichtigt bleiben in diesem Modell allerdings nicht-intendierte Effekte.

---

202 Als einfachstes logisches Modell ist die Abfolge von Input, Aktivitäten, Output, Outcomes, Impact zu sehen (siehe z. B. W. F. KELLOGG FOUNDATION 2004).

Veränderungstheorien des Programms bei WEISS

WEISS (z. B. 1995, 1997, 1998) betrachtet Programme vor allem hinsichtlich der Veränderungen bzw. Problemlösungen, auf die diese abzielen. Ihren Begriff von „Theorie" spezifiziert sie durch die Bezeichnung „Veränderungstheorie des Programms" (*the program's theory of change*), um das Wechselspiel zwischen Aktivitäten bzw. Interventionen eines Programms und die damit ausgelösten Veränderungen zu fokussieren. In der vierten Auflage seiner „Nutzungsfokussierten Evaluation" überschreibt übrigens auch PATTON (2008, S. 333ff.) das Kapitel zu den theoriebasierten Ansätzen mit „Veränderungstheorien des Programms", das in der dritten Auflage noch mit „Aktionstheorie" (theory of action) benannt war.

Konstituierend für dieses Konzept theoriebasierter Evaluation ist die Grundannahme, dass jedem Programm „Theorien" zugrunde liegen bzw. Annahmen darüber, warum und wie es funktionieren soll und in welcher Art und Weise es zur Lösung eines (sozialen) Problems beitragen kann. Diese „Theorien" werden von denjenigen, die Programme entwickeln, durchführen oder steuern in der Regel nicht ausdrücklich benannt. Die Aufgabe der Evaluation besteht folglich darin, zunächst diese dem Programm zugrunde liegenden Hypothesen zu rekonstruieren und zu explizieren. WEISS hebt hervor, dass es nicht die eine, richtige Programmtheorie für das zu evaluierende Programm gibt, sondern dass mehrere Theorien nebeneinander bestehen und dass diese durchaus falsch sein können.[203]

Diese Programmtheorien lassen sich laut WEISS in kleinschrittigen Modellen darstellen, in denen spezifische Aktivitäten mit jeweils zu erreichenden Zwischenergebnissen verbunden sind. Damit wird das Programm quasi aufgebrochen in eine Kette von Ereignissen, die in Mini-Etappen von Wirkungen (microstages of effects) Rückschlüsse auf die (Gesamt-)Wirkung eines Programms erlauben. Ein Programm wird verstanden als eine Kausalkette („causal chain"), also als eine Abfolge von Ereignissen, in der einzelne Schritte kausal verbunden sind. Im Unterschied zu PATTON und SUCHMAN vermeidet die WEISS'sche Konzipierung von Programmtheorien jedoch den Zielbegriff. Hierin spiegelt sich ihre skeptische Haltung (z. B. Weiss 1998, S. 51ff.) gegenüber dem Konstrukt „Programmziele" wider (vgl. 4.2.1).

Eine weitere Besonderheit ihres Ansatzes ist darin zu sehen, dass WEISS nicht einen allgemeingültigen Rahmen oder ein Grundraster anbietet, an dem sich die Explizierung der Programmtheorie orientieren kann bzw. muss. Vielmehr zielt die Grundidee darauf ab, die Handlungslogik des je spezifischen Programms abzubilden. Die Modellierung von Programmen kann an dieser Stelle dementsprechend nur anhand eines Beispiels erfolgen (Abbildung 12).

---

203 WEISS (1998, S. 55, Herv. im Orig.) erläutert ihr Verständnis von Theorie folgendermaßen: „By theory, I don't mean anything highbrow or multi-syllabic. I mean the set of beliefs that underlie the action. The theory doesn't have to be uniformly accepted. *It doesn't have to be right.* It is a set of hypotheses upon which people built their program plans." Interessante Beispiele von zunächst plausiblen, sich in der Empirie jedoch als falsch erweisenden, Annahmen finden sich bei BRICKMAYER/WEISS 2000.

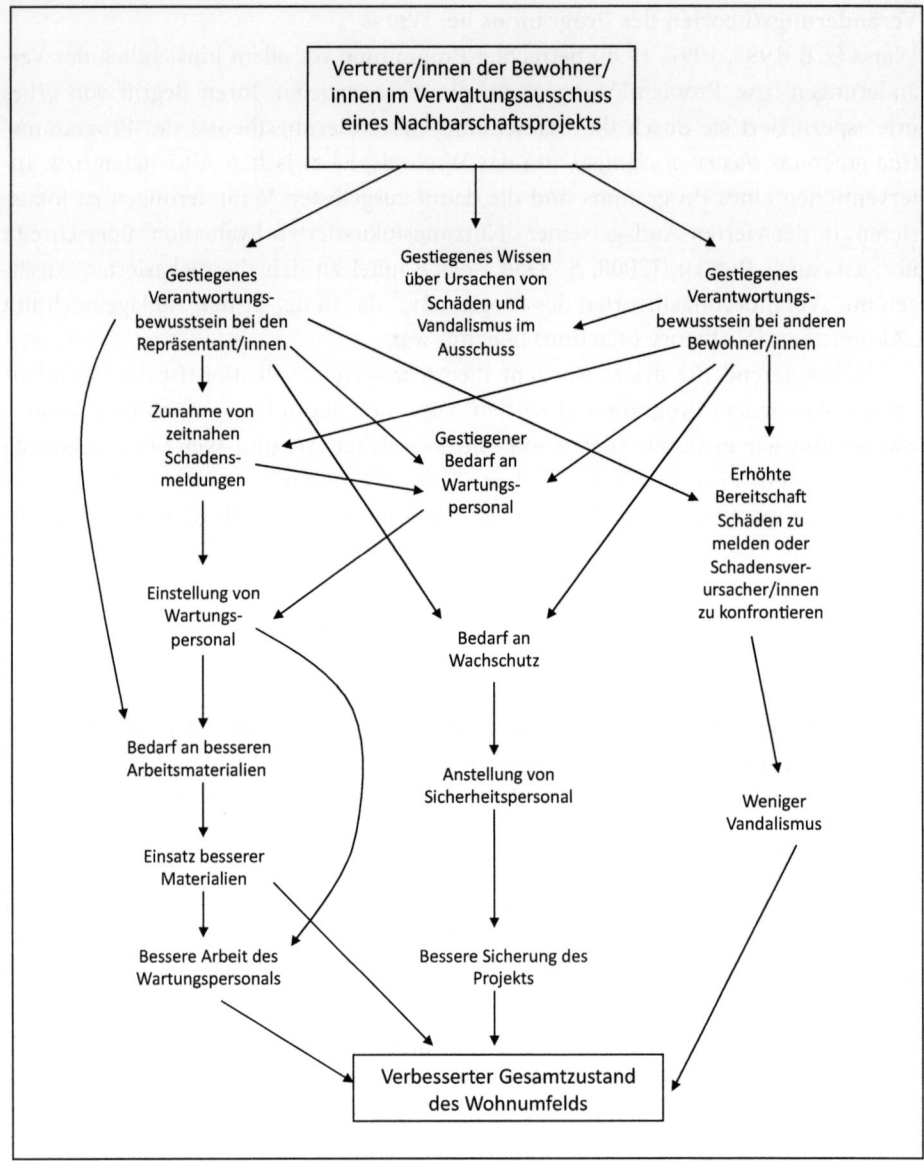

Abbildung 12: Beispiel einer Programmtheorie nach WEISS (1997, S. 504)[204]

Dieses Beispiel illustriert, dass zwischen den einzelnen Aktivitäten und (Zwischen-) Ergebnissen vielfältige Verbindungen bestehen. ROGERS (2000a, S. 50f.) spricht von multiplen Strängen (multiple strands), die alternative Erklärungen anbieten, sich er-gänzen oder auch auf unterschiedliche Kontexte bzw. Zielgruppen verweisen kön-nen. Die Vielzahl der Pfeile macht deutlich, dass aus einzelnen Interventionen durchaus verschiedene Ergebnisse resultieren ebenso wie in einem Programm par-

---

204 Weitere Programmtheorie-Modelle dieser „Schule" finden sich bei WEISS (1998, S. 59) und ROGERS (2000a).

allel verschiedene Strategien Anwendung finden (z. B. je nach Zielgruppe). Dementsprechend können für ein Programm vielfache Programmtheorien relevant sein.[205] In der empirischen Überprüfung dieser Programmtheorien kann dann belegt werden, welche der Annahmen zutreffen und an welcher Stelle die Ketten ab- und damit die Theorien zusammenbrechen. Wenn ein Zwischenschritt nicht erreicht wird, dann ist davon auszugehen, dass das Programm nicht die beabsichtigten Erfolge erzielt. Wenn beispielsweise Teilnehmende eines Seminars die internetbasierten Lehr- und Lernangebote nicht kennen, dann werden sie diese auch nicht nutzen. Dementsprechend kann von den Zusatzangeboten auch keine Wirkung ausgehen.

Vor allem der Veränderungstheorie-Ansatz macht deutlich, dass für die Evaluation eines Programms sehr unterschiedliche Annahmen und Theorien relevant sein können. Damit sind zentrale Herausforderungen theoriebasierter Evaluation benannt: Wie kommt Evaluation zu den handlungsleitenden Annahmen der Akteure, zu eigenen evaluationsleitenden Programmtheorien, welche der vielen möglichen Programmtheorien werden als Grundlage der Evaluation ausgewählt?

4.4 Welche und wessen Programmtheorien?

In der bisherigen Darstellung theoriebasierter Evaluationen ist deren gemeinsame Klammer, dass die dem Programm unterlegten Annahmen – Programmtheorien – zum heuristischen Rahmen für die Durchführung von Evaluationen erklärt werden. Einigkeit besteht außerdem darin, dass die Ausformulierung der Programmtheorie eine Aufgabe der Evaluation ist. Welche Vorschläge die verschiedenen Autorinnen und Autoren für diesen Arbeitsschritt unterbreiten, wird nun vorgestellt. Je nach Protagonistin oder Protagonist werden die Programme durch unterschiedliche Modelle repräsentiert, die wiederum aus diversen Quellen mit Inhalt gefüllt werden. Im letzten Abschnitt wurde dargelegt, welche Aspekte – je nach Konzept – Programmtheorien aufführen sollen. Wie diese verschiedenen Modellierungen empirisch gefüllt werden können, ist bislang offen geblieben.

Deutlich herauszuheben ist zunächst, dass für die Evaluation eines Programms verschiedene Programmtheorien aus unterschiedlichen Perspektiven relevant sein können. Externe Theorien (aus etischer Perspektive) formulieren Annahmen über das Programm und bedienen sich typischerweise aus dem sozialwissenschaftlichen Wissensfundus. Interne Theorien (aus emischer Perspektive) hingegen bilden Annahmen *des* Programms, also die Innensicht ab und greifen vorwiegend auf Programmdokumente sowie Einschätzungen von Programmbeteiligten zurück. In ähnlicher Weise unterscheidet CHEN (1990a, S. 65ff.) zwischen einem Zugang über Beteiligte und Betroffene (stakeholder approach) oder über sozialwissenschaftliche Erfahrungen (social science approach).

---

205 „A program may operate with multiple theories. I do not mean that different actors each have their own theories, but that the program foresees several different routes by which the expected benefits of the program materialize" (Weiss, 1995, S. 83).

Im ersten Fall wird davon ausgegangen, dass Programmentwicklung, Programmsteuerung und Umsetzung auf der Basis von Erfahrung und Kenntnissen von den jeweils Verantwortlichen realisiert werden. Dieses Wissen gilt es nun zu explizieren und in eine Programmtheorie zu gießen. Im Falle eines sozialwissenschaftlichen Zugangs wird die Programmtheorie auf Grundlage bewährter sozialwissenschaftlicher Theorien und vorliegender Erkenntnisse aus bereits durchgeführten Evaluationen ähnlicher Programme entwickelt. Beide Konzepte verfügen über je spezifische Stärken und Schwächen.

Der Rückgriff auf bestehende, wissenschaftlich abgesicherte Erfahrungen erscheint im Sinne einer Qualitätsentwicklung und -sicherung von Programmen nützlich und konsistent zu sein mit einer grundlegenden Idee von Evaluation, nämlich „aus Erfahrung zu lernen" (z. B. v. Spiegel 1993). Politik und Praxis können auf diese Weise Erkenntnisse aus der Forschung in ihre jeweiligen Handlungsfelder integrieren. Jedoch taucht hier typischerweise das Problem auf, dass Sozialwissenschaften keine eindeutigen Befunde bereithalten und – speziell im Fall von Modellvorhaben und Innovationen – das Repertoire an empirisch abgesicherter Theorie eher dünn ist.[206] So räumen auch CHEN/ROSSI (1984, S. 339) ein, dass theoretische Modelle oft unangemessen sind und ein Transfer von der Theorie in die Praxis durchaus problematisch sein kann, was jedoch nicht davon abhalten soll, das beste verfügbare Wissen zu nutzen.

Die Stärke eines Zugangs zu Programmtheorien über dessen Innensichten liegt eindeutig in der Nähe der Mitwirkenden zum Evaluationsgegenstand. Werden die Annahmen aus Sicht der Programmmitwirkenden erschlossen, ergibt sich vor allem die Chance, den Nutzen der Evaluation zu erhöhen, da die Wahrscheinlichkeit steigt, dass gerade die Aspekte, zu denen der größte Informationsbedarf (z. B. in der Vorbereitung auf Entscheidungen) besteht, integriert werden (z. B. Weiss 1989a, S. 153ff.). Allerdings sind die Bereitschaft sowie die Fähigkeit der Programmbeteiligten (oder gar -betroffenen), die internen Annahmen zu explizieren, nicht unbedingt gegeben. Evaluierende müssen des Weiteren berücksichtigen, dass Beteiligte unterschiedliche strategische Überlegungen (z. B. zur finanziellen Absicherung) einfließen lassen bzw. aus Angst vor negativen Konsequenzen ihre Karten nicht offen auf den Tisch legen.[207] Zusätzlich ist davon auszugehen, dass die Umsetzung des Programms neben expliziten oder offiziellen auch von impliziten bzw. handlungsleitenden Programmtheorien bestimmt wird. Nicht zuletzt werden außerdem unterschiedliche Stakeholder(-gruppen) – Initiierende, Durchführende, Zielgruppen – verschiedene Annahmen über das Wie und Wozu von Programmen haben.

Dieser Überblick über mögliche Varianten von Programmtheorien soll hier in erster Linie unterstreichen, dass theoriebasierte Evaluation aus einer Menge an Optionen auswählen muss. Die Entscheidung über den Zugang zu Programmtheorien ist

---

206 „Beyond doubt there is a shortage of grounded theories and knowledge in the social sciences. In addition, the existing theories and knowledge often yield inconsistent and competitive predictions or forecasts about what program treatment effects will be." (Chen/Rossi 1981, S. 46)
207 Eine umfassende Auseinandersetzung mit dem Zugang über Beteiligte und Betroffene findet sich bei WEISS (1989b).

damit in einem hohen Maße herausfordernd wie auch höchst relevant. Es liegt nahe, unterschiedliche Zugänge zu Programmtheorien zu kombinieren, um die jeweiligen Stärken zu nutzen und Schwächen auszugleichen. Soweit sind sich die Befürwortenden theoriebasierter Evaluation auch einig. Die Fragen danach, auf welche Art und Weise die verschiedenen Zugänge verbunden werden sollen und welche Rolle dabei Evaluatorinnen und Evaluatoren spielen, werden jedoch verschieden beantwortet.

Im Folgenden sollen die Vorschläge der Protagonistinnen und Protagonisten theoriebasierter Ansätze zur Formulierung von Programmtheorien dargestellt werden. Aus den unterschiedlichen Denkmodellen für Programmtheorien resultieren variierende Strategien zu deren Erschließung. Zusätzlich bevorzugen die Autorinnen und Autoren verschiedene Informationsquellen.

4.4.1 Chens Integrationskonzept

In ihrer Kritik an Blackbox-Evaluationen weisen CHEN und ROSSI in ihren gemeinsam verfassten Texten immer wieder darauf hin, dass die Programmtheorie sich dem sozialwissenschaftlichen Wissensfundus bedienen solle und – allerdings erst nach einer kritischen Prüfung – ebenso den Annahmen und Zielen der Programmverantwortlichen. Eines der wichtigsten Qualitätskriterien einer Programmtheorie sei ihre Übereinstimmung mit bestehendem, überprüftem sozialwissenschaftlichen Wissen.[208] Dieser Vorschlag stößt jedoch an Grenzen, wenn sich der Evaluationsauftrag auf ein innovatives Programm erstreckt, das sich gerade dadurch auszeichnet, dass *neue* Handlungsansätze erprobt werden, die noch nicht umfassend untersucht wurden. Grundsätzlich besteht darüber hinaus die Gefahr, dass eine vorwiegend auf sozialwissenschaftlicher Forschung beruhende Programmtheorie ihren eigentlichen Evaluationsgegenstand aus dem Blick verliert bzw. diesem nicht gerecht werden kann.

Folgerichtig erweitert CHEN (1990a, S. 58ff.) den Anforderungskatalog an Programmtheorien: Neben „Objektivität", präzisiert durch intersubjektive Nachvollziehbarkeit und Vertrauenswürdigkeit (trustworthiness), benennt er Generalisierbarkeit (Erkenntnisse müssen in anderen Kontexte anwendbar sein) sowie Responsivität (responsiveness). Letzteres blenden seine gemeinsamen Publikationen mit ROSSI seiner Meinung nach aus (Chen 1990a, S. 68ff.). Responsivität zielt darauf ab, diejenigen Aspekte zu akzentuieren, die den Informationsbedarf der Beteiligten abdecken um abzusichern, dass diese die Ergebnisse von Evaluationen aufgreifen und nutzen können. Um die vier Kriterien von Programmtheorie ins Gleichgewicht zu bringen, müssen Evaluatorinnen und Evaluatoren sozialwissenschaftliche Theorien mit den Annahmen der Programmentwickelnden und -gestaltenden zu einer Programmtheorie integrieren. Diese Integration soll durch das Studium der Programmdokumente, Aushandlungsprozesse mit den Programmverantwortlichen sowie Projektbegehun-

---

208 So schreiben CHEN/ROSSI beispielsweise 1984 (S. 339): „The primary criterion for identifying theory in the sense used in this article is consistency with social science knowledge and theory."

gen geschehen. Hierbei sieht CHEN als Problem, dass damit die Evaluation aufwändiger wird, vor allem aber, dass durch den kollaborativen Theorieentwicklungsprozess die Rolle als objektiv Beobachtende in Gefahr gerät.[209] Hierzu lässt sich kritisch anmerken, dass Evaluatorinnen und Evaluatoren nie objektiv zu ihren Gegenständen stehen.

Um die diversen Anforderungen an Programmtheorien auszubalancieren, benennt CHEN verschiedene Lösungsstrategien und zwar abhängig von der Art der zu erarbeitenden Theorie. Werden normative Programmtheorien[210] angestrebt, so sei es in der Regel angemessen, die Annahmen der Stakeholder zum Ausgangspunkt zu wählen. Sozialwissenschaftliche Theorien sollen zum Erkennen von Lücken und Inkonsistenzen ergänzend hinzugezogen werden (Chen 1990a, S. 110ff.). Speziell bei „normativen Outcome-Theorien" hätten Stakeholder zwar die intendierten Ergebnisse, nicht jedoch unbeabsichtigte Effekte im Blick. Zur Formulierung möglicher nicht-intendierter Resultate liefern nach CHEN (1990a, S. 97ff.) die Sozialwissenschaften die entscheidende Informationsquelle. Auch im Falle kausaler Programmtheorien bevorzugt CHEN noch im Jahr 1990 (a, S. 192) eindeutig sozialwissenschaftliche Theorien als Ausgangspunkt der Theoriebildung, weil diese anspruchsvolle Tätigkeit Erfahrung und Training in Theoriekonstruktion erfordert und voraussetzt. Hier fällt also den Durchführenden der Evaluation die Aufgabe zu, das plausible und stichhaltige Programmmodell zu entwickeln (vgl. auch Chen/Rossi 1984, S. 339).[211]

In seiner Publikation von 2005 (S. 38ff.) nimmt CHEN eine Umakzentuierung vor. Für ihn werden Programme nun entweder auf der Grundlage sozialwissenschaftlicher Theorien begründet und geplant oder aber sie sind Resultate von professioneller Erfahrung und Alltagshandeln. Abhängig von der Grundlage des Programms soll sich die Evaluation eher auf Sozialwissenschaften oder auf Beteiligte stützen. Abgesehen davon, dass Programme wohl nur in Ausnahmefällen auf ausschließlich sozialwissenschaftlicher Basis entwickelt und realisiert werden, läuft diese Argumentation ohnehin darauf hinaus, dass Programmtheorien grundsätzlich nicht an Stakeholdern vorbei entwickelt werden können. Damit ist die aktuelle Position von CHEN (2011) bereits angedeutet. Theoriegesteuerte Evaluation ist mit zwei zentralen Arbeitsschritten verknüpft: Evaluatorinnen und Evaluatoren unterstützen Programmbeteiligte da-

---

209 So schreibt CHEN (1990a, S. 71): „The higher the responsiveness, the higher the possibility that the evaluators role as an objective observer is undermined."

210 Die Aussagekraft von „normativen Programmtheorien" ist umstritten. ROGERS U.A. (2000b) und WEISS (z. B. 1995) schließen diese als Grundlage von Programmtheorie-Evaluation aus. CHEN (1990a, S. 101) selbst ist sich durchaus bewusst, dass eine Überprüfung der normativen Programmtheorie nichts über Effekte, sondern nur darüber aussagen kann, ob das Programm wie (normativ) vorgesehen umgesetzt wird.

211 CHEN/ROSSI 1981, S. 43: „(…) in our suggested approach, the evaluator should actively search for and construct a theoretically justified model of the social problem in order to understand and capture what a program really can do for a social problem – social science knowledge and theory become crucial in the evaluation process." Und weiter (Chen/Rossi 1981, S. 47): „Although policy makers and program administrators may not have a very explicit conception of how a social program is supposed to work, the social-scientist-evaluator may be able to construct a set of alternative models that are implicit in the program and its goals."

rin, ihre Programmtheorie zu verdeutlichen. Und diese Programmtheorie bildet den konzeptuellen Rahmen für das Evaluationsdesign.[212]

Schon 1990 legt CHEN (1990a, S. 77ff.) das Aufgabenspektrum von Evaluatorinnen und Evaluatoren breit und gewiss nicht auf Forschung reduziert aus. Speziell in der Phase der Programmtheorie-Formulierung vermitteln sie in Konflikten und moderieren Konsensfindungsprozesse.[213] Die Evaluation zieht theoretische bzw. empirische Wissensbestände ein und nutzt sie, um die Programmtheorien der Beteiligten zu differenzieren und zu ergänzen.

4.4.2 Der Prozess der Programmtheorieentwicklung bei Weiss

In der Phase der Formulierung von Programmtheorien besteht für WEISS die Aufgabe von Evaluatorinnnen und Evaluatoren darin, die implizit im Programm enthaltenen Annahmen aufzuspüren und zu explizieren. Hierzu sollen Programmkonzepte, -dokumente, -begehungen, Interviews und Diskussionen mit Verantwortlichen und Durchführenden, Evaluationsberichte ähnlicher Programme sowie sozialwissenschaftliche Theorien als Informationsquellen genutzt werden (Weiss 1997, S. 508).

Bei einer theoriebasierten Evaluation nach WEISS beginnen Evaluatorinnen und Evaluatoren idealtypisch mit einer Sichtung der vorliegenden Dokumente, in denen die Aufgaben, Ziele, Strategien etc. des Programms festgehalten sind. Dabei geht sie davon aus, dass diese Quellen keine lückenlose, umfassende und widerspruchsfreie Programmtheorie offenlegen und dass z.B. Konzepte weniger das Produkt theoretischer Reflexion als vielmehr von Intuition und professionellen Erfahrungswerten (professional rules of thumb) sind. Es ist damit zu rechnen, dass gerade die kausalen Zusammenhänge (causal linkages) unerwähnt bleiben. Die Sichtung der offiziellen Dokumente muss also zunächst durch Gespräche mit Programmverantwortlichen und -durchführenden ergänzt werden. Hierbei ist zu berücksichtigen, dass unterschiedliche Beteiligte – falls sie überhaupt Wirkungshypothesen formulieren können oder wollen – möglicherweise verschiedene Hypothesen aufstellen. (vgl. 4.3).[214]

Auf der Grundlage dieser ersten Informationen erarbeiten Evaluatorinnen und Evaluatoren erste Entwürfe der Veränderungstheorie des Programms. Sie stellen Inkonsistenzen, Widersprüche und Lücken fest. An dieser Stelle des Formulierungs-

---

212 In seinem Vortrag definiert CHEN (2011) die theoriegesteuerte Evaluation folgendermaßen: „Evaluators facilitate program stakeholders to clarify their program theory (program theory: stakeholders' implicit and explicit assumptions on what actions are required to solve a social or health problem and how the problem will respond to the actions). The program theory then is used as a framework to guide the design of evaluation (…).“

213 CHEN nimmt für diese Rollen Anleihen bei GUBA/LINCOLN.

214 „Programs are inevitably on a theory – in fact often on several theories – about how activities are expected to bring about desired changes. However, these theories are rarely explicit. Programs are usually based on the basis of experience, practice knowledge, and intuition, and practitioners go about their work without articulating the conceptual foundations of what they do. Theories do not have to be right, and they do not have to be uniformly accepted. They are the hypotheses on which people consciously or unconsciously, build their program plans and actions.“ (Weiss 1997, S. 503)

prozesses kommen sozialwissenschaftliche Theorien, Evaluationsberichte sowie die Feldkompetenz der Evaluierenden ins Spiel. Sie haben die Aufgabe, durch kritische Prüfung und Literaturstudium sowie logisches Nachdenken („logical reasoning") Lücken aufzuspüren und soweit wie möglich zu füllen (Weiss 1998, S. 61f.).

Über diese Aufgabe hinaus weist WEISS darauf hin, dass zwischen den offiziell kursierenden Annahmen über Handlungsansätze und deren Veränderungspotential auf der einen und der *tatsächlichen* Durchführung auf der anderen Seite unterschieden werden muss. Um solche Diskrepanzen aufzuspüren, bieten sich Begehungen vor Ort an, die den Evaluierenden ein Bild von der Praxis des Programms ermöglichen sollen.

Das erste Etappenziel der Evaluation besteht darin, mit Programmverantwortlichen und -durchführenden die Programmtheorien abzustimmen und zu komplettieren. Da die Evaluation nicht jedes Detail des Programms untersuchen kann, gilt es auszuwählen und Akzente zu setzen. Analog zur Argumentation CHENS gilt es, die Responsivität zu gewährleisten und von den Programmakteuren zu erfahren, welcher Informationsbedarf bzw. welche Handlungsunsicherheiten bestehen. Zu entwickeln sind zusätzlich Hypothesen darüber, welche Aktivitäten entscheidend sind, um Erfolge zu erzielen (Weiss 2000, S. 39ff.).

Es ist *nicht* erklärtes Ziel der Theorieformulierungsphase, eine Einigung mit *allen* Beteiligten auf eine einzige Programmtheorie zu erzielen. Das Konzept von WEISS lässt Spielraum für konkurrierende und ergänzende Annahmen über die Wirkmechanismen innerhalb des Programms.[215] Darüber hinaus können bzw. sollen nichtbeabsichtigte Wirkungen in die Programmtheorie integriert werden.

Die folgende Abbildung 13 stellt die Phase der Formulierung der Programmtheorie in vereinfachter Weise dar. Sie orientiert sich an den Beschreibungen von WEISS (1998, S. 55ff.).

Deutlich wird, dass in dieser Phase Evaluatorinnen und Evaluatoren zwar aufgefordert sind, eigenes Wissen und Ideen einfließen zu lassen. Gleichwohl hebt WEISS explizit hervor, dass Evaluationsergebnisse nur dann eine Chance auf Nutzung erhalten, wenn die Beteiligten[216] die Programmtheorien mittragen. Auch Entscheidungen darüber, welche Aspekte einer Programmtheorie einer empirischen Überprüfung[217] unterzogen werden sollen, sind auf die Nutzungsabsichten der Beteiligten abzustimmen.[218]

---

215 WEISS (2000, S. 39): „(…) it may be necessary to include different theories in the evaluation design. The evaluation can follow the chains of assumption of several theories to see which of them is best supported by the data."

216 WEISS vermeidet die Benutzung des Begriffs Stakeholder, um herauszuheben, dass verschiedene Menschen verschieden beteiligt sind. Sie spricht von „program adminstrators", „program managers" und „staff".

217 Ihr Verständnis von empirischer Überprüfung drückt WEISS (1995, S. 81) folgendermaßen aus: „The evaluation can then be directed toward testing those theories. I do not mean ‚test' in the sense of experimentation or even necessarily of quantitative assessment. I simply mean asking questions that bear on the viability of the hypotheses in these particular cases, through whatever methods of inquiry are chosen."

218 Die hohe Bedeutung des Nutzensaspekts für WEISS (2004, S. 161) belegt folgende Aussage: „Utility is what evaluation is all about."

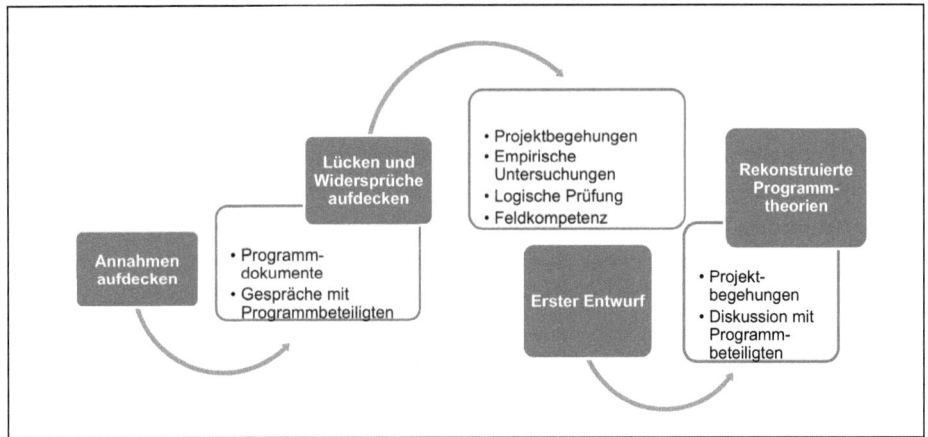

Abbildung 13: Die Entwicklung der Programmtheorie nach WEISS

Eine große Stärke dieses Ansatzes besteht in der engen Anbindung der Programmtheorie an die konkreten Vorhaben und Umsetzungen der Programme, die durch die kontinuierliche Einbeziehung von Programmverantwortlichen und -durchführenden gewährleistet wird. In der Erarbeitung und kritischen Reflexion der Programmtheorien (sowie deren Überprüfung) stehen die Handlungsansätze sowie deren Umsetzung zur Diskussion und zur Disposition. Dadurch entfaltet der Ansatz sein Potential, die Programmbeteiligten zu qualifizieren. Die Explizierung der Programmtheorien kann beispielsweise Widersprüche oder Lücken im Konzept und der Praxis offenbaren. WEISS nennt immer wieder Beispiele von Programmtheorien, die bei genauer Betrachtung als wenig haltbar zu erkennen sind, und so können bereits in der Phase der Programmtheorieformulierung erste Kurskorrekturen vorgenommen werden.

4.4.3 Zyklische Programmtheorieentwicklung bei Pawson/Tilley

Hinsichtlich des spezifischen Vorgehens bei der Theorieformulierung finden sich viele Parallelen zwischen den Vorschlägen von WEISS und PAWSON/TILLEY. Ebenso ähnelt sich das prozesshafte Verständnis von Kausalität: Dort, wo PAWSON und TILLEY von einem „Mechanismus", einem Auslöser für einen Wirkzusammenhang sprechen, beschreibt WEISS eine empirisch beobachtbare Abfolge von Aktivitäten und Resultaten. Dass PAWSON/TILLEY jedoch den Kontext akzentuieren, in dem ein Programm umgesetzt wird, ist ein entscheidender Unterschied zu WEISS' Veränderungstheorie des Programms.

Die Entwicklung bzw. Formulierung von Programmtheorien entwerfen PAWSON/TILLEY als einen kontinuierlichen Prozess, der einerseits die Evaluation einleitet und andererseits beschließt.[219] Grundsätzlich werden Programme in der Realistischen Evaluation als die empirische Umsetzung von Theorien aufgefasst, in der Regel als Lösungsstrategien für soziale Probleme (Pawson 2003, S. 472).[220] Die erste Aufgabe der Evaluation ist es, zugrundeliegende Annahmen des Programms in „CMO-Formeln" umzuformulieren.[221] Der weitere Prozess der Evaluation wird unter Einbeziehung unterschiedlicher Informationsquellen zu einem Prozess der Theorieverfeinerung (fine tuning). PAWSON/TILLEY gehen davon aus, dass verschiedene Beteiligten- und Betroffenengruppen über unterschiedliche Expertise zur Theorieentwicklung und -überprüfung verfügen: Die Zielgruppen der Programme können Informationen darüber liefern, in welcher Weise sie auf Angebote reagieren, wie sie diese wahrnehmen und aufgreifen. Praxisakteure kennen das Programm in seiner Umsetzung, haben Erfahrungen in der Praktikabilität seiner Aktivitäten, sind oftmals in der Lage Beobachtungen von Outcomes beizusteuern und kennen in der Regel den Kontext. Auch Verantwortliche aus der Politik sind relevante Informationsquellen für die Evaluation. Deren Intentionen und Absichten fließen in die Programmformulierung ein, gleichzeitig obliegt ihnen die Entscheidung über die Fortführung bzw. Neuformulierung von Programmen (Pawson/Tilley 2004, S. 207ff.). Evaluatorinnen und Evaluatoren bringen selbstständig sozialwissenschaftliche Theorien sowie Erkenntnisse aus vorangegangenen Evaluationsstudien mit. Außerdem fungieren sie als Vermittelnde (go-betweeners) zwischen den verschiedenen Beteiligtengruppen, konfrontieren diese mit ihren – aus den verschiedenen Quellen gespeisten – Programmtheorien. Damit befinden sie sich in einem kontinuierlichen Austauschprozess mit ihren Informanten, sie sind gleichermaßen Lehrende und Lernende.[222] Die Formulierung von Programmtheorien ist dementsprechend mit deren empirischer Überprüfung aus verschiedenen Perspektiven verschränkt.

Dieses Vorgehen erinnert stark an das konstruktivistische Evaluationskonzept und seine „hermeneutischen Zirkel" (vgl. Kap. 3.4.1), das PAWSON/TILLEY ja scharf kritisieren. Der entscheidende Unterschied besteht darin, dass die solchermaßen entwickelten Programmtheorien nicht als Konstruktionen aufgefasst werden, sondern als Abbildungen realer Aktivitäten und Konzepte.[223]

---

219 Auch WEISS (1998, S. 265ff.) hält ein iteratives Vorgehen, in dem Theorieentwicklung in Schleifen mit Theorieüberprüfung verbunden wird, vor allem bei formativ angelegten Evaluationen für eine probate Strategie.

220 „For realists, social programs are theories incarnate." (Pawson/Tilley 1998, S. 85)

221 Wie die Evaluation zur ersten Programmtheorie kommt, ist nicht beschrieben. Es lässt sich rekonstruieren, dass hier einerseits das Programm und die Programmverantwortlichen die wichtigste Quelle bilden, anderseits die Durchführenden der Evaluation aufgefordert sind, relevante Gegenstandstheorien und Evaluationsberichte einzubeziehen.

222 PAWSON/TILLEY (2004, S. 173) beschreiben die Haltung der „realistischen" Evaluatorinnen und Evaluatoren gegenüber den Beteiligten und Betroffenen des Programms so: „(…) ,here's my theory, what's yours?' strategy of data collection".

223 Siehe z. B. PAWSON/TILLEY (2004, S. 207): „These theories are not just constructions: they describe understandings of real social forces affecting the thinking and action of agents."

4.5 Die Funktion von Programmtheorien für die Evaluation und deren Nutzen fürs Programm

Mit theoriebasierten Konzepten findet Evaluation einen alternativen Zugang zu ihrem Gegenstand: Weder werden Ziele als Ausgangspunkt gewählt noch startet die Evaluation mit einem spezifischen methodischen Design, z. B. mit dem Anliegen, Wirkungen über (quasi-)experimentelle Designs festzustellen oder über unterschiedliche Konstruktionen zu einem Konsens über das Programm zu gelangen. Vielmehr nähert sich die Evaluation ihrem Gegenstand über die dem Programm zugrunde liegenden Annahmen und Hypothesen. Diese Alternative soll die Chance bieten, die ausführlich dargestellten Fallstricke und Grenzen klassischer Evaluationsstrategien auszugleichen. Hieran schließt sich die Frage an, worin der konkrete Nutzen der Theoriebasierung für die Evaluation und in einem nächsten Schritt für das Programm besteht.

Trotz unterschiedlicher Konzeptionierungen von Programmtheorien betonen alle theorie-basierten Protagonistinnen und Protagonisten, dass sie die Blackbox-Problematik herkömmlicher Evaluationsstrategien auflösen wollen. Je nach Programmtheorie-Konzept beschreiten sie dafür unterschiedliche Wege. CHEN/ROSSI grenzen sich vor allem gegen einfache In- und Output-Evaluationen ab und plädieren dafür, differenziertere Modelle zu entwickeln und zusätzliche Bedingungsfaktoren sowie externe Einflüsse einzubeziehen.[224] WEISS (z. B. 1995, S. 86) kritisiert immer wieder, dass das Wissen darum, ob ein Programm funktioniert, uninteressant im Verhältnis dazu sei, wie genau es funktioniert, welche Komponenten es erfolgreich werden oder eben scheitern lassen. Das bessere Verständnis dessen, was im Programm geschieht, soll durch das Aufdecken der im Programm stattfindenden Mikroprozesse gelingen.[225]

Wenngleich in variierende Modelle gefasst, so lässt sich bei WEISS wie auch bei PAWSON/TILLEY feststellen, dass ein weicheres Kausalitätskonzept für Evaluationen mitgedacht wird. Im Unterschied zu einer Fixierung auf den Vergleich von Kontroll- und Experimentalgruppe soll eine theoriebasierte Evaluation Aufschluss darüber geben können, für welche Zielgruppe unter welchen Umständen ein Programm angemessen ist, wie bereits BICKMAN (1987b) argumentiert. Der Schlüssel besteht darin, dass die Interventionen des Programms nicht schlicht als Treatmentvariablen betrachtet und abgebildet werden, sondern im Fall von WEISS mittels einer umfassenden, weit verzweigten logischen Wirkkette, im Fall von PAWSON/TILLEY jeweils im

---

224 Auch BICKMAN (2000, S. 103) beschreibt für die Zeit Ende der 1990er Jahre seine Enttäuschung über die Oberflächlichkeit der meisten Evaluationen: „I was disappointed in the widespread use of black box evaluations."

225 Im „Testen" der Programmtheorie sieht Weiss (1995, S. 81) folgendes Potential: „I do not mean ,test' in the sense of experimentation or even necessarily of quantitative assessment. I simply mean asking questions that bear on the viability of the hypotheses in these particular cases, though whatever methods of inquiry are chosen." Neben Viabilität setzt sie auch auf Plausibilität: „Tracking the micro-stages of effects makes it more plausible that the results are *due to* program activities and not to outside events or artefacts of the evaluation (…)." (Weiss 1995, S. 72, Herv. im Orig.)

Wechselspiel zwischen Aktivitäten, Kontext und Outcome.[226] Mit dem von WEISS sowie PAWSON/TILLEY vorgeschlagenen Vorgehen bietet sich zusätzlich die Chance, die Programmtheorie in Abhängigkeit von konzeptionellen und praktischen Entwicklungen im Programm selbst zu verändern und abzustimmen.

Der Zugang über implizite Annahmen des Programms schafft außerdem eine enge Anbindung an das Programm, gleichermaßen zu dem was sein soll und zu dem, wie es umgesetzt wird. Durch die konsequente Einbeziehung von Programmbeteiligten kann gewährleistet werden, dass dem Programm weder eine vermeintlich überlegene Methode noch eine an der eigentlichen Praxis vorbeizielende Interventionstheorie übergestülpt wird.[227]

Die Programmtheorien als Ausgangspunkt zu wählen, erhöht darüber hinaus die Nutzbarkeit der Evaluation für die Beteiligten. In der Phase der Programmtheorieformulierung sind diese aufgefordert, die eigenen Annahmen zu explizieren und einer kritischen Überprüfung zu unterziehen. Im Zuge dessen findet ein Austausch (und im positiven Fall eine Verständigung) zwischen Planenden und Umsetzenden des Programms – mit wahrscheinlich unterschiedlichen (handlungsleitenden) Annahmen – statt. Nicht nur, dass hierdurch Transparenz geschaffen wird, zusätzlich bietet dieser Prozess für die Beteiligten ein erhebliches Qualifizierungspotential.[228] Angewandte Praktiken können in Frage gestellt, die Erwartungen angepasst werden, Lösungen für sichtbar werdende Schwächen gefunden sowie mögliche Risiken von Interventionen abgewogen werden. Sofern die Programmtheorie im Austausch mit den Beteiligten formuliert wird, bieten sich zahlreiche Gelegenheiten, den Informationsbedarf der Beteiligten (ob nun auf der administrativen oder der praktischen Ebene) festzustellen und damit für die Evaluation zu berücksichtigen. Damit steigt wiederum die Wahrscheinlichkeit, dass die Ergebnisse genutzt werden.

Als weiterer Nutzen des theoriebasierten Evaluationskonzepts ist in diesem Zusammenhang festzuhalten, dass es dem Programm Konturen verleihen kann. Wenn expliziert ist, mit welchen Interventionen in welchem Kontext für welche Zielgruppen welche Effekte ausgelöst werden sollen, so fixiert die Programmtheorie quasi das Konzept und Gerüst des Programms. Der Modellcharakter zwingt Evaluatorinnen

---

226 Ein weicheres Kausalitätsverständnis wird jedoch von COOK (2000) deutlich negiert. Er hält dagegen, dass experimentelle Designs unverzichtbar sind, wenn es darum geht, Wirkungen eindeutig Programmen zuzurechnen. Für die – nicht untypischen – Fälle, in denen die Voraussetzungen für experimentelle Designs nicht gegeben sind, sieht er eine Chance mit Meta-Analysen Design-Schwächen aufzufangen (Cook 1993).

227 Diese These gilt für die frühen Texte von CHEN/ROSSI (z.B. 1986) nur eingeschränkt, weil die Autoren hier noch davon ausgehen, dass die Hauptquelle der Programmtheorie in empirisch überprüften wissenschaftlichen Theorien bestehe. CHEN (1990, 2005, 2011) selbst räumt ein, dass mit dieser Herangehensweise die Responsivität auf der Strecke geblieben sei.

228 Für die Gruppe der Durchführenden hält WEISS (1995, S. 68) fest: „They are in a sense redesigning the program each day by what they do and how they do it. When they surface their assumptions about how the program will work, they have their weak or questionable premises and the leaps of faith embedded in their expectations. This confrontation can help them to improve not only their theories and plans but also their regular practice.“

und Evaluatoren ebenso wie Programmbeteiligte geradezu, sich auf Kernaspekte zu verständigen und Schwerpunkte zu setzen.[229]

Aus einer wissensgenerierenden Perspektive ist es möglich, mit theoriebasierten Evaluationen eine Verbindung zwischen angewandter Forschung und Praxis herzustellen. Mit diesem Konzept soll Evaluation einerseits für die (Sozial-)Wissenschaften wertvolle Erkenntnisse liefern, auf der anderen Seite aber auch den Programmverantwortlichen gültige und trotzdem praktische Informationen zur Verfügung stellen. Vor allem LIPSEY (z.B. 1993), CHEN/ROSSI (z.B. 1981) sowie BICKMAN (1987b, S. 7f.) verfolgen beispielsweise die Idee einer (sozial-) wissenschaftlich fundierten Programmplanung, deren Basis in vorangegangenen Evaluationen, überprüften Programmtheorien und sozialwissenschaftlichem Wissen besteht. Der Wissensfundus für Programmplanungen wird demnach zunehmend durch neue Evaluationen angereichert.

Zu guter Letzt ist ein weiterer zentraler Vorteil theoriebasierter Evaluationen zu nennen. Mit der Explikation der Programmtheorie, die immer auch einen präskriptiven Charakter hat (z.B. Chen 1990b, S. 8), verfügt die Evaluation über eine Bewertungsfolie. Im Unterschied zu Vorgehen, die Programme anhand ihrer Zielerreichung bewerten, ermöglicht theoriebasierte Evaluation eine kontinuierliche kritische Reflektion der offiziell formulierten Ziele. Durch die Explizierung der Programmtheorie werden Ziele aus verschiedenen Perspektiven beleuchtet und außerdem mit der Praxis des Programms verbunden bzw. abgeglichen.

Das Ziel des folgenden Abschnitts besteht darin, anhand des Fallbeispiels – der Evaluation der internetbasierten Lernumgebung – die Potentiale eines theoriebasierten Vorgehens sowohl für die Evaluation als auch für die Praxis auszuloten sowie die Hürden und noch zu lösenden Herausforderungen aufzuzeigen, die sich aus dem Vorgehen ergeben.

4.6 Programmtheorien zur internetbasierten Lernumgebung

Um die anschließende Argumentationslinie nachvollziehen zu können, seien hier nochmals die Nutzungsabsichten der zur Illustration ausgewählten Evaluation angeführt. Der Zweck des Praxisvorhabens und die Evaluation waren eng aufeinander abgestimmt: Die internetbasierte Lernumgebung sollte dazu beitragen, die Studierenden in ihren Lernbemühungen zu unterstützen, ihnen zusätzliche nützliche Lernangebote zu eröffnen sowie Tutorinnen und Tutoren die Betreuung der Studierenden erleichtern. Die Evaluation sollte Informationen zur Gestaltung der internetbasierten Lernumgebung beschaffen, damit diese einerseits für die Studierenden lernunterstützend und andererseits in die organisatorischen Abläufe der Lehrveranstaltung gut integrierbar wäre.

---

229 Über Relevanzkriterien zu entscheiden, ist selbstverständlich nicht unproblematisch. Unterschiedliche Perspektiven einzubeziehen kann an dieser Stelle nützlich sein. WEISS (2000, S. 39ff.) unterbreitet einige Vorschläge, wie z.B. Plausibilität, Informationslücken, Zentralität für das Programm.

Um zu wissen wie Studierende, Tutorinnen und Tutoren angemessen unterstützt werden können, brauchte die Evaluation ein besseres Verständnis darüber, wie sich die Studierenden den Lernstoff aneigneten und die Lernumgebung nutzen wollten und konnten. Auch musste systematisch reflektiert werden, wie sich die internetbasierte Lernumgebung auf die interne Arbeitsorganisation auswirkte und wie die Beteiligten sie für die Umsetzung ihrer Aufgaben anwenden konnten. Dieses bessere Verständnis sollte Aufschluss darüber geben, welche Schlüsselstellen für die Lernumgebung relevant waren, wo Prioritäten zu setzen, welche Angebote auszubauen, welche überflüssig, aber auch wie die einzelnen Angebote konkret zu gestalten waren.

Bereits in Kapitel 3.6 ist ausgeführt, an welche Grenzen die Verwendung von zielbasierten, (quasi-)experimentellen oder konstruktivistischen Umsetzungen stößt. Gerade die zentrale Leitfrage theoriebasierter Evaluationskonzepte – „Wie funktionieren Programme?" – scheint genau das Anliegen zu treffen, das der Evaluation der internetbasierten Lernumgebung zugrunde lag. Im Folgenden soll nun anhand des konkreten Beispiels überprüft werden, welche Potentiale die verschiedenen Programmtheoriekonzepte auf der einen Seite für die Praxis und auf der anderen Seite für die Gestaltung der Evaluation aufwiesen.

4.6.1 Sozialwissenschaftliche Zugänge zu Programmtheorien

Wie funktioniert bzw. gelingt Lernen? Wie kann Lehre Lernprozesse unterstützen? Zur Beantwortung dieser Fragen bietet sich eine Beschäftigung mit Lerntheorien an. Tatsächlich besteht kein Mangel an sozialwissenschaftlichen Zugängen zum Thema „Lernen", das heißt es existieren zahlreiche Lerntheorien ebenso wie empirische Untersuchungen von Lehr-Lernprozessen.[230] Diese Lerntheorien sind teilweise als komplementär, teilweise aber auch als konträr zu betrachten (siehe z. B. Spada/Mandl 1988; Kerres 1998, S. 45ff.), die empirischen Befunde fallen ebenfalls in der Regel uneinheitlich aus (z. B. Issing 1988; Arnold 2003; Horz 2004). So würde eine theoriebasierte Evaluation, die einen sozialwissenschaftlichen Zugang zu Programmtheorien sucht, vor der Entscheidung stehen, theoretische Vorüberlegungen bzw. Untersuchungsergebnisse zum Ausgangspunkt zu wählen.

Damit liegt auf der Hand, dass ohne Bezugnahme auf die konkrete internetbasierte Lernumgebung die Auswahl eines theoretischen Zugangs nicht praktikabel ist. Im vorliegenden Fall war zunächst relevant, dass die internetbasierte Lernumgebung als eine Ergänzung bzw. Erweiterung des bestehenden Lehrangebots der Methodenausbildung angelegt war. Diesem unterlag bereits ein didaktisches Konzept, das sich wie folgt – im Übrigen in dieser Weise den Studierenden präsentiert – umreißen lässt (s. Abbildung 14):

---

230 Eine Einführung zu Lerntheorien findet sich in Bodenmann u. a. (2004) und in Mandl/ Friedrich (2006a); zur „Wissenspsychologie" in Spada/Mandl (1988) sowie Mandl u. a. (1988). Einen Überblick über Lerntheorien im Kontext mediengestützter Lehre gibt Kerres (1998).

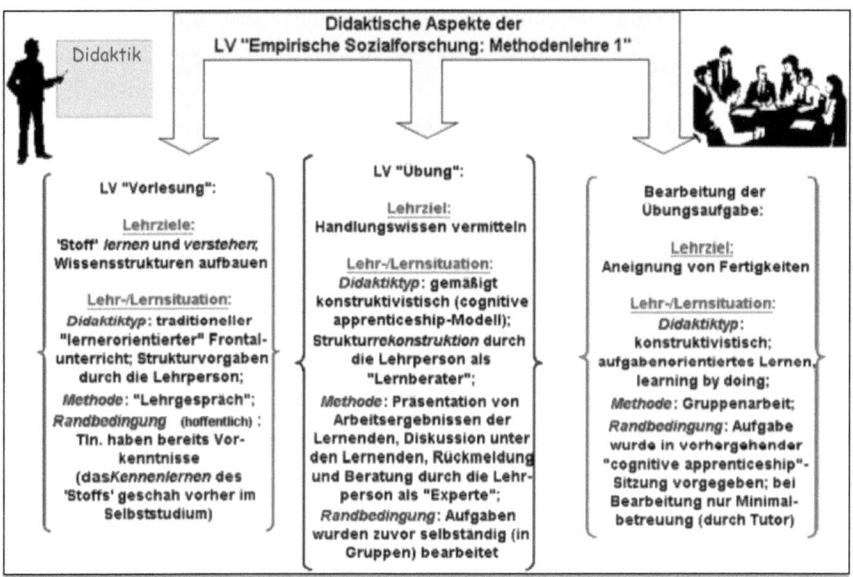

Abbildung 14: Didaktische Aspekte der Lehrveranstaltung „Empirische Sozialforschung: Methodenlehre 1" (Kromrey 2002)

Die Abbildung hält einige Schlüsselkomponenten der gesamten Methodenausbildung fest; für die zu entwickelnde Lernumgebung waren vor allem die Säule zwei (LV Übung) und drei (Bearbeitung der Übungsaufgabe) relevant. Erkennbar wird bereits auf den ersten Blick, dass in der Praxis verschiedene didaktische Elemente Anwendung fanden, dementsprechend auch nicht *die eine* Lerntheorie zugrunde lag. Im Zentrum stand eine „gemäßigt konstruktivistische" Didaktik. Diese geht davon aus, dass Lernen dann am besten funktioniert, wenn die Lernenden sich – anknüpfend an ihre eigenen Erfahrungen – das Wissen selbstständig und in einem aktiven Prozess der Auseinandersetzung mit dem Lerngegenstand aneignen. Im Unterschied zu radikal-konstruktivistischen Ansätzen, die einzig und allein auf die Selbststeuerung der Lernprozesse setzen, waren in diesem Konzept Lehrende vorgesehen, die als Expertinnen und Experten Strukturierungshilfen und kontinuierliche Rückmeldeschleifen anboten sowie Tutorinnen und Tutoren, die moderierend die Arbeitsgruppen begleiteten.

Auf einer theoretischen Ebene[231] ist heute nahezu unumstritten, dass Lernen in erster Linie eine Aktivität der Lernenden ist, dass Wissens- und Kompetenzzuwächse nur in der aktiven Auseinandersetzung gelingen können. Das Lernen sollte aber nicht vollständig den Lernenden überlassen werden, da es sich um einen voraussetzungsvollen Prozess handelt, der hohe Motivation, Selbstdisziplin, einen Anlass und in gewisser Hinsicht auch einen Input benötigt.

---

231 In der Praxis hingegen wird in Bildungsinstitutionen nach wie vor weiterhin häufig nach dem Prinzip des „Nürnberger Trichters" gehandelt und davon ausgegangen, dass sich Wissen von Lehrenden auf Lernende übertragen lässt.

Dieses Spannungsverhältnis versuchen verschiedene didaktische Konzepte unter den Begriffen wie „cognitive apprenticeship" (Colins u. a. 1989) „situiertes Lernen" (Lave/Wenger 1991) oder „problemorientiertes Lernen" (Reinmann-Rothmeier/Mandl 2007) auszubalancieren. Unabhängig von solchen Oberbegriffen kamen in der Methodenausbildung verschiedene konzeptionelle Bausteine zum Tragen, denen jeweils spezifische und ineinandergreifende Annahmen zugrunde lagen:

Kooperatives Lernen: Die Idee des kooperativen Lernens beruht auf der Annahme, dass sich Lernen grundsätzlich durch seinen sozialen Charakter in alltäglichen Praxiskontexten auszeichnet („situiertes Lernen", Lave/Wenger 1991) und demzufolge vor allem in Peergruppen das Lernen als sozialer Prozess befördert wird (z.B. durch die Identifizierung mit Gruppenzielen und einer Verantwortungsübernahme für die Gruppe). Durch die Zusammenarbeit kann voneinander gelernt sowie im gegenseitigen Erklären und Explizieren (sprachliche Aushandlung) die Auseinandersetzung mit dem Lerngegenstand verstärkt und das Gelernte intensiviert (kognitive Elaboration) werden (z.B. Slavin 1993). ARNOLD (2003, S. 38) führt als weitere Potentiale des kooperativen Lernens an, dass eine „Auseinandersetzung mit verschiedenen Sichtweisen (…) ein vertieftes Verständnis ermöglicht" und dass die aktive Lernzeit sowie die Lernmotivation befördert werden können. Im Fallbeispiel schlossen sich die Studierenden für den Verlauf des Semesters zu Lerngruppen zusammen, die gemeinsam die Übungsaufgabe (vgl. Kap. 3.6.1) in einzelnen Schritten bearbeiteten. Die Verantwortung für den Lernprozess sowie das Ergebnis lag in der Hand der Arbeitsgruppen. Die Studierenden waren gezwungen, ihr Lernen selbstständig zu organisieren, ihre Ideen über die Umsetzung auszutauschen sowie argumentativ Entscheidungen zu treffen.

– Problemorientiertes bzw. aufgabenorientiertes Lernen (Mandl u. a. 2004; Reusser 2005; Reinmann-Rothmeier/Mandl 2007): Werden Lernende vor eine möglichst alltagsnahe, praktische Herausforderung gestellt, kommen sie über reines Faktenwissen hinaus dazu, sich neues Wissen anwendungsbezogen zu erschließen. Damit entsteht statt trägem Wissen, das nur theoretisch abrufbar ist, handlungsrelevantes Wissen. Außerdem ist durch die Bezugnahme auf alltägliche Praxis ein höheres Engagement erwartbar und die Chance eröffnet, dass Lernende an eigenen Erfahrungen anknüpfen können. In dem Fallbeispiel Methodenausbildung wurde dies dadurch realisiert, dass die Arbeitsgruppen mit einer typischen Aufgabe aus der soziologischen Praxis konfrontiert wurden, nämlich der Konzipierung und Planung einer empirischen Untersuchung. Zwar war ein Rahmenthema vorgegeben, jedoch sollte eine Anbindung an den eigenen Erfahrungsschatz dadurch gelingen, dass die Präzisierung und Konkretisierung des Themas in der Hand der Arbeitsgruppen blieb.

– Selbstgesteuertes Lernen/angeleitetes Selbststudium (z.B. Friedrich/Mandl 1991; Niegemann 1994): Die Idee des selbstgesteuerten Lernens geht davon aus, dass Menschen auf der Grundlage unterschiedlicher Erfahrungen und verschiedener Zugänge jeweils individuelle Lernwege beschreiten. Demzufolge kann es nicht den einen, standardisierten Lernweg geben, sondern Lernende brauchen Gestaltungsräume, um sich neue Informationen und Strategien zu erschließen. Sie benötigen Optionen bzw. Freiheitsgrade hinsichtlich der Lernziele (Inhalt und Intensität), der Medien, der Lernorte, -zeiten, des -tempos und der -techniken sowie der Sozialformen (Niegemann 1994, S. 16). Dies schließt jedoch nicht aus, dass sie im Lernprozess Instruktionen und Unterstützung benötigen. Demzufolge sollte Lehre eine breite Palette an Lernangeboten und unterschiedlichste Informationsarten bereitstellen. In der Methodenausbildung entstanden die Gestaltungsspielräume dadurch, dass Themen- und Aufgabenstellungen von den Lernenden selber präzisiert und konkretisiert sowie die Organisation der Lerngruppe (Ort, Raum, Häufigkeit und Umsetzung) den Studierenden überlassen wurden. Der Selbstlernprozess wurde durch eine Vorstrukturierung der Arbeitsaufgabe und die Bereitstellung unterschiedlicher Lernmedien unterstützt: Zu nennen sind der spezifisch für das Selbstlernen konzipierte PC-Tutor (der für sich genommen verschiedene Lernstrategien anbietet und unterschiedliche Präsentationsformen von Informationen bereithält), den für den Selbstlernkurs erstellten Leitfaden zum Selbstlernen, das Lehrbuch sowie die Rückmeldungen zu den Gruppenaufgaben.

– Lehrende mit Expertise als Moderatorinnen und Moderatoren (z. B. Bremer 2003): Indem die Kontrolle und Verantwortung für den Lernprozess an die einzelnen Lernenden bzw. Lerngruppen übertragen werden, folgt daraus zwangsläufig, dass sich die Aufgaben und Funktionen der Lehrenden verändern. Jedoch ist weitgehend unumstritten, dass Lernende und Lerngruppen im Rahmen von Bildungsinstitutionen (sofern nicht vollständig selbst-initiiert) nach wie vor Begleitung für ihre Lernwege benötigen. Je nach Lerngegenstand und Kontext des Lehr-Lern-Prozesses fällt den Lehrenden die Aufgabe zu, als Expertinnen und Experten die Lernenden zu „coachen", das heißt im Mittelpunkt steht nicht die Weitergabe von Informationen, sondern die Vermittlung von Bearbeitungs- und Lernstrategien. So sollen die Lernenden etwa durch die Strukturierung der Arbeitsaufgaben sowie kontinuierliche Rückmeldungen von den Erfahrungen der Lehrenden profitieren (Colins u. a. 1989). Die Moderation will – ohne inhaltlich mitzuarbeiten – Strukturierungshilfen geben sowie Klärungs- und Entscheidungsprozesse begleiten. Damit behalten die Lernenden zwar die Verantwortung für ihren Lernprozess und ihre Entscheidungen, jedoch können sie sich rückversichern und Unterstützung in Klärungsprozessen in Anspruch nehmen. Im Rahmen der Methodenausbildung wurde das Expertenmodell umgesetzt, indem die Übungsaufgabe in Sequenzen untergliedert war, ebenso durch Hinweise auf Bearbeitungs*strategien* sowie durch die exemplarisch zur Diskussion gestellten einzelnen Bearbeitungsstände der Übungsaufgabe. Bei Bedarf konnten die Arbeitsgruppen individuelle Beratungen in Anspruch nehmen, in denen sie in ihren Entscheidungsprozessen moderiert wurden; sie erhielten jedoch keine Vorgaben bzw. Angaben darüber, wie die „richtige Lösung" aussehen könnte.

Für das hier präsentierte Evaluationsvorhaben steht weniger das grundlegende Konzept der Methodenausbildung, vielmehr die Ergänzung des Lehrangebots durch eine internetbasierte Lernumgebung zur Disposition. Im Allgemeinen wird einer Internetbasierung vor allem das Potential zugeschrieben, selbstgesteuertes und problemorientiertes Lernen zu unterstützen sowie für das Lernen in Gruppen zusätzliche Chancen bereitzuhalten (z. B. Reinmann-Rothmeier 2003, S. 13ff.). Daraus folgt als grundsätzliche Frage, wie sich zusätzliche internetbasierte Angebote so einsetzen lassen, dass sie das grundlegende didaktische Konzept unterstützen.[232] Auf die konzeptionellen Bausteine der internetbasierten Lernumgebung übertragen, zeichnen sich folgende Potentiale ab:

- Die Studierenden erhalten zusätzliche Gestaltungsräume zur *Organisation* ihres individuellen und Gruppenlernens; Orte und Zeiten des Lernens können flexibler gewählt werden. → Die Nutzung des Internets eröffnet sowohl einzelnen als auch Gruppen ergänzende Gelegenheiten zur flexiblen Beschäftigung mit dem Lerngegenstand.

- Für Studierende ergeben sich Zugriffsmöglichkeiten auf eine breitere Informationsbasis und Lernmaterialien, die jederzeit zugänglich sind. → Ihnen werden zusätzliche Optionen eröffnet, um ihr Lernen individuell zu gestalten sowie ergänzende Gelegenheiten geboten, sich mit dem Lerngegenstand auseinanderzusetzen.

- Die digitale Aufbereitung von Lernmaterialien birgt das Potential, unterschiedliche Repräsentationsvarianten von Informationen (Ton, Grafiken, Bewegtbilder, Text) bereitzustellen. → Unterschiedliche Lerntypen finden passende Zugänge zum Lerngegenstand.

- Die Lernenden können weitere Variationen und Werkzeuge der Interaktion nutzen. Sie können sich durch E-Mail, Diskussionsforen oder Chats untereinander, mit Lehrenden und weiteren Lerngruppen austauschen. → Zusätzliche (fachbezogene) Interaktionen bedeuten zusätzliche Lernprozesse.

- Informationen und Lernmaterialien können netzwerkartig angeboten werden, so dass sich Studierende individuelle Lernwege erschließen können. → Dadurch ist die eigenständige Organisation des Lerngegenstands und des Lernwegs möglich.

- Es können zusätzliche Optionen zur Instruktion und Betreuung angeboten werden. Zwischen den Präsenzterminen können Lehrende, Tutorinnen und Tutoren Strukturierungshilfen und Feedback anbieten. → Die Lernenden erhalten passgenaue Unterstützung und Handlungssicherheit.

Allerdings sind diese dargestellten Chancen und Potentiale – das verrät ebenfalls ein Blick in sozialwissenschaftliche Debatten und Veröffentlichungen – nicht voraussetzungs- und bedingungslos einlösbar (siehe z. B. Kerres 1999). Vielmehr ergeben sich

---

232 Kerres (1998, S. 75) formuliert als zentrale Herausforderung für den Medieneinsatz: „Für das didaktische Design ergibt sich, dass Medien nicht für einen ‚Transport' von Wissen über Medien ‚in' die kognitive Struktur der Lernenden zu konzipieren sind. Das Medium ist vielmehr selbst Bestandteil der Wissensbasis, an der Lernende durch aktive Erschließung teilhaben sollen. Medien werden zu kognitiven Werkzeugen, die die Bewältigung von Umweltanforderungen unterstützen."

für die praktische Umsetzung einer internetbasierten Lernumgebung einige neuralgische Punkte, die sich grundlegend auf die didaktischen Konzepte sowie deren internetbasierte Umsetzung beziehen lassen. Beispielsweise ist weiterhin in Forschung und Praxis ungeklärt, welche Lehrinhalte, -ziele und Lernschritte im Online- bzw. Offline-Modus angemessener zu bearbeiten sind. Ähnlich offen ist, unter welchen Bedingungen und für welche Zwecke sich synchrone oder asynchrone Kommunikationsformen eignen. Für das angeleitete Selbstlernen stellt sich immer die Frage, wie viel Spielraum für die Selbstorganisation der Lernprozesse herzustellen und im Gegenzug, wie viele Instruktionen notwendig sind. Für computer- bzw. internetbasierte Lehrangebote ist in diesem Zusammenhang auszutarieren, in welchem Maße die Lernangebote sequentiell oder netzwerkförmig organisiert sein sollten.

Diese Gestaltungsvarianten sind immer mit dem Kontext, den Lehrzielen und nicht zuletzt mit der Zusammensetzung der Zielgruppe sowie deren Voraussetzungen und Erwartungen abzugleichen. Unumstritten relevante Faktoren sind die Ausprägung der Motivation, die Medien- sowie Selbstlernkompetenz und die bevorzugten Lernaktivitäten. Diskutiert und untersucht werden ebenfalls die Variablen Geschlecht, Selbstwirksamkeitskonzepte und Einstellung zum PC (vgl. z.B. Horz 2004).

Nutzen des Zugangs zu Programmtheorien über sozialwissenschaftliche Theorien und empirische Studien für die Praxis:
In der Regel formulieren Lerntheorien keine eindeutigen Anleitungen für die Praxis und empirische Studien sind in spezifische Settings eingebettet, die nur in Ausnahmefällen uneingeschränkt die jeweils konkrete Praxis reflektieren. Trotzdem ist die Auseinandersetzung mit dem vorhandenen Wissensfundus für die Praxis nützlich. Im vorliegenden Fall war vor allem hilfreich, sich nochmals die theoretische Fundierung des Lehrkonzepts zu vergewissern, vor allem in Hinblick darauf, dass verschiedene Beteiligte in der Umsetzung aktiv waren. Beispielsweise erwies sich die Auseinandersetzung mit theoretischen Grundlagen zur Rollenklärung von studentischen und wissenschaftlichen Mitarbeitenden als wertvoll.

Die Entwicklung der internetbasierten Lernumgebung erhielt durch die Beschäftigung mit theoretischem und empirischem Material zahlreiche Impulse: Einerseits fand eine Sensibilisierung für typische Fallstricke in der Entwicklung von internetbasierten Lernumgebungen statt, andererseits bot sich die Chance, die einzelnen Elemente auf Kongruenz mit dem zugrunde liegenden theoretischen Lehrkonzept abzugleichen.

Beispielsweise wurde die Umsetzung der internetbasierten Lernumgebung unter anderem von dem Konzept einer Push- und Pullorientierung (Hesse 2002) beeinflusst. Push-Angebote sind angebotsorientiert, linear und stark strukturiert. Pull-Angebote sind eher nachfrageorientiert, modular, schwach strukturiert sowie orts- und zeitunabhängig nutzbar (Hesse/Mandl 2001). Abhängig vom Interesse, der Motivation und den vorhandenen Selbstlern- sowie Medienkompetenzen eignen sich demzufolge jeweils eher Push- oder Pull-Angebote. Die Auseinandersetzung mit dem

Konzept führte dazu, dass zusätzliche Push-Elemente gesetzt wurden (z. B. Erinnerungs- und Informations-E-Mails). Diese Beispiele unterstreichen, dass sozialwissenschaftliche Wissensbestände vor allem eine Anregungsfunktion für die Praxis erfüllen. Hier trifft die Aussage, „nichts ist so praktisch wie eine gute Theorie".

Darüber hinaus gaben die zahlreichen Studien, die im Rahmen des Bundesprogramms „Neue Medien in der Bildung" veröffentlicht wurden, vielfältige Anstöße für die Lösung konkreter Herausforderungen. Ulrike Rinn und Michael Wedekind (2002, S. 2) sprechen von „Referenzmodellen", also Beispielen, „die sich in der Praxis bewährt haben und Vorbildcharakter für die Umsetzung in der eigenen Lehre" aufweisen. Tatsächlich jedoch sind weniger die Leuchttürme (weil diese von den Rahmenbedingungen her zumeist nicht vergleichbar waren), sondern vielmehr Berichte über Umsetzungsschwierigkeiten eine Fundgrube für Anregungen. Zu nennen ist beispielsweise der Bericht von Heidemarie Hanekop u. a. (2003), die Erwartungen einer ähnlich zusammengesetzten Studierendenschaft an einer klassischen Präsenzuniversität beschreiben. Im Umgang mit Unsicherheiten halfen außerdem Erfahrungsberichte aus ähnlichen Kontexten, so z. B. Alexander Müller (2003) und Deborah Weber-Wulff (2003), die die Probleme von Chat- und Diskussionsforumsangeboten beschreiben oder von Frank Fischer und Mira Chr. Waibel (2002), die Probleme und Lösungen einer medienbasierten Kommunikation in studentischen Arbeitsgruppen darstellen.

Nutzen des Zugangs zu Programmtheorien über sozialwissenschaftliche Theorien für die Evaluation:

Nachdem diverse Wirkannahmen des Lehr-Lern-Konzepts der Methodenausbildung sowie einige Hypothesen aus der Literatur zum Mehrwert internetbasierter Lernumgebungen angeführt wurden, geht es gemäß der Logik theoriebasierter Evaluationskonzepte im nächsten Arbeitsschritt darum, diese Annahme in ein Modell zu gießen, das sowohl deskriptiven als auch präskriptiven Charakter hat. Lerntheorien sowie sozialwissenschaftliche Studien liefern zahlreiche Anregungen dafür, welche Aspekte zu überprüfen und zu berücksichtigen sind (so z. B. Friedrich/Hron 2002; Osiander 2003).

Allerdings zeigt sich nun das Problem eines vorwiegend sozialwissenschaftlichen Zugangs, zumindest für dieses konkrete Vorhaben mit formativem Charakter. Es ist nämlich unmöglich, hochkomplexe Lehr-Lern-Prozesse in allen relevanten Beziehungen und (Wechsel-)Wirkungen so abzubilden, dass das Modell auch noch empirisch umsetzbar wäre (vgl. Mandl u. a. 1991, S. 311).

Vereinzelt werden Versuche unternommen, umfassende Modelle zu entwickeln und empirisch zu überprüfen (ideal entlang experimenteller Designs). Beispielhaft kann hier die Untersuchung von Elizabeth Rozell und William Gardener (zit. nach Horz 2004, S. 46ff.) genannt werden, die den Erfolg computerbasierten Lernens im Zusammenhang mit Persönlichkeitsmerkmalen der Lernenden und ihrer Vorerfahrung in einem Modell abbildet. Für die empirische Überprüfung wurden 600 Probandinnen und Probanden an drei Zeitpunkten mit jeweils elf Instrumenten befragt. HORZ (2004, S. 54) kommt in der kritischen Auseinandersetzung mit dem Modell und der Studie – abgesehen von konkreten Einwänden gegen die empirische Umsetzung – zu dem Schluss:

> „Aus testökonomischer Sicht ist eine Gesamtprüfung des Modells zudem kaum vorzunehmen, so dass es letztlich immer möglich sein wird, neue Variablen zu integrieren, alte zu verwerfen oder ähnliche, überschneidende Konstrukte zu verwenden."

Im vorliegenden Fallbeispiel war ein ähnlich komplexes Wirkmodell weder in der konzeptionellen Entwicklung noch in der empirischen Überprüfung realisierbar. Außerdem ist der formative Charakter der Evaluation zu berücksichtigen, der zeitnahe, unaufwändige Überprüfungen verlangt. Ein umfassendes Wirkmodell kann zusätzlich nur dann sinnvoll ausformuliert und überprüft werden, wenn die internetbasierte Lernumgebung die Hauptentwicklungsphase bereits abgeschlossen hat.

Üblicherweise wird das Problem der nicht zu bewältigenden Komplexität in klassischen Forschungsarbeiten (vor allem, wenn es um die Wirkungsfeststellung geht) derart gehandhabt, dass gezielt isolierte Interventionen beobachtet und einzelne, ausgewählte Bedingungsfaktoren kontrolliert werden. Für das hier präsentierte konkrete Vorhaben wäre aber eine solche Strategie unangemessen, da nicht eine einzige spezifische Intervention, sondern ein komplexes Unterstützungsangebot in verschiedensten Facetten auf den Prüfstand zu stellen war. Das sich hier andeutende Dilemma wird von HEINZ MANDL U. A. (1991, S. 331) auf den Punkt gebracht:

> „Die spezifische Gestalt eines bestimmten Lehr-Lernmodells läßt sich nicht zwingend aus dem vorliegenden Theorienbestand der Forschung ableiten (…), auch das aufwendigste Forschungsprogramm wäre nicht in der Lage, sämtliche möglichen Bedingungskonstellationen systematisch durchzutesten." Und weiter: „Die hier zur Verfügung stehende theoretische Grundlage ist jedoch immer unvollständig. Hinzu kommt, daß häufig verschiedene einander ergänzende Ansätze simultan berücksichtigt werden müssen."

Insgesamt gesehen konnte die Auseinandersetzung mit dem sozialwissenschaftlichen Informationsfundus nicht ohne Weiteres in eine für die Evaluation der internetbasierten Lernumgebung angemessene Programmtheorie münden. Indem jedoch theoretische Konzepte und empirisches Material die Praxis anreichern und gestalten, liefern sie zahlreiche Hinweise darauf, welche Aspekte – sowohl auf Seiten der Interventionen als auch der Outcomes – für eine Modellierung von Programmtheorien zentral sind.

4.6.2 Zugang zu Programmtheorien über die Praxis

Die Auseinandersetzung mit dem sozialwissenschaftlichen Wissensfundus, in diesem Fall mit lerntheoretischen Modellen oder Studien, war für die Praxis sehr bereichernd. Für die Formulierung einer Programmtheorie jedoch, die die Basis einer *formativ* angelegten Evaluation der internet-basierten Lernplattform bieten sollte, erschien es angemessener, die Programmtheorie von der sich allmählich entwickelnden Praxis ausgehend zu formulieren. Im konkreten Fallbeispiel wurde zunächst versucht, die interne Handlungslogik zu rekonstruieren und in eine Programmtheorie zu gießen. Selbstverständlich flossen hier Anregungen und Informationen aus der Auseinandersetzung mit der Fachliteratur und den empirischen Ergebnissen aus anderen Studien ein. Um Missverständnissen vorzubeugen: In der konkreten Umsetzung von theoriebasierten Evaluationen werden selbstverständlich beide idealtypischen Zugänge notwendigerweise immer ineinander münden, so auch in diesem Beispiel. Die Explizierung der Programmtheorie nahm sich jedoch die Praxis zum Ausgangspunkt, quasi als Ordnungssystem der Modellierung.

Dem klassisch vorgeschlagenen Vorgehen, zunächst einmal Programmdokumente zu sichten, zentrale Handlungsansätze und spezifische Zielstellungen zu extrahieren, waren im vorliegenden Fall enge Grenzen gesetzt. Die Neuerung war eben nicht – wie üblich in geförderten Modellprojekten, z.B. im Rahmen des Bundesprogramms „Neue Medien in der Bildung" – in einem schriftlichen Konzept niedergelegt. Die veränderte Praxis resultierte vielmehr aus alltäglichen Erfahrungen und reagierte auf sich verändernde Bedingungen, wie die Ausweitung der Kommunikation über das Internet, Personalknappheit und Herausforderungen mit dem Selbstlernkonzept.

Zuerst ging es darum, Alltagswissen bzw. Alltagstheorien – die WEISS „rules of thumb" oder PAWSON/TILLEY „folk theories" nennen – für die Explikation der Programmtheorie zu nutzen. Auch wenn diese Annahmen in der Regel nicht systematisch entstanden sind, sind sie von hoher Relevanz, weil sie die Praxis entscheidend prägen. Gerade weil dieses Wissen das Handeln gestaltet, ist es umso wichtiger, es mit der Wirklichkeit zu konfrontieren bzw. im Rahmen einer Evaluation mit den empirischen Daten abzugleichen und damit auf den Prüfstand zu stellen.

Außerdem stellte sich die Frage, in welcher Form diese Alltagstheorien dargestellt werden können. Um die Aufmerksamkeit auf das didaktische Handeln und dessen Folgen zu lenken, bot sich das Konzept der „Veränderungstheorie des Programms" von WEISS an, also einer explizierten Verknüpfung zwischen den Aktivitäten bzw. Interventionen und den damit erwarteten Resultaten. In der ersten Fassung handelte es sich dabei nicht um empirisch abgesicherte Wirkannahmen, vielmehr war damit eine Absicht festgehalten, also eine präskriptive Programmtheorie formuliert. Ein wesentlicher Vorteil der Herangehensweise von WEISS – im Speziellen für formative Evaluationen – besteht darin, dass die jeweilige Fassung als eine vorläufige betrachtet werden kann, die sich ändern, erweitern und sich beispielsweise auch an empirische Daten anpassen lässt. Sie war somit auch flexibel an Veränderungen und Weiterentwicklungen der internetbasierten Lernumgebung anpassbar.

In seiner einfachsten und groben Fassung sah das Grundkonzept folgendermaßen aus:

- Entwicklung passgenauer Unterstützungsangebote (Informationen zum Download, Beispielaufgabe, Beratung per E-Mail, internetbasiertes Diskussionsforum).
  → Die Angebote werden in der ersten Veranstaltung vorgestellt.
  → Die Studierenden kennen die Angebote und ihre Funktionen.
  → Sie erproben die Angebote.
  → Sie erleben die Angebote als nützlich.
  → Sie nutzen die Angebote.
  → Dadurch setzen sie sich häufiger mit dem Lerngegenstand auseinander.
  → Sie lernen häufiger und mehr.

Bereits bei der ersten Durchsicht dieser Annahmen – noch vor der Erprobung – fiel auf, dass eine einmalige, mündliche Vorstellung der Angebote in der Auftaktveranstaltung nicht unweigerlich dazu führen würde, dass alle Studierenden diese auch kennen würden. Abgesehen davon, dass regelmäßig einige Studierende verspätet die Teilnahme aufnehmen, konnte auch nicht davon ausgegangen werden, dass einmal Gehörtes mittel- oder langfristig abgespeichert bliebe. Als Konsequenz dieser Überlegung wurden zwei ergänzende Interventionen erprobt. Zum einen erhielten die Studierenden eine schriftliche Darstellung des Angebots mit den dazugehörigen jeweiligen Funktionen und Spielregeln. Zusätzlich wurde darauf geachtet, in jeweils passenden und relevanten Situationen die Funktionsweise sowie die Möglichkeiten der Lernumgebung wiederholt zu thematisieren.

Selbstverständlich ist die bis hierher entwickelte Programmtheorie sehr oberflächlich und konkretisiert noch nicht, *wie* die Unterstützung der Studierenden überhaupt gelingen sollte. Zunächst galt es in einem ergänzenden Schritt, sich abermals die Ausgangsbedingungen zu vergegenwärtigen, also im Sinne PAWSONS und TILLEYS den Kontext festzuhalten, in dem das Programm stattfand. Abgesehen davon, dass pädagogisches Handeln tatsächlich immer auf den Kontext reagiert bzw. diesen antizipiert, war damit die Voraussetzung geschaffen, die Brauchbarkeit der Ergebnisse über das konkrete Vorhaben hinaus für ähnliche Pläne (an anderen Orten zu anderen Zeiten) einzuschätzen.

Für die Konzeptionierung der internetbasierten Lernumgebung war grundlegend zu bedenken, dass diese im Rahmen einer klassischen Präsenzuniversität in der Anfangsphase des Studiums eingesetzt werden sollte. Im Unterschied zum Beispiel zu einer Fernuniversität, in der ohnehin medienvermittelte Kommunikation eine entscheidende Rolle spielt, war sie im vorliegenden Fall zunächst nachrangig bzw. ihre Funktion war noch genauer zu bestimmen. Besonders zu Beginn des Studiums sind persönliche Kontakte unter den Studierenden (zur Bildung von Netzwerken) sowie mit den Lehrenden (zur Orientierung in einer neuen Umgebung) von herausragender Bedeutung. Auf folgende weitere Bedingungen im Umfeld der Studierenden bzw. der Lehrenden sollten die Hauptbestandteile der internetbasierten Lernumgebung jeweils reagieren (Tabelle 6, vgl. auch 2.7):

Tabelle 6: Bedingungen der internetbasierten Lernumgebung

Bedingungen im Umfeld der Studierenden	Bedingungen im Umfeld der Lehrenden	Komponente der internetbasierten Lernumgebung
• hoher Bedarf an Informationen und Hilfestellungen • voller Stundenplan • zeitliche Einschränkungen durch Jobs • Kommunikation per E-Mail ist für viele selbstverständlich	• überlaufene Sprechstunden • Übungsaufgaben können digital kommentiert werden	→ Kommunikation per E-Mail
• weite Wege zwischen Wohnung und Universität	• ein Großteil der Informationen und Arbeitsmaterialien liegt in digitalisierter Form vor • es fehlt an zusätzlichen Mitteln und Kompetenzen, das Lernmaterial aufwändig zu gestalten	→ Informationen zum Download
• neuer Lerngegenstand • viele Fragen und Unklarheiten	• immer wieder ähnliche Fragen der Studierenden	→ Diskussionsforum
• die Planung eines Forschungsvorhabens • die Fachbegriffe sind vollkommen neu • Orientierung ist gewünscht	• didaktische Herausforderung zu vermitteln, dass die Studierenden eigenständig Lösungen finden müssen, dass es keine standardisierte oder die eine richtige Bearbeitung geben kann.	→ Beispielaufgabe mit typischen Fehlern

Außerdem war zu berücksichtigen, dass die Methodenübung zum Pflichtbestandteil des Soziologie-Grundstudiums gehörte, was wiederum weitere Konsequenzen mit sich führte:

• Massenveranstaltung: Lehrende, Tutorinnen und Tutoren müssen zahlreiche Studierende betreuen (pro Semester zwischen 100 und 200 Studierende)
• Heterogen zusammengesetzte Zielgruppe: unterschiedliche Ausstattung mit PC und Internetzugang, breite Streuung der Medien- und Selbstlernkompetenzen, verschiedene Lernstile
• Überwiegend extrinsisch motivierte Studierende, die nicht unbedingt begierig sind, sich ausführlich mit dem Lerngegenstand zu beschäftigen

Nun zurück zu der Frage, was unter den beschriebenen Ausgangsbedingungen und im Rahmen der internetbasierten Lernumgebung durch Lehrende realistisch betrachtet beeinflussbar war und was damit bei den Studierenden ausgelöst werden sollte. Zusammengefasst lässt sich schlussfolgern: Die internetbasierten Angebote der Lernumgebung zielten vor allem darauf ab, den Studierenden *zusätzliche* Möglichkeiten zu schaffen, sich unabhängig von Zeit und Raum mit dem Lerngegenstand zu beschäftigen sowie *passgenaue* Unterstützung und Strukturierungshilfen anzubieten.

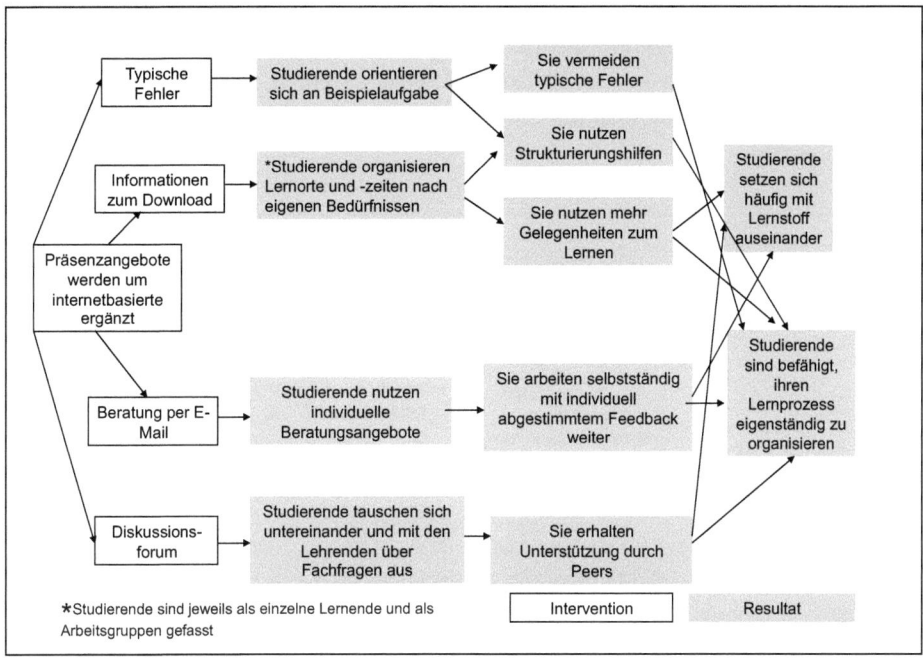

Abbildung 15: Die Angebote der internetbasierten Lernumgebung und deren erwartete Folgen

Ohne Weiteres ließe sich eine Beziehung zwischen dieser Abbildung zu den in 4.6.1 ausgearbeiteten theoretischen Konzepten herstellen: Beispielsweise findet sich das Konzept des selbstgesteuerten Lernens durchgängig in den Interventionen sowie den Resultaten wieder. Gleichwohl ist in dieser Darstellungsform eher eine operationale denn konzeptionelle Sprache gewählt. Die Programmtheorie ist eben nicht aus den theoretischen Konzepten, sondern aus dem Alltagsverständnis der Praxis abgeleitet.

Die Abbildung 15 fokussiert ausschließlich auf die Folgen der internetbasierten Lernumgebung für die Studierenden. In Hinblick auf die angestrebten Veränderungen für die Arbeitsabläufe aus Sicht der Lehre ließe sich analog ein zusätzliches bzw. ergänzendes Modell entwickeln. Die zusätzliche Aufgabenstellung, die internetbasierte Lernumgebung zu betreuen, sollte durch eine Entlastung der Präsenzaufgaben aufgefangen werden (z. B. durch die Übergabe von Sprechstunden und die Durchführung von Übungsveranstaltungen an studentische Mitarbeitende).[233] Die Tutorinnen und Tutoren sollten ebenso wie die Studierenden die bereitgestellten Materialien und Informationen nutzen sowie sich durch unkomplizierte Kommunikation per E-Mail Handlungssicherheit verschaffen können.

---

233 Für die Kommunikation zwischen Tutorinnen, Tutoren und Studierenden gilt ein analoges Modell zu Abbildung 15.

Anhand dieser Zusammenstellung der einzelnen Komponenten der internetbasierten Lernumgebung wird deutlich, wie die verschiedenen Maßnahmen und Ein-
zelangebote des Praxisvorhabens insofern miteinander verschränkt sind, als sie sich
gegenseitig ergänzen und gemeinsame Intentionen verfolgen. Doch selbst auf dieser Ebene war die Programmtheorie noch oberflächlich formuliert und musste für
die einzelnen Komponenten weiter ausdifferenziert werden. Wie dies hätte aussehen
können, lässt sich am Beispiel des „internetbasierten Diskussionsforums" illustrieren
(Abbildung 16).

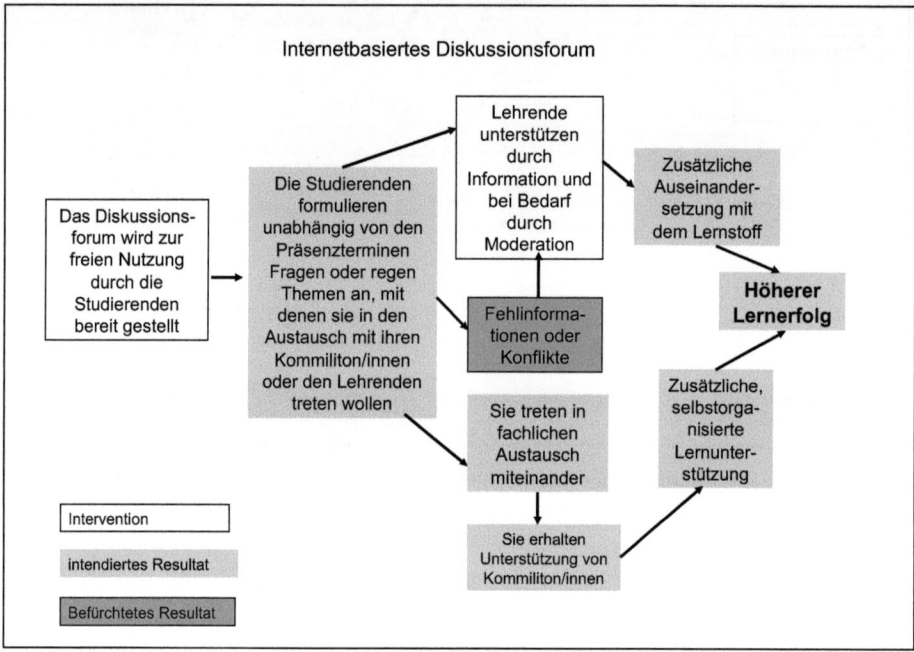

Abbildung 16: Programmtheorie des internetbasierten Diskussionsforums

An dieser Abbildung lässt sich zweierlei nachvollziehen: Zum einen liegen zwischen
der Bereitstellung des Diskussionsforums und dem Lernerfolg zahlreiche Zwischen-
schritte, die selbst in dieser Abbildung nicht erschöpfend dargestellt sind. Interventionen funktionieren nicht einfach linear und monokausal, sondern lassen sich in
mehrere Mikroprozesse aufbrechen. Zum anderen lässt sich aufzeigen, dass Programmtheorien mehr als nur beabsichtigte Folgen fixieren können, also über die Explizierung von Zielen hinausreichen. Speziell die Praxis verfügt über einen Erfah-
rungsfundus, aus dem sich nicht-intendierte Folgen – oder wie hier als „befürchtete
Resultate" bezeichnet – prognostizieren lassen. Letztlich ist naheliegend, dass Veränderungen im pädagogischen Handeln nicht nur positive, sondern auch negative Folgen haben können.

Nutzen des Zugangs zu Programmtheorien über die Praxis für die Praxis:
Bereits schriftlich zu formulieren, welche Intentionen einzelne Aktivitäten der Lehre verfolgten, veränderte die Praxis. Im Zuge der Explizierung der der internetbasierten Lernumgebung zugrunde liegenden Annahmen fand implizit eine Systematisierung des Vorhabens statt. Vor allem alltäglich ablaufende Routinen konnten durchbrochen und kritisch reflektiert werden. Unter dem Fokus „spezifische Intentionen gezielter Interventionen" konnte beispielsweise hinterfragt werden, welche Beratungsprozesse auf die Kommunikation per E-Mail umgelenkt werden sollten, statt wahllos und automatisch die Sprechstunden in den elektronischen Briefkasten zu verlagern. Ebenso konnten negative Erfahrungen aus der Praxis – wie z. B., dass einige Studierende erwarten, Lehrende an sieben Tagen in der Woche für 24 Stunden per E-Mail zu erreichen – in die Planungen einbezogen werden. Infolgedessen entstanden unter anderem Spielregeln für die Online-Kommunikation (vgl. Abbildung 17).

In die **Betreffzeile** der E-Mails immer **Methodenkurs** schreiben!!

Falls Sie Ihre Dateien an die E-Mails anhängen, speichern Sie diese bitte im Word-Format (am besten als .rtf-Datei). Wenn Sie Ihre Aufgabe endgültig abgeben (also auch keine Kommentierungen mehr in die Datei aufgenommen werden sollen), dann empfiehlt sich die Speicherung als .pdf-Datei (v.a. bei Grafiken ist damit der richtige Seitenumbruch gewährt).

Titel	Inhalt	Wie kann damit gearbeitet werden?	Wie arbeite ich damit?
Informationen	Organisatorische Hinweise Lektüretipps Eingesetzte Folien	Hinweise sind zum Ansehen, Materialien und Texte zum „Runterladen" (in der Regel im .rtf und .pdf-Format)	Wird bei Neuigkeiten aktualisiert.
Typische Fehler	Das Beispiel einer Vorgängergruppe incl. der Kommentierungen und Hinweise auf Fehler	Der erste Schritt ist zum Ansehen, die weiteren werden im rtf- und pdf-Format bereitgestellt.	Das Beispiel wird im Wochenrhythmus weitergeführt. Dies kann Ihnen als Vorschlag für das eigene Arbeitstempo dienen.
Diskussionsforum	Hier können Sie Fragen stellen, Probleme und Lösungen thematisieren, die für andere Teilnehmer/innen des Methodenkurses interessant sind. Sie können Antworten und Ergänzungen beisteuern.	Sie können Beiträge von Anderen lesen, sie können eigene Fragen und Anregungen abschicken.	Schaue ich mir (fast) täglich an und beteilige mich an der Diskussion.
Rückmeldung	Von hier aus können Sie per E-Mail Kritik (Lob), Verbesserungsvorschläge sowie individuelle Fragen loswerden.	Es öffnet sich ein Fenster, in dem Sie eine E-Mail verfassen können.	Sofern der Wunsch besteht, antworte ich.

Abbildung 17:   Informationen und Regeln für die Studierenden (in Auszügen)

Mit der Fragestellung, welche negativen Konsequenzen aus der veränderten Praxis resultieren können, war eine Gelegenheit geschaffen, sich mögliche Risiken zu vergegenwärtigen und diesen gegebenenfalls entgegenzusteuern. Zusätzlich – eben exakt durch den analytischen Abstand zum Alltag – ließen sich bereits in der Formulierung der ersten groben Programmtheorie Denkfehler und Kurzschlüsse feststellen. So konnten Lösungen gesucht sowie weitere, begleitende Interventionen geplant werden. Beispielsweise sollten zusätzliche Bemühungen den Studierenden die Angebote der internetbasierten Lernumgebung immer wieder nahe bringen. Daneben regte die Explizierung der Programmtheorien dazu an, mögliche Effekte realistischer einzuschätzen. Alleine die Tatsache, dass zusätzliche Lern- und Arbeitsmaterialien für die Studierenden leichter zugänglich waren, bedeutete eben nicht, dass diese auch intensiv zum Lernen genutzt wurden oder gar die Übungsaufgaben künftig von mehr Studierenden erfolgreicher bearbeitet werden würden.

Insgesamt führte die Explizierung von Programmtheorien zu einer systematischen Reflexion und damit letztlich auch zu einer zielgerichtet geplanten Praxis. Das Konzept der Programmtheorie konnte somit als Steuerungsinstrument zur Erprobung einer neuen Praxis dienen. Jedoch soll – speziell für eine Selbstevaluation ohne externe Unterstützung – nicht verschwiegen werden, dass es ungeheure Disziplin verlangt, die eigene Praxis in kleinschrittige Wirkketten aufzuschlüsseln.

Nutzen des Zugangs zu Programmtheorien über die Praxis für die Evaluation:
Die Explizierung der Interventionen und Absichten des Praxisvorhabens (Veränderungstheorie des Programms) verschaffte zunächst der Evaluation einen Überblick über den Evaluationsgegenstand und seiner (voraussichtlich) relevanten Aspekte. Von hier aus konnten Informationsbedarfe festgestellt und neuralgische Punkte identifiziert werden. Zum Beispiel wurde der Fokus auf die Wahrnehmung der internetbasierten Lernumgebung und ihre einzelnen Bestandteile durch die Studierenden gelenkt, ebenso auf die Nutzung der einzelnen Komponenten durch die Lernenden (als einzelne wie auch als Teams). So ließen sich aus den ersten Programmtheorie-Versionen Fragestellungen ableiten, die es dann empirisch zu beantworten galt. Ins Zentrum rückten Fragen danach, *ob* die Studierenden die zusätzlichen Angebote überhaupt wahrnehmen und *wie* sie diese für ihre individuellen sowie für ihre Gruppenlernprozesse nutzen. Damit bildeten die Programmtheorien eine wesentliche Strukturierungshilfe für die Evaluation.

Dadurch, dass nicht nur die Ziele, sondern auch die dazugehörigen Interventionen expliziert wurden, verfügte die Evaluation über eine Grundlage um zu überprüfen, ob die internetbasierte Lernumgebung wie geplant umgesetzt werden konnte. Somit konnte eine Unterscheidung zwischen fehlerhafter bzw. planmäßiger Umsetzung auf der einen Seite und falschen bzw. zutreffenden Annahmen über die Resultate auf der anderen Seite vorgenommen werden.

Da die Evaluation im Fallbeispiel eindeutig darauf ausgerichtet war, Informationen für Weiterentwicklungen und Anpassungen der internetbasierten Lernumgebung zu liefern, war die enge und kontinuierliche Abstimmung zwischen Praxis und

Programmtheorie notwendig und mit dem Modell von Weiss auch möglich. Besonders bei formativen Evaluationen, die Praxis explizit mitgestalten, ist die Flexibilität einer aus der Praxis heraus rekonstruierten Programmtheorie hervorzuheben. Sie kann also kontinuierlich an Veränderungen angepasst werden. Gerade da die Evaluation für die Praxis genutzt werden sollte, schuf die aus der Praxis abgeleitete Programmtheorie eine hohe Responsivität.[234]

Trotz dieser Vorzüge stieß das bis hierher vorgestellte Vorgehen jedoch auch an Grenzen: Die formulierten Annahmen über die Funktionsweise der internetbasierten Lernumgebung wurden zwar verbunden und in einen Zusammenhang gebracht, sie bewegten sich jedoch auf der Ebene von Alltagswissen und wurden tendenziell eher willkürlich und unsystematisch entwickelt. Letztlich konnte aus einem nahezu unendlichen Meer an Annahmen und Vermutungen ausgewählt werden. Die Frage danach, ob tatsächlich die für die Evaluation und damit für die Weiterentwicklung der internetbasierten Lernumgebung relevanten Aspekte herausgearbeitet wurden, konnte noch nicht entschieden werden. Außerdem wurde offensichtlich, dass der Grad der Ausdifferenzierung von Programmtheorien variieren kann. Ungeklärt blieb, wie weit die Komplexität reduziert werden darf und muss. Zumindest hinsichtlich einer formativen Evaluation, könnte sich die Ausdifferenzierung damit zufrieden geben, wenn einzelne Annahmen in der Praxis bestätigt werden.

4.7 Was – vorläufig – offen bleibt

Wenn anfangs davon die Rede war, dass theoriebasierter Evaluation der Sprung in die Praxis und Anwendung noch nicht gelungen sei, dann lässt sich das daran ablesen, dass bis heute nur wenige dokumentierte Anwendungsbeispiele vorliegen (Croyn u. a. 2011). Nachdem hier nun ausführlich die offensichtlichen Vorteile und der Nutzen dieses Konzepts dargestellt wurden, stellt sich umso drängender die Frage, wodurch seine geringe Präsenz in der Praxis zu erklären ist.

In der vorliegenden Arbeit wird angenommen, dass die schwache Präsenz von theoriebasierten Evaluationen vorwiegend dadurch erklärt werden kann, dass bislang kaum Hinweise dazu vorliegen, wie die Rekonstruktion von Programmtheorien methodisch sauber gelingen kann. Genannt werden zwar die Informationsquellen für den Programmen zugrunde liegenden Annahmen, wie diese jedoch systematisch zu erschließen sind und in Programmtheorien münden können, das bleibt in der Regel eher vage. Übereinstimmend wird festgestellt, dass sich Evaluation in ihrem Vorgehen grundsätzlich aller Methoden empirischer Sozialforschung bedienen kann. Ungeklärt bleibt jedoch, wie der Prozess der Formulierung von Programmtheorien methodisch kontrolliert geschehen kann, so dass Auftraggebende, andere Programm- und Evaluationsbeteiligte sowie weitere Rezipienten von Evaluationsstudien

---

234 Im Illustrationsbeispiel handelte es sich um eine Selbstevaluation, die Kommunikation zwischen Praxis und Evaluation ist also nicht problematisch. Für andere Fälle kann jedoch angenommen werden, dass aus der Praxis abgeleitete Programmtheorien die Verständigung zwischen Praktikerinnen und Praktikern sowie Evaluatorinnen und Evaluatoren erleichtern.

sich darauf verlassen können, dass die Programmtheorie in angemessener Weise das Programm abbildet.

Angesichts dieses Mankos sollen im folgenden Kapitel klassische methodische Zugänge aufgeführt und explizit darauf hin überprüft werden, in welcher Weise sie einen Beitrag zur Generierung und Überprüfung von Programmtheorien leisten können.

5. Methodische Umsetzung theoriebasierter Evaluationen

So plausibel die Kritik an bestehenden Evaluationskonzepten und die Forderung nach Programmtheorien als Grundlage von Evaluationen sind, so bleibt die Herausforderung bestehen, Evaluationen methodisch und praktisch umzusetzen. Ohne anwendungs- und praxistaugliche Verfahren bleiben theoriebasierte Konzepte eine Mogelpackung, die wenig attraktive Angebote für die Weiterentwicklung der Evaluationsmethodologie und -praxis anzubieten hat.[235]

5.1   Probleme und Herausforderungen

Offensichtlich birgt die Umsetzung eines theoriebasierten Vorgehens zur Durchführung von Evaluationen größere Schwierigkeiten. In Publikationen zu theoriebasierter Evaluation – seit den 1980er Jahren bis heute – wird immer wieder angemerkt, dass die praktische Integration des Programmtheoriekonzepts in die Evaluationsmethodologie deutlich ausbaufähig und verbesserungswürdig sei. Wenn zuvor die Rede davon war, dass theoriebasierter Evaluation der Sprung in die Praxis und Anwendung noch nicht gelungen ist, dann liegt es nicht zuletzt daran, dass die Vorschläge für das methodische Design in den Grundlagentexten eher vage bleiben und nur wenige dokumentierte Anwendungsbeispiele zugänglich sind. So stellen Huey-Tshy Chen und Peter Rossi (1992b, S. 1) in ihrem Vorwort ein erhebliches Ungleichgewicht zwischen der Beachtung des Programmtheorie*konzepts* und der *Umsetzung* von theoriebasierten Evaluationen fest.[236]

Wenn Evaluationen grundsätzlich nicht nach einheitlichen Maßgaben oder „Kochbuchrezepten" durchgeführt werden können, so trifft dies insbesondere auf theoriebasierte Ansätze zu: Die Programmtheorien müssen eng auf das zu evaluierende Programm abgestimmt sein, und die Informationsbeschaffung sowie die Evaluation müssen entlang dieser Programmtheorien erfolgen. Folgerichtig ist die Präsentation eines Durchführungsleitfadens unangebracht, denn sie würde letztlich in die Irre führen.

Theoriebasierte Evaluation startet also nicht mit einem vermeintlich überlegenen Designtyp, sondern mit der zusätzlichen Aufgabenstellung, die dem Programm unterliegenden Programmtheorien zu explizieren und diese als Grundlage für methodische Entscheidungen zu verwenden. Das ist es, was Chen (z. B. 1990a, S. 84) mit Theoriegebundenheit in Abgrenzung zu Methodengebundenheit meint. Diese grundlegende Idee von theoriebasierter Evaluation wird von Walter Lipsey in einem Aufsatz von 1993 überspitzt umschrieben mit „Theorie als Methode". Hinter dieser For-

---

235 Stellvertretend für andere skeptische Positionen stehen Trochim/Cook (1992, S. 66): „It is not yet clear that the theory-driven idea has moved beyond the level of a critique and has some reasonable alternative model to offer."

236 „Yet much of the discussion has focused on the central ideas of theory-driven evaluations, with less attention given to actual examples of such evaluations" (Chen/Rossi, 1992, S. 1).

mulierung steckt die Überlegung, dass Programmtheorien für die Durchführung von Evaluationen von praktischem Nutzen sind, indem sie die Anwendung von Methoden gestalten und steuern sollen. Die Programmtheorie erfüllt demzufolge die Funktion, den Rahmen für die *empirische* bzw. *methodische Umsetzung* der Evaluation abzustecken. Auch für CAROL WEISS (z. B. 1998, S. 194) liefert die Programmtheorie die Grundlage für Entscheidungen darüber, welche Daten erhoben werden und wie diese dann aufzubereiten und zu interpretieren seien.[237]

Aus der Priorität von Theorie bzw. Programmtheorien gegenüber der Methodenwahl soll jedoch nicht gefolgert werden, dass theoriebasierte Evaluation in erster Linie der Mehrung wissenschaftlicher Erkenntnisse dient. Das Ziel besteht nicht in der Entwicklung bzw. Überprüfung von Theorien, vielmehr lautet die Aufgabenstellung nach wie vor *Programme* zu evaluieren. LIPSEY (1993, S. 9f.) stellt heraus, dass Theorien vor allem im Kontext von Praxisforschung ausgesprochen nützlich sein können, indem die praktizierten Problemlösungsstrategien auf ihre Tauglichkeit hin überprüft werden. Letztlich soll die Theoriebasierung die verbindende Brücke zwischen Praxis und Forschung bilden. Außerdem war es ein Beweggrund für die Entwicklung von theoriebasierter Evaluation, die Nutzung von Evaluationen durch Politik und Praxis zu erhöhen (vgl. Kap. 4.1).

Eine deutliche Lücke klafft jedoch zwischen den konzeptionellen Überlegungen und dem *methodischen* Zugang zu den Programmtheorien. Wenn bislang nur wenige Anwendungsbeispiele vorliegen, wie Programmtheorien mit der Programmwirklichkeit konfrontiert werden, so sind Beispiele für deren systematische (Re-)Konstruktion absolute Raritäten.[238] FRANZ LEEUW (2003) stellt deutlich heraus, dass dem methodischen Zugang zu den Theorien, die den Programmen unterliegen, deutlich zu wenig Aufmerksamkeit geschenkt wird.[239] Es kann nicht davon ausgegangen werden, dass mit einem Programmkonzept auch die Programmtheorie bereits klar und eindeutig expliziert sei. Wie bereits in der kritischen Auseinandersetzung mit zielorientierten Evaluationen dargelegt wurde, handelt es sich bei Programm- und Projektkonzepten um strategische Instrumente, die vielfältige Aufgaben erfüllen und nicht in erster Linie präzise und unmissverständlich widerspiegeln, mit welchen Strategien ein Programm spezifische Resultate erreichen will. Daraus folgt, dass theoriebasierte Evaluation methodische Werkzeuge benötigt, um Programmtheorien zunächst einmal zu explizieren bzw. den Programmen zu Grunde liegende Programmtheorien zu rekonstruieren.

---

237 Ähnlich argumentiert LIPSEY (1993, S. 9): „... theory must play a role prior to the research, as a basis for planning, and a role after the research, as a scheme for organization and interpretation of results and as a target for revision or rejection in the face of those results."

238 Stellvertretend für andere Kritiker sei hier MARK (1990, S. 37) zitiert: „What has been lacking in the literature on program theory is a well-articulated approach to developing tests of program theory, once a program theory has been constructed." Eine der wenigen Ausnahmen bietet beispielsweise HAUBRICH (2009).

239 Im Original bei LEEUW (2003, S. 6) heißt es: „A second reason for focusing on methodological aspects is that, although in most of the textbooks on evaluation nowadays attention is paid to program theory (...), rather limited attention is spent on methods for underlying theories when they are not already made explicit by stakeholders themselves. Comparing different methods, for example, is not part and parcel of textbooks."

Eine weitere Erklärung für die geringe Präsenz von theoriebasierter Evaluation in der *Praxis* bietet Patricia Rogers (2000a, S. 209f.) an, die beobachtet, dass alleine die Phase der Programmtheorieformulierung als Qualitätsschub erlebt wird und deswegen eine Evaluation entlang der Programmtheorie als nebensächlich oder gar überflüssig erachtet wird. Als Projekt*planungs*instrument mag man sich mit einer stimmigen Programmtheorie zufrieden geben; für eine Evaluation gehört jedoch unbedingt deren Konfrontation mit der Programmwirklichkeit dazu. Diese Mahnung wird durch eine Untersuchung von Johanna Brickmayer und Carol Weiss (2000) unterstrichen, die zugängliche theoriebasierte Evaluationen analysieren. Die Autorinnen stellen heraus, dass sich selbst ausgesprochen plausible Annahmen in der Überprüfung nicht selten als fehlerhaft herausstellen können.

Um die Lücke zwischen konzeptionellen Überlegungen und deren methodischer Umsetzung zu schließen, erscheint es zunächst wenig erhellend, eine schiere Sammlung von Praxisbeispielen aufzuführen. Sollen Programmtheorien die Grundlage für methodische und forschungspraktische Entscheidungen in der Umsetzung von Evaluationen liefern, dann ergibt sich daraus zwangsläufig, dass flexible und jeweils angemessene Wege gegangen werden müssen. Alternativ dazu soll hier der Versuch unternommen werden, eine Bandbreite klassischer Forschungsmethoden zu präsentieren und deren Nutzbarkeit für theoriebasierte Evaluationen auszuloten.

Ausgewählt wurden solche Methoden, die von der Tendenz her geeignet erscheinen, den empirischen Zugang zu den Programmtheorien zu erschließen: die auf dem Symbolischen Interaktionismus beruhende naturalistische Forschung, die Aktionsforschung, die Dokumentarische Methode sowie die Grounded Theory. Zudem werden Forschungsstrategien vorgestellt, die tendenziell eher auf die Überprüfung von Programmtheorien ausgerichtet sind, wie der klassische Hypothesentest und deskriptive Methoden. Mit dieser Auswahl verknüpft sich nicht der Anspruch, das gesamte für theoriebasierte Evaluation nutzbare Spektrum an Verfahren ausgeschöpft zu haben. Vielmehr wird das Anliegen verfolgt, einen Bogen aufzuspannen von offenen bis hin zu strukturierten, standardisierten Vorgehen; von theoriegenerierenden bis hypothesentestenden Forschungsstrategien.

Mit der Auswahl begibt man sich unversehens in eine Debatte um Trennendes, Verbindendes und Ergänzungspotentiale zwischen „quantitativen" und „qualitativen" Methoden (Kromrey 2005c, 1994a),[240] zwischen erklärender und verstehender Sozialforschung (Meinefeld 1995), zwischen normativem und interpretativem Paradigma (Wilson 1981). Wie diese Autoren legen auch die Protagonistinnen und Protagonisten theoriebasierter Evaluation nahe, verschiedene Forschungsstrategien angemessen zu integrieren.[241] Welche Integrationsstrategien denkbar sind, wie jeweilige Stärken genutzt und Schwächen ausgeglichen werden können, diese Fragen werden anschließend in Kapitel 6 behandelt.

---

240 Zur Untauglichkeit der Labels „quantitativ" und „qualitativ" vgl. Kromrey (2005c, 1994).

241 So schreibt beispielsweise Chen (1990a, S. 84): „... the theory-driven perspective is not method bound, the theory-driven evaluation can take advantage of using various qualitative or quantitative methods as long as the method is appropriate to serve the theoretical purpose."

Die ausgewählten Methoden sind nun nicht eigens zur Durchführung von Evaluationen entwickelt worden, sondern entstammen durchaus unterschiedlichen Anwendungszusammenhängen. Insofern gilt es jeweils zu überprüfen, inwieweit diese für die Durchführung von theoriebasierten Evaluationen überhaupt genutzt werden können. Außerdem weisen die methodologischen Grundlagen, je nach methodischem Konzept, verschiedene Verständnisse und Begriffe von Theorie auf, die notwendigerweise unterschiedliche Aspekte von Programmtheorien akzentuieren. Die naturalistische Forschung fokussiert auf Bedeutungszuweisungen beteiligter Akteure; die Aktionsforschung will nicht nur rekonstruieren, sondern auch Praxis mitgestalten; die Dokumentarische Methode interessiert sich für implizite Wissensbestände; die Grounded Theory will Theorie generieren, während standardisiert verfahrende Methoden das Testen von Hypothesen ermöglichen sollen.

Im nun folgenden Schritt wird überprüft, welche Konkretisierungen für die Durchführung theoriebasierter Evaluationen die einzelnen Forschungsansätze ermöglichen und wie die unterschiedlichen Strategien – abhängig von spezifischen Konstellationen – jeweils genutzt werden können. Einen zusätzlichen Praxischeck erfahren die Forschungsansätze an der Beispielevaluation. Hierbei wird der Frage nachgegangen, inwieweit die jeweiligen Methoden einen konzeptionellen oder praktischen Beitrag zu einer theoriebasierten Evaluation der internetbasierten Lernumgebung bieten konnten.

5.2 Naturalistische Forschung und Symbolischem Interaktionismus

In der Regel ist *nicht* davon auszugehen, dass einem Programm eine präzise explizierte Programmtheorie zugrunde liegt. Typischerweise bietet die sozialwissenschaftliche Forschung durchaus eine breite Palette an Theorien, die im Programm zum Tragen kommen können, jedoch gelingt die eindeutige Verbindung zwischen Programm und Theorie im Regelfall kaum. Deswegen steht theoriebasierte Evaluation zunächst vor der Aufgabe, sich einen methodischen Zugang zu den dem Programm zugrunde liegenden Theorien zu verschaffen.

5.2.1 Grundzüge

Die ersten Anregungen theoriebasierte Evaluationen methodisch umzusetzen, entstammen der, auf dem Symbolischen Interaktionismus beruhenden, naturalistischen Forschung. Im Mittelpunkt steht im Folgenden die Argumentation HERBERT BLUMERS, dem Namensgeber des Symbolischen Interaktionismus. Auch wenn damit die Gefahr einer Engführung besteht,[242] so rechtfertigt sich die hier getroffene Entscheidung dadurch, dass BLUMER laut SIEGFRIED LAMNEK (1988, S. 88) die „allgemeins-

---

242 Vor allem STRÜBING (2005, S. 161) kritisiert die „Blumer-lastige" Rezeption des Symbolischen Interaktionismus.

ten Grundzüge einer Methodologie qualitativer Sozialforschung" formuliert. Außerdem nehmen, zumindest in weiten Teilen, auch die in den weiteren Abschnitten dargestellten Vorgehen der Aktionsforschung, der Dokumentarischen Methode sowie der Grounded Theory auf BLUMER Bezug.

BLUMERS Vorschläge stehen prototypisch für eine handlungstheoretische Wende, die sich wie folgt kurz umreißen lässt: Im Mittelpunkt des Erkenntnisinteresses stehen Interaktionsprozesse zwischen und von handelnden Subjekten. Diese Interaktionen wiederum beruhen auf Interpretationsleistungen der beteiligten Akteure. Die Erforschung von Programmen bzw. deren Evaluation steht mit einer handlungstheoretischen Perspektive vor der Aufgabe, den interpretativen Akt der Programmbeteiligten in deren Interaktion zu rekonstruieren. Theoriebasiert vorgehende Evaluatorinnen und Evaluatoren müssten demnach *verstehen*, welche *Bedeutungen* die Programmbeteiligten dem Programm zuweisen. Die Bedeutungen werden in der Interaktion zwischen Programmakteuren sichtbar und das Verstehen erfolgt darüber, dass deren verschiedene Perspektiven einzunehmen sind.

Das von BLUMER vorgeschlagene methodische Vorgehen sowie seine Grundthesen zum Symbolischen Interaktionismus orientieren sich an grundlegenden Thesen HERBERT MEADS:

> „Der symbolische Interaktionismus beruht letztlich auf drei einfachen Prämissen. Die erste Prämisse besagt, dass Menschen ‚Dingen‘ gegenüber auf der Grundlage der Bedeutungen handeln, die diese Dinge für sie besitzen. (…) Die zweite Prämisse besagt, dass die Bedeutung solcher Dinge aus der sozialen Interaktion, die man mit seinen Mitmenschen eingeht, abgeleitet ist oder aus ihr entsteht. Die dritte Prämisse besagt, dass diese Bedeutungen in einem interpretativen Prozess, den die Person in ihrer Auseinandersetzung mit den ihr begegnenden Dingen benutzt, gehandhabt und geändert werden." (Blumer 1981, S. 81)

Aus diesen Prämissen ergeben sich laut BLUMER grundlegende Konsequenzen für die Erforschung der sozialen Welt: Gesellschaften und menschliches Zusammenleben bestehen aus der Interaktion zwischen Menschen und der Menschen mit sich selbst. Deshalb müssen sie in Handlungskategorien und nicht in Verhaltensvariablen erfasst werden (Blumer 1981, S. 85). Das Handeln von Menschen wiederum beruht auf *Bedeutungen*, die die Handelnden physischen Gegenständen, Situationen, anderen Menschen oder Organisationen beimessen. Diese Bedeutungen haben die „Dinge" nicht an sich, sie sind auch nicht in den Bereich der Psyche verbannt, sondern werden in einem *Interpretationsprozess* von miteinander Agierenden hervorgebracht (Blumer 1981, S. 82f.). Um das menschliche Zusammenleben zu untersuchen, müssen Forschende verstehen bzw. rekonstruieren, welche gemeinsamen und unterschiedlichen Bedeutungen zugewiesen werden. Der Symbolische Interaktionismus strebt folglich nicht die Entdeckung von Gesetzmäßigkeiten,[243] sehr wohl aber von Interaktionsmustern und -konzepten an.

---

243 Die gesamte Argumentation BLUMERS zielt auf die Formulierung einer Gegenposition zu „traditionellen" deduktiv-nomologischen Hypothesentests.

Des Weiteren ergibt sich, vor allem aus der dritten Prämisse, dass Bedeutungszuweisungen und Interaktionen nicht statisch sind, sondern sich entwickeln und verändern. Bedeutungen werden in einem beständigen Prozess des sich selbst und anderen Anzeigens erlernt, entwickelt und verändert. Eine gelungene symbolische Interaktion besteht dann, wenn eine Person einer anderen durch verbale oder nonverbale Gesten anzeigt, was sie zu tun beabsichtigt, was sie vom Gegenüber erwartet und in welche gemeinsame Handlung dies münden soll. Zusätzlich muss der Adressat oder die Adressatin die mit den gesendeten Gesten verbundenen Absichten verstehen und entsprechend handeln. Eine Voraussetzung dafür, dass dies gelingt, besteht in der gegenseitigen Rollenübernahme der Akteure.

Für Evaluationen lässt sich daraus ableiten, dass Programme nicht aus einem Bündel von Wirkfaktoren, vielmehr aus handelnden und miteinander interagierenden Menschen bestehen. Dementsprechend wären Wirkungsmodelle weder eine angemessene Repräsentanz von Programmen, noch Vorlagen entlang derer diese zu evaluieren sind. Ausschließlich *Bedeutungen*, die Beteiligte dem Programm zuweisen, sind für Evaluationen relevant.

> „Es kommt also nicht darauf an, zu untersuchen, ‚was ist‘, sondern ‚was die Leute glauben, daß ist" (Lamnek 1988, S. 47).

Nach der Sozialtheorie des Symbolischen Interaktionismus steuern Menschen ihre Handlungsabläufe, gehen mit sich selbst Interaktionsprozesse ein, entscheiden sich für Situationsdefinitionen bzw. weisen Bedeutungen zu. Werte und Bewertungen sind ebenfalls Ergebnisse von Interpretationsleistungen und Aushandlungsprozessen. Die Menschen reagieren nicht bloß auf äußere Einflüsse, nicht irgendwelche Faktoren wirken auf sie ein, sondern sie sind handelnde Subjekte.

Auf diesen Aspekt weisen auch Ray Pawson und Nick Tilley in ihrer „Realistischen Evaluation" nachdrücklich hin. Sie betonen, dass sich Programmbeteiligte, v. a. Zielgruppen, dazu entscheiden, die – wie sie es nennen – „Mechanismen" funktionieren zu lassen oder auch nicht (vgl. 4.4.3). Damit ist gemeint, dass der Erfolg von Interventionen abhängig davon ist, welche Bedeutungen Durchführende und Adressaten den Interventionen zuweisen.

Mit dem Symbolischen Interaktionismus wird zusätzlich der Blick auf den dynamischen Charakter von Programmen geworfen. Gesellschaftliches Handeln besteht aus unzähligen Handlungsketten, in die Erfahrungen aus vorhergehenden Interaktionsprozessen ebenso wie neue Interaktionen einfließen. Daraus resultieren einerseits stabile und routinierte Handlungsabläufe, andererseits sind permanent Veränderungen und Umdeutungen möglich. Für Blumer (1981, S. 90) folgt dementsprechend:

> „Aufgrund der symbolischen Interaktion ist das menschliche Zusammenleben notwendigerweise ein formender Prozess und nicht ein reines Wirkungsfeld bereits existierender Faktoren."

Aus der Perspektive des Symbolischen Interaktionismus wird also die Frage von Ursache-Wirkungs-Zusammenhängen durch Fragen danach ersetzt, *wie* die Menschen im Programm interagieren und *wozu* sie ihre Handlungen ausführen (vgl. Lamnek 1988, S. 48; Denzin 2000, S. 141). Um diese Fragen zu beantworten, stehen das „Hier und Jetzt" der Handlungen, Interaktionen und Bedeutungszuweisungen im Mittelpunkt. Die Erschließung des *Kontexts* ist unabdingbar zum Verständnis des „Wie" und „Wozu".[244] Auch diese Argumentation ist kompatibel zur Position von Pawson/ Tilley, die sich vehement dafür einsetzen, dass der Kontext von Programmen unbedingt zu erfassen und zu berücksichtigen ist. Folgerichtig sind auch Bewertungen kontextabhängig und Ergebnis von dynamischen Interpretationsprozessen, damit letztlich veränderlich.

Die gesamte Argumentation Blumers zielt darauf, einen Gegenentwurf zum deduktiv-nomologischen Hypothesentest zu formulieren. Am traditionellen Verständnis sozialer Theorien macht Blumer (v. a. 1969 b) zwei Probleme aus: Einerseits seien sie derart hoch komplex, dass die Verbindung zur realen Welt nicht herstellbar sei, andererseits aber würde durch das „operationale Verfahren" (Blumer 1981, S. 112f.) der Fokus so eng gestellt, dass dieses Modell der Komplexität und Vielschichtigkeit der empirischen Welt nicht gerecht werden könne. Ein vorab festgelegtes Programmmodell, das keinen Raum für Rückkopplung und Anpassung lässt, würde den Blick auf das verstellen, was im Programm tatsächlich vor sich geht. Seine Kritik an der traditionellen Verwendung von Theorie und theoretischen Konzepten in der empirischen Sozialforschung fasst Blumer folgendermaßen zusammen:

> „Anstatt sich auf eine solche Untersuchung und flexible Haltung des direkten Kontakts mit dem, was vor sich geht, zu verlassen, setzt man sein Vertrauen darin, mit einer Theorie oder einem Modell zu beginnen, (…). Ich möchte damit lediglich darauf aufmerksam machen, dass die geläufigen Entwürfe des ‚korrekten' Forschungsvorgehens die Entwicklung der Kenntnis des zu untersuchenden Lebensbereiches aus erster Hand nicht ermutigen oder fördern" (Blumer 1981, S. 119f.).

Trotzdem geht Blumer (z. B. 1981, S. 105) davon aus, dass es eine theoriefreie Beobachtung nicht geben kann. Aus diesem Grund wählt er „sensibilisierende Konzepte" (sensitizing concepts) als Ausgangspunkt von Untersuchungen. Diese sollen helfen dem Dilemma zu entkommen, einerseits nicht ohne bestehendes Bild an das Untersuchungsfeld herantreten zu *können*, gleichzeitig aber nicht den Blick für das, was tatsächlich – vielleicht auch unerwartet und überraschend – passiert zu verstellen (v. a. Blumer 1969b). Diese sensibilisierenden Konzepte gilt es zu Beginn des Forschungsprozesses zu formulieren, sie jedoch bewusst offen und flexibel zu halten. So beschreibt Lamnek (1988, S. 94) diese folgendermaßen:

---

244 Die Relevanz des Kontexts hebt Blumer auch in weiteren Aufsätzen hervor: „… it is necessary to understand the ‚here and now' context. This latter understanding is not provided by variable analysis. The variable relation is a single relation, necessarily stripped bare of the complex of things that sustain it in a ‚here and now' context" (Blumer 1969a, S. 131).

„Kennzeichnend ist der offene Charakter der theoretischen Konzepte, (…) d.h. der ständige Austausch zwischen den (qualitativ erhobenen) Daten und dem (zunächst noch vagen) theoretischen Vorverständnis, *so daß es zu einer fortwährenden Präzisierung, Modifizierung und Revision von Theorien und Hypothesen kommt*" (Herv. im Orig.).

Trägt man das Prinzip der Offenheit an theoriebasierte Evaluationskonzepte heran, so lassen sich durchaus Anknüpfungspunkte zu den Modellen von WEISS, PATTON und PAWSON/TILLEY finden. In diesen Konzepten ist vorgesehen, dass die Formulierung der Programmtheorien integraler Bestandteil der Evaluation, damit auch des Forschungsprozesses ist. Wenn man Offenheit präzisiert als „die theoretische Strukturierung des Forschungsgegenstandes durch die Forschungssubjekte" (Hoffmann-Riem 1980, S. 343), so fordern die Realistische Evaluation, das „theory-of-change"-Konzept von WEISS sowie der „theory of action"-Ansatz von PATTON für die Formulierung der Programmtheorie, die Relevanzsetzungen der Stakeholder einzubeziehen und zu erheben.

5.2.2 Methodisches Vorgehen

BLUMER verbindet mit traditionellen Forschungsansätzen – im Unterschied zu radikal-konstruktivistischen Positionen – die Auffassung, dass eine empirische Welt existiert. Jedoch grenzt er sich permanent gegen hypothesentestende Strategien zur Erkundung der Welt ab. Sie bezeichnet er als „Voreingenommenheiten":

> „Viele dieser Voreingenommenheiten, wie zum Beispiel jene, die die Notwendigkeit statistischer und quantitativer Techniken betonen, sind aus dem einfachen Grunde höchst inadäquat, dass sie sich nur auf einen begrenzten Aspekt der gesamten wissenschaftlichen Untersuchung beziehen, während sie solche Dinge wie Prämissen, Probleme, Konzepte und so weiter ausser acht lassen. Schwerer wiegt ihr fast allgemeines Versagen, die Aufgabe zu lösen, Prinzipien dafür aufzuzeigen, wie Schemata, Probleme, Daten, Beziehungen, Konzeptionen und Interpretationen *bei Berücksichtigung der Beschaffenheit der zu untersuchenden empirischen Welt* entwickelt werden können" (Blumer 1981, S. 108, Herv. im Orig.).

Aus dieser Kritik und den bisher dargestellten Grundzügen des Symbolischen Interaktionismus leitet BLUMER (1981, S. 104ff.) drei Grundregeln seines methodischen Vorgehens, um zu gültigen Aussagen zu gelangen, ab:

1. Eine Methodologie umfasst alle Schritte des wissenschaftlichen Vorgehens und nicht nur einen Ausschnitt, wie z.B. den Begründungszusammenhang. Sie „kann solche Fragen nicht ausser acht lassen wie die Art und Weise, wie die empirische Welt zu betrachten ist, wie Probleme aufzuwerfen sind, wie Daten auszusuchen sind, wie ihre Beziehungen herzustellen sind, wie solche Beziehungen zu interpretieren sind, und wie Konzeptionen zu benutzen sind" (Blumer 1981, S. 108f.).

2. Das entscheidende Validitätskriterium ist die empirische Welt selbst. Design-, Methoden- und Instrumentenwahl sind dieser Welt nachgeordnet. „Methoden sind reine Instrumente, die entworfen wurden, den eigensinnigen Charakter der empirischen Welt zu bestimmen und zu analysieren, und als solche besteht ihr Wert nur in ihrer Eignung, die Erfüllung dieser Aufgabe zu ermöglichen" (Blumer 1981, S. 109). Ebenso muss der gesamte Verlauf des Forschungsprozesses – von den Konzepten bis hin zu den Interpretationen – an der empirischen Welt überprüft und bei Bedarf revidiert werden.

3. Typischerweise ist das zu untersuchende Feld den Forschenden fremd. Um die Akteure, ihre Bedeutungszuweisungen und Interaktionen verstehen zu können, müssen sie sich unvermeidlich ins Feld hineinbegeben. Statt einer künstlich geschaffenen Situation zwischen Forschenden und Beforschten, wie im Extremfall bei Laborexperimenten, muss die Perspektive der Teilnehmenden in deren natürlicher Umgebung im „Hier und Jetzt" eingefangen werden.

Um diese Regeln konkret in die Forschungspraxis umzusetzen, schlägt Blumer zwei Strategien vor: die „Exploration" und die „Inspektion".

Die Exploration (Blumer 1981, S. 122ff.) verfolgt zwei Ziele: Zunächst erfolgt das Kennenlernen, die Erkundung, das Feststellen von Problemen und Fragestellungen des zunächst ja noch fremden Untersuchungsfelds. Gleichzeitig wird der Untersuchungsplan zunehmend weiterentwickelt und präzisiert. Um diese Ziele zu erreichen ist ein *flexibles* Vorgehen notwendig.

> „Ihr Leitsatz [der der Exploration, S.G.] ist es, sich jeder ethisch vertretbaren Vorgehensweise zu bedienen, die die Wahrscheinlichkeit dafür bietet, dass man ein genaueres Bild dessen gewinnt, was in dem Gebiet des sozialen Lebens vor sich geht" (Blumer 1981, S. 123).

Flexibilität umfasst auch die Aufforderung *verschiedene* Erhebungsverfahren zu verwenden. Interviews, Beobachtungen, Dokumentenanalysen sind genauso anwendbar wie, soweit ethisch vertretbar, jegliche Form sonstiger Informationsbeschaffungen über das Feld. Dementsprechend gilt das Prinzip „alles ist möglich" (anything goes). Entscheidungskriterien für den Einsatz von Methoden sind deren Angemessenheit sowie Ergiebigkeit. Informationsgebende werden weniger nach Repräsentativität ausgewählt, als danach, wie gut informiert und wie aufmerksam sie sind.

Forschenden fällt im Verlauf der Exploration die Aufgabe zu, ihre eigenen Vorstellungen permanent zu überprüfen und abzuändern sowie beständig neue Perspektiven in Bezug auf das Feld einzunehmen und immer wieder Fragen an den Gegenstand heranzutragen. Alles, was fremd, überraschend, seltsam oder interessant erscheint, gilt es kontinuierlich festzuhalten.

Das Ziel der Exploration besteht in einer umfassenden Beschreibung des Untersuchungsfelds. Blumer vertritt die Ansicht, dass die Exploration für sich alleine genommen bereits wertvolle Erkenntnisse und Informationen bereithalten kann; analytische Schemata seien nicht zwangsläufig notwendig.

In der zweiten Phase des Forschungsprozesses, der Inspektion, geht es darum, Beziehungen zwischen analytischen Einheiten herzustellen, theoretische Konzepte zu schärfen und letztlich Fragestellungen und Antworten in theoretische Aussagen zu formulieren und dies alles mittels einer sorgfältigen und direkten Prüfung der empirischen sozialen Welt.

> „Mit ‚Inspektion' meine ich eine intensive, konzentrierte Prüfung des empirischen Gehalts aller beliebigen analytischen Elemente, die zum Zweck der Analyse benutzt werden, wie auch eine entsprechende Prüfung der empirischen Beschaffenheit der Beziehungen zwischen solchen Elementen" (Blumer 1981, S. 126).

Eine zentrale Rolle spielen dabei so genannte Schlüsselelemente bzw. analytische Elemente, bei denen es sich durchaus um theoretisch gehaltvolle Konzepte handelt, wie z. B. Mobilität, Segregation, Selbstbewusstsein, Motivation etc. Deren Beschaffenheit und Gestalt wird im konkreten Feld direkt überprüft bzw. festgestellt. Dazu schlägt BLUMER (1981, S. 127) folgende Strategien vor:

> „Man wendet sich den empirischen Gegebenheiten des analytischen Elements zu, betrachtet sie in ihren konkreten unterschiedlichen Einbettungen, sieht sie von unterschiedlichen Positionen her an, stellt Fragen in bezug auf ihre allgemeine Beschaffenheit, geht zurück und prüft sie von neuem, vergleicht sie miteinander und erforscht auf diese Art die Beschaffenheit des analytischen Elementes, das die empirischen Gegebenheiten widerspiegelt."

Für die Verwendung von Exploration und Inspektion in der Durchführung theoriebasierter Evaluationen könnte man erstere als Perspektive der Informationsbeschaffung, zweitere als die der Erkenntnisgewinnung ansehen. Die Exploration zeigt für die Formulierung der Programmtheorie Wege auf, wie unterschiedliche Programmbeteiligte und deren Relevanzsetzungen innerhalb des Programms einbezogen werden können. Indem die Interpretationen von Programmbeteiligten festgestellt werden, ist darüber hinaus ein erster Zugriff auf deren Bewertungsmaßstäbe möglich.

Die Inspektion lässt sich als Strategie zur Formulierung von Beziehungen zwischen Programmaspekten begreifen. Die Analyse der Zusammenhänge findet dabei in kontinuierlicher Konfrontation mit dem Geschehen innerhalb des Programms statt. Dieses Vorgehen deckt sich mit dem Grundanliegen der naturalistischen Forschung, dass Theorie oder eben auch Programmtheorie in einem wiederkehrenden Abgleich mit der Wirklichkeit zu entwickeln sind.

Wie die konzeptionellen Arbeitsschritte konkret zu gehen sind, darin bleibt BLUMER vage. Außer den Vorgaben vergleichend vorzugehen, unterschiedliche Perspektiven hinsichtlich des Untersuchungsgegenstand einzunehmen, immer wieder ins Feld zu gehen, verrät er nicht, wie Daten gesichert, analysiert und interpretiert werden könnten. Diese allgemeinen Spielregeln sind umstandslos auf Evaluationen und auch theoriebasierte Vorgehensweisen übertragbar, sie bieten jedoch wenig konkrete Hinweise zur tatsächlichen Umsetzung. Zumindest in der Version BLUMERS ist noch nicht schlüssig dargelegt, auf welchem Wege, mit welchen Verfahren es gelingen kann, die Bedeutungszuschreibungen der Akteure im Programm zu erschließen und diese dann wiederum in eine Programmtheorie zu formulieren.

5.2.3 Nutzungspotentiale für theoriebasierte Evaluationen

Ausgehend davon, dass dem zu evaluierenden Programm keine ausformulierte Programmtheorie zugrunde liegt, ist die Auseinandersetzung mit sozialkonstruktivistischen Ansätzen, bei denen die subjektiven Bedeutungszuweisungen im Vordergrund stehen, eine erste wertvolle Herangehensweise zu deren Rekonstruktion. Die naturalistische Forschung ist nicht darauf ausgerichtet die Welt zu erklären, sondern will Bedeutungen verstehen und beschreiben. Statt um Substanztheorien geht es ausschließlich um die subjektiven Theorien der Beteiligten. Unter der Perspektive des Symbolischen Interaktionismus bilden Programme ein Interaktionsfeld, in dem Bedeutungen hergestellt und verändert werden. Mit dem Fokus auf *Interaktionen* ergibt sich, dass Programmtheorien aus Sicht der Programmakteure zu formulieren sind und, dass nicht ein aus wissenschaftlichen Theorien abgeleitetes Modell, sondern die Relevanzsetzungen und die Bewertungen der Beteiligten entscheidend sind.

Einen besonderen Stellenwert nimmt im Kontext von Evaluationen und damit auch für theoriebasierte Evaluationen die Hinwendung zum Feld ein. Christa Hoffmann-Riem (1980, S. 345) formuliert ihre Kritik an der traditionellen Sozialforschung in Hinblick auf deren Bezug zur empirischen Welt folgendermaßen:

> „In der herkömmlichen Sozialforschung scheint der Rückgriff auf vorliegende theoretische Aussagen für die Hypothesenbildung eine derartige Aufwertung zu erfahren, dass die Felderkundung zum Schattendasein verkümmert."

Tatsächlich scheint es denkbar, eine Programmtheorie zu formulieren, die alleine aus sozialwissenschaftlicher Theorie abgeleitet ist und ein Variablenmodell zu entwickeln, das auf der Grundlage von bestehenden Datensätzen überprüft wird, ohne jemals Beteiligte oder Betroffene zu Gesicht zu bekommen. Allerdings ist zumindest für die Phase der Programmtheorieformulierung auch beim theoriebasierten Konzept von Chen/Rossi (deutlicher noch bei Chen) die Einbeziehung der Stakeholder vorgesehen. Gemäß der naturalistischen Forschung sind Forschende aufgefordert einen Schritt weiter zu gehen. Sie sollen die Innenperspektive einnehmen und einen engen Kontakt herstellen, um das Geschehen *im* Programm zu verstehen (Blumer 1981, S. 119ff.).

Damit ist ein zentraler Nerv jeder Evaluation getroffen: Zuallererst ist zu klären, wie sich Evaluatorinnen und Evaluatoren überhaupt einen Zugang zum Feld verschaffen. Findet die Evaluation unter einem Kontrollparadigma statt, so ist zumindest damit zu rechnen, dass sie mit zahlreichen Widerständen konfrontiert ist. Ohne eine gewisse Kooperationsbereitschaft der Programmbeteiligten kann ein enger Kontakt, der tiefere Einsichten gewährt, nicht gelingen. Evaluation muss zudem auch einen Blick von außen einnehmen, um die blinden Flecken der Innensicht überhaupt entdecken zu können. So formuliert beispielsweise LAMNEK (1988, S. 47) als grundsätzliches Problem naturalistischer Forschungsstrategien:

> „Das Entscheidende scheint hier darin zu bestehen, inwieweit der Forscher fähig ist, bewußt sowohl Identifikation als auch Distanz in den jeweiligen Arbeitsphasen herzustellen, d.h. inwieweit es ihm gelingt, die Lebenswelt seiner Untersuchungspersonen betreten und verlassen zu können."

Eine mögliche Lösung, die die naturalistische Forschung für dieses Spannungsfeld bietet, besteht darin, das Untersuchungsfeld aus verschiedenen Blickwinkeln zu betrachten. Die verschiedenen Perspektiven können somit als gegenseitiges Korrektiv, als Ergänzung oder auch Bestätigung dienen.

Außerdem ist aus den Prämissen des Symbolischen Interaktionismus abzuleiten, dass Programmtheorien jeweils die „Kontextgebundenheit der Interaktion" zu berücksichtigen haben oder – anders ausgedrückt – den Programmkontext ebenfalls explizieren müssen. PAWSON/TILLEY messen dem Kontext ebenfalls enorme Bedeutung zu, im Unterschied zur naturalistischen Forschung verzichten sie jedoch nicht auf den Anspruch, Forschungsergebnisse auch in anderen Kontexten zu nutzen (vgl. Kapitel 4.2.3). Im Gegenteil: Für PAWSON/TILLEY bietet die Explizierung des Kontexts erst die Chance, Aussagen darüber treffen zu können, unter welchen spezifischen Bedingungen ein Programm das Potential hat, erfolgreich wiederholt bzw. neu aufgelegt zu werden.

Orientiert an den Grundzügen der naturalistischen Forschung würde die Programmtheorie aus den ersten „sensibilisierenden Konzepten" entwickelt. Dabei ist sie zunächst noch ein loses, flexibles Konzept, das in der Auseinandersetzung mit dem Programmalltag überprüft, angepasst, verändert und feinabgestimmt wird. Das Prinzip der Offenheit verpflichtet Evaluatorinnen und Evaluatoren darauf, vorgenommene konzeptionelle oder praktische Kurskorrekturen zu berücksichtigen und immer wieder zu überprüfen, ob die Programmtheorie erweitert bzw. angepasst werden muss. Damit ist, methodisch eingeplant, auch Unerwartetes festzustellen. Die Anforderung an Evaluationen, unbeabsichtigte und unerwünschte Folgen zu erfassen, wird immer wieder angemahnt, ist jedoch ohne ein offenes und flexibles Vorgehen nicht einlösbar.

Wie die Formulierung und Überprüfung von Programmtheorien umgesetzt werden sollen, ist in den Ausführungen von BLUMER noch vage und unbestimmt. Dass Methoden der Informationsbeschaffung dem Forschungsgegenstand nachgeordnet und angepasst werden müssen, gilt für jede Evaluation, ist gleichzeitig jedoch wenig konkret. Vielleicht gerade deswegen erscheinen die ersten Anregungen auch mühelos auf theoriebasierte Konzepte von WEISS, PAWSON/TILLEY und PATTON übertragbar. Jedoch unabhängig davon, ob im Sinne PAWSON/TILLEYs die Beziehung zwischen Kontext, Mechanismus und Outcome, PATTONS Abfolge von Interventionen und Zielen oder WEISS' „Ereigniskette" formuliert werden sollen, es müssen jeweils Beziehungen zwischen den analytischen Elementen expliziert sein. Insofern kann die Exploration nur eine Vorarbeit zur Entwicklung der Programmtheorie sein. Im nächsten Schritt, der Inspektion, müssen demzufolge Programmtheorieformulierung und -überprüfung miteinander verschränkt werden.

Für eine anschauliche und gewiss auch erhellende Beschreibung dessen, was im Programm vor sich geht, mögen die Vorschläge BLUMERS ausreichen. Theoriebasierte Evaluation benötigt jedoch mehr als Beschreibung, denn sie fordert explizit, Beziehungen zwischen Programmaspekten herzustellen. Vor allem für die Forschungsstrategie, die BLUMER Inspektion nennt, stellt sich die Frage, wie die Beziehung zwischen theoretischen Konzepten auf der einen und Beobachtung auf der anderen Seite herzustellen ist. Der Ansatz, abstrakte Kategorien mit Beobachtungen aus der empirischen Welt zu verbinden, zu füllen und zu überprüfen und dabei Interaktionen zwischen Programmbeteiligten sowie deren Bedeutungszuweisungen als Zugang zu wählen, ist für Evaluationen von herausragender Bedeutung. Erschöpfend ist die Frage nach „methodisch kontrolliertem Fremdverstehen" jedoch noch nicht beantwortet.[245]

Eine Erweiterung und Konkretisierung der naturalistischen Forschung findet sich in der Grounded Theory von BARNEY GLASER und ANSELM STRAUSS (siehe Kapitel 5.5). Strategien zur Erschließung tieferer Schichten von Bedeutungszuweisungen bietet beispielsweise die Dokumentarische Methode (siehe Kapitel 5.4). Auch in der Aktionsforschung (siehe Kapitel 5.3) finden sich Grundüberlegungen des Symbolischen Interaktionismus und Strategien der naturalistischen Forschung wieder, MOSER beispielsweise bezieht sich ausdrücklich darauf.

5.2.4 Nutzungspotentiale für die Evaluation der internetbasierten Lernumgebung

Für die Evaluation der internetbasierten Lernumgebung lieferte die Auseinandersetzung mit dem Symbolischen Interaktionismus und der naturalistischen Forschung in erster Linie konzeptionelle Anregungen. Vor die Aufgabe gestellt, die dem Vorhaben unterliegende Programmtheorie zu erschließen, bot sie weniger konkrete Anleitungen für die methodische Umsetzung als vielmehr eine differenzierte Sicht auf den Evaluationsgegenstand. Die Beschäftigung mit dem Symbolischen Interaktionismus sensibilisierte dafür, die internetbasierte Lernumgebung als Interaktionsfeld zu betrachten, indem dem Ganzen und seinen einzelnen Bestandteilen von unterschiedlichen Akteuren verschiedene Bedeutungen zugewiesen werden.

Insofern bestand der erste Schritt der Formulierung der Programmtheorie darin, die dem Vorhaben unterliegenden Absichten und Intentionen aus Sicht der Initiierenden offenzulegen. Im Grunde genommen kann die in Kapitel 5.6.2 dargestellte

---

245 Der Symbolische Interaktionismus hat nach BLUMER eine so genannte „narrative Wende" vollzogen. Deren Protagonistinnen und Protagonisten beschäftigen sich z.B. ausführlich mit der Untersuchung von Diskurssystemen (vgl. Denzin 2000; für Deutschland ist vor allem Hoffmann-Riem 1981 als eine der wichtigsten Vertreterinnen der narrativen Wende anzusehen).

Illustration der Programmtheorie als Exploration des Felds, als Offenlegung der eigenen Annahmen und Prämissen angesehen werden. In diesem ersten Entwurf einer Programmtheorie spiegeln sich vorwiegend die Grundannahmen aus Sicht der Entwicklerin wider, die teilweise mit Material aus der Fachliteratur zum webbasierten Lernen angereichert sind. Noch nicht berücksichtigt ist, dass die internetbasierte Lernumgebung aus Sicht der unterschiedlichen Nutzenden, d.h. der Lehrkräfte, der studentischen Mitarbeitenden und der Studierenden, völlig verschieden interpretiert werden kann und wohl auch wurde. Tatsächlich war unmittelbar einsichtig, dass Auffassungen und Interpretationen der Studierenden für die Entwicklung der internetbasierten Lernumgebung von entscheidender Bedeutung waren.

Nun ist Evaluation nicht auf die Perspektive des Symbolischen Interaktionismus angewiesen, um zu erkennen, dass die Einbeziehung verschiedener Beteiligter und Betroffener notwendig ist. Allerdings verschiebt sich mit den Prämissen des Symbolischen Interaktionismus der Fokus hin zu den subjektiven Wahrnehmungen und den Bedeutungen, die zugewiesen werden: Wie wurden die Bestandteile erlebt und interpretiert? Welche *Bedeutungen* hatte die Lernumgebung für die Studierenden?

Erhellend war in diesem Zusammenhang, teils widerstreitende Bedeutungszuweisungen als eine Ursache für misslingende Interaktion bzw. als eine Ursache für das Misslingen der Lernumgebung zu betrachten. Feststellbar waren beispielsweise gegenläufige Erwartungen an die Lernumgebung: Während – wie in Kapitel 3.6.1 dargelegt – seitens der Lehre eine intensivierte Auseinandersetzung mit dem Lernstoff intendiert wurde, so erhofften sich die Studierenden, mit möglichst geringem Zeitaufwand den Schein zu erwerben. Vertiefend war auch zu überprüfen, ob Unterstützungsangebote überhaupt als solche erlebt werden oder ob diese aus Sicht der Adressaten eher als zusätzliche Belastung oder auch als Wegbrechen einer persönlichen Face-to-Face-Unterstützung interpretiert wurden. Weil Lernangebote auf die Akzeptanz der Zielgruppen angewiesen sind, ist es notwendig, sich deren Interpretationen zuzuwenden. Auch die Bedeutungszuweisungen der Tutorinnen und Tutoren, als Bindeglied zwischen internetbasierter Lernumgebung und den Studierenden, sind für ein Gelingen bedeutsam.

Im vorliegenden Beispiel einer Selbstevaluation bestand das Problem nicht im Feldzugang oder darin, dass dem Untersuchungs- und damit Evaluationsfeld nicht ausreichend Beachtung geschenkt würde. Vielmehr war die Evaluatorin selbst Teil des Felds und dementsprechend bestand die Herausforderung darin, Offenheit gegenüber anderen Perspektiven herzustellen. Dies betraf die Aufgabe der Datenerhebung gleichermaßen wie die der Dateninterpretation.

Auch in dieser Hinsicht liefert das Vorgehen der naturalistischen Forschung eher konzeptionelle Impulse als konkrete Gestaltungshinweise. Eine Anregung bestand darin, Erhebungsformen und -instrumente so zu gestalten, dass sie in die typische Umgebung der Projektaktivitäten passten und die Bedürfnisse und Möglichkeiten der Studierenden berücksichtigten. Ein anderer Hinweis ermahnte dazu, offene Erhebungsformen zu verwenden oder zumindest in Datenerhebungsinstrumenten, wie beispielsweise Eingangs- sowie auch Abschlussfragebögen, ausreichend Raum für offene Fragen zu lassen. Eine weitere Strategie bestand darin, sich den Kontext zu erschließen. Die Situationen, in denen sich die Studierenden und studentischen Mitarbeitenden befanden, d. h. die Bedingungen, unter denen sie lernten und arbeiteten, waren also unbedingt zu erfassen. Dazu gehören Informationen über deren Zugangsmöglichkeiten zum Internet, den Vorerfahrungen mit dem Selbstlernen oder auch dem Lerngegenstand, die Motivationen zur Teilnahme oder auch zusätzliche Belastungen durch Jobben oder die Betreuung von Familienangehörigen. Daneben waren ebenso Veränderungen im Zeitverlauf im Auge zu behalten. Beispielsweise veränderte das durch studentische Streiks geprägte Wintersemester 2003/04, in dem nahezu keine Präsenztermine stattfanden, die Bedeutung und Funktion der internetbasierten Lernumgebung deutlich.

Das hieß in der Konsequenz, dass die Programmtheorie kontinuierlich Veränderungen in der Gestaltung der Lernumgebung berücksichtigen, wie auch zusätzliche Informationen integrieren musste. Insofern waren die Vorüberlegungen aus Kapitel 4.6 als vorläufige zu betrachten. Ein offenes Vorgehen wie das der naturalistischen Forschung ließ Spielraum für künftige Änderungen und Weiterentwicklungen. Es bot die Chance, kontinuierlich mit dem Geschehen abzugleichen und zusätzliche Informationen aus unterschiedlichsten Quellen zu berücksichtigen.

Tatsächlich sind die Überlegungen BLUMERS nicht sehr ergiebig in Hinblick darauf, wie diese konzeptionellen Überlegungen methodisch umzusetzen wären. Er weist lediglich darauf hin: „alles könnte gehen". Einerseits gab es dadurch wenig konkrete Vorschläge, andererseits eröffnete es viele Freiräume. Im Zuge dessen fiel die Entscheidung darauf, ein sogenanntes Forschungs- bzw. Evaluationstagebuch zu führen, in dem alle überraschenden Entwicklungen und Ereignisse festgehalten werden sollten. Leider gelang es im turbulenten Alltagsgeschehen nicht, dieses Vorhaben konsequent umzusetzen. Das Forschungstagebuch enthielt Hinweise zu technischen Umsetzungsproblemen und Ergebnisse von Gesprächen mit der Tutorin und dem Tutor. Darüber hinaus hätten Kuriositäten rund um die Kommunikation per E-Mail oder eine Sammlung konkreter Situationen, in denen offensichtlich wurde, in welchem Umfang die internetbasierten Angebote genutzt wurden oder auch nicht, dokumentiert werden können.

5.3 Aktionsforschung

> *„Die für die soziale Praxis erforderliche Forschung läßt sich am besten im Dienst sozialer Unternehmungen oder sozialer Technik kennzeichnen. Sie ist eine Art Tat-Forschung ('action research'), eine vergleichende Erforschung der Bedingungen und Wirkungen verschiedener Formen des sozialen Handelns und eine zu sozialem Handeln führende Forschung."* (Kurt Lewin 1968, S. 280)

Aktionsforschung – zwischenzeitlich aus der Mode gekommen, unter dem Label „Praxisforschung" (vgl. Moser 1995; Heiner 1998) vielleicht vor einer erneuten Renaissance stehend – bietet für die Evaluation, speziell für theoriebasierte Evaluationen, eine eigenständige Perspektive auf das Verhältnis von Theorie und Praxis und damit auf die Gestaltung von Forschungsprozessen. Sie bietet einen Ansatz, um dem Primat der Praxis, von dem bei Evaluationen auszugehen ist, gerecht zu werden. Gleichzeitig formuliert sie den Anspruch, bestehende Annahmen zu nutzen und einen Beitrag zur Theorieentwicklung zu leisten. Das Phänomen Aktionsforschung ist insofern schwer handzuhaben, als unterschiedliche Begriffe[246] kursieren, die jeweils unterschiedliche Akzente setzen. Außerdem ist ein Teil der Debatten um Aktionsforschung – von Verfechtern und Kontrahenten gleichermaßen – deutlich ideologisch gefärbt.

Aktionsforschung findet in zwei Handlungsfeldern Beachtung: Im angloamerikanischen Raum und in Skandinavien stehen Organisationsentwicklungsprozesse, v. a. in der Industrie, der Landwirtschaft und Entwicklungszusammenarbeit im Vordergrund (vgl. Cunningham 1993; Whyte 1991a; 1991b). Im deutschsprachigen Raum, in dem die Aktionsforschung in den 1970er Jahren von Teilen der Studentenbewegung aufgegriffen und weiterentwickelt wurde (Moser 1975), findet sie v. a. im Kontext von sozialen und bildungspolitischen Maßnahmen und Aktivitäten Anwendung (siehe z. B. Fricke 2005; Müller 2005).

5.3.1 Grundzüge

Eine gemeinsame Wurzel und auch die Namensgebung der Aktionsforschung liegen in KURT LEWINS gruppendynamischen Untersuchungen und seiner daraus abgeleiteten Feldtheorie (Lewin 1963, 1968). LEWINS Anliegen ist es, eine Brücke von psychologischer Theoriebildung zu pädagogischer Praxis zu schlagen. Gleichzeitig weist er der Wissenschaft auch eine politische Verantwortung zu. Bis heute besteht darin ein

---

246 Es kursieren unterschiedlich akzentuierte „Spielarten" unter verschiedenen Bezeichnungen: „Aktionsforschung" (z. B. Moser 1977a; 1977b, 1975) bzw. „action research" (Cunningham 1993), „Handlungsforschung" (König 1983), „participatory action research" (v. a. Whyte 1991 a+b) sowie „action science" (Argyris/Schön 1991). Seit den 1990er Jahren ist auch – explizit im Kontext von Evaluation – die Rede von „Praxisforschung" (z. B. Moser 1995 und Heiner 1988).

Charakteristikum von Aktionsforschung: Wissenschaft hat demnach nicht die Aufgabe, sich objektiv und neutral zu verhalten, sondern sie soll einen Beitrag zu sozialer Gerechtigkeit, zu Demokratisierung, zur Beteiligung Unterprivilegierter, zu Empowerment und zur Lösung gesellschaftlicher Probleme leisten.

Eine von LEWINS Strategien besteht darin, mit den Beforschten in ein Gespräch über Forschungsergebnisse einzutreten. Aus den Erfahrungen mit diesen Feedback-Schleifen folgt für ihn:

> „Diese und ähnliche Erfahrungen haben mich überzeugt, daß wir Handeln, Forschung und Erziehung als ein Dreieck betrachten sollten, das um jeder seiner drei Ecken willen zusammenzuhalten ist" (Lewin 1968, S. 291).

Um „Handlung, Forschung und Erziehung" zu verbinden und in Einklang zu bringen, finden zwei grundlegende Prinzipien Anwendung. Trotz aller Differenzen einen sie die verschiedenen Aktionsforschungsansätze. Das erste besagt, dass Forschung nicht nur Wissen produzieren, sondern auch *Praxis verändern* beziehungsweise *verbessern* soll. Letztlich fällt der Aktionsforschung die Aufgabe zu, wissenschaftlich fundiertes oder eben auch theoriebasiertes praktisches Handeln zu befördern.

In den 1970er Jahren – v. a. in der BRD – waren die angestrebten Veränderungsprozesse politisch motiviert und hoch ambitioniert, was den Aktionsforscherinnen und Aktionsforschern oft den Vorwurf des Aktionismus eintrug und ihnen jeglichen Anspruch auf Wissenschaftlichkeit absprach (z. B. Zecha/Lukesch 1982). Eine Strategie zur Grenzziehung zwischen praktischem Handeln, wie z. B. Projektmanagement, und Forschung besteht darin, dass Aktionsforschung für sich in Anspruch nimmt, einen Beitrag zur Erweiterung von Wissen zu leisten, oder in den Worten von ECKARD KÖNIG (1983, S. 86):

> „Handlungsforschung ist damit nicht, wie manche Gegner meinen, blinder Aktionismus, sondern der Versuch, in konkreten Situationen wohlbegründet zu handeln, wohlbegründete Innovationen in Gang zu setzen."

Für die Aktionsforschung hat bis heute Bestand, dass es nicht darum gehen kann, Bedingungen und Untersuchungsgegenstand stabil zu halten, sondern dass es *innerhalb* des Forschungsprozesses Praxis zu verändern bzw. Probleme zu lösen gilt. In Abgrenzung zur „traditionellen Sozialforschung" und zu klassischen Hypothesentests „versucht die Aktionsforschung, das Moment des auf Praxis hin orientierten Wissens systematisch zu entfalten" (Moser 1995, S. 38f.).

Das zweite Prinzip fordert, dass das Verhältnis von Forschenden zu Beforschten im Verhältnis zur traditionellen Sozialforschung so zu verändern ist, dass *Beforschte* nicht mehr Objekte der Wissenschaft, sondern *zu Subjekten*, bei WILLIAM WHYTE (1991a+b) zu „Co-Forschenden" (co-researchers), bei MAX ELDEN und MORTEN LEWIN (1991) zu „Co-Lernenden" werden. HELMUT KROMREY (2006, S. 539) benennt als entscheidendes Charakteristikum der Aktionsforschung, dass „einerseits die Trennung zwischen Wissenschaftlern und ‚Beforschten' (…) aufzuheben und ande-

rerseits die Forschungstätigkeit unmittelbar in die Alltagspraxis der Beteiligten ein-
zubinden" ist. Die Idealversion der Aktionsforschung sieht vor, dass die (interessierten) Teilnehmenden in alle Phasen des Forschungsprozesses einbezogen sind, von
der Fragestellung bis hin zur Interpretation der Daten und den daraus zu ziehen-
den Konsequenzen.[247] In der Praxis ist Aktionsforschung, wie auch Evaluation, damit
konfrontiert, dass einerseits Beteiligte nicht unbedingt an einem Prozess interessiert
sind, der für sie einen Mehraufwand bedeutet und dessen Ertrag nicht eindeutig vor-
hersehbar ist,[248] andererseits die Beteiligung noch handhabbar sein muss. So plädieren z. B. ELDEN/LEVIN (1991, S. 133f.) für flexible Beteiligungsstrategien, die zumeist
darauf hinaus laufen, eine Arbeitsgruppe zu bilden, in der alle Hierarchieebenen repräsentiert sind. Alternativ dazu formuliert HEINZ MOSER (1977a, S. 58) als Min-
destanforderung, dass ein „Datenfeedback" an die Beteiligten aus der Praxis erfolgen müsse.

Diese beiden Prinzipien sind im Kontext von Evaluationen hoch relevant und
auch brisant:[249] Das Verhältnis zwischen den Verantwortlichen für die Evaluation
und den Verantwortlichen für das Programm und die Praxis kann und muss, je nach
Zweck und Konstellation, unterschiedlich bestimmt werden. Im Fall von Selbstevaluation verschmelzen Praxis und Forschung: Evaluatorinnen und Evaluatoren sind
Forschende und zugleich Gegenstand ihrer eigenen Praxisforschung. Zusätzlich liegt
die Praxisverantwortung in ihren Händen.[250] In diesem Fall lassen sich die Prinzipien der Aktionsforschung umstandslos übertragen.[251] Auch formative Evaluationen
haben per se den Auftrag einen Beitrag zur Praxisgestaltung und -veränderung zu
leisten. Zumindest sollen sie diejenigen Informationen bereitstellen, die für Umset-
zungsentscheidungen von Programmen relevant sind. Sie ermöglichen hier also immerhin einen *Beitrag* zur Praxisveränderung. Die Standards von Evaluationen weisen
zudem darauf hin, dass die Programmbeteiligten wenigstens insofern zu berücksichtigen sind, als laut Standard N1 deren „Interessen geklärt und so weit wie möglich
bei der Anlage der Evaluation berücksichtigt werden" (DeGEval 2002) sollten. Diese Vorgabe steht in einem Spannungsverhältnis zum Standard F4, nämlich zur „un-

---

247 So charakterisiert WHYTE (1991a, S. 5) *Partizipation:* „… involving them [die Mitglieder der
    Organisation, S.G.] in all stages of the research process – from research design to data gather-
    ing, data analysis, and report writing – as well as seeking to apply the implications of research
    findings, to the extent to which practitioners wish to assume such joint responsibilities."
248 Vgl. hierzu die Kritik am Stakeholder-Konzept von WEISS (1989).
249 STAMM (2003, S. 61ff.) verortet hier die zentralen Paradigmen-Gegensätze in der Evaluation:
    auf der einen Seite das „empirisch-analytische Paradigma", nach dessen Vorgaben es aus-
    schließlich darum geht – ohne geringste Handlungsverantwortung – objektive Informationen
    bereitzustellen; auf der anderen Seite das „handlungstheoretische Paradigma", nach dem Eva-
    luation handlungsorientierend auf Programme einwirken soll.
250 So lautet die Definition von Selbstevaluation laut DeGEval (2004, S. 5f.): „Unter Selbstevalu-
    ation werden systematische, datenbasierte Verfahren der Beschreibung und Bewertung ver-
    standen, bei denen die praxisgestaltenden Akteure identisch sind mit den evaluierenden Ak-
    teuren. Selbstevaluatorinnen und Selbstevaluatoren sind stets Mitglieder der Organisation, des
    Netzwerks oder der sozialen Gemeinschaft, welche die zu evaluierenden Programme, Maß-
    nahmen usw. tragen. Der Gegenstand der Evaluation ist dabei die eigene Praxis."
251 Insofern ist es auch naheliegend, dass die Aktionsforschung – mittlerweile häufig als Praxis-
    forschung bezeichnet – im Kontext von Selbstevaluationen eine hohe Bedeutung hat.

parteiischen Durchführung und Berichterstattung". Ob und wie dieses Spannungs-verhältnis in der Aktionsforschung gelöst wird, kann erst beurteilt werden, wenn das methodische Vorgehen genauer betrachtet ist. Zunächst gilt es jedoch, die Bedeutung und Rolle von Hypothesen bzw. Theorien in der Aktionsforschung darzustellen.

Wie bereits mehrmals betont, besteht ein wesentliches Anliegen der Aktionsfor-schung darin, die Lücke zwischen Wissenschaft und Praxis zu schließen. Ein mögli-ches, nicht nur konzeptionelles Bindeglied stellen Theorien dar, die je nach Spielart unterschiedlich akzentuiert sind: [252] WHYTE (1991a, S. 13f.) betont den Unterschied zwischen Theorien, die empirisch fundiert sind (scientifically grounded theories) und solchen, die sich aus Normen und Werten ableiten lassen (formal theories), bei-spielsweise der wissenschaftstheoretische Background des Forschenden oder die Phi-losophie der Organisation. ELDEN/LEVIN (1991) sowie MOSER (1983, 1995) hinge-gen unterstreichen den unterschiedlichen Kontext, in dem Theorien gebildet werden, nämlich innerhalb einer Organisation (interne Theorie) bzw. außerhalb im wissen-schaftlichen Rahmen der Forschenden (externe Theorie). Interne und externe The-orien beanspruchen jeweils gleichberechtigte und doch unterschiedliche Expertise. Eine weitere Differenzierung besteht zwischen impliziten und expliziten Theorien, die bei CHRIS ARGYRIS und DONALD SCHÖN (z.B. 1991) als „benutzte Theorien" (theories in use) und „ausformulierte Theorien" (espoused theories) bezeichnet wer-den. Entscheidend für alle diese Theorien ist, dass sie verschieden sein und in Wi-derspruch zueinander stehen können; dabei verlaufen diese Unterschiede zwischen Wissenschaft und Praxis, innerhalb einer Organisation und sogar – darauf legen AR-GYRIS/SCHÖN großen Wert – innerhalb eines Individuums.

Hier finden sich die vielzähligen Theorien wieder, die auf Seiten der theoriebasierten Evaluatorinnen und Evaluatoren (vgl. 4.4) als Quellen von Programmtheori-en benannt werden. Ähnlich wie WEISS geht es den Aktionsforschenden nun darum, diese Theorien zusammenzubringen; das, was bei WEISS in Hinblick auf Evaluation „Programmtheorien" genannt wird, könnte übertragen auf ELDEN/LEVIN (1991) als „lokale Theorien"[253] bezeichnet werden.

In dem „norwegischen Modell" partizipativer Aktionsforschung (vgl. Abbildung 18) wird darüber hinaus eine mögliche Strategie zur Verbindung und Trennung von Praxis und Wissenschaft vorgeschlagen: Die Verantwortung für die praktische Um-setzung verbleibt innerhalb der Organisation, die darüber hinaus gehende Vermeh-rung von Wissen und Theorie ist Aufgabe der Forschenden.

---

252 Auch CUNNINGHAM (1993, S. 25) unterstreicht den zentralen Stellenwert von Theorien in der Aktionsforschung (hier v.a. im Rahmen von Organisationsentwicklung): „Action research was never meant to be anti-theoretical. Indeed, Lewin's term, there is nothing so practical as a good theory ' was often used to describe an approach to theory construction that was based on organizational problems. Such theories are aimed at responding to problems by dealing with them in real settings. Thus, organizational actions are best understood by understanding the relationship of various activities as they interact."

253 Auch WHYTE (1991, S. 13) bezieht sich auf ELDENS Begriff von „lokaler Theorie", füllt ihn jedoch mit anderem Inhalt. Für ihn umfasst er all die handlungsleitenden Annahmen, die *innerhalb* einer Organisation auf allen Hierarchieebenen vorzufinden sind, die in der Regel nicht expliziert und widersprüchlich sind.

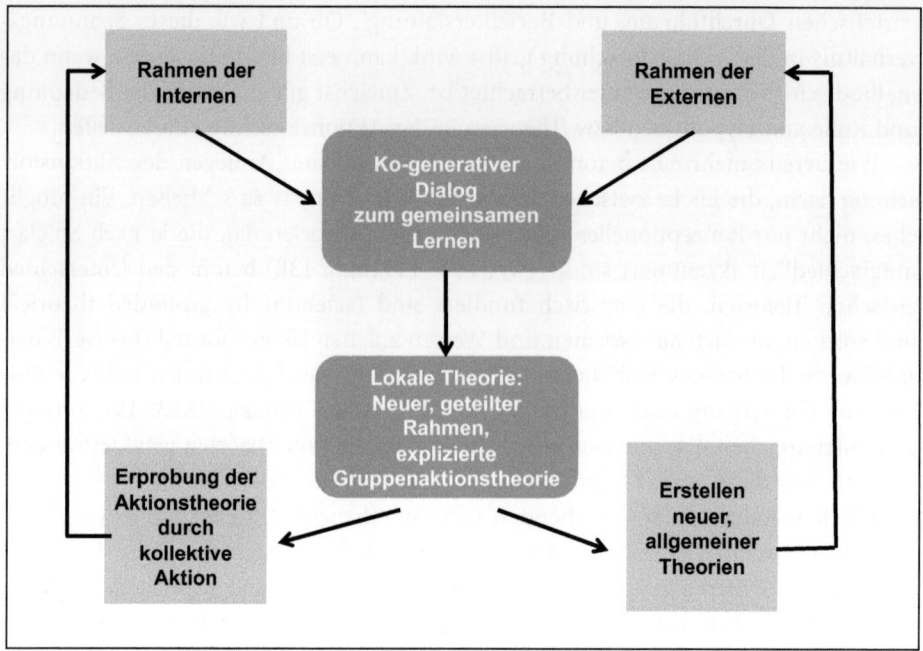

Abbildung 18:   Lernprozesse in der Aktionsforschung nach Elden/Levin (1991, S. 130)

Die Aktionsforschung hält unterschiedlich bezeichnete Vorgehen bereit, um aus diesen vielschichtigen Theorien eine „lokale Theorie" zu entwickeln, die dann auf Seiten der Praxis zu einer gemeinsamen theoriebasierten Handlung führt und auf Seiten der Forschung in eine wissenschaftliche Theoriebildung mündet (vgl. Abbildung 18). Bei Moser wird dieser zentrale Prozess als Diskurs bezeichnet, Elden/Lewin (1991) und Jan Karlsen (1991) sprechen hingegen v. a. von einem Dialog bzw. einem gemeinsamen Lernprozess. Wie die Abbildung verdeutlicht, geht es in der Aktionsforschung tendenziell darum, einen *Konsens* über die lokale Theorie bzw. die Programmtheorie – ob in Hinblick auf Probleme oder auf Lösungsstrategien – zu erzielen.

Aktionsforschung geht davon aus, dass auch die Forschenden ihre Vorannahmen mit einbringen, welche einen eigenen Stellenwert haben:

„Denn begibt sich der Aktionsforscher ins Feld, dann stellt er beileibe kein Neutrum dar, sondern er wird sein theoretisches Wissen (Alltagswissen und im Verlauf von universitären Sozialisationsprozessen erworbenes Wissen) laufend als Interpretationsfolie anwenden. Das bedeutet aber nichts anderes, als daß im Rahmen von Informationssammlung und Diskurs eine Auseinandersetzung zwischen Theorie und Theorietypen zum vornehrein impliziert ist. Auch ‚Lernen aus Erfahrung' ist bereits an symbolisch vermittelter Erfahrung orientiert – denn ohne Integration in die kognitiven Strukturen des Wissens ist gar keine Erfahrung denkbar" (Moser 1983, S 66).

Diese Argumentation schließt nahtlos an die Position BLUMERS und des Symbolischen Interaktionismus an. Auch BARTON CUNNINGHAM schlägt vor, dass eine Haltung anzustreben sei, mit der Forschende auch ihre eigenen Hypothesen in Auseinandersetzung mit der Praxis einer Überprüfung unterziehen, im Bewusstsein, dass diese durchaus falsch sein könnten.[254] Insofern lässt sich feststellen, dass Aktionsforschung, trotz dieser anderen Akzentuierungen, die Absicht verfolgt, die handlungsleitenden Theorien der Beteiligten interpretativ zu erschließen und sie zum Ausgangspunkt veränderter Praxis zu machen. Allerdings weisen einige Autoren wissenschaftlich geprüften Theorien eine gesonderte, teilweise auch überlegene, Stellung zu. Z. B. ist KÖNIG (1983, S. 90) der Ansicht, dass Forschende ihr wissenschaftliches Vorwissen offensiv als mögliche Handlungsoptionen einfließen lassen. MOSER, zumindest in seinem Konzept der Praxisforschung, plädiert dafür, dass aus wissenschaftlichen Untersuchungen abgeleitete Fragestellungen offensiv in das Feld zu transportieren seien, er spricht gar von „einer Überschätzung der Praxis als Quelle des Wissens" (Moser 1995, S. 201).

Hinter diesen abweichenden Bewertungen und Umgangsweisen mit verschiedenen Theorien und Wissensformen verbirgt sich ein erkenntnistheoretisches Spektrum von „Konstruktivisten reinen Wassers" (Moser 1995, S. 96) bis hin zu Positionen, die am Kriterium der Realitätsangemessenheit festhalten, wie etwa bei MOSER (1995) oder KÖNIG (1983).

5.3.2 Methodisches Vorgehen

Die bereits dargestellten Grundprinzipien der Aktionsforschung haben Konsequenzen für ihr methodisches Vorgehen. Zunächst ergibt sich zwangsläufig, dass der Forschungsprozess nicht beschränkt auf Operationalisierungen und Datenanalysen bleibt. Vielmehr sind die Festlegung von Untersuchungsgegenstand und -fragestellungen, Interpretationen von Daten sowie das Ableiten von Konsequenzen integrative Bestandteile. Zudem erfordert die angestrebte Anbindung von Theorie an die Praxis ein situationsflexibles Vorgehen der Forschung. Deswegen und auch weil Aktionsforschung von den jeweiligen Protagonistinnen und Protagonisten unterschiedlich umgesetzt wird, kann kein einheitliches und starres Verlaufsmodell existieren. Gemeinsam ist jedoch allen Ansätzen der Aktionsforschung ein zyklisch angelegter Forschungsprozess, den KARLSEN (1991, S. 155) treffend als spiralförmig beschreibt („spiral design"). Bei MOSER (1977b, S. 51ff.) beispielsweise werden die folgenden Schritte mehrmals wiederholt:

- Informationssammlung,
- Diskurs,

---

254 CUNNINGHAM (1993, S. 153, Herv. im Orig.): „Theory is important in research for its systematic explanation of observed phenomena. (…) However, action researchers enter organizations knowing that a wide range of *their theories may or may not exhibit a close relation to reality*."

- Erarbeitung bzw. Modifikation von Handlungsorientierungen,
- Handeln im sozialen Feld.

Diese Schritte sind nicht scharf voneinander getrennt, sondern weisen fließende Übergänge auf. Der gesamte Prozess wird durch den Einsatz unterschiedlichster Daten- und Informationserhebungsverfahren begleitet (vgl. Abbildung 19).

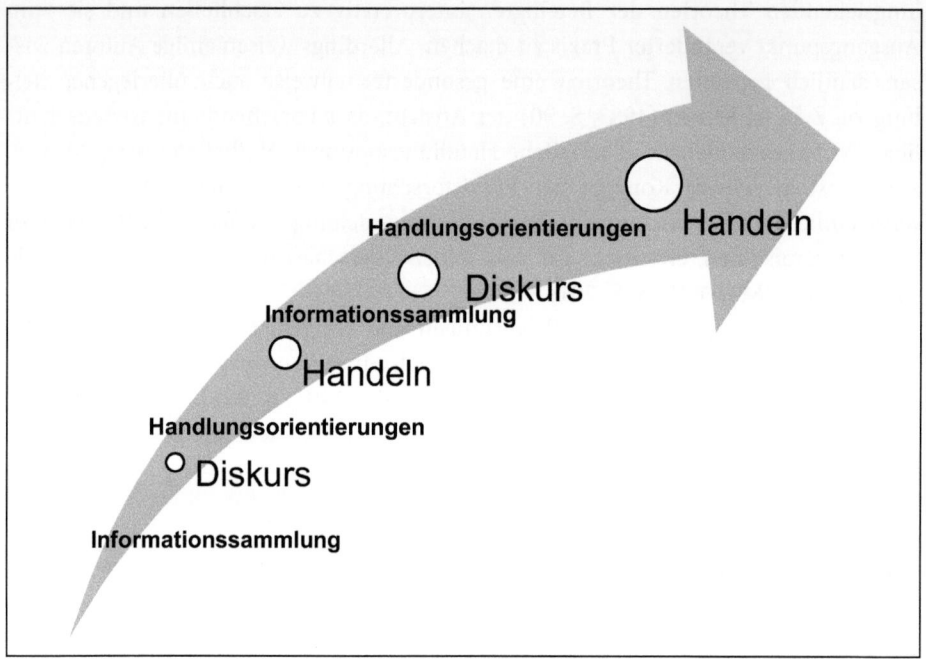

Abbildung 19:   Der Forschungsprozess in der Aktionsforschung

Die erste Etappe im Aktionsforschungsprozess, die Informationssammlung, wird v. a. im Kontext von Organisationsentwicklungsprozessen oftmals auch als Phase der Problemformulierung bezeichnet (z.B. Whyte u.a. 1991). In dieser Phase geht es vorwiegend darum, eine Bestandsaufnahme vorzunehmen sowie Veränderungs- und Handlungsbedarf aufzuspüren. Durchaus in Einklang mit dem Symbolischen Interaktionismus, geht auch die Aktionsforschung davon aus, dass Forschung in natürlichen Situationen stattfinden muss. Das Feld darf nicht auf als relevant erachtete Variablen reduziert werden, sondern soll zunächst holistisch betrachten werden (z.B. Moser 1983). Insofern lassen sich in der ersten Phase der Informationssammlung Parallelen zur Exploration bei BLUMER (vgl. Kap. 5.2) ziehen. Um die Relevanzsetzungen der Beteiligten erfassen zu können, kommen weitgehend offene Erhebungsverfahren zum Einsatz, wie z.B. offene Interviews, Dokumentenanalysen und Beobachtungen.

In Vorbereitung auf den zweiten Schritt besteht die Aufgabe von Forschenden – in der Regel in enger Abstimmung mit der Forschungsgruppe – darin, die gesammelten Informationen so aufzubereiten, dass sie die Grundlage für einen Diskurs bilden können.[255]

Dieser Diskurs, der in anderen Konzepten dem Dialog oder dem gemeinsamen Lernprozess entspricht, bildet das Herzstück des Aktionsforschungsprozesses. Nicht nur, dass hier Handlungs- bzw. Lösungsstrategien für die Praxis entwickelt werden, sondern er stellt auch den zentralen Validierungsschritt[256] dar. MOSER fasst den „Diskurs als Methode" folgendermaßen:

> „Mit dem Diskurs wird ein zentrales Moment der Aktionsforschung angesprochen; er ist die zentrale Instanz des wissenschaftlichen Prozesses, ähnlich wie im Rahmen der traditionellen Sozialforschung das Experiment. Wird in der traditionellen empirischen Forschung die Wahrheitsfrage über die experimentelle Methode gestellt, so in der Aktionsforschung über den Diskurs" (Moser 1977a, S. 65).

Diskurse unterscheiden sich von Gesprächen oder Diskussionen dadurch, dass implizite Vorannahmen im Gespräch kritisch hinterfragt werden, also ein Argumentationsprozess in Gang gesetzt wird. Vorhandenes Wissen unterschiedlichster Art dient dem Diskurs als Datenquelle: dazu gehören, wie bereits unter 4.4 dargestellt, das Alltagswissen sowie das theoretische und professionelle Wissen der Akteure aus Forschung und Praxis sowie empirische Daten aus den zuvor gesammelten Informationen. Die zusammengetragenen Argumente und Annahmen werden auf Widersprüche hin untersucht: *innerhalb* einer Datenquelle ebenso wie zwischen *unterschiedlichen* Datenquellen. Ziel dieses Diskurses ist es, „einen neuen Konsens für das praktische Handeln" (Moser 1977a, S. 74) zu erzielen.

Daraus folgt, dass sich Wahrheit nicht an der Realität, sondern am Konsens entscheidet; es gilt also ein „relatives Wahrheitskriterium" (Kromrey 2006, S. 544). Statt eines absoluten Wahrheitsanspruchs ist Wahrheit an einen konkreten historischen Kontext gebunden.[257] Hier ergeben sich durchaus Parallelen zur Evaluation der vierten Generation bei EGON GUBA und YVONNA LINCOLN (vgl. 3.4). Der Unterschied liegt darin, dass neben einer Validierung durch Konsens im Fall der Aktionsforschung auch Handeln erfolgen soll. Außerdem werden Konsens sowie der Weg dorthin über den Diskurs im Rahmen der Aktionsforschungsliteratur problematisiert. Nach PETER GSTETTNER (zit. nach Moser 1983, S. 52) lassen sich Diskurse nicht „als quasi-neutrale gesellschaftliche Instanz" betrachten. Tatsächlich ist in Frage zu stellen, ob ein erzielter Konsens aufgrund des höheren „Wahrheitsgehalts" bzw. der empirischen „Gültigkeit" erzielt wird oder ob ein Konsens das Resultat höherer Durchsetzungsfähigkeit einzelner Positionen und Perspektiven ist.

---

255 Dieser Prozess von Informationssammlung über Diskurse zum Handeln wird, wie aus Abbildung 19 ersichtlich, im Verlauf eines Aktionsforschungsprozesses mehrmals wiederholt.

256 „Validierung" bedeutet hier ausdrücklich Herstellung von Geltung und *nicht* „Validität" als gültige Messung im Sinne des Kritischen Rationalismus.

257 Auch in der skandinavischen Aktionsforschung wird analog argumentiert, so z.B. KARLSEN (1991, S. 155): „This means opening the research process to a kind of validation through consensus. It corresponds to an epistemological view of knowledge as partial and local."

Die Aktionsforschung schlägt zwei sich ergänzende Strategien vor, Diskurse umzusetzen: Zum einen werden Regeln aufgestellt, die im Wesentlichen um Demokratie, Gleichberechtigung, begründetes Argumentieren und Transparenz kreisen (vgl. Elden/Lewin 1991, S. 135f.; Moser 1977, S. 79f.). Zum anderen wird der Diskurs nicht als einmaliges Ereignis, sondern selbst als prozesshaft aufgefasst. Daraus ergibt sich die Möglichkeit, vorhergehende Diskurse selbst als Text behandeln zu können, um sie anschließend strukturanalytisch zu untersuchen (v. a. Moser 1983).[258] Daraus folgt, dass in ersten Diskursrunden der Fokus nicht unbedingt darauf gerichtet ist, einen Konsens zu erzielen, sondern vorläufig ein Dissens akzeptiert wird. Auf längere Sicht bleibt jedoch Konsens als Wahrheitskriterium bestehen. Dieser Anspruch ist problematisch, da er ausblendet, dass unterschiedliche Perspektiven, berechtigt und nachvollziehbar, durchaus zu abweichenden Bewertungen, Einschätzungen oder Positionen führen können.[259]

CUNNINGHAM (1983, S. 59f.) thematisiert den Diskurs als Verfahren nicht. Bei ihm erfährt die Aktionsforschung eine deutlich pragmatistische Wendung, denn für ihn entscheiden sich Wahrheits- und Realitätsgehalt an den Nützlichkeitskriterien der Praxis.[260] Für ihn erlangt Gültigkeit, was von der Kultur vor Ort getragen wird, solche Handlungstheorien, die aus Sicht derer, die sie nutzen, funktionieren.

Der Diskurs soll in veränderte handlungsleitende Theorien und daraus abgeleitete Handlungspläne münden. Darauf folgt die Umsetzung der Pläne und, damit verknüpft, eine Überprüfung dieser Theorien in der Praxis. Die Überprüfung der Theorien in der Praxis wird wiederum untersuchend begleitet. MOSER (1977a, S. 28ff.) spricht in diesem Zusammenhang von der „Herstellung von Situationen". Forschende und in der Praxis Tätige stellen demnach Situationen her, „die zu Handlungen führen, welche als wesentliche Informationsquelle für ein Projekt dienen. Es geht also um die Generierung von Handlungssituationen, welche auf interessierende Gesichtspunkte hin konzipiert sind" (Moser 1977a, S. 28). Dieses Vorgehen weist durchaus Ähnlichkeiten zur Durchführung von Experimenten auf, insofern als absichtsvoll Interventionen oder Problemlösungsstrategien eingesetzt werden. Parallel dazu wird beobachtet, welche Reaktionen diese hervorrufen. Allerdings werden keine Anstrengungen unternommen, um die Situationen stabil zu halten und (externe) Einflüsse zu kontrollieren. Vielmehr sollen die Situationen möglichst natürlich und praxisnah gestaltet sein. MICHAEL PATTON (z. B. 2008, S. 42ff.) bezeichnet ein solches Vorgehen als „reality testing".[261]

An dieser Stelle ist nun ein gesonderter Blick auf das methodische Instrumentenrepertoire der Aktionsforschung zu werfen. Dessen zentrales Merkmal charakte-

---

258 MOSER (1983, S. 69) spricht von einem „Umschlag von subjektiver in objektive Hermeneutik": „Es müßte also um eine Strukturanalyse gehen, welche Verknüpfungen, Serien, Diskontinuitäten und Zusammenhänge analysiert, die als Bedingungen jene Sachverhalte ‚produzieren', welche in der ersten Phase explorierend festgehalten wurden."
259 Vgl. hierzu die Kritik an der konstruktivistischen Evaluation, 3.4.3 und die Argumentation der Dokumentarischen Methode unter 5.4.
260 „Many ideas, measures, and hypotheses need to be verified with those who are going to use them" (Cunningham 1983, S. 60).
261 ELDEN/LEVIN (1991, S. 139) sprechen von „theory testing through collective action".

risiert KÖNIG (1983, S. 82) dadurch, „daß es nicht von vornherein eine bestimmte Methode bzw. einen bestimmten Methodenkanon gibt. Forschungsmethoden sind nicht unabänderlich, sondern stellen Möglichkeiten (Mittel) zur Erreichung (letztlich praktischer) Ziele dar." Dementsprechend kann Aktionsforschung auf beinahe alle Datenbeschaffungsmethoden zurückgreifen, von unstrukturierten zu standardisierten Beobachtungen, von offenen Interviews bis hin zu standardisierten Tests und verschiedensten inhaltsanalytischen Verfahren.[262] Einzig mit großer Skepsis werden solche Vorgehensweisen betrachtet, die Datengebende manipulieren bzw. über die Absichten der Forschung im Unklaren lassen. So widersprechen verdeckte Beobachtungen im Allgemeinen den Regeln von Transparenz und Beteiligung. Weniger zum Einsatz kommen außerdem „Instrumente von der Stange", d. h. Testverfahren, die so angelegt sind, dass sie kontextunabhängig funktionieren. Stattdessen wird die Absicht verfolgt, Datenerhebungen so zu organisieren, dass sie sprachlich und inhaltlich möglichst nahe an den Bedingungen und der Kultur vor Ort angelegt sind (z. B. Cunningham 1993, S. 109).

Aktionsforscherinnen und Aktionsforscher gehen davon aus, dass fast alle Datenerhebungen einen experimentellen Effekt haben bzw. schon selbst Interventionen in den natürlichen Ablauf darstellen. Im Unterschied zum klassischen Hypothesentest und auch zu den meisten „qualitativen" Verfahren wird jedoch nicht die Absicht verfolgt, den Einfluss von Forschung zu minimieren bzw. zu kontrollieren, vielmehr werden diese Effekte explizit genutzt.[263] Anders ausgedrückt: Datenerhebungen werden nicht nur eingesetzt, um Informationen festzuhalten, sondern auch, um Veränderungen auszulösen, Probleme sichtbar zu machen, Reflexionsprozesse in Gang zu setzen und Lösungsstrategien zu entwickeln. So eröffnen sich zusätzliche Optionen für Datenerhebungsverfahren. Auf der Ebene des Einzelinterviews spricht Cunningham (1993, S. 105f.) vom „helfenden Interview". Speziell für Gruppensituationen kann Aktionsforschung eine interessante Palette an zusätzlichen Möglichkeiten nutzen, wie z. B. das Rollenspiel als Methode (Nagler 2002) oder auch Open-Space-Verfahren (Freitag 2002). Vor allem für die Diskursphase bietet der Einsatz von Visualisierungs- und Moderationstechniken (Kühl 2002; Barth/Pfaff 2002) interessante Optionen, um Probleme und Lösungen sichtbar zu machen, Austauschprozesse anzuregen und zugleich auch eine Form der Dokumentation zu liefern.

5.3.3 Nutzungspotentiale für theoriebasierte Evaluationen

Aktionsforschung ist zunächst einmal deswegen für theoriebasierte Evaluation interessant, weil sie den Blick für unterschiedliche Wissensbestände von Akteuren und damit für verschiedene Programmtheorien schärft. Tatsächlich schlägt sie sogar Stra-

---

262 Inhaltsanalyse kann zwei verschiedene Aufgaben übernehmen: einerseits als nonreaktives Verfahren zur Sichtung organisationsinterner und -externer Dokumente, andererseits als Verfahren zur Aufbereitung und Analyse von Daten, die mit offenen Verfahren produziert wurden.
263 Cunningham (1993, S. 107) formuliert die Funktion folgendermaßen: „The process of inquiry can act as a change agent."

tegien vor, wie diese miteinander verbunden werden können. Die Aktionsforschung geht einen eigenständigen Weg, um den Balance-akt zwischen den handlungsleitenden Theorien der Akteure auf der einen Seite und wissenschaftlich, empirisch untermauerten Theorien auf der anderen Seite zu bewältigen.

In der Literatur der Aktionsforschung wird in der Regel – eine Ausnahme bildet die skandinavische Forschung – weniger von Programmtheorien oder Wirkmechanismen gesprochen, als von organisationalen Problemen und deren Lösung. Übertragen auf ein theoriebasiertes Evaluationsvorhaben lässt sich das Aktionsforschungskonzept in etwa so umreißen: Im ersten Schritt geht es darum, Informationen darüber zu sammeln, worin das Problem besteht, das ein Programm, das sich in der Entwicklungsphase befindet, lösen will, beziehungsweise was eigentlich das Programm ausmacht, das evaluiert werden soll. Dabei können gleichermaßen Lösungsstrategien für das Problem und/oder Hinweise auf „entwicklungs- oder veränderungsbedürftige" Bestandteile des Programms zusammengetragen werden. Zum Einsatz kommen unterschiedliche, jedoch eher offene, Befragungsverfahren, Dokumentenanalysen und teilnehmende Feldbeobachtungen. Auch die Einbeziehung von gegenstandsbezogenen Untersuchungen aus dem wissenschaftlichen Kontext ist möglich. Die so zusammengetragenen Informationen liefern die Daten für die zu entwickelnden Programmtheorien. Diese können in Form von „Konzept-Landkarten" (concept maps), „Verlaufsplänen" (road maps, chain of events) oder sogar von Kausalmodellen aufbereitet werden. Im nächsten Schritt, dem Diskurs, werden diese Informationen zusammengefasst, unterschiedliche Positionen dargestellt, und es wird in einem Aushandlungsprozess eine Einigung über eine oder mehrere zu verfolgende Programmtheorien entwickelt. Diese Programmtheorien müssen festhalten, durch welche Interventionen welche Veränderungen hervorgerufen werden sollen und welche neuen bzw. abgeänderten Interventionen zu erproben sind. Die darauf folgende Praxisphase wird begleitend untersucht, um zu überprüfen, ob die Interventionen wie geplant umgesetzt werden und inwieweit sie die beabsichtigten Veränderungen erreichen. Die in der begleitenden Untersuchung gesammelten Daten werden wiederum in die nächste Runde des Diskurses gespeist, in der veränderte oder auch unverändert fortzusetzende Handlungsstrategien abzustimmen sind.

Diese Beschreibung soll verdeutlichen, dass der Aktionsforschung und theoriebasierten Evaluationen in formativ angelegten Vorhaben tatsächlich eine kompatible Logik unterliegt, insofern eine ähnliche Verlaufslogik verfolgt wird und ähnlich kritische Phasen zu bewältigen sind. Als besondere Herausforderung muss der Weg zum Konsens betrachtet werden. Dabei ist davon auszugehen, dass innerhalb von Programmen vor allem dann, wenn unterschiedliche Hierarchieebenen und Zielgruppen beteiligt sind, ein Konsens nicht ohne Weiteres zu erzielen ist. Insofern sind die Vorschläge von WEISS bedenkenswert, die vorsehen, zumindest in der Phase der Programmtheorieformulierung, durchaus konkurrierende Programmtheorien einzubeziehen.

Da die Aktionsforschung vorwiegend im Rahmen von Organisationsforschung angesiedelt ist, sind in den Vorschlägen zum methodischen Vorgehen Zielgruppen, als zu berücksichtigende Akteure, deutlich unterrepräsentiert. Auf welche Art und Weise diese einzubeziehen sind, ob sie überhaupt ein Interesse haben, an solchen Entwicklungsprozessen beteiligt zu werden, wie dann ein Konsens zu erzielen ist, das bleibt weitgehend offen. Weiterer Klärungsbedarf besteht hinsichtlich der Fragen, wie verschiedene Perspektiven auf den Evaluationsgegenstand miteinander abzugleichen sind, d.h. welche Methoden des Diskurses und damit der Validierung angewendet werden können, um einen Konsens zu erreichen. Hier sieht MOSER (1995, S. 207), auch in Abgrenzung zur Evaluation der vierten Generation, noch ein deutliches Entwicklungspotential:

> „Daher sehe ich im Gegensatz zu Guba/Lincoln und ihrem Verhandlungskonzept auch eine weitergehende ,objektivierende' Funktion von Evaluationen. Im Sinne rekonstruktiver Aufgaben muß es auch darum gehen, die (sozialen) Tiefenstrukturen zu entschlüsseln, die hinter den subjektiven Äußerungen verborgen sind. Damit verbunden müsste es zudem möglich sein, aufzuzeigen, wie solche Standpunkte auf unterschiedlichen Systemperspektiven aufruhen bzw. was die bestimmenden Differenzen sind."

Wie diese rekonstruktiven Aufgaben umzusetzen sind, das ist weniger bei MOSER als bei RALF BOHNSACK sowie weiteren Autorinnen und Autoren zur Dokumentarischen Methode nachzulesen (vgl. 5.4).

Was die Aktionsforschung attraktiv für Evaluationen mit Entwicklungsauftrag macht, ist ihr Fokus auf Veränderungen. Veränderungen sind hier in doppelter Hinsicht zentral: Ihr Gegenstand sind Veränderungsprozesse, und gleichzeitig soll der Forschungsprozess selbst die Praxis verändern. Im Unterschied zu allen anderen Strategien wird Forschung selbst als Intervention aufgefasst und genutzt, um offensiv Lösungs- und Lernprozesse anzustoßen.[264]

Um diese Veränderungsprozesse zu ergründen und voranzutreiben, tritt die Aktionsforschung in eine enge Kooperation mit den Akteuren der Praxis. Gerade diese Nähe zur Praxis bringt ihr in weiten Teilen der Wissenschaft große Vorbehalte ein. Gleichzeitig muss sich allerdings *jede* anwendungsorientierte Sozialforschung mit ihrem Verhältnis zur Praxis auseinandersetzen. Dies trifft vor allem dann zu, wenn, wie im Falle formativer Evaluation, Wissenschaft einen Beitrag zur Gestaltung von Praxis liefern will.[265] Evaluation, die den Zweck hat, an der Entwicklung von Programmen mitzuwirken, benötigt Verfahren, die verändernde Praxis handhaben kön-

---

[264] PATTON (2010, 2008, S. 277ff.) entwickelt gar einen eigenständiges Evaluationskonzept für die Fälle, in denen Evaluation explizit gestaltende Aufgaben wahrnehmen soll: die „Developmental Evaluation". Bei diesem Vorgehen werden Evaluatorinnen und Evaluatoren zu „Change Agents", ähnlich denen der Konzepte von CUNNINGHAM und WHYTE.

[265] Dieses unvermeidliche Spannungsverhältnis bringt KARLSEN (1991, S. 156) auf den Punkt: „Action research has an uncertain academic status, something that is reflected in the research councils. It is not easy to deal with both action and research. One may wish to see them as two completely separate activities and may prefer to leave action responsibilities to others. It is not our task to reject that ideal but to argue not only that there is room within this field of applied social science research for different approaches but also that there is a need for the type of research that we represent."

nen. Ebenso muss sie in der Lage sein, für die Praxis zeitnah nützliche Impulse zu liefern. So ist es auch nicht verwunderlich, dass die Aktionsforschung in der wissenschaftlichen Begleitung von Modellprojekten eine beachtliche Tradition aufweist.

Aktionsforschung unternimmt also den Versuch, sich gleichermaßen auf zwei Referenzrahmen zu beziehen: zum einen auf den der Praxis und zum anderen auf den der Wissenschaft. Daraus resultieren eine Reihe von Rollenkonflikten und Herausforderungen, vor allem dann, wenn Evaluatorinnen und Evaluatoren nicht der programmdurchführenden Organisation angehören. In der Literatur werden unterschiedliche Vorschläge unterbreitet: MOSER (1983, 1995) sowie ELDEN/LEWIN (1991) plädieren ausdrücklich dafür, dass Forschende sich vorrangig der Wissenschaft verpflichtet fühlen, WERNER FRICKE (2005) hingegen sieht Aktionsforschende als gleichberechtigte Partnerinnen und Partner der Praxis. Für die Durchführung von Evaluationen, die unterschiedliche Funktionen erfüllen können, folgt daraus, dass die Verantwortungsbereiche unmissverständlich und vorab festzulegen sowie kontinuierlich zu überprüfen sind.

Die Aktionsforschung eröffnet zusätzliche Optionen, Informationen bzw. Daten zu beschaffen. Sie bietet die Möglichkeit für den Einsatz von Instrumenten, die praxisnah sind und sogar selber einen Einfluss auf die Praxis haben. Dies steht in deutlichem Widerspruch zu Forschungsstrategien, bei denen ein stabiles Messinstrument Vorrang hat. Statt den Einfluss von Evaluationen möglichst auszuschalten, wird unter einer aktionsforschenden Perspektive gezielt deren Änderungspotential genutzt. In diesem Zusammenhang lässt sich die Mahnung aufgreifen, dass in der Entwicklung aller Instrumente und Datenerhebungsvarianten unbedingt die Kultur vor Ort zu berücksichtigen ist.

Der konsequente Einsatz von Datenfeedback unterstützt ein „Lernen aus Erfahrung" und bereitet die Nutzung von Evaluationsergebnissen vor. Allerdings entsteht ein rein praktisches Problem: Die Aktionsforschung setzt implizit voraus, dass Beteiligte gerne beteiligt werden, d. h. gerne Zeit, Mühe und Ressourcen investieren. Beispielsweise wird ein praxisnahes Instrument in der Regel nicht am grünen Tisch, respektive am Schreibtisch, erstellt, sondern unter Mitarbeit der Praktikerinnen und Praktiker. Da in der Regel Programmdurchführende extern zu Evaluationen verpflichtet werden, stellt sich durchaus die Frage, wie viel sie zu investieren bereit sind.

Bei Evaluationen, die dem Kontrollparadigma folgen, sind der Aktionsforschung enge Grenzen gesetzt. Die deutliche Akzentuierung der handlungsleitenden Theorien durch die Beteiligten führt zwangsläufig dazu, die Innenperspektive des Programms einzunehmen. Infolge dessen wird Evaluation zum Bestandteil des Programms, und damit ist eine unabhängige Sicht von außen unterminiert. Die Autoren verweisen jedoch auf Strategien des Umgangs mit diesem Dilemma: Zu nennen sind KÖNIG (1983) und MOSER (1995), die die Integration sozialwissenschaftlichen Wissens als Gegenpol zur Innensicht einfordern, oder KARLSEN (1991, S. 156), der Forschende auffordert, auch Außensichten (und dabei nicht nur wissenschaftliche) mit einzufangen und in die Rolle des Advocatus Diaboli zu schlüpfen.

5.3.4 Nutzungspotentiale für die Evaluation der internetbasierten Lernumgebung

Die Aktionsforschung und ihr Grundgedanke, Forschung und Praxisentwicklung gleichermaßen zu verfolgen, bot im hier gewählten Illustrationsbeispiel die Möglichkeit, die doppelte Rollenanforderung an die Selbstevaluatorin einzulösen. Fast alle anderen Methoden setzen voraus, dass Forschende quasi neutral und ohne Praxisbeteiligung das Feld betreten. Somit musste nicht zwangsläufig eine künstliche, und letztlich auch unrealistische, Trennung zwischen Evaluation und Entwicklung der internetbasierten Lernumgebung vorgenommen werden. Vielmehr konnten umstandslos Synergien genutzt werden.

Statt notwendigerweise die Bedingungen für Datenerhebungen stabil zu halten, ermöglichte der Ansatz der Aktionsforschung unmittelbare Veränderungen in der Praxis zu berücksichtigen. Es ließ sich sogar einen Schritt weiter gehen, nämlich die Datenerhebungen quasi als Interventionen einzusetzen. So konnten etwa Rückfragen zur Nutzung der internetbasierten Lernumgebung im Rahmen von Präsenzveranstaltungen genutzt werden, um gleichermaßen einerseits

* einen Eindruck über den Umfang der Nutzung zu erhalten,
* Hinweise zu Problemen in der Nutzung einzufangen,
* Verbesserungsvorschläge aufzunehmen,

sowie andererseits

* Werbung für die zusätzlichen Angebote zu machen,
* Hinweise zu geben, zu welchen Aufgaben und Anforderungen sich welche Unterstützung eignet,
* Hilfestellung zur Nutzung der Lernumgebung anzubieten.

Auch dienten Feedbackgespräche mit den Tutorinnen und Tutoren oder dem verantwortlichen Lehrstuhlinhaber der Informationsbeschaffung *und* der Weiterentwicklung bzw. Verbesserung der Lernumgebung. Ähnlich der naturalistischen Forschung eröffnete die Aktionsforschung einen Spielraum, diese unterschiedlichen Perspektiven sowie zusätzliche externe Forschungsmaterialien zu integrieren und in Programmtheorien zu transformieren.

Gleichzeitig wurden im vorliegenden Beispiel auch die Grenzen der Konsensbildung deutlich. Im Unterschied zu einem gleichberechtigten Kollegium, das gegebenenfalls in einem Diskurs um Verbesserungen der Handlungsstrategien ringt, musste im vorliegenden Fall einerseits von Interessenkonflikten und andererseits von einem Machtgefälle ausgegangen werden. Die Gestaltung der Lernumgebung konnte nicht in einem demokratischen Aushandlungsprozess zwischen Lehrkräften und Studierenden entwickelt werden, unter anderem, weil die Studierenden dies nicht als ihre Aufgabe betrachteten. Vielmehr stellte es eine Herausforderung dar, die Zielgruppe der internetbasierten Lernumgebung überhaupt zu Rückmeldungen zu bewegen. Jedoch erwies es sich als ausgesprochen hilfreich, die Lernumgebung aus den Perspektiven der unterschiedlichen Beteiligten und Betroffenen zu betrachten. Gerade bei

Selbstevaluationen besteht die Notwendigkeit externe Perspektiven einzubeziehen, um aus dem Vorgehen zusätzliche Erkenntnisse zu gewinnen und Innensichten zu validieren (siehe auch 5.2.4).

So schwierig es war, ein Konsensmodell umzusetzen, so ließ sich im beschriebenen Vorhaben die pragmatistische Variante der Aktionsforschung nutzen. Auf der Grundlage von Datenerhebungen, wie verschiedenen schriftlichen Befragungen, informellen Feedbackgesprächen, wurden Veränderungen und Entwicklungen erprobt und einem Praxistest unterzogen. So wurden beispielsweise die Benennungen der Links innerhalb der Lernumgebung auf die Suchlogik der Studierenden hin angepasst. Dies bewährte sich insofern, als anschließend keinerlei kritische Rückmeldungen mehr zum Auffinden von Informationen und Dokumenten erfolgten. Auch wurde auf Anregung der Studierenden hin eine Online-Anmeldung für die Veranstaltungen eingeführt. Diese Neuerung erwies sich jedoch als wenig nützlich, da ca. ein Viertel der Studierenden sich nicht für eine Online-Anmeldung entschied, teilweise wegen datenschutzrechtlicher Bedenken, teilweise aus Bequemlichkeit. Auch war es angesichts der Menge der Teilnehmenden unmöglich, alle fehlenden Anmeldungen einzufordern.

Darüber hinaus wurde dem vielfachen Wunsch von Studierenden entsprochen, die Übungsaufgabe an einem Positivbeispiel zu erläutern. Immer wieder hatten die Studierenden kritisiert, dass ihnen eine positive Orientierung zur Bearbeitung der Übungsaufgabe fehlte. Im Sommersemester 2003 wurde die erste Aufgabe, in der das Untersuchungsthema eingegrenzt, Zweck, Grund und Informationsbedarf festgelegt und aufeinander abgestimmt werden sollten, in einer idealtypischen Umsetzung zu einem alternativen Rahmenthema vorgestellt. Die Bearbeitungsergebnisse verdeutlichten jedoch, dass es den Teilnehmenden nahezu unmöglich war, sich von dem vorgestellten Beispiel zu lösen. Letztlich erschwerte ihnen das Positivbeispiel die Aufgabe. Dieser Praxistest wurde infolgedessen von der Lehrenden abgebrochen ohne darüber in einen Diskurs mit den Studierenden zu treten.[266]

Insgesamt ist festzuhalten, dass eine aktionsforschende bzw. eine handlungsforschende Perspektive ausgesprochen nützlich für die Praxissteuerung war und auch in der tatsächlichen Umsetzung am ehesten angewandt wurde. Unverzüglich konnten Hinweise auf Verbesserungspotentiale umgesetzt werden ohne auf Probleme im Design zu stoßen. Wenig Unterstützung ergab sich jedoch für die konkrete Fixierung der Programmtheorie, was vermutlich jedoch weniger in der Methode als in der schwierigen Situation begründet war. Wie die Einbeziehung der unterschiedlichen Perspektiven auf der Programmtheorieebene funktionieren kann, das blieb unklar, die Grenzen des Konsensmodells wurden schnell deutlich.

---

266 Allerdings wurde die Entscheidung für die Strategieänderung in einem informellen Austausch mit den weiteren beteiligten Lehr- und Betreuungspersonen abgestimmt.

5.4 Dokumentarische Methode der Interpretation

Die Dokumentarische Methode, als Methode einer „praxeologischen Wissenssoziologie", so wie sie von BOHNSACK (1999), vor allem in Anschluss an KARL MANNHEIM, entwickelt wurde, erweitert und vertieft den handlungstheoretischen Ansatz des Symbolischen Interaktionismus um eine tiefergehende, kommunikationstheoretische Sicht auf Interaktion. Ihr Potential für theoriebasierte Evaluation zu beleuchten ist dadurch erleichtert, dass BOHNSACK (2010; 2006), IRIS NENTWIG-GESEMANN (2010; 2006), BOHNSACK/NENTWIG-GESEMANN (2010) und CLAUDIA STREBLOW (2005) bereits Übertragungen auf das Verwendungsfeld der Evaluation formuliert haben.

5.4.1 Grundzüge

Das zentrale Anliegen der Dokumentarischen Methode besteht darin, das intuitive *Verstehen* in sozialer Interaktion zu rekonstruieren und zu interpretieren, d.h. theoretisch zu explizieren.[267] Daran schließt sich die Frage an, wie sich Forschende und Beforschte überhaupt verstehen können, wie ein „methodisch kontrolliertes Fremdverstehen" überhaupt gelingen kann. Der sozialen Welt mit theoretischen Konzepten zu begegnen, bedeute die Gefahr Artfakte zu produzieren. Vielmehr müsse aus dieser sozialen Welt heraus Theorie *rekonstruiert* werden (Bohnsack, 1999, S. 17). Ebenso wie bei BLUMER gilt also das Prinzip *Offenheit*, welches um das Prinzip der *Kommunikation* (Hoffmann-Riem 1980) ergänzt wird:

> „Allen offenen Verfahren ist gemeinsam, daß diejenigen, die Gegenstand der Forschung sind, die Strukturierung der Kommunikation im Rahmen des für die Untersuchung relevanten Themas so weit wie möglich überlassen, damit diese ihr Relevanzsystem und ihr kommunikatives Regelsystem entfalten können und auf diesem Wege die Unterschiede zum Relevanzsystem der Forschenden überhaupt erst erkennbar wird" (Bohnsack 1999, S. 22).

Auf Evaluationen übertragen heißt das zunächst, dass über die mittels Kommunikation gewonnenen Relevanzsetzungen der Beteiligten und Betroffenen Programme verstehbar werden. Dabei interessiert sich BOHNSACK (2006, S. 138ff.) – explizit in Abgrenzung zu BLUMER und dem Symbolischen Interaktionismus – nicht für das theoretische Wissen der Akteure oder deren Alltagstheorien.[268] Ihm geht es um

---

267 „Verstehen bedeutet (…) jenen Erlebnisprozeß bzw. jene erlebnismäßig dargestellten Interaktionsprozesse nachzuvollziehen, in dem das zu verstehende Handeln bzw. die ihm zugrunde liegende Orientierung entstanden ist" (Bohnsack 1999, S. 183).

268 Nach SCHÜTZ (2004, S. 158) besteht bereits das Alltagswissen aus Interpretationen und verfügt deshalb über theoretischen Gehalt: „Unser gesamtes Wissen von der Welt, sei es im wissenschaftlichen oder im alltäglichen Denken, enthält Konstruktionen, das heißt einen Verband von Abstraktionen, Generalisierungen, Formalisierungen und Idealisierungen, die der jeweiligen Stufe gedanklicher Organisation gemäß sind." Auch MANNHEIM (2004, S. 110) weist auf denselben Sachverhalt hin: „Das Theoretisieren beginnt also keineswegs mit Wissenschaft, die vorwissenschaftliche alltägliche Erfahrung ist auch theoretisch durchsetzt."

„die *alltagspraktische* Herstellung und Konstruktion der Welt" (S. 138). BOHNSACK will also implizites Wissen, eben das Wissen, das Akteure selbst nicht explizieren können, rekonstruieren. NENTWIG-GESEMANN (2006, S. 162) spricht von atheoretischem, handlungspraktischem oder auch konjunktivem Wissen. Um verstehen zu können, sind also nicht die offiziellen expliziten Ziele und Inhalte für die Formulierung von Programmtheorien relevant, sondern die sich im Programm abspielende Handlungspraxis von Beteiligten und Betroffenen. Auf diese bedeutsame Unterscheidung weisen auch PETER LOOS und BURKHARD SCHÄFFER (2000, S. 40f.) hin, indem sie feststellen, dass

> „Reden über eine Handlungspraxis nicht umstandslos gleichgesetzt werden [kann] mit dieser Handlungspraxis selbst. (…) Kollektive Orientierungen finden ihren Niederschlag häufig in Normen und Werthaltungen. Hier ist nun von Interesse zu wissen, ob diese auch *handlungsleitenden* Charakter haben, oder ob die Praxis den Akteuren nicht ihre eigenen Regeln aufzwingt, man also von einer kontrafaktischen Geltung von Normen ausgehen muss" (Herv. im Orig.).

Durch die Rekonstruktion der im Hintergrund ablaufenden Wissensprozesse verspricht sich BOHNSACK auch einen empirischen Zugang zu den *Werthaltungen* der Akteure.[269] Folgt man dieser Argumentation, so würde eine „Programmtheorie", die die genannten Autorinnen und Autoren zwar so nicht anstreben, eine Rekonstruktion der im Programm stattfindenden Interaktionen, impliziten Wissensbestände und Werthaltungen umfassen.

Damit sind zwei Fragen aufgeworfen: Wie entsteht überhaupt Wissen? Wie kann der methodisch kontrollierte Zugriff auf dieses Wissen gelingen? Noch im Einklang mit BLUMER (vgl. 5.2) betrachtet die Dokumentarische Methode menschliche Interaktion als symbolisch vermittelt und auf Interpretationsleistungen der Handelnden beruhend. Allerdings könnte man sagen, dass BOHNSACK dort beginnt, wo der Symbolische Interaktionismus endet: Während sich BLUMER ausschließlich für die Bedeutungen interessiert, versucht die Dokumentarische Methode, Bedeutung und Struktur gleichermaßen zu erfassen. Sie geht von der Prämisse aus, dass implizites wie auch explizites Wissen, d. h. das Erkennen der Welt, *standortgebunden* ist. Dieser von MANNHEIM übernommene zentrale Begriff der „Standortgebundenheit" verweist gleichzeitig auf zwei Sachverhalte: Einerseits ist der Zugang zu Erfahrung und Wissen perspektivisch, andererseits ist diese Perspektive nicht zufällig oder willkürlich, sondern geprägt durch die soziale Einbettung der Menschen. Nicht nur die Forschungssubjekte, sondern auch die Forschenden selbst sind an jene Wahrnehmung gebunden.

> „Will man also radikal dynamisch den Prozeß sehen, so bleibt nur die Lösung übrig, daß man den eigenen Standort zwar als relativ, aber im Element des Wahren sich konstituierend sieht …" (Mannheim 1964, S. 370).

---

269 Folgerichtig trifft auch BOHNSACK (2006, S. 142) hier die Unterscheidung zwischen explizierten Bewertungen und impliziten Werthaltungen.

Diese Standortgebundenheit der Forschenden bedeutet nun keine „Kontamination der Erkenntnis", sondern ist vielmehr Voraussetzung für einen angemessenen Zugriff auf Wirklichkeit, indem sie nämlich genau jenes konstitutive Moment gesellschaftlicher Phänomene nachvollzieht (Loos/Schäffer 2000, S. 36ff.). Wissenschaftliche Interpretation verläuft also entlang desselben Wegs wie gesellschaftliche Praxis. Die methodische Kontrolle der Standortgebundenheit – auch der Forschenden – erfolgt über so genannte „Vergleichshorizonte", also den kontinuierlichen Vergleich zwischen positiven und negativen Horizonten sowie jenen der Selbstverortung (vgl. Kap. 5.4.2).

Mit dem Konzept der Standortgebundenheit ist für Evaluation im Allgemeinen und die theoriebasierte Evaluation im Besonderen ein wesentlicher Hinweis geliefert: Der „Wert eines Programms" wird folgerichtig von unterschiedlichen Standorten aus auch verschieden eingeschätzt. Damit sind Konzepte, die auf Konsens als Wahrheitskriterium setzen, eindeutig in Frage gestellt. Vielmehr wird mit einem Verständnis, wie es die Dokumentarische Methode zugrunde legt, nachvollziehbar, *wie* die unterschiedlichen Bewertungen zustande kommen. Konsequenterweise kann es auch nicht *die eine* Programmtheorie geben, vielmehr gilt es standorttypische Programmtheorien zu rekonstruieren.

Zum Verständnis der Dokumentarischen Methode und deren spezifischem Vorgehen in der Interpretation ist darüber hinaus zentral, wie Kommunikation nach BOHNSACK überhaupt funktioniert.

„Dem hier zugrunde gelegten Verständnis von Sozialität zufolge sind die kommunizierenden Subjekte insofern einander fremd, als ihre individuellen Perspektiven sich prinzipiell voneinander unterscheiden. Sozialität muß als Inter-Subjektivität situativ immer erst hergestellt werden." (Bohnsack 1999, S. 65)

Vor allem auf HAROLD GARFINKEL (1981) und AARON CICOUREL (1981) Bezug nehmend, geht auch BOHNSACK davon aus, dass jede sprachliche Interaktion *indexikal* ist. Mit dem Begriff „Indexikalität" ist die Feststellung gemeint, dass Kommunikation notwendigerweise unvollständig bleibt. Die *kommunikative Interaktion* zwischen Menschen ist dadurch geprägt, dass nicht alle Intentionen, Motive und Annahmen expliziert werden.[270] Damit trotzdem ein gegenseitiges Verstehen möglich ist, müssen die Akteure „entindexikalisieren" bzw. *dokumentarisch interpretieren*: Sprachliche Äußerungen gelten als Hinweise auf das Gemeinte, als *Dokumente*, deren Bedeutung sich nur durch einen Abgleich zwischen Erscheinung und dem Wissen über den *Kontext* erschließen lässt (Bohnsack 1999, S. 64). Handlungen sind also nur dann zu verstehen, wenn deren Kontext mit erschlossen wird.

Handlung wird nach ALFRED SCHÜTZ (2004, S. 171ff.) verstanden als geplante Aktivität, die in die Zukunft gerichtete Absichten („um-zu-Motive") verfolgt, und auf aus Vergangenem resultierenden Gründen („weil-Motiven") beruht. Eine wesentliche

---

270 Vor allem die Krisenexperimente GARFINKELS (z. B. 1981, S. 205ff.) belegen eindrucksvoll, wie sehr eine reibungslose Kommunikation darauf angewiesen ist, dass nicht alle Bedeutungen und Absichten ausformuliert werden.

Aufgabe in der Kommunikation übernehmen Typisierungen. Um Handlungen des Gegenübers interpretieren zu können, muss ein Rückgriff auf bereits bekannte Muster stattfinden. Neues muss sinnvoll, d. h. bestätigend oder bereichernd, in das vorhandene Muster integriert werden. Zunächst Un- oder Missverständliches wird im Licht späterer Ereignisse gegebenenfalls uminterpretiert. Die entstehenden Muster und Typisierungen sind also nicht statisch, sondern verfügen über einen prozesshaften und geschichtlichen Charakter. Mit GARFINKEL (1981, S. 209) lässt sich das dokumentarische Interpretieren so zusammenfassen:

> „Die dokumentarische Methode besteht im wesentlichen in der rückschauend-vorausschauenden Auslegung je gegenwärtiger Vorkommnisse."

Mit diesem Verständnis von Kommunikation ist das Vorgehen BLUMERS insofern infrage gestellt, als dass man sich nicht einfach in die Wirklichkeit begeben, durch Schauen und Hören verstehen kann, vorausgesetzt man will tatsächlich verstehen, was in Interaktionen vor sich geht. Betrachtet man die dokumentierten Aussagen von Menschen „im Feld", so muss anhand dessen erst einmal rekonstruiert bzw. entindexikalisiert werden, was eigentlich gemeint ist. Dementsprechend ist damit die Frage neu aufgeworfen, wie sich Evaluation einen empirischen Zugang zur Realität von Programmen verschaffen kann.

Während GARFINKEL und die Ethnomethodologie die Grundthesen über die Funktionsweise von Kommunikation nutzen, um die Verwendung von Regeln in sprachlicher Interaktion zu erforschen, möchte BOHNSACK diese alltäglichen Interpretationsleistungen als Vorbild für wissenschaftliche Interpretationen alltäglicher Interaktion verwenden.

> „Die Besonderheit sozialwissenschaftlichen Denkens besteht also darin, daß sich nicht nur dieses Denken selbst aus Interpretationen, Typenbildungen, Konstruktionen zusammensetzt, sondern daß bereits der *Gegenstand* dieses Denkens, eben das soziale Handeln, das Alltagshandeln auf unterschiedlichen Ebenen durch sinnhafte Konstruktionen, durch Typenbildungen und Methoden vorstrukturiert ist. Und dies gilt nicht nur dann, wenn wir uns in Alltagstheorien über soziales Handeln verständigen, sondern es gilt auch für dieses *Handeln selbst*: Es ist typengeleitet, wissensgeleitet, entwurfsorientiert" (Bohnsack 1999, S. 25, Herv. im Orig.).

Ausgehend davon, dass die Menschen in ihren alltäglichen Handlungen Konstruktionen erster Ordnung vornehmen, müssen Forschende diesen Prozess rekonstruieren und damit Konstruktionen zweiter Ordnung vornehmen. Diese Rekonstruktionen beanspruchen keine höhere, überlegene Rationalität und keinen „privilegierten Zugang zur Realität" (Bohnsack 2006, S. 147f.), sie wählen lediglich einen *anderen* Analysestandpunkt. Die besondere Perspektive des Beobachters zweiter Ordnung besteht darin, dass er, so SCHÜTZ (2004, S. 177), „kein Partner in den sozialen Wirkensmustern ist."

Forschende sind, wie bereits dargelegt, ebenso wertgebunden wie die Beforschten und nehmen die Interpretationen aus ihrer Perspektive vor. Wie in jedem Forschungsprozess gilt es auch im Kontext von Evaluationen, die Standorte und Ho-
rizonte der Evaluatorinnen und Evaluatoren einzubeziehen und methodisch zu
kontrollieren:

> „Im Bereich der Evaluationsforschung können wir die Standort- und Wertgebun-
> denheit unserer eigenen Interpretation dadurch einer empirischen Kontrolle zu-
> gänglich machen, dass wir die jeweils untersuchte Gruppe von Stakeholdern, von
> Evaluationsbeteiligten, vor dem Vergleichshorizont jeweils anderer Gruppen von
> Stakeholdern – also auf der Grundlage eines systematischen Fallvergleichs – einer
> Interpretation unterziehen" (Bohnsack 2006, S. 146).

5.4.2 Methodisches Vorgehen

Um Daten bzw. Dokumente zu erhalten, setzt die Dokumentarische Methode nach
BOHNSACK (z. B. 2000) vor allem auf die Durchführung von Gruppendiskussionen.
Dieser Zugang wird gewählt, weil das Anliegen darin besteht, auf Kollektives zuzu-
greifen.[271] Gerade kollektive Prozesse ermöglichen ein Erkennen tieferliegenden Bedeutungszuschreibungen.

> „Viele Fragestellungen in den Sozialwissenschaften befassen sich mit kollektiven
> Phänomenen und sind u. E. von ihrer theoretischen Ausgangslage her dafür prä-
> destiniert, mit einem Verfahren bearbeitet zu werden, das diese kollektiven Ge-
> halte ‚einzufangen' vermag" (Loos/Schäffer 2001, S. 10).[272]

In besonderer Weise trifft dies auf Programmevaluationen zu, die sich mit sozialen Interventionen beschäftigen. Für BOHNSACK (2006, S. 136) sind „nicht Individu-
en, sondern interaktive, gruppen- oder auch milieuhafte Zusammenhänge" Gegenstand der Evaluation. Diese Festlegung ist kritisch zu hinterfragen, denn auf dem
Prüfstand der Evaluation stehen nicht Menschen, weder als Einzelpersonen noch als
Gruppen, sondern Interventionen, vielmehr einzelne und auch Bündel von Maßnahmen (s. auch Kap. 5.4.3), die sich oftmals an Menschen in Gruppen richten. Gleichwohl ist nachvollziehbar, Gruppen als angemessene Bezugsgrößen zu betrachten, da
in Programmen oftmals kollektive Prozesse relevant sind.

Die teilnehmende Beobachtung, die durchaus auch Gruppenprozesse verfolgen kann, besitzt den entscheidenden Nachteil, dass Daten und deren Interpretation nicht voneinander zu trennen und somit methodisch nicht kontrollierbar sind
(Bohnsack 1999, S. 144).[273] Darüber hinaus befinden sich Gruppendiskussionen im

---

271 Kollektivität wird in Anlehnung an MANNHEIM als „konjunktiver Erfahrungsraum" aufgefasst,
    der durch gemeinsame, strukturidentische Erfahrungen entsteht (Loos/Schäffer 2001, S. 27f.).
272 Zur Gruppendiskussion siehe auch LIEBIG/NENTWIG-GESEMANN (2002).
273 Beobachtung kann erst methodisch relevant werden, wenn ein Beobachtungsprotokoll ange-
    fertigt wurde. Das Protokoll ist jedoch selbst schon eine Interpretation des Beobachtenden.

Einklang mit dem von BOHNSACK (2006) geforderten „Gesprächscharakter von Evaluationen" und leisten einen Beitrag zur Responsivität (Nentwig-Gesemann 2006, S. 165f.).

In Anlehnung an LOOS/SCHÄFFER (2001, S. 10) lassen sich Gruppendiskussionen in einer ersten Definition als ein Verfahren beschreiben, „in dem in einer Gruppe fremdindiziert Kommunikationsprozesse angestoßen werden, die sich in ihrem Ablauf und der Struktur zumindest phasenweise einem ‚normalen' Gespräch annähern." Damit ist eine erste klare Abgrenzung zu anderen Typen von Gruppenverfahren, wie Gruppeninterviews oder auch Gruppenexperimenten, vorgenommen (vgl. ausführlich dazu Kromrey 1986). Des Weiteren deutet diese Charakterisierung darauf hin, dass Daten nicht in natürlichen Situationen erzeugt werden, wie beispielsweise im ethnomethodologischen Vorgehen GARFINKELS. Damit ergiebige Diskussionen zustande kommen, müssen die Gruppen möglichst homogen zusammengesetzt sein. Homogenität bedeutet in diesem Zusammenhang, dass die Gruppe über einen gemeinsamen „konjunktiven Erfahrungsraum" im Sinne MANNHEIMS verfügt, also eine gemeinsame Erfahrungsbasis durch die Zugehörigkeit zu einem Milieu, einer Generation, eines Geschlechts usw. hat.

> „In diesen Erfahrungsräumen bilden Menschen im Zuge geteilten Erlebens und Handelns strukturidentischer Erfahrungen gemeinsame, perspektivische bzw. standortgebundene Formen des Denkens, der Weltsicht und des praktischen Orientierungswissens heraus" (Nentwig-Gesemann 2006, S. 161).

Für den Einsatz von Gruppendiskussionen in Programmevaluationen stellt die Beteiligung am Programm aus einer spezifischen Perspektive heraus sowohl als Teilnehmende als auch als Durchführende einen konjunktiven Erfahrungsraum dar.

Die wichtigste Aufgabe der Gesprächsleitung liegt in der „Herstellung der Selbstläufigkeit" (Bohnsack 2000, S. 380f.), um den Relevanzsetzungen der Gruppe Geltung zu verschaffen. Dies geschieht dadurch, dass die Diskussionsleitung
- das Gespräch mit – bewusst offen gehaltenen – Themenvorschlägen beginnt,
- nie einzelne der Gruppe anspricht, sondern immer die gesamte Gruppe adressiert,
- keine Eingriffe in die Verteilung der Redebeiträge vornimmt,
- sich nur einschaltet, wenn die Diskussion ins Stocken gerät (und dann auch nur auf die Generierung detaillierter Darstellungen abhebt),
- erst nach dem dramaturgischen Höhepunkt der Diskussion – falls notwendig – exmanent nachfragt (vgl. Bohnsack 2000, S. 380ff.; Loos/Schäffer 2001, S. 48ff.).

Die Gruppendiskussionen werden mitgeschnitten und anschließend exakt transkribiert, wobei u.a. Pausen, Lautstärken, Zwischenbemerkungen etc. miterfasst werden.[274] Das Transkript bildet die Grundlage für die dokumentarische Interpretation, die in vier Phasen unterteilt ist:

---

274 Regeln für die Transkription finden sich z. B. bei BOHNSACK (1999, S. 233).

1. Formulierende Interpretation (Bohnsack 1999, S. 149f.)

In diesem ersten Schritt gilt es, den *thematischen* Verlauf der Gruppendiskussion herauszuarbeiten, festzuhalten, welche Themen im Verlauf der Gruppendiskussion überhaupt angesprochen wurden, welche Relevanzen die Teilnehmenden setzen und welche Themen von der Diskussionsleitung angesprochen wurden. Die Interpretationsleistung besteht darin, dass die Sprache der Interpretierenden paraphrasiert wird, dass Zusammenfassungen formuliert sowie Ober- und Unterbegriffe vergeben werden. Die so benannten Themen verfügen dann bereits über einen theoretischen Gehalt. Daneben hat diese erste Phase der Interpretation die Aufgabe, die besonders ergiebigen Passagen auszuwählen. Dazu gehören jene, die sich als thematisch relevant erweisen und v. a. die, die sich durch besondere interaktive und metaphorische Dichte („Bildhaftigkeit und Plastizität der sprachlichen Äußerungen", S. 153) auszeichnen.

2. Reflektierende Interpretation (Bohnsack 1999, S. 150ff.)

Die in Arbeitsschritt eins ausgewählten Passagen werden einzeln einer so genannten „reflektierenden Interpretation" unterzogen. Stehen in der formulierenden Interpretation die Themen im Vordergrund, geht es nun um die „Rekonstruktion und Explikation des Rahmens". Das Ziel besteht darin, zu erarbeiten, *wie* das Thema abgehandelt wird und auf welchen *kollektiven Orientierungsrahmen* Einstellungen, Haltungen und Interaktionen Bezug nehmen. Dadurch soll ein Zugriff auf die impliziten Wissensbestände ermöglicht werden.

Dazu wird die Formalstruktur des Diskurses nachgezeichnet: Neben der Auswahl dramaturgischer Höhepunkte versuchen Interpretierende nachzuvollziehen, wie interagiert und aufeinander Bezug genommen wird. Da *eine* Gruppe als *ein* Fall betrachtet wird, interessieren einzelne Redebeiträge nicht, der Fokus richtet sich auf deren Verschränkungen, Ineinandergreifen und wechselseitige Bezugnahme.

Die zentrale Aufgabe der reflektierenden Interpretation besteht darin, festzustellen, wie die Themen in die Erfahrungszusammenhänge der Diskussionsteilnehmenden eingebettet sind. Dies gelingt durch das Heranziehen sowohl positiver wie auch negativer „Gegenhorizonte", die sich aus unterschiedlichen Quellen speisen:

- fallintern: von den Diskutanten selbst einbezogene positive und negative Erfahrungshintergründe (generations-, geschlechts-, milieu-, entwicklungsspezifisch);
- fallextern: Gegenhorizonte der Interpretierenden, die sich aus deren Alltagswissen und/oder aus soziologischem Fachwissen speisen. Hierbei ist jedoch zu bedenken, dass diese möglichst empirisch – und nicht theoretisch – generiert sind;
- fallextern: Gegenhorizonte ergeben sich im Verlauf des Forschungsprozesses zunehmend aus anderen Diskussionsgruppen.

Im Kontext von Evaluationen schließen Bohnsack (2006, 2010) und Nentwig-Gesemann (2006) ausdrücklich, zumindest in den ersten Phasen, sozialwissenschaftliche Theorien, Programmziele sowie -vorgaben als mögliche Gegenhorizonte aus:

„Der (Evaluations)forscher tritt im Rahmen einer rekonstruktiv angelegten Forschungsgpraxis zunächst mit *empirisch generierten* Vergleichshorizonten an das empirische Material heran, d.h. nicht mit solchen, die er seiner alltäglichen oder auch wissenschaftlichen Theorien entlehnt oder die den normativen und programmatischen Vorgaben des Evaluationsgegenstandes entstammen" (Nentwig-Gesemann 2006, S. 167, Herv. im Orig.).

Nentwig-Gesemann (2006, S. 167) begründet das Ausblenden von Programminhalten und -vorgaben damit, dass ansonsten der Blick darauf verstellt würde, was in der alltäglichen Praxis der Teilnehmenden relevant sei. Das Programm mit seinen Komponenten und Einwirkungen auf die Teilnehmenden *kann* einen Teil des kollektiven Orientierungsrahmens ausmachen, sofern ihm von den Diskussionsbeteiligten Relevanz mittels metaphorischer und interaktiver Dichte zugewiesen wird.

3. Fallbeschreibung (Bohnsack 1999, S. 155ff.)

Bisher wurde der Diskussionsverlauf in Einzelpassagen zerlegt, nun gilt es die Einzelteile wieder ineinander zu fügen. Die Fallbeschreibung beinhaltet eine zusammenfassende Charakterisierung des Falls, die sowohl den kollektiven Orientierungsrahmen als auch den Verlauf, d.h. die Dramaturgie des Gesprächs umfasst. Zur Illustration werden Originalausschnitte der Diskussion eingefügt. Deutlich herausgearbeitet und immer erkennbar soll das Verhältnis zwischen dem Horizont der Gruppe und dem Gegenhorizont der Interpretierenden sein.

Mit diesem Bericht treten die Interpretierenden nach „außen", d.h. Fallbeschreibungen dienen der Veröffentlichung von Forschungsergebnissen. Bei Evaluationen sind Auftraggebende, Stakeholdergruppen und auch die teilnehmenden Gruppen als Adressatinnen und Adressaten der Fallbeschreibungen zu berücksichtigen. Dieser Arbeitsschritt wird in den bisherigen Veröffentlichungen zumeist ausgeblendet.[275] Gerade in Hinblick auf die spezielle Terminologie der Dokumentarischen Methode stehen Evaluatorinnen und Evaluatoren gewiss vor einer erheblichen Herausforderung.

4. Typenbildung (Bohnsack 1999, S. 158ff.)

In diesem letzten Interpretationsschritt gilt es Typisches der einzelnen Fälle, d.h. der Gruppen, herauszuarbeiten und in Typologien münden zu lassen. Im Mittelpunkt der Typologie steht immer das Verhältnis zwischen Handlungsorientierungen und Werthaltungen auf der einen Seite und Erlebnishintergründen auf der anderen Seite. Die Dokumentarische Methode verfolgt damit das Anliegen, „objektive bzw. strukturelle Vorgaben des Handelns zugleich mit deren subjektiver bzw. kollektiver Verarbeitung in den Blick" zu nehmen (Bohnsack 1999, S. 165). Angestrebt wird somit eine soziogenetische Typenbildung.

---

275 Eine Ausnahme bietet Schröder (2010), die immerhin die Kommunikation zwischen Evaluatorinnen und Evaluatoren thematisiert.

Während sich in der reflektierenden Interpretation Vergleiche immer auf die eine Gruppe beziehen, wird nun fallübergreifend analysiert. Es werden also andere Gruppen *vergleichend* hinzugezogen, um Gemeinsamkeiten und Unterschiede herauszufiltern.[276]

> „Der *Kontrast der Gemeinsamkeit* ist fundamentales Prinzip der Generierung einzelner Typiken und ist zugleich Klammer, die eine ganze Typologie zusammenhält" (Bohnsack 1999, S. 160, Herv. im Orig.).

Vergleichshorizonte ergeben sich, nunmehr empirisch generiert, aus Vergleichsgruppen bzw. -fällen. Für Evaluationen bieten sich (laut Nentwig-Gesemann 2006, S. 168f.) an:

- unterschiedliche Stakeholdergruppen (Programmdurchführende, Programmzielgruppen),
- Untergruppen der Stakeholdergruppen: geschlechtsspezifisch, generationsspezifisch, milieuspezifisch etc.[277] und
- verschiedene Standorte von Programmen (bei so genannten multizentrischen Evaluationen).

> „Im Sinne der dokumentarischen Methode und der mit ihr verbundenen spezifischen Form der Typenbildung ist generell davon auszugehen, dass ein Fall nie in seiner Ganzheit erfasst werden kann. Vielmehr gehen wir davon aus, dass zwar immer mehrere und einander überlagernde, gleichwohl aber nur einige (Erfahrungs-)Dimensionen eines Falls durch das empirische Material erfasst werden können" (Nentwig-Gesemann 2006, S. 181).

Das Erfahrungswissen, das die Handlungspraxis der Akteure bestimmt, muss nun begrifflich und theoretisch expliziert werden. Damit ist die (Inter-)Aktion vor dem Hintergrund der konjunktiven Erfahrungsräume verständlich und nachvollziehbar zu machen.

Durch die einzelnen Schritte der Dokumentarischen Methode können damit jene „Programmtheorien" rekonstruiert werden, die ihr Hauptaugenmerk auf die impliziten handlungsleitenden Theorien sowie die damit verknüpften Werthaltungen der verschiedenen Gruppen legen. Für Evaluationen besteht die Aufgabe nun darin, Unterschiede und Gemeinsames zwischen den Gruppen miteinander ins Verhältnis zu setzen. In dieser *Relationierung* können explizite Bewertungen und Werte, die jetzt durchaus aus Programmzielen, -vorgaben und -konzepten abgeleitet sind, den impliziten Werthaltungen gegenüber gestellt werden (v. a. Mensching 2006, S. 360ff.).

Nach den Vorschlägen von Bohnsack und Netwig-Gesemann würde es nun in einem nächsten Schritt darum gehen, die Stakeholder mit diesen Typologien zu

---

276 Die Prinzipien der komparativen Analyse werden ausführlicher im Abschnitt zur Grounded Theory (5.5) dargestellt.
277 Die von Nentwig-Gesemann vorgeschlagenen „Binnendifferenzierungen" beziehen sich v. a. auf soziostrukturelle Merkmale der Zielgruppen. Ebenso könnten Programmbeteiligte beispielsweise nach der Stellung innerhalb durchführender Organisationen differenziert werden.

konfrontieren. Hierbei ist das Ziel – im Unterschied zur Aktionsforschung und auch einer konstruktivsitischen Evaluation, (s. BOHNSACK, 2006, S. 152f.) – *nicht*, einen *Konsens* zwischen den beteiligten Gruppen zu erreichen; vielmehr soll in einem durch die Evaluatorinnen und Evaluatoren moderierten Austausch das Bild komplettiert werden. Es soll also ein Verstehen der voneinander abweichenden Erfahrungshintergründe, Relevanzsetzungen etc. ermöglicht werden. Dies lässt sich durchaus in Einklang mit dem Anliegen von theoriebasierten Evaluationskonzepten betrachten, die als Anspruch formulieren: „verstehen, wie Programme (nicht) funktionieren". Denkbar sind hier Erkenntnisse darüber, vor welchen Erfahrungshintergründen Zielgruppen Angebote annehmen oder auch ablehnen, von welchen Standorten aus Praktikerinnen und Praktiker ihre Interventionen durchführen oder aufgrund welcher Hintergründe Interaktion im Programm nicht funktioniert.

BOHNSACK (2006, S. 153) fordert ergänzend zu den bisher genannten Vorgehensweisen eine „Methodik der Moderation" zu entwickeln. Welche Aufgaben Evaluatorinnen und Evaluatoren aus Sicht der Dokumentarischen Methode hinsichtlich der Formulierung von Bewertungen zugewiesen werden, das bleibt dabei widersprüchlich. So schreibt er auf S. 152:

> „Im Sinne der dokumentarischen Methode entfalten die Evaluator(inn)en auf der Basis einer Rekonstruktion der Bewertungen, vor allem der *Werthaltungen* und Orientierungen der Stakeholder, eigene *Bewertungen* und Empfehlungen." (Herv. i. Orig.)

Damit wäre jedoch die Aufgabe von Moderatorinnen und Moderatoren überschritten und auch die Strategie der Relationierung ausgeweitet.

5.4.3 Nutzungspotentiale für theoriebasierte Evaluationen

Die Unterscheidung zwischen impliziten und expliziten Wissensvorräten ist für theoriebasierte Evaluationen von herausragender Bedeutung. Wie bereits von ARGYRIS/SCHÖN (vgl. 4.4) in ihrer Unterscheidung von „espoused theories" und „theories of use" herausgestellt, muss davon ausgegangen werden, dass beide nicht übereinstimmen. Wenn Evaluationen Fragen nach der Funktions- und Wirkweise von Programmen beantworten sollen, sei es formativ oder summativ, dann ist unmittelbar einsichtig, dass implizitem, handlungsleitendem Wissen ein zentraler Stellenwert zukommt. Die Dokumentarische Methode zeigt Wege auf, wie diese Form des Wissens empirisch erfasst werden kann. Damit ist ein Zugang zu den Werthaltungen der Stakeholder und deren impliziten, handlungsleitenden Wissens ermöglicht.

Ebenfalls stellt der Zugriff auf kollektive Prozesse, der über Gruppendiskussionen erfolgt, eine nützliche Erweiterung des methodischen Repertoires dar (vgl. Mäder 2013). Ganz unzweifelhaft spielen Gruppenprozesse in Programmen sozialer Dienstleistungen oft eine erhebliche Rolle. Eine soziogenetische Interpretation ermöglicht Auskünfte darüber, wie von unterschiedlichen Zielgruppen, in verschiedenen Kontexten, Programme und Maßnahmen, abweichend oder übereinstimmend, angenommen oder abgelehnt werden.

Hervorzuheben ist außerdem die Strategie des „Relationierens". Die Verabschiedung vom Ziel einen Konsens zu erreichen, erscheint für Programmevaluationen sehr angemessen. Ein erhellender und konstruktiver Umgang mit Unterschieden ist eine nützliche Alternative zu vordergründiger Übereinstimmung oder Beliebigkeit.

Wann und wie kommt aber das zu evaluierende Programm ins Spiel? Es wird immer wieder betont, dass der Untersuchungsgegenstand von unterschiedlichen Gruppen von Menschen gestellt wird. Das Programm fließt zunächst eher zufällig, nämlich durch die Relevanzsetzungen der Diskursbeteiligten, in die Untersuchung mit ein. *Ein möglicher* Zugriff auf Programmtheorie wird verwehrt, wenn Programmdokumente nicht herangezogen werden. Auch wenn nachvollziehbar ist, dass die Beschäftigung mit offiziellen Programmkonzepten den Blick für unerwartete Folgen und Ereignisse verstellt und die Offenheit der Evaluatorinnen und Evaluatoren unterminiert, so sind explizierte Programmtheorien für die Evaluation doch von zentraler Bedeutung. Sie stellen für die Evaluation wichtige „Vergleichshorizonte" dar.

Auch aus pragmatischen Erwägungen heraus ist es außerordentlich schwierig, den Akteuren im Feld ohne umfangreiche Kenntnis der formulierten Programmabsichten zu begegnen. Auftraggebende sowie Stakeholder erwarten in der Regel sehr wohl Feldkompetenz,[278] exakt in dem Sinne, dass Evaluatorinnen und Evaluatoren wissen sollten, um was es eigentlich geht. Gerade der Vergleich zwischen ausgeschriebenen Programmvorgaben, umzusetzenden Konzepten und der Programmpraxis kann eine wichtige Funktion erfüllen: Die Auseinandersetzung damit, ob die Programmpraxis in Einklang mit den offiziellen Programmabsichten steht oder ob das, was geplant wurde, auch umgesetzt wird, führt regelmäßig zu wertvollen Lernprozessen. Programmdurchführende werden in die Lage versetzt, datenbasiert entweder die Praxis anzupassen oder Konzepte auf die veränderten Bedingungen der Praxis anzugleichen.

Für Selbstevaluationen und interne Evaluationen ist allerdings die Anwendung der Dokumentarischen Methode nicht praktizierbar. Evaluatorinnen und Evaluatoren, die selbst Teil des Programms sind, können nicht einen Standpunkt außerhalb des Programms einnehmen, womit sie zwangsläufig Beobachtende erster Ordnung bleiben müssen.

Noch nicht befriedigend beantwortet hat die Dokumentarische Methode, wie Rekonstruktionen an die Evaluationsbeteiligten, und damit nicht nur an Auftraggebende, sondern auch an Praktikerinnen, Praktiker und Zielgruppen, zurückgespiegelt werden können. Wie können Evaluationsergebnisse den Beteiligten verständlich gemacht werden? Dies wäre die Voraussetzung dafür, dass Evaluationsergebnisse praxisrelevant werden können.

---

278 Siehe auch Standard *N3 „Glaubwürdigkeit und Kompetenz des Evaluators/der Evaluatorin*: Wer Evaluationen durchführt, soll *persönlich glaubwürdig* sowie methodisch und *fachlich kompetent* sein, damit bei den Evaluationsergebnissen ein Höchstmaß an Glaubwürdigkeit und Akzeptanz erreicht wird" (www.degeval.de, Herv. S.G.).

5.4.4 Nutzungspotentiale für die Evaluation der internetbasierten Lernumgebung

Die Charakterisierung der Dokumentarischen Methode dürfte offen gelegt haben, dass deren Verwendung für das herangezogene Beispiel keine Option darstellte. Die Evaluatorin war als Lehrkraft in den Worten SCHÜTZ auch immer „Teil des Wirkfelds". Eine „Beobachtung zweiter Ordnung" war im vorgegebenen Setting nicht herstellbar. Auch unter Aufbietung aller Selbstdisziplin und der strikten Einhaltung der Regeln für Interviewende wäre die Lehrende für die Teilnehmenden der Gruppendiskussionen immer erkennbar gewesen.

Gleichwohl hätte die Dokumentarische Methode für den Gegenstand, der in Gruppen organisierten, internetgestützten Lehr- und Lernprozesse, eine wertvolle Bereicherung sein können, wäre die Evaluation als externe konzipiert gewesen. Sie hätte einen Zugriff auf implizites, handlungspraktisches Wissen bieten können, das durchaus von hoher Relevanz war. Um zu verstehen, wie die internetbasierten Lernangebote funktionieren, war es wichtig zu erfahren, wie diese von den Studierenden in ihre Lernbemühungen und vor allem in die Gestaltung der Arbeit in der Gruppe integriert wurden. Dabei war davon auszugehen, dass genau dieses Wissen und diese Erfahrungen nicht ohne Weiteres explizierbar waren.

Da in jedem Fall Gruppenmeinungen und -prozesse für die Nutzung der internetbasierten Lernumgebung von ausschlaggebender Bedeutung waren, wurden für deren Evaluation auch Erhebungen in Gruppen durchgeführt. Diese waren konzeptionell eher analog zur Aktionsforschung gestaltet, insofern es darum ging, „die als ‚schlecht' erkannten Realitätsausschnitte im Zuge der Forschung zu verändern und dabei zugleich herauszufinden, wie der ‚bessere' Zustand auszusehen hat" (Kromrey 1986, S. 117). Jedoch war, wiederum im Unterschied zur Aktionsforschung, das Gespräch nicht auf Konsens oder gemeinsames Handeln ausgerichtet, sondern diente der Informationsbeschaffung.

Die Erhebung in Planung und Umsetzung orientierte sich weitgehend am sogenannten Fokusgruppendesign. Fokusgruppen stellen eine teilstrukturierte Form des Gruppendiskussionsverfahrens dar und fördern die Meinungsbildung und -explikation zu komplexen Fragestellungen in Gruppen (Morgan/Krueger 1998; Morgan 1997). Zur Durchführung wurde eine Fragenroute entwickelt, die auf den Gegenstand der Erhebung, d. h. die internetbasierte Lernumgebung und die Erfahrungen der Studierenden damit, fokussierte, jedoch gleichzeitig erzählgenerierende Fragen enthielt (vgl. Abbildung 20).

1. Aufwärmrunde (an alle zu richten):
   – Stelle dich kurz vor: Wie heißt du und welches Tutorium hast du besucht?
   – Was hältst du grundsätzlich davon, dass Informationen, Materialien etc. begleitend zu den Tutorien im Netz bereitgestellt werden?

2. Hauptrunde:
   a. WIE habt ihr mit den online bereitgestellten Materialien etc. gearbeitet?
   b. Was funktionierte gut/schlecht an den einzelnen Möglichkeiten:
      ▪ Begleitung/Betreuung per E-Mail
      ▪ typische Fehler
      ▪ Diskussionsforum
      ▪ Informationen

3. Abschluss
   – Welche weiteren Angebote würdet ihr euch wünschen?
   – Welche weiteren Tipps/Ratschläge habt ihr für die online-Unterstützung in der Zukunft?

Abbildung 20: Fragenroute für Fokusgruppe

Bei der Durchführung der Datenerhebung sowie deren Auswertung wurde die Interaktion zwischen den Teilnehmenden als zusätzliche Erkenntnisquelle genutzt: Einerseits bezogen sich die Teilnehmenden in ihren Beiträgen aufeinander, sie ergänzten, bestätigten oder widersprachen einander. Andererseits ermöglichte die Auswertung der Reaktionen und Bezüge aufeinander, nach Quantität und Qualität, auch Aussagen über die Relevanz einzelner Aspekte.

Insgesamt war der Einsatz von Fokusgruppen in diesem Evaluationsvorhaben davon geprägt, dass sich das Zustandekommen von Gruppen als schwierig erwies. Bewusst war ein Erhebungszeitpunkt *nach Abschluss* der Methodenübung gewählt. Neben informellen Erhebungen im Verlauf des Semesters sollte spezifisch für diesen Erhebungsschritt eine rückblickende und umfassende Einschätzung erfasst werden. Die Beurteilung sollte von den Studierenden vor der Interpretationsfolie der eigenen Erfolge geschehen. Außerdem sollte die Gelegenheit für kritisches Feedback nicht dadurch verhindert werden, dass die Teilnehmenden strategisch oder vermeintlich sozial erwünschte Positionen vertraten, weil die Leistungsbewertungen noch ausstanden.

So kamen letztlich nur drei Gruppen zusammen: eine Gruppe nach dem Wintersemester 2002/03 und zwei weitere zum Wintersemester 2003/04. Nach den Selbstlernkursen in den Sommersemestern gelang es leider nicht, ausreichend Teilnehmende zu finden, die bereit waren Auskunft zu geben. Eine mögliche Begründung ist, dass die Verbindung loser war und die Lernenden sich weniger verantwortlich fühlten.

Ebenfalls im Unterschied zu den Gruppendiskussionen im Sinne der Dokumentarischen Methode waren die jeweiligen Gruppen weniger als natürliche zusammengesetzt (nicht die Arbeitsgruppen, die ohnehin gemeinsam eine Aufgabe umgesetzt hatten), sondern eher im Sinne der Fokusgruppen als „homogene Gruppen": Der gemeinsame Erfahrungshintergrund waren die Teilnahme an der Methodenübung und der mögliche Zugriff auf dieselbe internetbasierte Lernumgebung. Die Teilnehmenden waren jedoch in unterschiedlichen Arbeitsgruppen aktiv und besuchten je vier verschiedene, parallel stattfindende Tutorien.

Diese Gruppenerhebungen erbrachten neue Erkenntnisse und legten zentrale Verbesserungspotentiale offen. Auch fanden sich durch den Vergleich zwischen den beiden Jahrgängen Bestätigungen dafür, dass umgesetzte Änderungen funktionierten.

5.5 Grounded-Theory-Methodologie

> „We believe that the discovery of theory from the data – which we call grounded theory – is a major task confronting sociology today, for, as we shall try to show, such a theory fits empirical situations, and is understandable to sociologists and layman alike. Most important, it works – provides us with relevant predictions, explanations, interpretations and applications." (Glaser/Strauss 1967, S. 1)

Ein breites Spektrum an Autorinnen und Autoren betont immer wieder, dass sich Evaluation im Grunde genommen aller Methoden bedienen kann. Umso überraschender ist es, dass in methodologischen Diskursen die Grounded Theory im besten Falle als Randnotiz oder Fußnote auftaucht (so z.B. bei Lipsey 1993, S. 13; v. Kardorff 2006). Speziell in der so genannten „qualitativen Sozialforschung" gilt die Grounded Theory als anerkannter und gangbarer Weg, um Wissen über soziale Sachverhalte erschließen zu können.[279] Gerade für theoriebasierte Evaluationskonzepte liegt eine Verbindung nahe, speziell dann, wenn die dem Programm zugrunde liegenden Annahmen erst noch zu rekonstruieren bzw. zu generieren sind.

Zunächst, um Missverständnissen vorzubeugen, muss hier das Label Grounded Theory ins Deutsche übertragen werden. Einige Autoren sprechen von „gegenstandsverankerter", andere von „gegenstandsbegründeter" Theorie (Hildenbrand 2000); LAMNEK (1988, S. 106ff.) wiederum übersetzt Grounded Theory mit „datenbasierter Theorie". All diese Begriffsbezeichnungen blenden aus, dass mit dem Konzept zwar *auch* das Produkt, gemeint ist die Theorie, vor allem aber der Prozess hin zum Produkt bezeichnet ist. GÜNTER MEY und KATJA MRUCK (2007) wählen demzufol-

---

279 Einschränkend ist jedoch zu berücksichtigen, dass Forschungsvorhaben oftmals das Label „Grounded Theory" übergestülpt wird, wenn das methodische Vorgehen eben nicht systematisch war (z.B. Mey/Mruck 2007, S. 14f.). So schreibt z.B. STRÜBING (2004, S. 7): „Leider beschleicht den Leser und die Leserin beim Studium solcher Forschungsberichte nicht selten der Verdacht, dass man gerade dann gerne nach dem Gütesiegel ‚grounded theory' greift, wenn man selbst nicht recht weiß, wie man zu den Ergebnissen gekommen und welchem Verfahren man dabei gefolgt ist."

ge die Bezeichnung „Grounded-Theory-Methodologie", um zu verdeutlichen, dass es eher um das Verfahren, als um das Ergebnis geht. Auch JÖRG STRÜBING (2005, S. 235) akzentuiert die Methode und übersetzt mit „Forschungsstil zur Erarbeitung von in empirischen Daten gegründeten Theorien". Der Begriff „Stil" unterstreicht, dass das Verfahren nicht wie eine eindeutige Betriebsanleitung mit klar vorgeschriebenen Abfolgen oder als Regelwerk aufzufassen ist.[280] Um Missverständnisse zu vermeiden wird im Folgenden von Grounded-Theory-Methodologie gesprochen, die die von STRÜBING vorgeschlagene Definition fasst.

5.5.1 Grundzüge

Mit ihrem 1967 vorgelegten Grundlagenwerk „The Discovery of Grounded Theory" verfolgen die Urheber der Grounded-Theory-Methodologie GLASER und STRAUSS das Ziel, der „Generierung prozessualer Theorien, die sich mit der Entwicklung, Abfolge und dem Wandel von Organisationen, Positionen und sozialer Interaktion befassen" (Glaser/Strauss 2005 S. 120). Sie wenden sich in ihrem Anliegen, durchaus polemisch (vgl. Strübing 2004), gegen logisch-deduktive Forschungsstrategien, die sich auf die Überprüfung bereits existierender bzw. vorab formulierter Hypothesen beschränken und deswegen kein neues Wissen erschließen können:

> „Es scheint, als werde in der gegenwärtigen Soziologie die Verifizierung von Theorie überbewertet und dementsprechend der vorhergehende Schritt, zu erkunden, welche Konzepte und Hypothesen für den Bereich, den man untersuchen möchte, überhaupt relevant sind, unterbewertet." (Glaser/Strauss 2005, S. 12)

Allerdings stehen GLASER und STRAUSS auch den bis dahin gängigen, qualitativen Forschungsstrategien kritisch gegenüber. Immer wieder bemängeln sie den essayistischen, impressionistischen und unsystematischen Stil qualitativer Feldstudien sowie deren Bescheidenheit, sich mit Beschreibungen zufrieden zu geben und sich eben nicht an die Generierung neuer Theorien heranzuwagen. Aus den so diagnostizierten Defiziten resultiert ihrer Ansicht nach eine „für die gegenwärtige Soziologie so charakteristische Lücke zwischen hoch abstrakter Theorie und einer Vielzahl von kleinen Feldstudien" (Glaser/Strauss 2005, S. 103). Für theoriebasierte Evaluation lässt sich diese „charakteristische Lücke" als doppelte Herausforderung fassen: Einerseits sind in der Regel die Programmtheorien bzw. die Hypothesen über das Programm nicht griffbereit, andererseits geben sich Auftraggebende in der Regel nicht mit reichhaltigen Illustrationen und Beschreibungen zufrieden.

---

280 STRAUSS (2004, S. 433f.) drückt das so aus: „Methodologisch gesehen ist die Analyse qualitativer Daten nach der Grounded Theory auf die Entwicklung einer Theorie gerichtet, ohne an spezielle Datentypen, Forschungsrichtungen oder theoretische Interessen gebunden zu sein. In diesem Sinne ist Grounded Theory keine spezifische Methode oder Technik. Sie ist vielmehr als ein Stil zu verstehen, nach dem man Daten qualitativ analysiert und der auf eine Reihe von charakteristischen Merkmalen hinweist."

Als Gegenentwurf zu Theorie, „die aufgrund bloßer Logik und Spekulation darüber urteilt, was das soziale Leben eigentlich sei" (Glaser/Strauss 2005, S. 44), verfolgt die Grounded Theory das Anliegen, Wissen über gesellschaftliche Zusammenhänge und Entwicklungen aus einer Konfrontation mit der Realität zu erzielen. KROMREY (1994a, Bl. 20) beschreibt diese Intention mit folgenden Worten: „Forschung versteht sich nicht als Konfrontation von Hypothesen über die Realität mit Daten *der* Realität, sondern Gewinnung von Hypothesen *aus* der Realität."

Über den „Wahrheitsgehalt" einer Theorie entscheidet in der Grounded-Theory-Methodologie die in den Daten repräsentierte Wirklichkeit. Ob eine Annahme zutrifft oder nicht, wird anhand der Realität entschieden. Damit soll gewährleistet werden, dass die Welt nicht der Theorie angepasst wird, sondern die Theorie aus der Wirklichkeit abgeleitet ist, dass sie „dem untersuchten Gegenstandsbereich gerecht wird und sorgfältig von verschiedenen Daten abgeleitet ist" (Strauss/ Corbin 1996, S. 8). Überträgt man diese Herangehensweise auf theoriebasierte Evaluation, so sind Programmtheorien aus der Programmrealität heraus zu gewinnen. Ob und inwieweit sie tragfähig sind, das ist wiederum an Hand der Programmwirklichkeit zu entscheiden.

Zum besseren Verständnis der Grounded-Theory-Methodologie ist es notwendig deren epistemologische Wurzeln zu kennen. Hier besteht das Problem, dass sich GLASER und STRAUSS auf verschiedene wissenschaftstheoretische Grundlagen beziehen, was letztlich dann auch zu deren Zerwürfnis führte. Die Aufbereitung dieses Konflikts würde den Rahmen dieser Arbeit sprengen und so soll der Verweis auf STRÜBING (v. a. 2004, 2007) genügen, der die Differenzen zwischen den beiden Protagonisten ausführlich behandelt. Allerdings – dies fordert nicht nur STRÜBING (2004, S. 73) – muss an dieser Stelle transparent gemacht werden, dass im Folgenden die STRAUSS'sche Linie den Bezugspunkt bildet.

Neben der Chicagoer Schule und dem interpretativen Paradigma (vgl. 5.2) bezieht sich STRAUSS (2004, S. 434) im Unterschied zu BLUMER nicht auf den Realismus, sondern auf Vertreter des US-amerikanischen Pragmatismus,[281] wie CHARLES S. PEIRCE (z. B. 2004) und JOHN DEWEY (z. B. 2004), auch wenn die Verbindungen in den Schriften zumeist eher implizit als explizit benannt werden (vgl. v. a. Strübing 2004). Forschung verfolgt demnach das Ziel, handlungsrelevantes und problemlösendes Wissen zu generieren, das gleichermaßen für Forschung und Praxis nützlich ist, das anwendbar wie auch verständlich ist (Strauss/Corbin 1996, S. 8).

Ein solches Anliegen von Forschung ist unmittelbar anschlussfähig an Evaluationen, die sich, zumindest mit ihrem Auftrag von Kontrolle oder Entwicklung, grundsätzlich am Nutzen zu orientieren hat. Im Kontext theoriebasierter Evaluation ist ebenfalls in vielen Konzepten ein pragmatistisches Wissenschaftsverständnis angelegt. Die Programmtheorie soll immer einen Nutzen für die Evaluation und in jedem Fall bei WEISS und bei PATTON auch einen für die Praxis bereithalten.

---

281 Ein Grundprinzip der Pragmatisten fassen STRÜBING/SCHNETTLER (2004, S. 223) so zusammen: Sie „entgehen der Falle des Dualismus von hie objektiver Weltgeltung und da subjektiver Weltgestaltung durch das Modell eines differenzierten Kontinuums, in dem Subjekt und Umwelt sich kontinuierlich co-konstituieren."

Außer, dass Theorien praktisch anwendbar sein sollen, erhebt die Grounded-Theory-Methodologie auch den Anspruch Theorien zu entdecken, die „verständlich und sinnvoll" sind, um einen Nutzen sowohl für die Forschung als auch für Praktikerinnen und Praktiker des Untersuchungsfelds haben zu können (Strauss/Corbin 1996, S. 8). Ein weiteres wichtiges Gütekriterium einer Grounded Theory ist, inwieweit sie zum Erklären und Prognostizieren von sozialer Interaktion geeignet ist und damit über eine praktische Relevanz verfügt. GLASER und STRAUSS (2005, S. 249ff.) sprechen in diesem Zusammenhang von „Kontrolle" über die Anwendung von Theorien:

> „Der Anwender muss befähigt werden, die ablaufenden sozialen Realitäten zu verstehen und zu analysieren, um ihre Entwicklung zu beeinflussen und vorhersagen und die Auswirkungen des Wandels auf alle in die Situationen involvierten Objekte und Subjekte kontrollieren zu können. (…) Eine Theorie, die mit kontrollierbaren Konzepten von ausreichender Allgemeinheit arbeitet und die sowohl einer Sache angemessen als auch verständlich ist, gibt jedem, der die Konzepte anwenden will, um Veränderung zu bewirken, in diversen theoretischen Situationen einen *kontrollierbaren theoretischen Rückhalt*." (Glaser/Strauss 2005, S. 249, Herv. im Orig.)

Dieses Zitat verdeutlicht, dass sich Grounded-Theory-Methodologie nicht mit bloßer Beschreibung zufrieden gibt, sondern dass sie soziale Sachverhalte auch erklären, verstehen und Prognosen ermöglichen will. Darüber hinaus soll dieser Forschungsstil Theorien hervorbringen, die ausreichend allgemein sind, so dass sie auch außerhalb des einen konkret untersuchten Kontexts nutzbar, also übertragbar sind. Insofern bieten sich verschiedene Anschlussmöglichkeiten an die von theoriebasierten Evaluationen gestellten Fragen, wie, warum und in welchem Kontext Programme funktionieren.

Im Unterschied zu radikal-konstruktivistischen Positionen geht die Grounded-Theory-Methodologie von einer existierenden Wirklichkeit aus, die durch fortlaufende Interpretationsprozesse aus unterschiedlichen Perspektiven gestaltet und verändert wird.[282] Daraus leitet sich wiederum ein prozessuales Verständnis von Theorie ab. Demnach wird Wirklichkeit durch Interaktion und Interpretation von Akteurinnen, Akteuren *und* Forschenden fortlaufend gestaltet und auch verändert. So muss Forschung in der Lage sein, diese Wirklichkeit angemessen abzubilden, zu verstehen und zu erklären. GLASER/STRAUSS (2005, S. 41) vertreten die „Auffassung, dass nur ein prozessuales Verständnis von Theorie der Wirklichkeit sozialen Handelns und dessen strukturellen Bedingungen einigermaßen gerecht wird." Daraus resultiert auch, dass eine Theorie zwingend vorläufig sein muss und der Prozess der Theorieentwicklung niemals vollständig abgeschlossen sein kann. In dieser Logik charakte-

---

282 In ihrem Überblicksartikel widmen STRAUSS/CORBIN dem Verhältnis von Theorie – Wahrheit – Realität sowie den multiplen Akteursperspektiven eigene Abschnitte. So schreiben sie beispielsweise: „Our position is that truth is enacted (…): Theories are interpretations made from given perspectives as adopted or researched by researchers. To say that a given theory is an interpretation – and therefore fallible – is not at all to deny that judgements can be made about the soundness or probable usefulness of it" (Strauss/Corbin 1994, S. 279).

risieren GLASER und STRAUSS (2005, S. 239f.) die Herausforderung an sozialwissenschaftliche Forschung unter anderem so:

> „Drittens gelangt – und das ist das Entscheidende – ein Großteil der soziologischen Arbeit anders als in der Forschung in Naturwissenschaften niemals bis in das Stadium eines strengen Nachweises, weil die untersuchten sozialen Strukturen einem permanenten Wandel unterliegen. (…). Dass soziale Strukturen sich ändern, bedeutet, dass eine vordringliche Aufgabe der Soziologie in der Erforschung – und manchmal auch in der Entdeckung – von Strukturen besteht, die sich gerade erst ausbilden."

Die Grounded-Theory-Methodologie wurde, ebenso wie die anderen bislang dargestellten Forschungsstrategien, nicht eigens für Evaluation entwickelt. Es ist festzuhalten, dass das Gesundheitswesen, im Rahmen dessen sie entwickelt und erprobt wurde, den sozialen Dienstleistungen zuzuordnen ist. Auch sind die Kernthemen, wie das Erklären und Verstehen von Veränderungen, analog zur Aufgabenstellung von Evaluationen. So sind typische Fragestellungen von Evaluationen, wie und wodurch ein Programm Veränderungen auslöst. Vor solche Herausforderungen gestellt, benötigt die Forschung Instrumentarien, um mit der Dynamik in durch soziale Interaktion geprägten Untersuchungsfeldern umgehen zu können. Laut LAMNEK (1988, S. 114) bietet die Grounded-Theory-Methodologie hierzu Strategien an:

> „Durch dieses Vorgehen [das der Grounded-Theory-Methodologie, S.G.] kann eine optimale Anpassung der Theorie an die soziale Wirklichkeit erfolgen, weil diese Theorie offen gehalten wird für laufende Überprüfungen, Veränderungen und Weiterentwicklungen, weil sie in permanenter, offener Auseinandersetzung mit dem empirischen Datenmaterial entsteht."

Die Grundidee der Grounded-Theory-Methodologie verspricht außerdem einen methodischen Zugang zur Erschließung von Programmtheorien aus der Programmwirklichkeit heraus und deren Überprüfung in der praktischen Umsetzung. Das spezifische Theorieverständnis ist dem Anliegen von theoriebasierter Evaluation nicht fern. Es lässt sich als handlungsrelevantes Wissen über soziale Interaktion fassen oder eben darüber, wie Programme funktionieren. Wissen soll für Praxis und Politik – letztere wiederum haben GLASER, STRAUSS und CORBIN weniger im Blick – anwendbar und verständlich sein. Es geht um Wissen, das sich auf Veränderbares und bereits Verändertes bezieht, also exakt um den Bereich, für den Evaluation Informationen bereitstellen will. Dass dabei die prozessuale Natur von Realität und damit auch von Programmen berücksichtigt wird, bietet eine besondere Chance.

Ob das Vorgehen der Grounded-Theory-Methodologie auch für Evaluationen angemessen und nützlich ist, kann jedoch nicht ohne genauere Betrachtung der Strategien und Verfahren entschieden werden. Worin also besteht deren systematisches, nachvollziehbares Vorgehen? Wie lässt sich Programmgeschehen erschließen und damit evaluieren?

5.5.2 Methodisches Vorgehen

Die Grundannahmen, dass sich die Realität aus verschiedenen Perspektiven betrachten lässt, dass, zumindest sozialwissenschaftliche, Theorien niemals endgültig abgeschlossen sein können und sich folglich in permanenter Entwicklung befinden, erfordern spezifische Vorgehensweisen für die Grounded-Theory-Methodologie. Aus dem prozessualen Verständnis von Theorie folgt, dass es keine lineare Abfolge von Forschungsschritten geben kann. Die vorgeschlagenen methodischen Vorgehensweisen von GLASER/STRAUSS, im Besonderen aber auch von STRAUSS/CORBIN (1994, S. 276), sind ebenso als vorläufig zu betrachten. Vorläufig verweist dabei nicht auf ein beliebiges Vorgehen, sondern formuliert eher eine Aufforderung zur Entwicklung zusätzlicher und verfeinerter Strategien. Laut KROMREY (1994a, Bl. 12) sieht STRAUSS die methodische Qualifizierung von Forschenden „(…) ausdrücklich nicht in der Weitergabe abstrakter methodischer Regeln (…), sondern in der Vermittlung solider forschungspraktischer Fertigkeiten und entdeckerischen Spürsinns – Forschung nicht als System methodologischer Normen, sondern als mehr oder weniger alltäglicher Entdeckungs-, Lern- und Arbeitsprozeß, als unmittelbare Tätigkeit im Feld."

Grundlegend für das methodische Vorgehen der Grounded-Theory-Methodologie ist ein „abduktiver" Schlussmodus. Weder GLASER/STRAUSS (1967)[283] noch STRAUSS/CORBIN (1996) benutzen explizit den Begriff „Abduktion". Allerdings STRÜBING (2004) und auch UDO KELLE und SUSANN KLUGE (1999) betonen nachdrücklich, dass zumindest die STRAUSS'sche Version als abduktiv zu betrachten ist.[284] Erstmals wird Abduktion von CHARLES PEIRCE beschrieben:

> „Die Abduktion ist der Vorgang, in dem eine erklärende Hypothese gebildet wird. Es ist das einzig logische Verfahren, das irgendeine neue Idee einführt, denn die Induktion bestimmt einzig und allein einen Wert, und die Deduktion entwickelt nur die notwendigen Konsequenzen einer reinen Hypothese. Die Deduktion beweist, dass etwas der Fall sein *muß*; die Induktion zeigt, dass etwas *tatsächlich* wirksam ist; die Abduktion vermutet bloß, dass etwas der Fall *sein mag*.
>
> Ihre einzige Rechtfertigung liegt darin, dass die Deduktion aus ihrer Vermutung [suggestion] eine Vorhersage ziehen kann, und dass es, sollen wir überhaupt jemals etwas lernen oder ein Phänomen verstehen, die Abduktion sein muß, durch die das zustande zu bringen ist" (Peirce 2004, S. 207).

---

283 In GLASER/STRAUSS (2005) gibt es widersprüchliche Hinweise zum Schlussmodus, wobei STRAUSS/CORBIN (1994, S. 277) feststellen: „Glaser and Strauss overplayed the inductive aspects." GLASERS spätere Veröffentlichungen bevorzugen ein induktives Vorgehen und bringen ihm Vorwürfe wie „naiver Empirismus" oder „induktives Selbstmissverständnis" ein (vgl. Strübing 2004 und Kelle/Kluge 1999).

284 So schreibt STRÜBING (2004, S. 52): „Mir scheint aber wichtig festzuhalten, dass gerade jene Merkmale, in denen sich die Straussche Fassung von grounded theory von den Varianten Glasers unterscheidet (zyklisches Erkenntnismodell, Integration von nicht-prekärem Vorwissen mit der kreativen Interpretation neuer Wahrnehmungstatbestände, Perspektivität als Voraussetzung jedweder Erkenntnis, Methoden als pragmatische Heuristik statt als methodologischer Rigorismus), recht genau jene allgemeine Erkenntnishaltung beschreiben, die Peirce als abduktiv bezeichnet."

Während einerseits deduktives Vorgehen ausschließlich bereits Bekanntes überprüfen kann bzw. die Entdeckung von Neuem in den Entdeckungszusammenhang verbannt ist, unterliegt andererseits Induktion der Illusion, Forschende könnten sich völlig unvoreingenommen und ohne bestehende Vorerfahrung einem Forschungsgegenstand nähern. Abduktion, bei Kelle/Kluge (1991, S. 19ff.) auch hypothetisches Schlussfolgern genannt[285], fordert den Erfindungsgeist der Forschenden heraus. Damit ist gemeint, dass denkbare Erklärungen und neue Muster für überraschende Phänomene möglichst kreativ und originell gesucht und gefunden werden sollen. Abduktion „generiert also eine mögliche Erklärung für die überraschende Tatsache C, indem eine neue Regel A konstruiert wird, deren Geltung die Tatsache als selbstverständlich erscheinen lassen würde" (Kelle/Kluge 1999, S. 23). Diese hypothetische Erklärung wird dann wiederum anhand vorliegender oder neu erhobener Daten überprüft, bestätigt, verworfen, revidiert oder erweitert.

Um Neues entdecken zu können, auch wenn Forschende nicht vorurteilslos Untersuchungsfelder betreten können, schlagen Strauss/Corbin „theoretische Sensibilität" (theoretical sensitivity) als Grundhaltung vor. Gemeint ist damit ein Vorgehen, das einerseits aktiv bestehendes theoretisches Wissen und Alltagswissen einbezieht, gleichzeitig jedoch diesen Vorerfahrungen gegenüber kritisch bleibt. Als Quellen theoretischer Sensibilität gelten dabei Fachliteratur, Erfahrungen aus dem Alltag oder der beruflichen Praxis ebenso wie die im Forschungsprozess analysierten bzw. erhobenen Daten.

> „Theoretische Sensibilität stellt einen wichtigen kreativen Aspekt der Grounded Theory dar. Sie beruht auf der Fähigkeit, nicht nur persönliche und berufliche Erfahrung, sondern auch die Literatur phantasievoll zu nutzen. Sie befähigt den Analysierenden, die Forschungssituation und die damit verbundenen Daten für das Entwickeln einer Theorie zu erforschen" (Strauss/Corbin 1996, S. 27).

Festzuhalten bleibt, dass Forschende sich auf einem schmalen Grat bewegen, zwischen einerseits Fachliteratur und eigene Erfahrung nutzend, andererseits offen und kreativ der Realität gegenübertretend, also theoretische Sensibilität als Hilfe und nicht als Hindernis verwendend (Strauss/Corbin 1996, S. 25).[286]

Umgesetzt wird das Prinzip der Abduktion mittels einer zentralen Strategie, wenn nicht gar *der* zentralen Strategie (Strübing 2005), der Grounded-Theory-Methodologie: dem theoretischen Sampling (theoretical sampling). Der Grundannahme logisch folgend, dass Realität und Theorie als Prozesse aufzufassen sind, können Auswahlpläne *nicht* vor der Datenerhebung erstellt werden. Vielmehr gehen Datensammlung, Datenanalyse und Theorieentwicklung als integrativer und iterativer Prozess weitgehend synchron vonstatten (vgl. Abbildung 21). In der Grounded-Theory-Methodologie wird der „Prozess der Datenerhebung (...) durch die im Entstehen begriffene

---

285 Reichertz (2000, S. 277f.) betont allerdings, dass zwischen hypothetischem und abduktivem Schlussfolgern erhebliche Unterschiede bestünden.
286 Zum Spannungsverhältnis zwischen „Emergenz" und „theoretischer Sensibilität" (damit auch zwischen Glaser und Strauss) äußert sich auch Kelle (2007b) ausführlich.

(...) Theorie *kontrolliert*" (Glaser/Strauss 2005, S. 53, Herv. im Orig.). Konkret umgesetzt bedeutet dies, dass direkt im Anschluss an *eine* konkrete Daten*erhebung* die Daten*analyse*, d.h. ein Kodieren stattfindet, im Zuge dessen erste Hypothesen, die sogenannten Memos, entwickelt werden, um auf Grundlage dieser ersten Annahmen den nächsten Schritt der Datenerhebung zu planen.

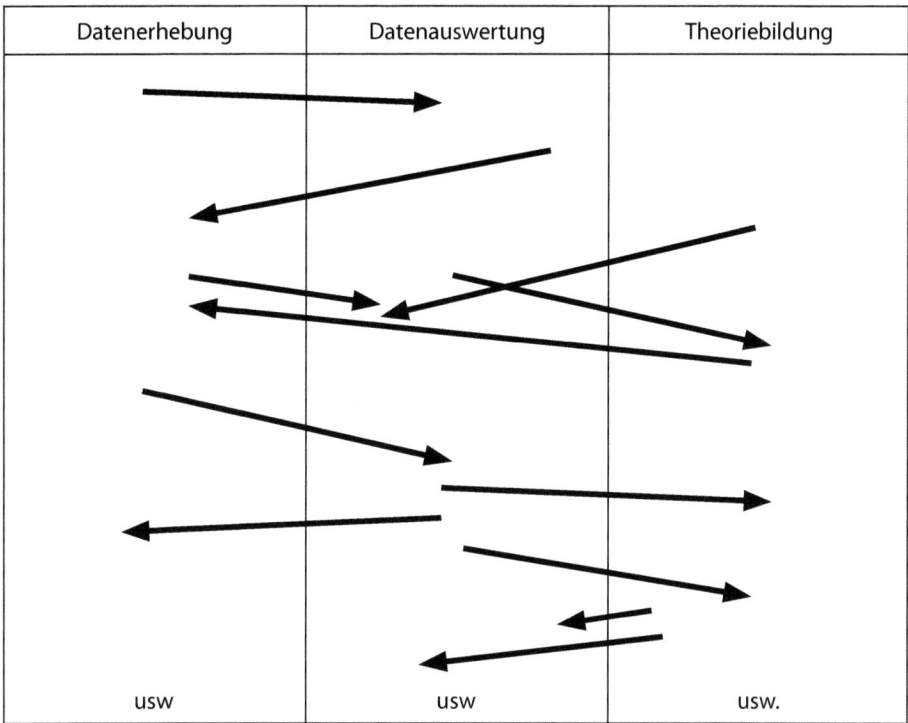

Datenerhebung	Datenauswertung	Theoriebildung
usw	usw	usw.

Abbildung 21: Forschungsphasen nach Strauss (2004, S. 449)

Das Ziel dieser Sampling-Strategie besteht *nicht* darin, Aussagen für eine im statistischen Sinne repräsentativ abgebildete Grundgesamtheit zu treffen. Stattdessen wird beabsichtigt, möglichst vielfältige Perspektiven in die Untersuchung mit einzubeziehen.[287] Dabei wird nicht der Zweck verfolgt, die unterschiedlichen Sichtweisen schlicht und unkritisch wiederzugeben, sondern mithilfe der Daten Theorien zu entwickeln und zu verfeinern.[288] Das Sampling findet theoriegeleitet, „eher *geplant* als

---

[287] Strauss/Corbin (1994, S. 280, Herv. im Orig.) stellen heraus: „A major argument of this methodology is that *multiple perspectives* must be systematically sought during the research inquiry. This tenet contributes to building theory inclusive of lay conceptions and helps to prevent getting captured by those. Perhaps not every actor's perspectives can be discovered, or need be, but those of actors who sooner or later are judged to be significantly relevant must be incorporated into the emerging theory."

[288] Zwar müssen laut Strauss/Corbin (1994, S. 274) Interpretationen die Sichtweisen der untersuchten Menschen mit einschließen, allerdig: "They [Forschende, S.G.] do not believe it sufficient merely to report or give voice to the viewpoints of the people, groups, or organizations studied. Researchers assume the further responsibility of interpreting what is observed, heard, or read."

zufällig, *aber immer mit einem gewissen Maß an Flexibilität*" (Strauss/Corbin 1996, S. 150, Herv. im Orig.) statt.

Zur Auswahl der auf die Datenanalyse folgenden nächsten Untersuchungseinheiten können zwei grundsätzliche Strategien eingesetzt werden: Zum einen kann nach dem Prinzip der minimalen oder zum anderen nach dem Prinzip der maximalen Kontrastierung vorgegangen werden. Die Strategie der minimalen Kontrastierung ist dem Vorgehen experimenteller Forschung relativ ähnlich, denn es geht darum, möglichst ähnliche, vergleichbare Fälle ausfindig zu machen und nur spezifische, aus den Hypothesen abgeleitete Kriterien zu variieren. Die Strategie der maximalen Kontrastierung strebt hingegen eine möglichst breite Varianz und die Einbeziehung möglichst unterschiedlicher Perspektiven an (Kelle/Kluge 1999, S. 44ff.).

Dementsprechend können im Rahmen der Grounded-Theory-Methodologie quasi alle Datenquellen genutzt werden. Dabei bestehen keinerlei Berührungsängste mit standardisierten Erhebungsverfahren, auch wenn sich Grounded-Theory-Methodologie vorrangig offener Verfahren bedient. GLASER/STRAUSS (2005, S. 26) stellen bereits am Anfang ihres Buches klar:

> „Und auch wenn wir uns in diesem Buch vor allem mit qualitativen Daten beschäftigen, können Forscher, die Theorie auf der Grundlage von quantitativen Daten generieren möchten, auf die meisten Kapitel unseres Buches zurückgreifen. Denn der Prozess der Theoriegenerierung ist von der Art der Daten unabhängig."

Die Auswahl von Datenarten oder von Techniken der Datenerhebung wird im theoretischen Sampling nicht eingeschränkt. Die erste Regel lautet: „Es ist klar, dass der Forscher, um erfolgreich zu sein, in seinen Methoden flexibel sein muss" (Glaser/Strauss 2005, S. 72). Höchstwahrscheinlich, jedoch nicht zwingend, wird die Datenerhebung im Verlauf des Forschungsprozesses strukturierter werden, weil auch die entwickelte Theorie klarere Konturen aufweist.

Speziell bei iterativen Forschungsstrategien stellt sich die Frage danach, wann der Prozess als abgeschlossen zu betrachten ist. Die Antwort ist erst recht herausfordernd, wenn man berücksichtigt, dass in der Logik der Grounded-Theory-Methodologie eine Theorie niemals als endgültig abgeschlossen gelten kann. GLASER und STRAUSS nutzen hier den Kunstgriff der *„theoretischen Sättigung"*. Demzufolge ist das theoretische Sampling dann abgeschlossen, wenn neu einbezogene Daten keine entschieden neuen Erkenntnisse beisteuern können, wenn „das, was ausgelassen worden ist, wahrscheinlich nur einen leicht modifizierenden Effekt auf die Theorie hat" (Glaser/Strauss 2005, S. 118). Sie plädieren eindringlich für einen sorgsamen Umgang mit Forschungsressourcen[289] und legen die Abbruchkriterien einerseits pragma-

---

289 Das Problem der Datenflut sehen GLASER/STRAUSS (2005, S. 40f.) eher bei der traditionellen Sozialforschung angesiedelt: „Und dass es dringend soziologischer Theorien bedarf, um den von diesen Instituten aufgehäuften ‚Datenmüll' aufzubereiten und darüber hinaus der Ideologie entgegenzutreten, dass man derartige Datenmengen überhaupt aufzutürmen hätte, lehrt schon ein kurzer Blick in die Studien der Meinungs- und Marktforscher."

tisch (z. B. Forschungszeitraum, Personalressourcen) und andererseits theoriegeleitet fest. Dementsprechend wirken sich geringere Ressourcen für ein Forschungsvorhaben auf die Reichweite, jedoch nicht auf die Perspektivenvielfalt oder Brauchbarkeit einer Theorie aus.

Parallel zur Datenerhebung findet, wie bereits betont, die Interpretation der Daten statt. Diese stellt Forschende immer, vor allem im Umgang mit qualitativem Datenmaterial vor besondere Herausforderungen. Die Grounded-Theory-Methodologie bezeichnet die Dateninterpretation als *Kodiervorgang*. Zu berücksichtigen ist, dass Forschende, im Unterschied zur traditionellen Sozialforschung, kein vorgefertigtes Kategorienschema an die Daten anlegen. Auch besteht nicht, wie bei der qualitativen Inhaltsanalyse PHILIPP MAYRINGS (2003, 2000), die Absicht ein Kategorienschema zu entwickeln und dann anzuwenden. Vielmehr geht es darum, Theorie zu entwickeln und auch zu überprüfen, dem „Forschungsprozeß die notwendige methodische Strenge zu verleihen", „Verzerrungen und Vorannahmen zu durchbrechen" sowie eine „Gegenstandsverankerung" zu erreichen (Strauss/Corbin 1996, S. 39).

Grounded-Theory-Methodologie schlägt dazu drei unterschiedliche Strategien vor, nämlich das offene, axiale und selektive Kodieren. Diese unterschiedlichen Kodierungsarten bedienen sich jeweils eigener Techniken und ihnen kommen jeweils verschiedene Funktionen und Aufgaben zu. Im Einzelnen sehen die Schritte folgendermaßen aus:

offenes Kodieren

Das offene Kodieren kann als journalistische, detektivische Sichtung des Datenmaterials verstanden werden; es dient dem so genannten „Aufbrechen der Daten".

> „Mit Aufbrechen und Konzeptualisieren der Daten meinen wir das Herausgreifen einer Beobachtung, eines Satzes, eines Abschnitts und das Vergeben von Namen für jeden einzelnen darin enthaltenen Vorfall, jede Idee oder jedes Ereignis – für etwas, das für ein Phänomen steht oder es repräsentiert" (Strauss/Corbin 1996, S. 45).

Mehr oder weniger willkürlich kann ein Ausschnitt aus den Daten gewählt werden. An diese Passage, z. B. ein Wort, ein Satz, ein Abschnitt können Forschende grundlegende Fragen stellen: wer, wann, wo, was, wie, wie viel, warum (Strauss/Corbin 1996, S. 58)? Durch das offene Kodieren sollen Annahmen über die Relevanz von Ereignissen, Phänomenen sowie Interaktionen zusammengefasst und deren Eigenschaften formuliert werden. Idealerweise entstehen in der Analyse eine Kernkategorie, das sogenannte zentrale Phänomen und weitere Konzepte. Gefahren ergeben sich dabei in zweierlei Hinsicht: Einerseits können Forschende in der Beschreibung verharren, andererseits kann der Blick durch vorgefertigte Relevanzzuschreibungen verstellt sein. Aus diesem Grunde sind hier wieder theoretische Sensibilität und gleichzeitig geschicktes theoretisches Sampling gefordert.

axiales Kodieren

Auch wenn Forschende immer wieder zum offenen Kodieren zurückkehren, so kann das axiale Kodieren durchaus als Folgeschritt verstanden werden. Denn nun besteht die Aufgabe darin, Annahmen über die Beziehungen der Kategorien zueinander zu entwickeln. STRAUSS/CORBIN (1996, S. 75) definieren axiales Kodieren als:

> „Eine Reihe von Verfahren, mit denen durch das Erstellen von Verbindungen zwischen Kategorien die Daten nach dem offenen Kodieren auf neue Art zusammengesetzt werden. Dies wird durch Einsatz des Kodier-Paradigmas erreicht, das aus Bedingungen, Kontext, Handlungs- und interaktionalen Strategien und Konsequenzen besteht."

Der von STRAUSS/CORBIN vorgeschlagene empirisch gehaltlose heuristischen Rahmen für das axiale Kodieren, das sogenannte das „Kodier-Paradigma", lässt sich nach STRÜBING (2004, S. 27) wie folgt darstellen (Abbildung 22):

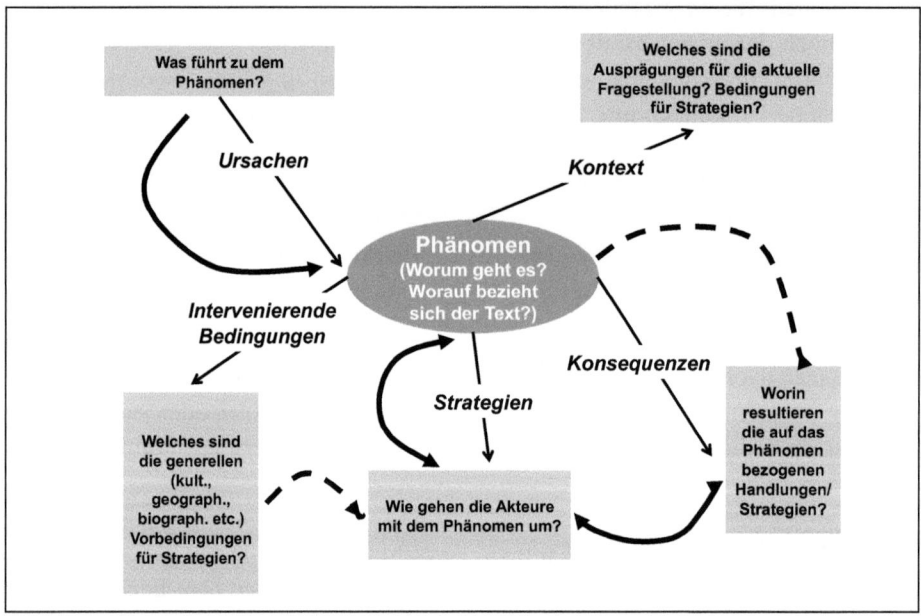

Abbildung 22: Kodierparadigma nach STRAUSS (aus: Strübing 2004, S. 27):

Im Zentrum des heuristischen Rahmens steht das für die Untersuchung zentrale *Phänomen*.[290] Dieses Phänomen wird ausgelöst durch in der Regel mehrere Ereignisse, also durch *ursächliche Bedingungen*. Die spezifischen Eigenschaften des *Kontexts* liefern den Rahmen für das Phänomen und dessen Bedingungen. Die *intervenierenden Bedingungen* wirken auf das Phänomen ein und können Handlungen und Interaktionen befördern oder behindern. Handlungen bzw. Interaktionen bilden *Strategi-*

---

290 STRAUSS/CORBIN (1996, S. 79) umschreiben Phänomen mit: „die zentrale Idee, das Ereignis, Geschehnis, auf das eine Reihe von Handlungen/Interaktionen gerichtet sind."

en, um mit dem Phänomen umzugehen. Aus diesen Strategien folgen in der Regel *Konsequenzen*.

In der Ordnung der Daten und deren Beziehungen erlangt nun die Dimension Zeit eine wichtige Bedeutung, um in der Theorie auch Prozessaspekte und Veränderungen abbilden zu können. Für Strauss/Corbin (1996, S. 100) ist der Prozesscharakter ein zentrales Element:

> „Grounded Theory ist ein handlungsorientiertes Modell, deswegen muß die Theorie in irgendeiner Form Handeln und Veränderung oder die Ursachen für wenig oder nicht stattfindende Veränderung aufzeigen."

Interaktionen und daraus erfolgende Konsequenzen können zu Veränderungen in den, vor allen Dingen intervenierenden, Bedingungen führen, was wiederum Handlungen und Interaktionen beeinflussen kann.

selektives Kodieren

Beim selektiven Kodieren handelt es sich um ein gezieltes Vorgehen in der Datenanalyse: Die vorangehenden Analysetätigkeiten werden systematisiert und synthetisiert. In diesem Arbeitsschritt wird *begründet* entschieden, welches die Kernkategorie ist, um die herum sich die weiteren Kategorien, wiederum im Raster des Kodierparadigmas, gruppieren. Gesucht werden Muster – durchaus in der Art von „wenn-dann-Aussagen" – in den Beziehungen zwischen den Kategorien, die sich durch permanentes Vergleichen oder auch durch „plötzliche Einsicht" herausbilden können. Strübing (2004, S. 21) fasst als Kern des selektiven Kodierens zusammen: „Was bislang in Bezug auf eine Reihe unterschiedlicher, im Projektverlauf immer wieder modifizierter, tentativer Sichtweisen kodiert wurde, soll im selektiven Kodieren nun insgesamt auf eine einheitliche Analyseperspektive hin überarbeitet werden."

Daten werden systematisch danach befragt, ob Annahmen über die Beziehungen zwischen den Kategorien zutreffend sind oder modifiziert werden müssen, ob es in den Beziehungen und Eigenschaften der Kategorien Lücken gibt, die aufgefüllt werden müssen. In einem Wechselspiel zwischen Hypothesenformulierung und Kodierung wird gleichzeitig die Ordnung strukturiert, überprüft und angereichert. Diese Ordnung soll die Theorie einfangen und zugleich *validieren*.

Zu guter Letzt sei eine weitere Arbeits- und Forschungstechnik der Grounded-Theory-Methodologie vorgestellt, die kontinuierlich den gesamten Forschungsprozess begleitet: das Schreiben von *Memos*. Alle Ideen dazu, welche Informationen in den Daten zu finden sind oder auch fehlen, Annahmen über Beziehungen, Argumente für Relevanzen usw., also alle Überlegungen zu den bisher dargestellten Analyseschritten werden in Form von so genannten Memos schriftlich fixiert. Diese Memos bilden damit quasi die Fundgrube, aus der heraus Vorschläge für das theoretische Sampling geschöpft werden können und aus der heraus die vorläufigen bzw. abschließenden Theorien gebildet und formuliert werden. Der besondere Charme und Vorteil dieser Arbeitstechnik besteht darin, dass das Schreiben von Berichten von Beginn an integraler Bestandteil der Forschungsarbeit ist.

5.5.3 Nutzungspotentiale für die Umsetzung theoriebasierter Evaluation

Das grundsätzliche Anliegen der Grounded-Theory-Methodologie, aus der Wirklichkeit heraus Wissen zu generieren und dieses Wissen an der Wirklichkeit zu überprüfen, erscheint auf den ersten Blick dem Anliegen theoriebasierter Evaluation entgegenzukommen, zumindest in den Fällen, in denen sie nicht auf bereits explizite Programmtheorien zurückgreifen kann. Gerade eine pragmatistische Lesart, die auf die Anwendbarkeit von Wissen und Nutzungsabsichten abzielt, bietet für Evaluation, insbesondere für theoriebasierte, einen ansprechenden Rahmen. Herauszuheben ist darüber hinaus, dass die Grounded-Theory-Methodologie auf die Kommunizierbarkeit von Forschungs(zwischen)ergebnissen großen Wert legt, was nicht für alle Methoden gilt. Je nach Auftrag können Evaluationen zur Entwicklung von Programmen oder Wissensgenerierung über Programme Bausteine aus der Grounded-Theory-Methodologie nutzen. Zu Kontrollzwecken bietet deren offenes Vorgehen keine Anknüpfungspunkte.

Da die Grounded-Theory-Methodologie nicht ein festes Regelwerk bereithält, sondern einen Forschungsstil vorgibt, der Spielräume eröffnet, lädt sie in besonderem Maße dazu ein, über ihre Verwendbarkeit im Rahmen von theoriebasierter Evaluation nachzudenken, wobei natürlich ein beliebiges Vorgehen zu verhindern ist. Die Materialien von STRAUSS/CORBIN enthalten zahlreiche praktische Vorschläge zur Umsetzung von Forschung, vor allem zum Umgang mit qualitativen Daten.

Als Besonderheit der Grounded-Theory-Methodologie, im Unterschied zu den bisher dargestellten Methoden, ist der abduktive Schlussmodus hervorzuheben. Er bietet für Evaluation die Chance, Neues und Überraschendes zu entdecken. Mit der Option hypothetische Erklärungen zu „erfinden" und dann zu überprüfen, ob sie der Wirklichkeit respektive den Daten standhalten, eröffnet sich eine Chance, die aus Programmsicht formulierten Ziele sehr wohl zur Kenntnis zu nehmen, sie gleichzeitig jedoch als nur *eine* der möglichen Perspektiven aufzufassen und ihnen alternative Sichten entgegenzusetzen. Gerade der Zugang zu nicht-intendierten Wirkungen – immer wieder werden zu diesem Komplex Aussagen erwartet – erfordert eine Herangehensweise, die Unerwartetes entdecken kann. Selbstverständlich ist alleine durch abduktives Vorgehen nicht gewährleistet, dass *alle* nicht-intendierten Wirkungen auch aufgespürt werden können.

Ähnlich der naturalistischen Forschung und der Aktionsforschung eröffnet die Grounded-Theory-Methodologie die Option unterschiedlichste Informationsquellen, Wissens- und Datenarten einzubeziehen. Das Konzept der „theoretischen Sensibilität" geht noch einen Schritt weiter und fordert eine Auseinandersetzung mit dem Vorwissen der Forschenden, ebenso wie der Fachliteratur. Im Rahmen theoriebasierter Evaluationen ist dies in doppelter Hinsicht relevant: Zum einen sind Evaluatorinnen und Evaluatoren aufgefordert, das eigene Vorwissen, und damit auch den eigenen Standpunkt und Wertehintergrund, transparent zu machen. Zum anderen liefert die theoretische Sensibilität eine Lösung für das immer wieder genannte Spannungsverhältnis zwischen sozialwissenschaftlich basierter Programmtheorie und den Alltagstheorien der Beteiligten. Das Konzept liefert Hinweise darauf, wie gleichermaßen alltägliches, berufspraktisches und theoretisches Vorwissen genutzt werden kann, ohne dieses unkritisch der Programmrealität aufzuzwingen. Durch die Einbeziehung von bereits vorliegendem theoretischem und empirischem Wissen kann beispielsweise externes Wissen in das Programm hineinfließen.

Im Konzept von WEISS sowie in der Realistischen Evaluation muss es der Evaluation gelingen, unterschiedliche Sichtweisen und Perspektiven auf das Programm einzufangen. Vor allem das theoretische Sampling liefert ein Verfahren, mit dem diese unterschiedlichen Perspektiven systematisch miteinbezogen werden können. Daten, die mittels verschiedener Erhebungsverfahren gewonnen werden, können miteinander in Beziehung gesetzt werden. Der Nutzen des theoretischen Samplings für theoriebasierte Evaluation wird vertiefend im folgenden Kapitel behandelt (siehe 6).

Das theoretische Sampling bietet außerdem einige Möglichkeiten, sogar unerwartete Entwicklungen im Programmverlauf berücksichtigen zu können. Die zugrunde liegende Verlaufsoffenheit steht jedoch auch in Konflikt mit begrenzten Programmen und noch deutlicher mit begrenzten Evaluationsaufträgen. So vertritt NENTWIG-GESEMANN (2006, S. 166; siehe auch Kuckartz 2006, S. 277) die Position, dass theoretisches Sampling im Rahmen von Evaluation *nicht* anwendbar sei, weil zum Zeitpunkt der Auftragsvergabe bereits festgelegt sei, welche Personen bzw. Situationen zu untersuchen seien. Diese Kritik trifft gewiss retrospektive, summative Evaluationen. Eine nach Ablauf aller Aktivitäten in Auftrag gegebene Evaluation steht dabei in jedem Fall vor dem Problem, dass alle Informationen, die im Verlauf des Programms nicht dokumentiert wurden, nicht mehr verfügbar sind. Jedes Evaluationsdesign und jeder Forschungsansatz befindet sich unter solchen Umständen in der misslichen Lage, dass nur mit vorliegenden Dokumenten oder retrospektiven Informationen gearbeitet werden kann.[291] Theoretisches Sampling steht unter solchen Umständen vor denselben Problemen wie andere Strategien auch. Positiv gewendet verhindert es ein Vorgehen, das *ausschließlich* an Machbarkeit orientiert ist.

In den allermeisten Fällen wird Evaluation, unabhängig davon, ob formativ oder summativ, begleitend durchgeführt. In der Regel findet ein Aushandlungsprozess darüber statt, worin der Auftrag besteht. Grundsätzlich ist allerdings zu bedenken, dass bei Evaluationen sehr viel deutlicher ein Rahmen vorgegeben ist, z.B. hinsichtlich des Gegenstands, der Nutzungsabsichten, der Fragestellungen und vor allem von Zeit und Budget, als in den Beispielen, die von GLASER, STRAUSS und CORBIN vorgestellt werden. Viele ausgeschriebene Evaluationen bieten keinen ausreichend offenen Rahmen, um das theoretische Sampling der Grounded-Theory-Methodologie anzuwenden. Trotzdem sind Evaluationsangebote denkbar, die ein theoretisches Sampling ankündigen und näherungsweise andeuten, in welchem Umfang und in welchen zeitlichen Abschnitten Datenerhebungen stattfinden bzw. in welchen Abständen Bericht erstattet wird, ohne im Vorfeld Erhebungsmethoden oder Informationsgebende zu präzisieren. Gerade in formativen, begleitenden Evaluationen ist es außerdem

---

291 Welche Komplikationen in einem solchen Setting auftauchen, beschreiben sehr anschaulich STOCKMANN U.A. 2001.

typisch, Datenerhebungen und -analysen etappenweise auszuhandeln und feinab-zustimmen. Letztlich muss jede Evaluation Schwerpunkte setzen. Gerade der Vor-schlag, die Reichweite und dementsprechend die Grenzen der erzielten Ergebnisse zu explizieren, ist in jedem Fall als wichtig zu erachten.

Die unterschiedlichen Vorschläge zum Kodieren von vorwiegend qualitativem Datenmaterial können zunächst als eine Fundstelle für Analysestrategien betrach-tet werden. Detektivisches Fragenstellen, wie im offenen Kodieren, kann einen ers-ten Zugang zum Datenmaterial bescheren und bietet die Chance, Überraschendes zu entdecken. Grundsätzlich können die ersten Memos als Fragmente für die Pro-grammtheorie betrachtet werden.

Für theoriebasierte Evaluation sind jedoch das axiale und selektive Kodieren noch interessanter. Daten entlang eines zunächst empirisch gehaltlosen heuristischen Rahmens zu sortieren und zu analysieren, bietet nicht nur ein Ordnungsmodell. Der besondere Clou liegt darin, dass das Kodierparadigma der Grounded-Theory-Me-thodologie quasi ein Kausal-Modell vorschlägt, mit dem Wirkungen verstehbar und transparent gemacht werden können. Darin sind Resultate von bestimmten Ereignis-sen durch Ursachen erklärt. Diese Abfolge ist wiederum eingebettet in einen Kon-text. Mit geringfügigen Umformulierungen und Präzisierungen lässt sich dieser heu-ristische Rahmen auf die Wirklogik von Programmen anpassen (siehe Abbildung 23).

Hierin finden sich sachlogische sowie zeitliche Aspekte. Darüber hinaus werden Interaktionen kontextualisiert. Es sind durchaus Ähnlichkeiten mit dem Kontext-Mechanismus-Outcome-Modell von PAWSON/TILLEY festzustellen, wobei dieses Mo-dell wesentlich komplexer ist, vor allem hinsichtlich der Differenzierung von Bedin-gungen und Kontext. Ebenso ließen sich Kausalitätsketten im Sinne von WEISS und PATTON (vgl. 4.3) anschließen. Auch das Modell von CHEN/ROSSI (vgl. Abbildung 8) enthält ganz ähnliche Dimensionen, jedoch ist deren Vorschlag nicht als dynami-sches sondern als Variablenmodell angelegt.

Dieses logische Modell muss nicht zwangsläufig unhinterfragt und als allgemeingül-tig betrachtet werden. Unumgänglich ist jedoch, dass zur theoriebasierten Evalua-tion ein Programm kontextualisiert sein muss: Das heißt, Interventionen sind immer in einem spezifischen Setting zu betrachten, und Veränderungen, die ein Programm auslöst, müssen immer ins Verhältnis zu den Strategien gesetzt werden.

Der Arbeitsschritt des selektiven Kodierens kann im Rahmen theoriebasierter Evaluationen eine entscheidende Funktion innehaben. Gezielt werden nun Annah-men aus der „Programmtheorie", die beispielsweise im Rahmen des axialen Kodie-rens entstanden sind, anhand weiterer Daten überprüft. Im Rahmen dessen können Wirkannahmen bestätigt, revidiert oder in Frage gestellt, ebenso Erfolgsbedingungen konkretisiert bzw. erweitert werden.

Das Schreiben von Memos ist eine Materialquelle für Programmtheorien. Dass im Zuge von Datenerhebungen kontinuierlich die Programmtheorie weiterentwickelt werden muss – eben in Form von Memos – ist durchaus auch eine nutzbare For-schungstechnik. Wie das Ganze, d.h. die Zwischen- und Endergebnisse jedoch prä-

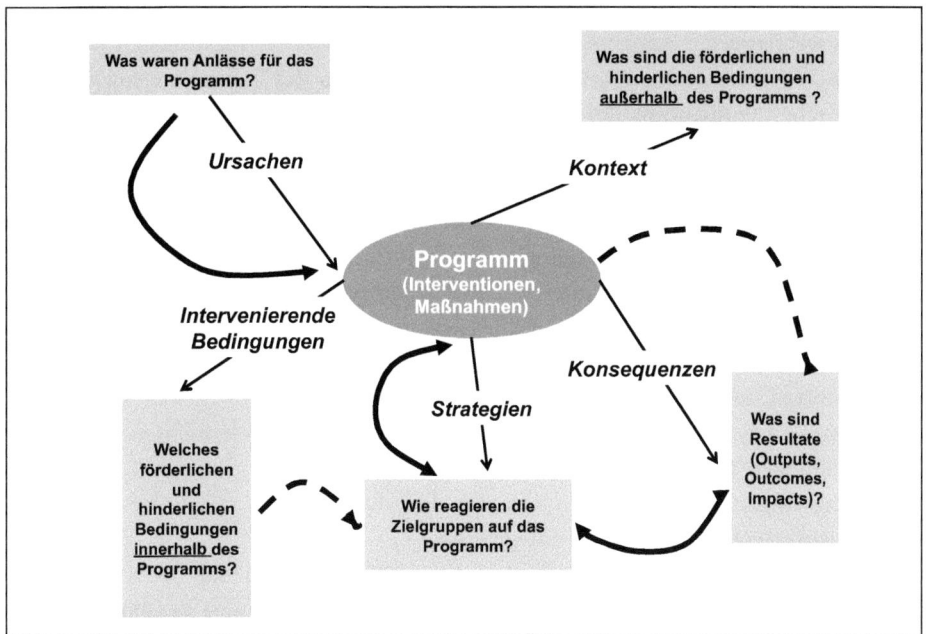

Abbildung 23: Kodierparadigma – angepasst an Evaluation

sentiert werden können, da bleiben die Vorschläge der Grounded-Theory-Methodologie vage und unergiebig.

5.5.4 Nutzungspotentiale für die Evaluation der internetbasierten Lernumgebung

Zunächst einmal bietet die Grounded-Theory-Methodologie für die Evaluation der internetbasierten Lernumgebung Potentiale, die sich auch in der naturalistischen Forschung sowie der Aktionsforschung finden. Dies ist keine Überraschung, da all diese Forschungsmethoden vom Symbolischen Interaktionismus stark beeinflusst sind.

Zuerst zu nennen ist die Konzipierung eines dynamischen Forschungsprozesses, in dem sich Hypothesen und Daten kontinuierlich weiterentwickeln können. Dies kommt der sich noch in ihren Anfängen befindenden Lernumgebung sehr entgegen bzw. ist gar unabdingbar für deren Evaluation. Einzelne Elemente zur Unterstützung und Begleitung der Lernenden kommen hinzu, andere werden verworfen, wiederum andere verändert und dies überwiegend aufgrund von Erkenntnissen aus vorangegangenen Datenerhebungen. Dementsprechend ist ein Design notwendig, bei dem die Programmtheorie auf die Veränderungen im Programm reagieren kann.

Ebenfalls wertvoll war das Angebot, alle Datenarten nutzen zu können. Weil die Evaluatorin als Verantwortliche der internetbasierten Lernumgebung, als Dozentin sowie als Koordinatorin der Tutorien Teil des Feldes war, ergaben sich vielfältige Zugänge zu Informationen bzw. Daten über den Umgang der Studierenden mit den webbasierten Angeboten. Neben teilstandardisierten schriftlichen Eingangs- und Abschlussbefragungen fanden Fokusgruppen nach der Teilnahme sowie mündliche Kurzbefragungen im Rahmen der Präsenzveranstaltungen statt. Auch wurden die schriftliche Kommunikation zwischen Studierenden und Dozentin, schriftliche Kommentare im Diskussionsforum sowie informelle Gespräche mit Studierenden und Beobachtungen im Rahmen von Präsenzveranstaltungen einbezogen. Darüber hinaus gab es mündliche Befragungen der Tutorinnen und Tutoren, des Lehrstuhlinhabers – zumeist im Rahmen von Feedbackgesprächen – sowie eine schriftliche Befragung der studentischen Mitarbeitenden. Auf der Grundlage dieser vielfältigen Zugänge und Erfahrungen bestand zumindest die Option, all diese Quellen und Daten zu nutzen und einzubeziehen. Dies ist selbstverständlich noch weit entfernt von einem systematischen theoretischen Sampling, solange es sich nicht um bewusste Entscheidungen für die Nutzung handelt und solange keine Strategien zur Datensicherung eingeplant sind. Zumindest von der Idee her sind aus all diesen Quellen durchaus wertvolle Erkenntnisse integrierbar.

Auch das Konzept der theoretischen Sensibilität war nutzbar für das konkrete Evaluationsvorhaben und übereinstimmend mit einer Grundidee der theoriebasierten Evaluation, vorhandenes Wissen zu explizieren und für die Evaluation zu nutzen. Im Beispiel betraf dies verschiedene Arbeitsschritte: Zunächst ging es darum, sich zu vergegenwärtigen, wozu ganz allgemein die Lernumgebung entwickelt werden soll, welche Funktion die einzelnen Bestandteile haben, wie diese zusammen gehören, welche Prozesse damit in Gang gesetzt werden und was ausgelöst werden soll.

Ein weiterer Arbeitsschritt umfasste die Recherche von Fachliteratur (siehe auch Kapitel 4.6.1). Ausgangspunkt waren hier die ohnehin im Konzept der Methodenübung benannten lern-theoretischen Ansätze, wie die gemäßigt konstruktivistische Didaktik mit Lehrenden in der Funktion von Beratenden mit Expertenstatus sowie konstruktivistisches, aufgabenorientiertes „learning by doing" mit selbstgesteuerten Lernprozessen. Von dort ausgehend fand eine Auseinandersetzung mit lerntheoretischen Debatten rund um internetbasierte Lehr- und Lernprozesse statt. Die zusätzlichen Kommunikationswerkzeuge und Online-Angebote wurden daraufhin überprüft, ob sie das Potential hatten, weitere Gestaltungsräume und Zugriffsmöglichkeiten auf eine breitere Informationsbasis zu schaffen und eine individuellere Gestaltung von Lernwegen zu eröffnen. Daneben wurden dokumentierte Beispiele von internetbasierten Lehr- und Lernprojekten im Kontext von Hochschule oder auch anderen Lernkontexten recherchiert. Dieses empirische Material hatte vorwiegend Anregungscharakter, lieferte Gestaltungsideen und sensibilisierte für mögliche Schwierigkeiten.

Der in Kapitel 4.6.2 dargestellte erste Entwurf einer Programmtheorie ist als ein Zwischenergebnis der Explizierung von Vorannahmen unter Einbeziehung der Fachliteratur zu betrachten. Schwieriger gestaltete sich im Illustrationsbeispiel die Weiterentwicklung der Programmtheorie mit Hilfe von methodischem Werkzeug der Grounded-Theory-Methodologie. Auch wenn die Auseinandersetzung mit den unterschiedlichsten theoretischen und empirischen Materialien in Einklang mit der Grounded-Theory-Methodologie erfolgte, so wurden doch nicht alle Informationen und Daten systematisch den Kodierungsprozessen unterzogen und in die Programmtheorie eingepflegt. Ein Großteil der Anregungen aus der Fachliteratur und aus informellen Feedbackgesprächen wurde eher zur direkten Gestaltung der Praxis genutzt. Dafür sind zwei Ursachen zu nennen: Zum einen ist ein anspruchsvolles und aufwändiges methodisches Vorgehen schwer vereinbar mit den Praxisverstrickungen einer Selbstevaluation. So konnten beispielsweise nicht alle Entwicklungsschritte systematisch dokumentiert und analysiert werden, wie beispielsweise die Umgestaltung des grafischen Backgrounds von Grautönen in freundlichere Farben. Die Anregungen von Studierenden bzw. die Beschwerden über das triste Grau wurden schlicht aufgegriffen und umgesetzt. Insgesamt konnte also das theoretische Sampling nicht durchgängig, jedoch durchaus in Ansätzen genutzt werden.

Ein weiteres grundsätzliches Problem ergab sich daraus, dass die Grounded-Theory-Methodologie wenig Hilfsangebote unterbreiten kann, Ergebnisse verdichtet darzustellen. Es war zu aufwändig, alle Entwicklungsschritte der internetbasierten Lernumgebung und der dieser zugrunde liegenden Annahmen sowie die bestätigenden oder auch revidierenden Erfahrungen bzw. Daten in Programmtheorien schriftlich zu fixieren oder gar in Abbildungen darzustellen.

Für die Analyse der Gruppenerhebungen wurden die Auswertungsstrategien der Grounded-Theory-Methodologie verwendet. Das offene Kodieren, in dem das Material journalistisch zu befragen ist und zentrale Phänomene zu benennen sind, schaffte zumindest eine gewisse Distanz zum Praxisgeschehen. Damit war eine Voraussetzung geschaffen, auch Überraschendes in den Daten zu entdecken. Das axiale Kodieren funktionierte vor allem dann, wenn es darum ging, Wirkannahmen zu formulieren, Reaktionen der Studierenden auf die Lernumgebung sowie deren Lernen mit den zusätzlichen Angeboten herauszuarbeiten. Darüber hinaus konnten die kontinuierliche Kontextualisierung einzelner Ergebnisse oder auch Aussagen in der Dateninterpretation genutzt werden. Das axiale Kodieren erlaubte eine vergleichende Analyse zwischen einzelnen Passagen und zwischen verschiedenen Datenquellen und Perspektiven. Formulierte Annahmen konnten also am gesamten Datenspektrum überprüft werden.

Um diesen Prozess zu illustrieren sei hier ein Beispiel angeführt. Im Verlaufe des ersten Semesters, in dem die internetbasierte Lernumgebung angeboten wurde, stellte sich heraus, dass das Angebot des Diskussionsforums nicht genutzt wurde. Ein einziger Beitrag mit einer eher organisatorischen Fragestellung konnte als deutliches Scheitern interpretiert werden. Im Rahmen der ersten Fokusgruppe mit Studierenden wurden alle Bestandteile der Lernumgebung thematisiert, so auch das Diskussionsforum. Hier ein Ausschnitt aus dem Gespräch:

> „V: Hat das überhaupt jemand benutzt? (…). Na ja nur, wenn das die einzige Möglichkeit ist, 'ne Antwort zu kriegen. Ansonsten find ich das recht überflüssig, wenn ich direkt auch 'ne E-Mail an dich richten kann.
>
> F: Man könnte so, wenn man es wirklich, also eine Möglichkeit wäre, wenn man es den Leuten verbietet, persönliche E-Mails zu schreiben, weil jede E-Mail direkt in dieses Forum gelangt (…)
>
> V: Ich muss sagen, ich mag so was überhaupt nicht, so generell (…)"

Zunächst wurde die Passage als „Fehl- bzw. Überangebot Diskussionsforum" benannt. Ein anderer Redebeitrag zeigte jedoch, dass das Anliegen des Diskussionsforums durchaus verstanden wurde.

> F: „(…) Ich hatte auch mal so was geschickt (…), da hat sie mir 'ne riesen lange Mail zurückgeschrieben. Und ich fand das irgendwie schade. Dass das nur an unsere Gruppe ging. Wenn das dann aber irgendwo steht, dann ist das natürlich wieder die Frage, wie das strukturiert ist und so. Und ich find das schon sinnvoll, da steht nicht nur irgendwas, sondern Leute fragen, wie geht das und bekommen dann Antworten auf ihr Problem."

Im Gesprächsverlauf nannten die Studierenden weitere mögliche Gründe, die die Nutzung verhinderten, etwa der schwierige oder teure Zugang zum Internet für einen großen Teil der Studierenden, oder dass es unangenehm wäre, Fragen in der Öffentlichkeit zu thematisieren. Auf der Suche nach Erklärungen wurde auch die Fachliteratur zu Rate gezogen. Dabei zeigte sich in der Analyse des Kontexts als eine Erklärung, dass Diskussionsforen bei intrinsisch motivierter Seminarteilnahme in einem überschaubaren Rahmen gut funktionieren und ein reger Austausch unter den Studierenden gelingt, jedoch eine gute Moderation notwendig ist (z. B. Bremer 2003). Auch wenn Lernende keine Möglichkeit haben sich im Rahmen von Präsenzveranstaltungen auszutauschen, wie beispielsweise bei länderübergreifenden Seminaren, werden Diskussionsforen umfassend genutzt (z. B. Weber-Wulff 2003). Hierfür ließen sich in den Daten der Gruppengespräche wiederum Bestätigungen finden. So wurde angemerkt, dass schließlich in den Präsenzveranstaltungen schon genug diskutiert würde. Der Vorschlag, das Diskussionsforum stärker durch die Lehrenden zu initiieren und zu strukturieren, wurde in den darauffolgenden Semestern erprobt, jedoch ohne positive Resonanz der Studierenden.

Auf der Suche nach alternativen Angeboten und im Vergleich mit den Rückmeldungen zum Thema „Beratung per E-Mail" und zu anderen Lehr- und Lernangeboten, ergab sich eine weitere hypothetische Erklärung für das Scheitern des Diskussionsforums. Bei den Studierenden, am Beginn ihres Studiums, bestand das Bedürfnis nach individueller, persönlicher Betreuung, was unter anderem Anfragen per E-Mail wesentlich attraktiver machte. Diese Annahme konnte auch aus Sicht der Tutorinnen und Tutoren bestätigt werden. Befragt nach der Nutzung der Beratung durch die Studierenden lautete eine Antwort der Tutorin:

„Sowohl die Studierenden als auch die Tutoren können einfacher, persönlicher und flexibler kommunizieren, als wenn es z.B. nur feste Sprechzeiten gäbe. Dies hat sehr gut funktioniert."

In Bezug auf das Angebot der „Typischen Fehler" wird dann auch noch einmal deutlich, dass gerade zu Beginn des Studiums viele verunsichert sind und deswegen wohl nicht davon ausgehen, dass eine Frage, die für sie selbst wichtig ist, auch andere interessieren könnte.

Im Rahmen der Selbstevaluation ist es nicht gelungen, die verschiedenen Datenquellen systematisch entlang des Kodierparadigmas zu ordnen und die zahlreichen, verstreuten Memos diszipliniert und konsequent in die Überarbeitung der Programmtheorie münden zu lassen. Gut funktioniert hingegen hat es, kontinuierlich Probleme mit der internetbasierten Lernumgebung zu registrieren, diese, sofern möglich, zu lösen und die Lernumgebung beständig zu verbessern.

5.6 Standardisiert verfahrende Forschung

Die aus dem Kritischen Rationalismus abgeleiteten standardisiert verfahrenden Forschungsstrategien werden nicht nur häufig unter dem Begriff „traditionelle Forschung" geführt – vor allem in den Schriften der bislang erörterten Methoden –, sondern prägen auch die klassische Literatur zu Methoden der Evaluation. Der sogenannte Goldstandard für Wirkungsevaluationen, das experimentelle Design, basiert auf den Grundannahmen deduktiv-nomologischer Forschung. Aus welchen Gründen jedoch das experimentelle Design für die Umsetzung von Evaluationen problematisch ist, wurde bereits im Kapitel 3.2.3 ausgeführt.

In diesem Kapitel sollen nun weitere Designs und Forschungsstrategien, die auf dem Kritischen Rationalismus basieren, auf ihre Nutzbarkeit im Rahmen theoriebasierter Evaluation überprüft werden. Ging es bei den bislang dargestellten methodischen Zugängen darum, dem Programm zugrundeliegende Zusammenhänge zu entdecken und zu verstehen, ermöglichen standardisiert verfahrende Methoden u.a. die Quantifizierung dieser Zusammenhänge. Die offenen Forschungsstrategien sind in der Regel in ihren Fallzahlen deutlich eingegrenzt, wodurch entdeckte Zusammenhänge Gefahr laufen, fehlinterpretiert zu werden (z.B. Kelle 2007a).

Standardisiert verfahrende Forschungsmethoden sind auch dann relevant, wenn Zweifel an der Gültigkeit der theoretischen Basis des Programms bestehen. Dass sich selbst plausibel klingende Annahmen in einer Überprüfung als Irrtümer herausstellen können, ist vielfach belegt und wurde zum Beispiel von BRICKMAYER/WEISS (2000) in ihrer Sekundäranalyse von theoriebasierten Evaluationen nachdrücklich bestätigt.

Im Folgenden werden zunächst einige wichtige Grundüberlegungen und Grundlagen des Kritischen Rationalismus dargestellt, bevor dessen idealtypische Umsetzung in Anlehnung an ein Survey-Studien-Design präsentiert wird. Anschließend werden die nutzbaren Elemente für theoriebasierte Evaluationen erörtert.

5.6.1 Grundzüge

Der Kritische Rationalismus geht davon aus, dass, unabhängig von subjektiven Interpretationen, eine objektive Wirklichkeit existiert, die erfahrbar und beobachtbar ist. Darüber hinaus wird angenommen, dass diese Wirklichkeit strukturiert ist und Gesetzmäßigkeiten unterliegt. Dementsprechend besteht die Hauptaufgabe dieser Forschung darin, diese Gesetzmäßigkeiten festzustellen, um beispielsweise Prognosen erstellen zu können oder laut RAINER SCHNELL U.A. (1988, S. 42) die „Erklärung von sozialen Ereignissen bzw. Tatsachen" zu finden. Angestrebt werden Gesetzes- bzw. deduktiv-nomologische Aussagen über die Beschaffenheit der sozialen Welt, so zum Beispiel auch über Programme.

Eine zentrale Brückenfunktion zwischen Wirklichkeit und dem Wissen über die Welt kommt Hypothesen und Theorien zu. Theorie ist definiert als „ein *System logisch widerspruchsfreier Aussagen* (Sätze oder Hypothesen) über den jeweiligen Untersuchungsgegenstand *mit den zugehörigen Definitionen* der verwendeten Begriffe", wobei eine Hypothese „eine *Vermutung über einen Zusammenhang* zwischen mindestens zwei Sachverhalten ist" (Kromrey 2009, S. 41, Herv. im Orig.). Die Hypothesen müssen im Sinne des Kritischen Rationalismus über die Realität informieren, an der Erfahrung überprüfbar sein und prinzipiell an ihr scheitern können. Dieses sogenannte Falsifikationsprinzip lässt sich in den Worten KARL POPPERS fassen:

> „Insofern sich Sätze einer Wissenschaft auf die Wirklichkeit beziehen, müssen sie falsifizierbar sein, und sofern sie nicht falsifizierbar sind, beziehen sie sich nicht auf die Wirklichkeit" (Popper 2005, S. 304).

Eine Programmtheorie muss dementsprechend Annahmen über strukturelle Zusammenhänge zwischen einem Programm und dessen Folgen oder Bedingungen explizieren. Soweit besteht zunächst nur eine geringfügige Differenz zu den zuvor dargestellten wissenschaftstheoretischen Paradigmen, die jedoch weniger auf Strukturelles als auf Typisches abzielen. Der eigentliche Unterschied liegt darin, dass der Kritische Rationalismus Gesetzmäßigkeiten unterstellt, während andere wissenschaftstheoretische Grundpositionen eher von kontextabhängigen Ordnungen ausgehen.

Erkenntnis entsteht durch den Vergleich zwischen Hypothese bzw. Theorie und der wirklichen Welt. Zwischen Realität und Theorie bestehen jedoch zwei entscheidende Lücken: Zu bedenken ist, dass grundsätzlich zwischen der sprachlichen Ebene – den Begriffen – und den Phänomenen der Wirklichkeit eine Differenz besteht (Mayntz u.a. 1971, S. 9ff.). Um die Behauptungen über die Wirklichkeit mit dieser zu konfrontieren, müssen die theoretischen Annahmen in Beobachtungsaussagen übersetzt werden. Der Vergleich zwischen Hypothesen und Beobachtungsaussagen kann dann entweder die Hypothesen bestätigen oder widerlegen (falsifizieren).

Eine weitere Herausforderung besteht darin, dass soziale Realität so komplex ist, dass die Beobachtung zwangsläufig selektiv erfolgen muss und demnach immer von Vorannahmen geleitet ist. Im Unterschied zu den bislang dargestellten methodischen Zugängen, die ein offenes, weitgehend nicht standardisiertes Vorgehen nahe legen, wird im Kritischen Rationalismus daraus der Schluss gezogen, dass vorab festzulegen ist, wohin die Aufmerksamkeit der Beobachtenden zu richten ist. So ist „kontrollierte Selektivität […] die zentrale Maxime des idealtypischen Designs" einer deduktiv-nomologischen Untersuchung (Kromrey 1994a, S. 164). Für die Formulierung von Programmtheorien folgt daraus, dass am Beginn des Forschungsprozesses gezielt Ausschnitte über die Programmwirklichkeit auszuwählen sind.

In Forschungspraxis übersetzt fordert „kontrollierte Selektivität" eine Standardisierung, somit eine klar geregelte und vereinheitlichte Entwicklung und Gestaltung von Untersuchungen, der Erhebung von Daten sowie deren Analyse. Beobachtungen sollen soweit wie möglich standardisiert sein, Messsituationen müssen stabil gestaltet werden, störende Einflüsse ausgeschaltet bzw. kontrolliert werden.

Forschende, wie auch Evaluatorinnen und Evaluatoren, sind dem Prinzip der Wertneutralität verpflichtet. Statt persönlicher Interessen, Wertmaßstäbe und Vorlieben sind die Entscheidungen im Forschungsprozess ausschließlich „sachlich-methodisch begründet" zu treffen (z. B. Kromrey 2009, S. 21). Dieses Postulat hat unterschiedliche Konsequenzen: Entscheidungen für Forschungsthemen, der so genannte Entdeckungszusammenhang, liegen außerhalb des methodisch kontrollierten Forschungsprozesses, genauso wie auch die Verwertung von Forschungsergebnissen, der sogenannte Verwertungszusammenhang. Hingegen ist der „Begründungszusammenhang", d.h. der eigentliche Forschungsprozess, methodisch kontrolliert und regelgerecht umzusetzen (Friedrichs 1985, S. 50ff.). Nicht nur für theoriebasierte Evaluation, sondern für jede Form der Evaluation, ist damit die Frage aufgeworfen, wie methodisch kontrolliert zu Bewertungen zu kommen ist.

5.6.2 Methodische Umsetzungen

Als klassisches Design zur Umsetzung der zuvor dargestellten Grundzüge gilt im Kritischen Rationalismus der nomologisch-deduktive Hypothesentest.

> „Das *Design* einer hypothesentestenden Untersuchung ist also so anzulegen, dass ein gezielter und kontrollierter Vergleich der *empirisch feststellbaren* Sachverhalte mit den aus den Hypothesen *ableitbaren* Behauptungen über die empirische Realität möglich ist" (Kromrey 2009, S. 83, Herv. im Orig.).

Dieser Hypothesentest ist – grob vereinfachend – in aufeinander folgende Phasen unterteilt: Auf die Formulierung der theoretischen Hypothese folgt deren Umformulierung in eine Beobachtungssprache sowie eine Übersetzung in Messoperationen; im Anschluss daran werden die theoretischen Annahmen mit den Beobachtungssätzen verglichen (ausführlicher: Kromrey 2009, S. 84).

Als allgemeineres und umfassenderes Verlaufsschema muss hier jedoch das Strukturmodell nichtexperimenteller Forschung zu Grunde gelegt werden (Kromrey 2009, S. 101), da die Strukturierung des Untersuchungsgegenstands zumindest im Regelfall Teil einer Evaluation ist. Am Anfang steht die Präzisierung der Untersuchungsfragestellung, die in jedem Fall eng auf den Zweck und die Nutzungsabsichten der Untersuchung abzustimmen ist. Nach der Festlegung von Fragestellung und Informationsbedarf findet die so genannte dimensionale Analyse statt, also der Arbeitsschritt, in dem begründet festgelegt wird, welche Aspekte als relevant für den Untersuchungsrespektive den Evaluationsgegenstand zu erachten sind, und zwar jeweils abgestimmt auf den damit verfolgten Zweck.

> „Eingefangen werden soll das Wesentliche, das für die Fragestellung besonders Relevante, auszuschalten ist nur das Unerhebliche, das (hoffentlich) ohnehin nichts zur Erkenntnis beitragen würde." (Kromrey 1994a, S. 166).

Kriterien hierbei sind Nutzungsabsichten sowie Vorgaben von Auftraggebenden; ebenso gilt es, vorangehende empirische Studien zu berücksichtigen. Am Ende dieses Arbeitsschrittes steht ein Modell des Untersuchungsgegenstands, in dem dessen einzelne Aspekte in Beziehung zueinander gesetzt sind. Hier können Hypothesen über die Rahmenbedingungen, wie auch Ursache-Wirkungsbeziehungen, zeitliche Abläufe usw. formuliert werden.

Die einzelnen ausgewählten und als relevant erachteten Aspekte werden mit Begriffen bezeichnet, deren Extension sowie auch Intension zu bestimmen sind. Diese Begriffe werden dazu einer semantischen Analyse unterzogen, deren Ziel darin besteht, „so einschränkend zu definieren, dass sie quasi die Funktion von Scheinwerfern erfüllen, die den interessierenden Realitätsausschnitt hell ausleuchten und ihn zugleich randscharf von den nicht interessierenden Realitätsteilen abgrenzen" (Kromrey 1994a, S. 142, bezugnehmend auf Popper). Die Definitionen sollen möglichst gleichermaßen ihrer Repräsentations- wie auch ihrer Kommunikationsfunktion gerecht werden, d. h. sie sollen zugleich eindeutig und verständlich sein.

Nachdem diese Schritte vollzogen sind, ist der Untersuchungsgegenstand in seinen Aspekten und Inhalten präzise festgelegt und die Operationalisierung, also die Transformation in Messoperationen, kann beginnen. Zumeist müssen für die zu messenden Aspekte Indikatoren festgelegt werden, die wiederum durch Korrespondenzhypothesen mit den Begriffen zu verbinden sind. Idealerweise sollen diese „Hilfstheorien", die die Lücke zwischen Begriff und Beobachtung schließen, bereits empirisch überprüft sein.

Für alle Aspekte bzw. Indikatoren gilt es, in einem nächsten Schritt, Messoperationen zu bestimmen. Diese Festlegung ist eng verknüpft mit der Entscheidung für Erhebungsverfahren und mit der Entwicklung von Erhebungsinstrumenten. Unabhängig davon, ob die Wahl auf Beobachtung, Befragung oder Inhaltsanalyse fällt, geht es darum, möglichst standardisierte Erhebungssituationen zu schaffen, um präzise, vergleichbare und intersubjektiv geltende Daten zu erheben (Kromrey 2009, S. 21). Die Erhebungsinstrumente sollen valide (gültig) und reliabel (zuverlässig) messen. Validität bedeutet, dass genau das gemessen wird, was gemessen werden soll; mit Reliabilität wird gefordert, dass auch bei wiederholter Messung oder Erhebung durch verschiedene Personen dieselben Daten erzeugt werden. Idealerweise ist auf bereits getestete Instrumente zurückzugreifen, zumindest sind sie vor ihrem Echteinsatz einem Pretest zu unterziehen.

Zudem ist ein Auswahlplan zu erstellen. Abhängig davon, für welche Grundgesamtheit die Ergebnisse gelten sollen, ist zu entscheiden, ob eine Vollerhebung, bei der alle Elemente der Grundgesamtheit die Datenerhebung durchlaufen, stattfinden soll oder ob und wie eine Stichprobe gezogen wird. Hierbei ist im Unterschied zu den zuvor vorgestellten methodischen Zugängen die Repräsentativität das entscheidende Gütekriterium. Repräsentativität bedeutet die Kongruenz von Grundgesamtheit und der tatsächlich in der Stichprobe repräsentierten Elemente (Kromrey 2009, S. 261ff.).

Nun werden die erhobenen Daten aufbereitet und analysiert, das heißt entlang statistischer Modelle geordnet und zusammengefasst. Ausschlaggebend für die Durchführung statistischer Operationen ist das Modell des Gegenstandsbereichs – die hierin gesetzten Relevanzen und Zusammenhänge – ebenso wie die „Qualität" des Datenmaterials – respektive die Skalenniveaus der erhobenen Daten. Abschließend müssen die auf diese Weise zusammengefassten Daten ausgewertet und interpretiert werden. Ein wichtiger Orientierungspunkt ist hier wieder der Zweck der Untersuchung. Je nachdem, ob es um die Diagnose eines Sachverhalts bzw. die Beschreibung eines Untersuchungsgegenstands geht, ob eine Hypothese getestet oder ein Programm evaluiert werden soll, die Referenzrahmen sind jeweils unterschiedlich zu wählen.

Die hier in vereinfachter Form dargestellten Schritte einer empirischen Untersuchung, die sich am Kritischen Rationalismus orientiert, verlaufen entgegen der offenen Forschungsstrategien *linear*.

„Es besteht eine nichtrekursive Beziehung und eine hierarchische Ordnung" (Kromrey 1994a, S. 175).

Es sollte aber auch deutlich geworden sein, dass die einzelnen Schritte gleichzeitig eng miteinander verwoben sind. Daraus folgt, dass von Beginn an, über den gesamten Forschungsprozess hinweg, die Folgeschritte gedanklich vorwegzunehmen und einzuplanen sind. Dies gilt in besonderem Maße für angewandte Feldforschung wie eben auch Evaluation. Sie unterliegen zeitlichen und materiellen Beschränkungen und müssen deshalb mit den Gegebenheiten im Feld zurechtkommen.

5.6.3 Kausalmodelle testen und Pattern Matching

Im Unterschied zu den bislang dargestellten Methoden bietet die Literatur für standardisiert verfahrende Forschung bereits konkrete Empfehlungen zur Umsetzung von theoriebasierten Evaluationen. Beispielsweise konzipiert Edward Suchman

(1967, S. 83), der zu den ersten gehört, die ein theoriebasiertes Vorgehen vorschlagen, die methodische Umsetzung von Evaluationen als Hypothesentest.

Grundsätzlich formuliert standardisiert verfahrende Forschung Programmtheorie als ein System von Variablen, die unterschiedlich angeordnet und zusammengestellt sein können. Es lassen sich zwei Grundformen unterscheiden: Wenn die Evaluation auf Wirkungsfeststellung ausgerichtet ist, werden Kausalmodelle zugrunde gelegt und getestet. Außerdem zu nennen ist die auf DONALD CAMPBELL zurückzuführende und von WILLIAM TROCHIM und anderen aufgegriffene Idee des „Pattern Matching", die sich an einem deskriptiven Design orientiert (Trochim 2002, 1989a; Trochim/Cook 1992).

Kausalmodelle testen

Wenn es um Wirkungsforschung oder wirkungsorientierte Evaluation geht, ist Kausalität ein Schlüsselbegriff.

> „Von Kausalität spricht man, wenn ein Sachverhalt als Ursache angesehen wird und ein anderer Sachverhalt als dessen Wirkung." (Diaz-Bone 2006, S. 63).

Klassischerweise werden Ursache-Wirkungs-Zusammenhänge in der standardisiert verfahrenden Forschung mit Hilfe experimenteller Designs erfasst. Auf deren Schwierigkeiten im Rahmen von Evaluationen wurde bereits ausführlich in Kapitel 3.2.3 eingegangen. Dennoch stellt sich die Frage, inwieweit nichtexperimentelle Daten eine Basis liefern können, um Aussagen zu kausalen Zusammenhängen zu treffen. Eine Antwort im Sinne des Kritischen Rationalismus liefert HUBERT BLALOCK (1976, S. 68):

> „Die Ansicht, daß man Kausalität nicht mit Korrelationsanalysen oder überhaupt in irgendeiner Art empirischer Daten beweisen kann, ist gewiß richtig. Trotzdem ist es möglich über die Adäquanz kausaler Modelle Vermutungen anzustellen, zumindest können nicht adäquate Modelle, die mit den Daten nicht übereinstimmende Prognosen ergeben, eliminiert werden."

Kausalmodelle für theoriebasierte Evaluationen müssen also in einer adäquaten Form die relevanten Ursache-Wirkungs-Beziehungen des Programms prognostizieren. Ein solches Modell kann unterschiedliche Formen annehmen. Entsprechend werden die einzelnen Bestandteile in der Literatur mit unterschiedlichen Begriffen bezeichnet. Als Mindestanforderungen formulieren HANS HUMMEL und ROLF ZIEGLER (1976, S. E 20) folgende Aspekte:

> „Alle für eine bestimmte Problemstellung als relevant vermuteten Variablen werden soweit wie möglich explizit berücksichtigt. Man arbeitet also mit einer (endlichen) Menge von *expliziten Variablen*, bei denen man zwischen *endogenen* und *exogenen* unterscheidet."

Daneben müssen Hypothesen expliziert werden sowohl über die Struktur und die Art der kausalen Beziehung zwischen den aufgenommmen Variablen als auch über solche Variablen, die begründet unberücksichtigt bleiben (Hummel/Ziegler 1976, S. E 21; Blalock 1976, S. 68).

Kausale Modelle enthalten also unterschiedliche Arten von Variablen. Von exogen und endogen wird im Unterschied zu unabhängigen bzw. explikativen und abhängigen Variablen gesprochen, um darauf hinzuweisen, dass eine endogene auch zu einer exogenen für eine weitere endogene Variable werden kann (z.B. Hummel/ Ziegler 1976, S. E 20, FN 3). Damit ist auf Kausalmodelle verwiesen, die die Form von Wirkungsketten annehmen können, die also Kausalität in einer Serie von Ursache-Wirkungs-Zusammenhängen mit Zwischenprodukten präsentieren. Diese Zwischenprodukte könnten auch als Mediatoren oder intervenierende Variablen bezeichnet werden. Eine lineare Wirkungskette ist demnach in einer Abfolge von Variablen folgendermaßen (siehe Abbildung 24) darstellbar.

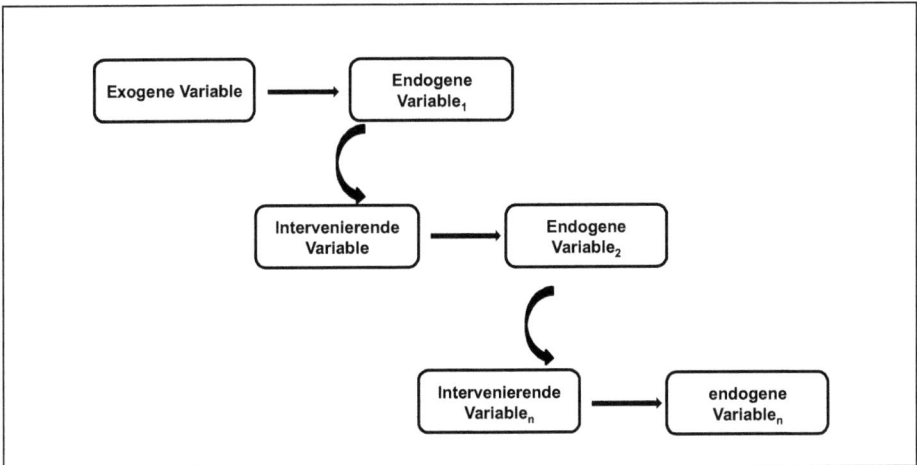

Abbildung 24:   Lineares Kausalmodell

Damit ist neben den Mindestanforderungen darauf verwiesen, dass Kausalität immer eine zeitliche Komponente beinhaltet, das heißt, dass die Ursache zeitlich grundsätzlich vor der Wirkung liegt. Sie muss aber nicht ausschließlich linear oder additiv (mehrere exogene Variablen beeinflussen die endogene) abgebildet sein. Es handelt sich bei einem Modell immer um eine vereinfachte Repräsentation der Wirklichkeit, deshalb müssen in der Regel für theoriebasierte Evaluationen komplexere Modelle mit wechselseitigen Interdependenzen vorgegeben werden (vgl. Rogers 2000b; Hellstern/Wollmann 1983, S. 61).[292] MELVIN MARK U.A. (1992) sowie THOMAS COOK (1993) sprechen in diesem Zusammenhang von elaborierten Versionen.

---

292 ROGERS (2000b, S. 54f.) fasst folgendermaßen zusammen: „In using these models, we should remember that any causal model is indeed only a model – a simplification of reality to help us to understand, predict, make decisions, and act. Rather than searching for the true causal model that underpins a program, evaluators might understand a program more by using a variety of causal models."

Ebenfalls von hoher Bedeutung sind als weitere Drittvariablen neben den intervenierenden so genannte moderierende Variablen.[293] Diese moderierenden Variablen lösen Interaktionseffekte aus, die entweder positive oder negative Einflüsse auf die endogenen Variablen haben. Bezeichnet sind damit äußere Einflüsse, durch die das Programm erst seine Wirkung entfalten kann. Um dies an einem Beispiel zu verdeutlichen: In einer Trainingsmaßnahme für Arbeitslose (exogene Variable) erlernen die Teilnehmenden Bewerbungsstrategien (intervenierende Variable), um einen verbesserten Zugang zu Beschäftigung zu erhalten (endogene Variable). Ergänzend dazu geben moderierende Variablen Auskunft über vom Programm unabhängige Faktoren, die fördernde oder hemmende Einflüsse auf die Wirkung, also auf die vermittelnden Variablen haben. Dabei handelt es sich oftmals um soziodemographische Charakteristika von Teilnehmenden oder auch Informationen über regionale Spezifika, von denen angenommen wird, dass sie einen Einfluss auf die Wirkung eines Programms haben. Im angeführten Beispiel könnten typische Moderatoren für die Trainingsmaßnahme die Dauer der Arbeitslosigkeit, Geschlecht, Qualifikation und Motivation der Teilnehmenden sein sowie wirtschaftsstrukturelle Angaben über die Region, in der die Maßnahme durchgeführt wird (vgl. auch Donaldson 2007, S. 27ff.).

Kausalmodelle können demnach in einer linearen Abfolge als Wirkungsbündel oder eben als komplexere Systeme mit Interaktionseffekten abgebildet werden. Als Datenanalysestrategien haben sich v. a. Strukturgleichungsmodelle[294] oder Pfadanalysen[295] durchgesetzt.

Als weitere Absicherungsstrategie zur eindeutigen Zuordnung von Wirkungen zum Programm schlagen Chen und Rossi (z. B. 1984) ebenso wie Cook (2010, 2000) vor, zusätzlich experimentelle oder quasiexperimentelle Vergleichsdaten mit einzubeziehen.[296] Selbst die elaborierte Form des Ursache-Wirkungs-Zusammenhangs könne nicht belegen, was ohne Programm geschehen wäre. Weil außerdem bestehendes sozialwissenschaftliches Wissen nicht ausreicht, um alle moderierenden Variablen benennen und damit auch kontrollieren zu können, sieht Cook letztlich auch keine Alternative zu den Kontrollgruppendesigns.[297]

---

293 In der US-amerikanischen Debatte wird vor allem auf Baron und Kenny (1986) Bezug genommen, die eine Unterscheidung zwischen Moderatoren- und Mediatoren-Variablen einführen.

294 Eine gut nachvollziehbare Einführung zu Strukturgleichungsmodellen findet sich in Backhaus u. a. (2005).

295 Zum Nutzen von Pfadanalysen für theoriebasierte Evaluationen siehe auch Smith (1990).

296 „So it should be possible to construct and justify a theory-based form of evaluation that complements experiments and is in no way an alternative to them. It would prompt experimenters to be more thoughtful about how they conceptualize, measure, and analyze intervening process" (Cook 2000, S. 34).

297 „So the best safeguard for those who place a high premium on identifying causal effects is to have at least one well-matched comparison group, and the best comparison group is a randomly constructed one" (Cook 2000, S. 31).

Pattern Matching

Das zuvor angekündigte „Pattern Matching" – der Mustervergleich – stellt eine flexiblere Strategie zur Verwendung standardisiert verfahrender Forschungsstrategien im Rahmen von theoriebasierten Evaluationen dar. Dabei ist ein Muster, ganz allgemein, eine nichtzufällige und zumindest potentiell beschreibbare Anordnung von Objekten oder Einheiten. Dieses Muster ist im Grunde genommen das Resultat einer dimensionalen Analyse des Programms und liefert eine weitere Spezifizierung der Programmtheorie. Das Prinzip des Pattern Matching lässt sich wie folgt darstellen (Abbildung 25).

Die Grundidee besteht darin, den theoretischen Entwurf des Programms mit den Beobachtungsdaten zu vergleichen, um daraus Aussagen über die Funktionstüchtigkeit des Programms zu ziehen. Ein wichtiger Unterschied zu den bereits beschriebenen Kausalmodellen besteht darin, dass die Prognosen nicht ausschließlich oder vorrangig auf die Benennung von Kausalbeziehungen abzielen. MARK U.A. (1992) heben hervor, dass sich zahlreiche Möglichkeiten bieten, die jeweilige Programmtheorie zu spezifizieren. Beispielhaft können folgende oder ähnliche Aspekte eines Programms überprüft werden:

- Zusammensetzung der Zielgruppe
- Entwicklungsschritte von Zielgruppenmitgliedern
- Zielgruppen, die die deutlichsten/schwächsten Veränderungen erreichen
- einzelne Interventionen, die deutlichere/schwächere Veränderungen erreichen
- einzelne Outcomes, die am besten/schlechtesten erreicht werden
- regionale oder organisationsspezifische Bedingungen, unter denen Zielgruppen erreicht werden
- Zeitpunkte, zu denen deutlichere/schwächere Outcomes erwartet werden …[298]

Diese Liste lässt sich nahezu unendlich fortsetzen. Entscheidend ist, dass Programmtheorien weiter konkretisiert und spezifiziert werden, indem ergänzend Aussagen zu der *Art* der Beziehung zwischen den einzelnen Programmtheorieaspekten (Variablen) getroffen werden. Der so entstehende vorhergesagte „Fingerabdruck" der Programmtheorie wird dann mit den erhobenen Daten abgeglichen. Je höher die Übereinstimmung zwischen prognostiziertem und tatsächlichem Muster ist, desto wahrscheinlicher ist es, dass die Vorhersagen über die Umsetzung und den Erfolg des Programms bestätigt werden. Da die Programmtheorie (das theoretische Muster) und die dazugehörigen Beobachtungsdaten (das beobachtete Muster) sehr ausdifferenziert beschreiben werden, erhöht sich die Überzeugungskraft der Wirkungsannahmen, denn es lassen sich weniger konkurrierende Erklärungen für den Erfolg des Programms anführen (Trochim 1989a, S. 365).[299]

---

298 Ergänzend zu dieser Auflistung sei auf TROCHIM (1989a) verwiesen.
299 „Pattern Matching" beschreiben TROCHIM/COOK (1992, S. 50) so: „A fundamental principle implicit in pattern matching is that more complex theories generally have fewer competitors – there will be less likelihood there are other suitable explanations for the more complex expectation pattern."

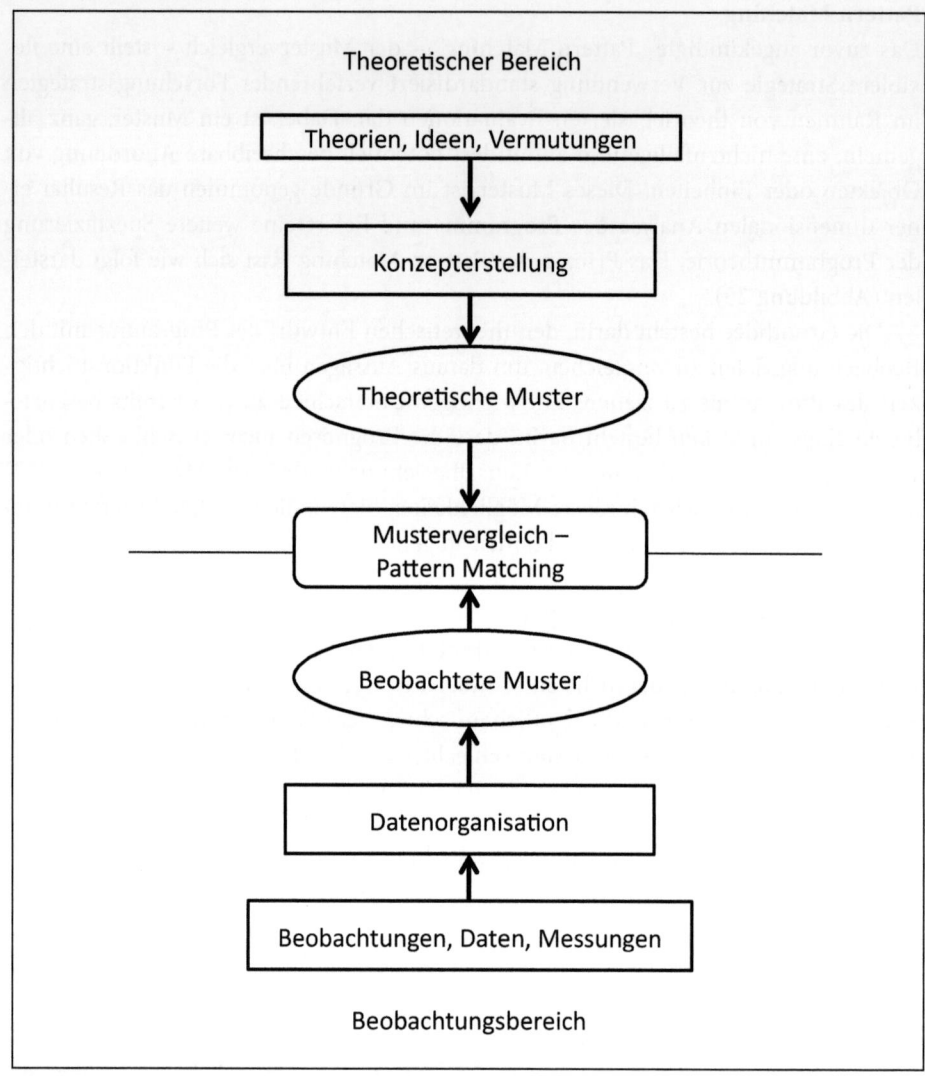

Abbildung 25: Pattern-Matching (nach Trochim/Cook 1992, S. 55)

Die Konkretisierung wird noch einen Schritt weitergeführt. Zusätzlich zu den Aussagen über strukturelle Zusammenhänge im Programm prognostiziert das Muster auch Werte für die Variablen. Das Muster hält zusätzliche Informationen zu z.B. Abständen und Rangfolgen fest. Der Dreh besteht darin, dass für Variablen oder Items Werte vorhergesagt werden, die mindestens ordinales Messniveau aufweisen müssen (Trochim/Cook 1992, S. 59). Damit schlagen die Autoren ein weiteres Verfahren vor, um zur Explikation von Programmtheorien zu gelangen. Im Unterschied zu den bislang präsentierten methodischen Zugängen werden die einzelnen Bestandteile als quantifizierende Variablen konzipiert.

In den vorgestellten Beispielen von Trochim/Cook (1992) sowie von Jules Marquart (1990) wird folgendes Vorgehen angewandt: Zunächst werden aus der Literatur die relevanten Variablen zur Abbildung der Programmtheorie recherchiert und darüber hinausgehend teilweise auch Items zur Messung der Variablen. Die Ergebnisse werden dann den Beteiligten präsentiert und in einem Aushandlungsprozess in eine „Konzept-Landkarte" (Concept-Map, Trochim 1989b), z.B. durch Clusterung sortiert. Das Ranking ergibt sich aus Fragen wie beispielsweise danach, für welches Item die höchsten Scores angenommen werden, von welchen endogenen Variablen die höchsten Werte erwartet werden usw. Um der Gefahr zu entgehen, dass Werte und Rangfolgen willkürlich festgesetzt sind, wird darauf geachtet, dass auch Begründungen für die gewählten Rangfolgen miterhoben werden. Laut Trochim/Cook (1992, S. 60f.) reichen im Allgemeinen zum Abgleich zwischen angenommenem Muster und gemessenem Muster, also für den Matching-Prozess, einfache Korrelationsberechnungen aus.

Die Strategie des Pattern-Matchings zielt also darauf ab, durch eine weitere Spezifizierung und Konkretisierung der Programmtheorie höhere Anforderungen an diese zu stellen und sie damit einem härteren Test zu unterziehen. Sollten Prognose und Daten übereinstimmen, so wäre die Validität der Programmtheorie umfassender abgesichert. An diese Argumentation lässt sich die Idee einer generativen bzw. erzeugenden Kausalität, so wie sie Pawson/Tilley vertreten, nahtlos anschließen: Statt einer logisch abgeleiteten Kausalität, wie sie der Kritische Rationalismus annimmt, wird auf beobachtbare, ausdifferenzierte Wirkzusammenhänge gesetzt.

Allerdings drängt sich sogleich die Frage auf: Ab wann ist von einer (Nicht-) Übereinstimmung zwischen Annahme und Daten auszugehen? Im Falle des Auseinanderdriftens zwischen prognostiziertem und beobachtetem Muster stellt sich die Frage nach der Güte der Vorhersage.[300]

5.6.4 Nutzungspotentiale für theoriebasierte Evaluationen

Wie bereits ausgeführt, basiert ein großer Teil der US-amerikanischen Literatur zu theoriebasierter Evaluation auf den Grundannahmen des Kritischen Rationalismus, auch wenn dies nicht immer explizit benannt wird. Insbesondere der Ansatz von Chen/Rossi (vgl. 4.4.1) ist diesem wissenschaftstheoretischen Paradigma verpflichtet. Suchman (1967, siehe z.B. S. 83f.), einer der ersten Protagonisten theoriebasierter Evaluation, konzipiert Evaluation gar explizit als einen Hypothesentest.

In der Darstellung von Grundzügen sowie der methodischen Vorgehensweise sollte deutlich geworden sein, dass standardisiert verfahrende Forschungsstrategien mit der Qualität ihrer zugrunde liegenden Vorannahmen bzw. Programmtheorien stehen und fallen. Programmtheorien müssen die Struktur des Evaluationsgegen-

---

300 So führt Mark (1990, S. 47) kritisch aus: „A pattern-matching approach can do no better than the process models on which it is based, and if the process models are unclear, ambiguous, or subject to simple post-hoc revision, clear differentiation of models may not result."

stands angemessen wiedergeben; ebenso müssen Entscheidungen über die Relevanz von Aspekten und deren Beziehungen zueinander getroffen werden. Jedoch zeichnet sich die soziale Wirklichkeit, wie auch Programme, durch eine hohe Komplexität aus, die zwangsläufig eine gut begründete und angemessene Reduktion erfahren muss (vgl. z. B. Hellstern/Wollmann 1983, S. 37). Unabhängig davon, ob die Programmtheorie in Form eines Kausalmodells, eines deskriptiven Schemas oder eines Musters erfolgt: mit diesen Vorannahmen ist der Scheinwerfer eingerichtet. Genau dieser eingegrenzte Wirklichkeitsbereich wird ausgeleuchtet, respektive gemessen, und kein anderer. Voraussetzung für die Nutzung standardisiert verfahrender Forschungsmethoden ist also eine Programmtheorie, die in der Lage ist, das Programm angemessen zu repräsentieren.

Wie jedoch standardisiert verfahrende Forschungsstrategien zu Relevanzfestlegungen und damit zu Programmtheorien kommen, da ergeben sich erhebliche Schwierigkeiten. Einerseits bieten das Erkenntnisinteresse sowie die Nutzungsabsichten wichtige Auswahlkriterien. Außerdem ist auch bestehendes Wissen einzubeziehen und auf bereits überprüfte Hypothesen zurückzugreifen. Eine Strategie, die oftmals vernachlässigt wird.[301] Andererseits ist vorausgesetzt, dass eine sichere Wissensbasis über den Evaluationsgegenstand besteht, was in der Evaluation, vor allem bei Pilotvorhaben, oftmals nicht der Fall ist. Evaluationen werden ja gerade in Auftrag gegeben, um gesichertes Wissen zu erzeugen. Dieses Problem lässt sich mit KROMREY (1988, S. 233) folgendermaßen formulieren:[302]

> „Da geeignete, theoretisch und empirisch abgesicherte Kenntnisse vor Beginn der Forschung nicht (oder zumindest nicht in ausreichendem Maße) zur Verfügung stehen, kann auch die in den Lehr- oder Rezeptbüchern zur Sozialforschungsroutine angegebene Abfolge von Forschungsschritten nicht eingehalten werden (…). Jedenfalls kann dies nicht in methodologisch verantwortbarer Weise geschehen. Auch hier gilt (…): Das benötigte Wissen lässt sich erst im Forschungsvorhaben selbst, im Verlaufe der Projektdurchführung gewinnen."

Je instabiler das zu evaluierende Programm, desto unsicherer ist das zur Verfügung stehende Wissen über Interventionen sowie deren beabsichtigte und unbeabsichtigte Wirkungen. Dementsprechend notwendiger ist der Einsatz offenerer, flexibler Methoden.

---

301 LIPSEY (1993, S. 18) formuliert das folgendermaßen: „The challenge for evaluation research is to know which effects are important and be able to detect them. Perhaps the most important, yet most neglected, function of theory in treatment research is its capacity to aid the researcher in specifying the constructs or variables on which change can reasonably be expected as a result of a given treatment …"

302 Am Beispiel der Stadtplanungspolitik beschreiben HELLSTERN/WOLLMANN (1983) eindrücklich, wie viel und gleichzeitig wie wenig abgesichertes theoretisches Wissen für Evaluationen bereit steht. LIPSEY (1993, S. 12) stellt für alle sozialwissenschaftliche Untersuchungsgegenstände dieses Defizit fest: „A major handicap (…) is the relative lack of readily available and pertinent background theory for most medical, psychological, educational, and social treatments of practical interest."

In den vorangehenden Kapiteln wurden verschiedene methodische Zugänge zu Programmen und den jeweils zu Grunde liegenden Programmtheorien auf ihren Nutzen für theoriebasierte Evaluationen analysiert. Im Idealfall ergeben sich aus dieser Phase der Evaluation gut abgesicherte Annahmen über die Struktur des Evaluationsgegenstands. Um diese begründeten Vermutungen zu quantifizieren und an großen Fallzahlen zu überprüfen, ist ein standardisiertes Vorgehen sinnvoll, oftmals gar unerlässlich. Das Arsenal an Erhebungsmethoden und der Umfang des Wissens über Instrumentengestaltung sind gerade in dieser Forschungsrichtung beachtlich.

Typischerweise sind im Rahmen von Evaluationen oftmals theoretische Konstrukte wie beispielsweise Motivation, Beschäftigungsfähigkeit, Selbstbewusstsein, Selbstwirksamkeit etc. relevant, die für Messungen in Bündel aus Indikatoren, sogenannte Indizes, transformiert werden müssen. Für viele dieser nicht direkt der Beobachtung zugänglichen Sachverhalte sind zahlreiche Fragebatterien verfügbar, die erprobt sind und adaptiert werden können. Zwar wird es nur selten möglich sein, „Instrumente von der Stange" eins zu eins zu übernehmen, jedoch kann auf umfangreiches Wissen zurückgegriffen werden. Neben Einführungswerken zur empirischen Sozialforschung (z. B. Kromrey 2009; Schnell u. a. 1988; Diekmann 2000) gibt es vor allem zur Erstellung von Fragebögen zahlreiche Literatur (z. B. Bühner 2009; Porst 2008; für Online-Erhebungen Theobald u. a. 2001). Ebenso kann für viele Themenfelder der sozialen Dienstleistungen auf unzähliges Material zurückgegriffen werden. Einschränkend ist jedoch darauf hinzuweisen, dass Forschung im Allgemeinen sowie Evaluation im Besonderen in der Praxis oftmals diese Wissensbestände außer Acht lassen. Selbst die Notwendigkeit Pretests durchzuführen, wird oftmals vernachlässigt.

Zur Datenanalyse stehen für die standardisiert verfahrenden Forschungsstrategien ausgereifte und leistungsstarke Verfahren zur Verfügung. So ist ein beachtlicher Fundus an statistischen Modellen bereits entwickelt, entlang derer auch kompliziertere Zusammenhänge dargestellt und rechnerisch kontrolliert werden können. Zudem stehen Statistiksoftwares zur Verfügung, mit denen enorme Mengen an Daten effektiv verarbeitet und analysiert werden können. Schon 1994a wies Kromrey (S. 175f.) auf diesen Tatbestand hin. Seither sind ungeheure Fortschritte zu verzeichnen:

> „In geradezu vorbildlicher Weise sind hier parallel zur zunehmenden Leistungsfähigkeit und Verfügbarkeit der EDV auch die quantitativen Analysestrategien weiterentwickelt und zugänglich gemacht worden. (…) Es gibt mittlerweile die vielfältigsten Modelle der Analyse latenter Strukturen, der Faktoren- und Cluster-, der Varianz-, Diskriminanz-, Regressions- und Pfadanalyse; es gibt Modelle für unterschiedliche Skalenniveaus, für rekursive und nicht rekursive Strukturen, für gemessene und hypothetische Variablen usw."

So ausgefeilt die Strategien der Datenanalyse sind, Hinweise zur Interpretation der Daten und produzierten Kennziffern sind aus dem deduktiv-nomologischen Paradigma heraus allerdings eher dürftig. An dieser Stelle wird theoretisches Wissen und eben die Programmtheorie wieder hoch relevant. Rainer Diaz-Bone (2006, S. 65f.)

führt für die Soziologie allgemein aus, was selbstverständlich auch auf Programm-evaluation übertragbar ist:

> „Demnach ermöglicht erst die theoriefundierte statistische Analyse von Daten Orientierung zu stiften, welche Variablen welche sozialen Sachverhalte abbilden, welche kausalen Beziehungen zwischen ihnen zu vermuten sind und wie diese in der statistischen Analyse abgebildet werden können. Die statistischen ‚Resultate' (Zahlen) müssen dann interpretiert werden, um den Status eines soziologischen Resultats zu erhalten."

Die plausible und gut begründete Programmtheorie ist in theoriebasierten Evaluationen die entscheidende Interpretationsfolie. Sie verfügt über einen deskriptiven wie auch präskriptiven Charakter und kann quasi als Prognose oder auch Norm über das Programm aufgefasst werden (Chen/Rossi 1992, S. 3). Die Interpretation der Daten und Kennziffern entspricht einem Vergleich zwischen der Programmtheorie und den Messergebnissen. Was nun die Bewertung selber anbetrifft, so schlägt Kromrey – gerade im Rahmen dieser Forschungslogik – vor, die Bewertung externen Expertengremien zu überlassen. (Kromrey 2007a; 2007b).

Hinsichtlich der Frage, für welche Evaluationszwecke sich die standardisiert verfahrenden Methoden eignen, lässt sich zunächst feststellen, dass unabhängig davon, ob Wissen generiert, Programmumsetzung und -erfolge kontrolliert oder bestehende Programme verbessert werden sollen, in jedem Fall quantifizierende Aussagen über strukturelle Zusammenhänge angemessen sind. Dieses Vorgehen ist an ausreichende Fallzahlen gebunden, die ein standardisiertes Vorgehen erst sinnvoll machen.

Der deduktiv-nomologische Ansatz bietet nicht nur Vorschläge für Wirkungs-analysen anhand von Kausalmodellen. Auch die Idee des Pattern Matching ist anschlussfähig an eine erzeugende Kausalität, so wie Pawson/Tilley (2004, S. 66ff.) sie entwerfen. Dabei ist Kausalität nicht logisch abzuleiten, sondern lässt sich als Prozess empirisch beobachten.

Survey-Designs eignen sich zur Erstellung von Programmbeschreibungen, die besonders für Diagnosezwecke eingesetzt werden können, unabhängig davon, ob nun Erfolgskontrolle oder Identifizierung von Verbesserungspotentialen gefragt sind. Allerdings stößt die Standardisierung mit einem Entwicklungsauftrag dann an ihre Grenzen, wenn sich das Programm selbst noch in der Entwicklung befindet, wenn beispielsweise das Angebot deutlich verändert oder auch die intendierten Absichten angepasst werden. Dann müssen Messinstrumente diese Veränderungen aufgreifen und berücksichtigen.

Ergänzend schlagen vor allem Cook (1993) und Lipsey (1992, 1993) die Durch-führung von *Meta-Analysen* vor. Durch die Zusammenführung von Daten und Ergebnissen unterschiedlicher Evaluationsstudien könnten nicht nur abweichende Effektstärken, sondern auch Veränderungen, die durch unterschiedliche Operationalisierungen ausgelöst werden, verglichen werden. Außerdem kann die externe Validität durch Vergleiche hinsichtlich der Programmbedingungen, wie regionale Besonderheiten, Zielgruppenspezifik etc. erhöht werden (v. a. Cook 1993).

Hinter diesen Vorschlägen für Metaanalysen steht die Idealvorstellung, umfassende, bewährte, gegenstandsbezogene Interventionstheorien zu entwickeln (vgl. z.B. Lipsey 1997; Chen/Rossi 1984), die als Empfehlungen sowohl für die Politik als auch für die Praxis dienen. Einerseits spricht die enorme technische Entwicklung von immer leistungsfähigeren Soft- und Hardwares in den vergangenen Jahren dafür, dass große Erkenntnisfortschritte zu erzielen sein könnten.[303] Andererseits wagen sich nur wenige an solche Metaanalysen heran, was unter anderem der Tatsache geschuldet ist, dass zu wenig vergleichbare Daten erzeugt und veröffentlicht werden.

5.6.5 Nutzungspotentiale für die Evaluation der internetbasierten Lernumgebung

Standardisiert verfahrende Forschungsstrategien bildeten nicht den ersten methodischen Zugang zur Evaluation der internetbasierten Lernumgebung. Dafür war die Lernumgebung selbst viel zu sehr Experimentierfeld, noch unfertig und in der Entwicklung begriffen. Auch die Rahmenbedingungen veränderten sich im Verlauf der Untersuchung radikal; die Lernumgebung wurde kontinuierlich den Erkenntnissen und Erfahrungen angepasst.

So war es naheliegend, Erkenntnisse bzw. neue Annahmen über den Einfluss der Lernumgebung auf Lernverhalten und -erfolge, die sich gerade aus Quellen mit einigen wenigen Studierenden ergaben, aus der Sicht der Mehrheit der Teilnehmenden zu überprüfen. Auch die Auseinandersetzung mit der Fachliteratur zum Thema internetbasierten Lernens sowie Erfahrungen aus vorangehenden Lehrveranstaltungen bildeten durchaus die Grundlage für erste Programmtheorien, wie sie bereits in Kapitel 4.6 ausgeführt wurden. Schließlich handelte es sich beim Evaluationsgegenstand um ein Angebot, das sich an zahlreiche Studierende richtete, ca. 100 pro Semester. Hier war also einerseits *eine* Voraussetzung gegeben standardisiert vorzugehen, gleichzeitig war naheliegend, dass Annahmen nicht nur an Einzelfällen, sondern an möglichst vielen zu überprüfen wären.

Das Praxisvorhaben selbst hatte freilich noch nicht die Reife erreicht, um ein angemessenes Kausalmodell erstellen und zu Grunde legen zu können. Ebenso wie sich die Praxis veränderte, entwickelte sich die Programmtheorie weiter. Mit einer längeren Laufzeit hätten die Praxis sowie deren theoretische Abbildung vielleicht auch die Form eines Kausalmodells annehmen können. Ab dem Sommersemester 2004 wurden jedoch keine Studierenden mehr für den Soziologiestudiengang zugelassen, so dass die Teilnehmendenzahlen rapide sanken und im Sommersemester 2005 die letzte Veranstaltung mit nur noch 14 Studierenden stattfand.

Obwohl sich das Praxisvorhaben eindeutig in der Entwicklungsphase befand, gab es zahlreiche Möglichkeiten, die standardisiert verfahrenden Strategien für die theoriebasierte Evaluation der Lernumgebung zu nutzen. Hieraus können wiederum nur

---

303 In einem Artikel von 1997 beschreibt Rossi sehr anschaulich, welche Zeitersparnisse und zusätzliche Analysemöglichkeiten durch diese Entwicklungen ermöglicht wurden (ohne zu verschweigen, dass die neuen Techniken auch Gefahren in sich bergen).

Splitter präsentiert werden, um Stärken und Grenzen dieser Herangehensweise zu illustrieren.

Zunächst einmal ist herauszuheben, dass die dimensionale Analyse und die Erstellung eines deskriptiven Schemas ausgesprochen nützlich sind, um sich dem Evaluationsgegenstand systematisch zu nähern und die Annahmen darüber zu strukturieren. In gewisser Hinsicht können die in Kapitel 4.6 ausgeführten Vorüberlegungen als ein wesentlicher Teil einer dimensionalen Analyse begriffen werden. Darin enthalten sind die Auseinandersetzung mit Lerntheorien sowie der Literatur zu internetbasiertem Lernen, den Erfahrungen aus vorangegangenen Semestern sowie den Erwartungen an die Resultate der internetbasierten Lernumgebung. Ein Ergebnis dieser Analyse und zugleich ein Ausschnitt aus der Programmtheorie über den Einfluss der internetbasierten Lernumgebung auf den Lernerfolg der Studierenden findet sich in Abbildung 26.

Auf der linken Seite finden sich die Angebote der internetbasierten Lernumgebung, die in ihrem Nutzen für die Studierenden überprüft werden sollten. Daraus erfolgen die Resultate auf Seiten der Studierenden. Ebenfalls vorauszusetzen war, dass der Lernerfolg von weiteren Faktoren abhängig war, die unabhängig von der Gestaltung des Angebots waren. Gerade die persönlichen Voraussetzungen der Teilnehmenden erschienen relevant. Als wichtigste Prädiktoren für Lernerfolge gelten Motivation, Vorwissen und Lerntyp. Der Faktor des Lerntyps (z. B. Creß 2006) wurde hinsichtlich des Lernerfolgs im Rahmen der Methoden-Übung ausgeblendet. Zum einen lagen „für die häufig geäußerte Annahme von Lerntypen auf der Basis von Sinneskanälen (visueller, auditiver Lerntyp usw.) bislang keine empirische Evidenz" vor (Mandl/Friedrich 2006, S. 10). Zum anderen war für den Übungsteil die Unterscheidung zwischen Lernenden, die sich vor- und jenen, die sich nachbereiten, weniger relevant. Zwar hatten diese unterschiedlichen Vorgehensweisen im Rahmen der Vorlesung deutliche Einflüsse auf die Klausurergebnisse, die Übungsaufgabe hingegen war als kontinuierlicher Prozess angelegt.

Es war davon auszugehen, dass motivierte Studierende bereitwillig möglichst viele und auch zusätzliche Informationsquellen nutzen und damit auch einen hohen Lernerfolg erzielen würden. Ein Mindestmaß an Vorwissen erleichterte Lernenden den Zugang zum Lerngegenstand und eröffnet zusätzliche Möglichkeiten, neue Informationen in bestehende Wissensnetze (nachhaltig) zu verankern (Schworm/Fischer 2006, S. 284f.; Krause/Stark 2006). Bei einer Lehrveranstaltung ohne verpflichtende Teilnahme ist außerdem davon auszugehen, dass die Teilnahmehäufigkeiten stark variieren und dass sich ein häufiges Fehlen negativ auf den Lernerfolg auswirkt.

Die internetbasierte Lernumgebung wurde von den Studierenden nicht als Einheit wahrgenommen, vielmehr nutzten sie *einzelne* Service- und Unterstützungsangebote. Auch aus Sicht der Lehrenden war es wichtig, die einzelnen Elemente unabhängig voneinander zu hinterfragen, um herauszufinden, ob nun die Beratung per E-Mail, das zur Verfügung gestellte Informationsmaterial oder eben die sogenannten „Typischen Fehler" auf positive Resonanz stießen oder eben kaum genutzt wurden.

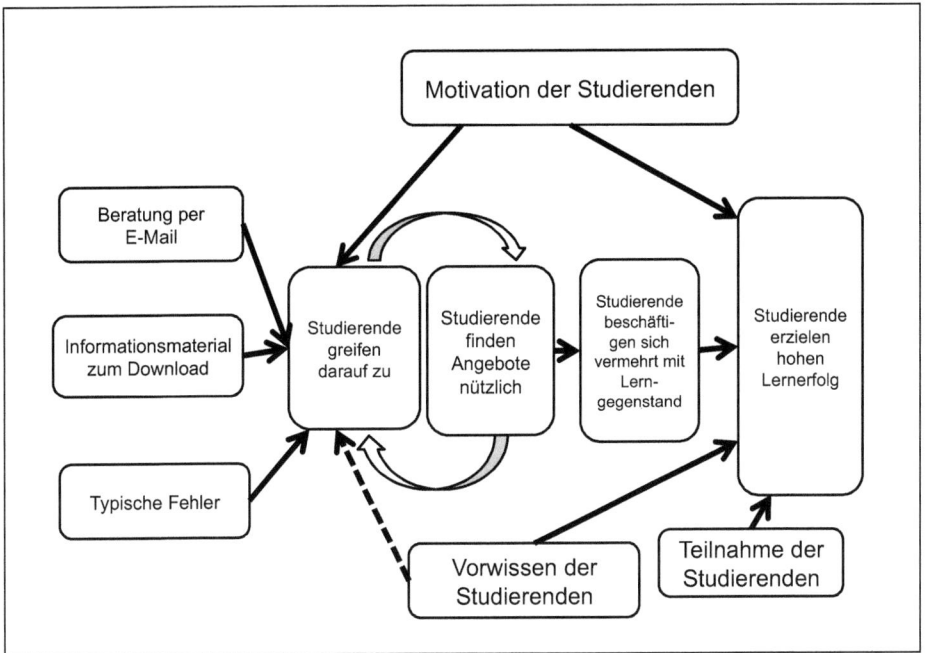

Abbildung 26: Deskriptives Schema – Einfluss der Internetbasierten Lernumgebung auf den Lernerfolg

Es wurde davon ausgegangen, dass ein Zugriff eine Voraussetzung dafür ist, um überhaupt einen Nutzen zu erkennen, wie wiederum die Erfahrung eines Nutzens voraussichtlich einen wiederholten Zugriff auslöste, der wiederum zu einem höheren Nutzen führte usw. Eine Nutzung der Unterstützungsangebote und Lernmaterialien wurde als ein Hinweis auf die vermehrte Auseinandersetzung mit dem Lerngegenstand interpretiert, der zu guter Letzt für einen besseren Lernerfolg sorgen würde.

Neben der dimensionalen ist auch die semantische Analyse mit der Anforderung verknüpft, sich nochmals intensiv mit den gegenstandsbezogenen theoretischen Wissensbeständen sich zu beschäftigen. Die kritische Analyse von Begriffsdefinitionen sensibilisiert für unterschiedliche Bedeutungszuweisungen und damit auch Herangehensweisen an Untersuchungen sowie an die Praxis. Dies lässt sich am Beispiel des Begriffs Motivation illustrieren: Darunter versteht man ganz allgemein die Gesamtheit von Beweggründen und Antrieb einer Handlungsweise (vgl. Wahrig-Burfeind 2001, S. 612f.). In Bezug auf Lernen lässt sich der Begriff präzisieren:

„Der Begriff der ‚Lernmotivation' steht insgesamt für vielfältige kognitive und emotionale Prozesse, die eine *Selbststeuerung* zielgerichteten Verhaltens ermöglichen. Dazu gehören z. B. Erwartungshaltungen oder handlungsbegleitende Emotionen wie *Lernfreude*. Lernmotivation kann somit als ein *Sammelbegriff* für alle emotionalen und kognitiven Prozesse verstanden werden, die dem Lernenden helfen etwas Neues zu Lernen." (Stangl 2011, Herv. im Orig.)

In manchen Schriften wird vor allem das Ausmaß der Motivation für den Lerner-folg bzw. für die Lerndauer (z. B. Kerres 1998, S. 115) verantwortlich gemacht. An-dere fokussieren hingegen auf eine Unterscheidung zwischen extrinsischen und in-trinsischen Lernmotiven (z. B. Schiefele/Streblow 2006). Bei intrinsischer Motivation ist der Beweggrund für das Lernen in der persönlichen Beziehung des Lernenden zum Stoff angelegt, z. B. besondere Freude an einem Thema oder eine enge emo-tionale Bindung. Bei extrinsischen Lernmotiven wird der Lerngrund von außen ge-setzt, beispielsweise durch Benotung, Bewerbungszwecke, materielle Anreize, Auf-stiegschancen usw. (Stangl 2011). In der Veranstaltung „Einführung in die Methoden der empirischen Sozialforschung" war die typische extrinsische Motivation der Er-werb des Scheins, der wiederum die Voraussetzung zur Teilnahme an der Zwischen-prüfung ist. Zwar kann der verpflichtende Leistungsnachweis durchaus für eine hohe Motivation sorgen, jedoch musste davon ausgegangen werden, dass gerade Lernen-de, die am Thema interessiert waren, aufgeschlossener zusätzlichen Lernangeboten und -materialien gegenüberständen. Für die Befragung der Studierenden wurde der Begriff Motivation einschränkend als „Gründe für die Teilnahme an der Veranstal-tung zur Einführung in die Methoden empirischer Sozialforschung" definiert. Diese konnten entweder in der Verpflichtung zum Erwerb des Leistungsnachweises liegen, durch Interesse am Thema geweckt oder bislang noch unbekannt sein.

Insgesamt lieferte die analytische Auseinandersetzung mit Begriffen aus der Pro-grammtheorie, wie am Beispiel des Begriffs Motivation aufgezeigt, wichtige Informa-tionen und Anregungen für die Praxis – sei es aus theoretischen Materialien oder auch in der Auseinandersetzung mit empirischen Studien. Sie half zusätzlich, die Programmtheorie im Sinne einer Vergewisserung über strukturelle Zusammenhänge zwischen den verschiedenen Dimensionen oder auch der Bedeutung der Begriffe zu schärfen. Nicht zuletzt bildeten gerade die Begriffsdefinitionen eine direkte Brücke zur Operationalisierung. Motivation wurde in der schriftlichen Befragung wie folgt (Abbildung 27) umgesetzt:

Grund für Teilnahme an Methoden 1 (bitte alle Angaben ankreuzen, die zutreffen)

❏ ich brauche den Leistungsnachweis

❏ persönliches Interesse am Stoff

❏ Sonstiges und zwar_____

Abbildung 27: aus dem Fragebogen im Sommersemester 2003

Ergänzend ist darauf hinzuweisen, dass der Aspekt der Lernmotivation nur teilweise standardisiert erfasst werden konnte, da eben im Vorfeld nicht alle möglichen Grün-de bekannt waren und dementsprechend nicht vollständig als mögliche Antworten vorgegeben werden konnten.

Auf der Ebene des *Lernerfolgs* ergab eine semantische Analyse wertvolle Hinwei-se. Im Folgenden soll jedoch auf Herausforderungen hinsichtlich der Messoperationen fokussiert werden. Vorab sei unterstrichen, dass Lernerfolg ganz unterschiedliche Bedeutungsdimensionen aufwirft: Die Einführung in die Methoden empirischer Sozialforschung sollte nämlich sowohl theoretisches Wissen als auch handlungspraktische Kompetenzen vermitteln. Erwünscht war weniger träges Wissen als solches, das sich argumentativ und in der Praxis anwenden ließe (vgl. auch 2.7).[304]

Diese umfangreichen Begriffsinhalte legten nahe, dass der Lernerfolg auf unterschiedliche Art und Weis und aus verschiedenen Perspektiven[305] zu operationalisieren wäre. Beispielsweise drückte er sich in den Klausurergebnissen, der Bearbeitung der Übungsaufgabe oder einer Selbsteinschätzung aus und hätte im Transfer in künftige Forschungsprojekte – ob im Rahmen der universitären Ausbildung oder später im Beruf – Gestalt annehmen können.

Die Regeln und Vorgaben zur Operationalisierung von beispielsweise Lernerfolgen offenbarte Differenzen zwischen dem, was gemessen werden sollte und dem, wie gemessen wurde bzw. gemessen werden konnte. Eine Konsequenz bestand darin, sich verschiedener Instrumente, wie Klausur, Übungsaufgabe und Abfrage der Selbsteinschätzung zu bedienen, um damit verschiedene Perspektiven abzubilden. Wenn standardisiert operationalisiert wird, ist damit eine Voraussetzung geschaffen, Ergebnisse zu vergleichen. Jedoch gerät eine Standardisierung an ihre Grenzen: Zum Beispiel ist bei Gruppenarbeiten das Lernergebnis nicht einzelnen Lernenden zuzurechnen. Die Gruppenaufgabe war ein zentrales didaktisches Element der Lernumgebung und konnte nicht zugunsten der Evaluation aufgegeben werden.

Eine standardisierte Befragung der Teilnehmenden schonte einerseits die Ressourcen der Befragten, indem diese die Antworten nur ankreuzen mussten und entlastete erheblich die Praxis und Selbstevaluation in der Datenanalyse. Auch konnten quantifizierende Aussagen zu Zusammenhängen getroffen werden, z. B. zu folgenden Fragenkomplexen (Abbildung 28):

---

304 Ausgeblendet werden an dieser Stelle vor allem aus der betrieblichen Bildung stammende Return-On-Investment-Modelle, die Lernerfolge in Relation zu den Investitionen bestimmen bzw. berechnen. Mit diesen Konzepten setzen sich EHLERS/SCHENKEL (2004) kritisch auseinander.
305 So fragen ELSTER U. A. (2003) in ihrem so betitelten Sammelband „Wer bestimmt den Lernerfolg?".

Wir haben in den Tutorien auf unterschiedliche Lernhilfen und -strategien zurückgegriffen. Wie häufig hast Du die folgenden Lern-/Lehrmittel benutzt? (Kreuze das Zutreffende an)

Lern-/Lehrmittel	regelmäßig	gelegentlich	1 Mal	überhaupt nicht
Lehrbuch				
PC-Tutor				
Handapparat				
Typische Fehler am Beispiel (homepage)				
Folien (homepage)				
Ausgeteilte Kopien				

Welche Lern-/Lehrmittel haben Dich in der Bearbeitung der Übungsaufgabe wie unterstützt? (Bitte Zutreffendes ankreuzen)

Lern-/Lehrmittel	Stark	zum großen Teil	etwas	Kaum	überhaupt nicht
Lehrbuch					
PC-Tutor					
Handapparat					
Typische Fehler am Beispiel (homepage)					
Folien (homepage)					
Ausgeteilte Kopien					

Abbildung 28: Ausschnitt aus Abschlussfragebogen (WS 2003/2004)

Einen weiteren Impuls erhielt die Evaluation durch die Überprüfung des Gütekriteriums Repräsentativität. Es war kritisch zu beleuchten, für welchen Personenkreis die Erhebung zu Semesterende eigentlich Aussagen treffen konnte, auch wenn eine Vollerhebung und keine Stichprobenziehung vorgesehen war. Auch darüber hinausgehend sensibilisiert das Gütekriterium Repräsentativität für Einschränkungen in der Reichweite von Aussagen. Beispielsweise blieben Studierende, die ihre Teilnahme abbrachen, systematisch unberücksichtigt. Dabei hätte diese Gruppe hinsichtlich der Mängel der internetbasierten Lernumgebung wichtige Hinweise geben können.

Einem weiteren Problem in Befragungen, nämlich dem der „sozial erwünschten Antworten", musste ebenfalls begegnet werden. Grundsätzlich sind anonyme schriftliche Befragungen weniger anfällig als mündliche Befragungen, gleichzeitig ist der sogenannte „Response Set" nicht komplett auszuschalten. In jedem Fall war es aufschlussreich, Aussagen zur Häufigkeit von Nutzungen (Abbildung 29) und der Einschätzung der Nützlichkeit (Abbildung 30) zu betrachten. Hier abgebildet sind beispielhaft zwei Ergebnisse aus dem Wintersemester 2003/2004. An der Befragung nahmen 122 Personen teil, von denen 81 insgesamt vier Übungstutorien besuchten. Auf die Frage „Wie häufig hast du folgende Lern-/Lehrmittel benutzt?" antworteten sie:

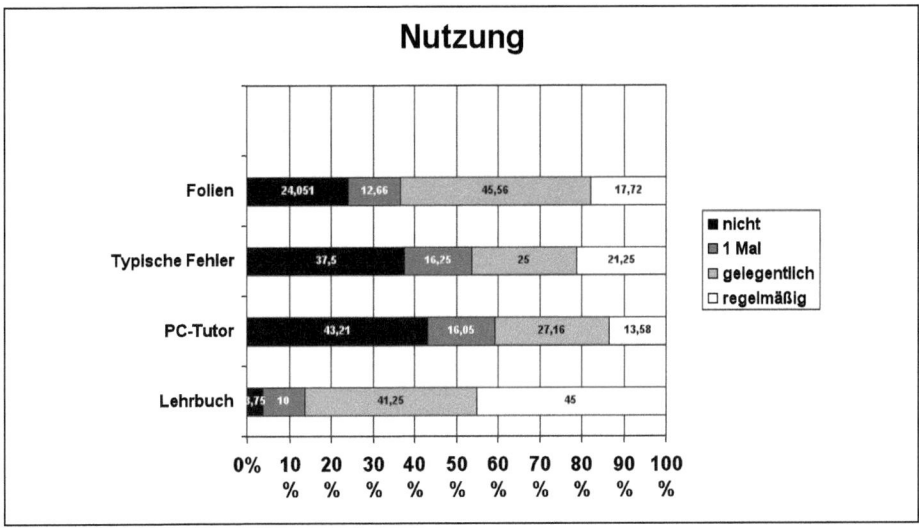

Abbildung 29: Häufigkeit der Nutzung von Lehr- und Lernmitteln

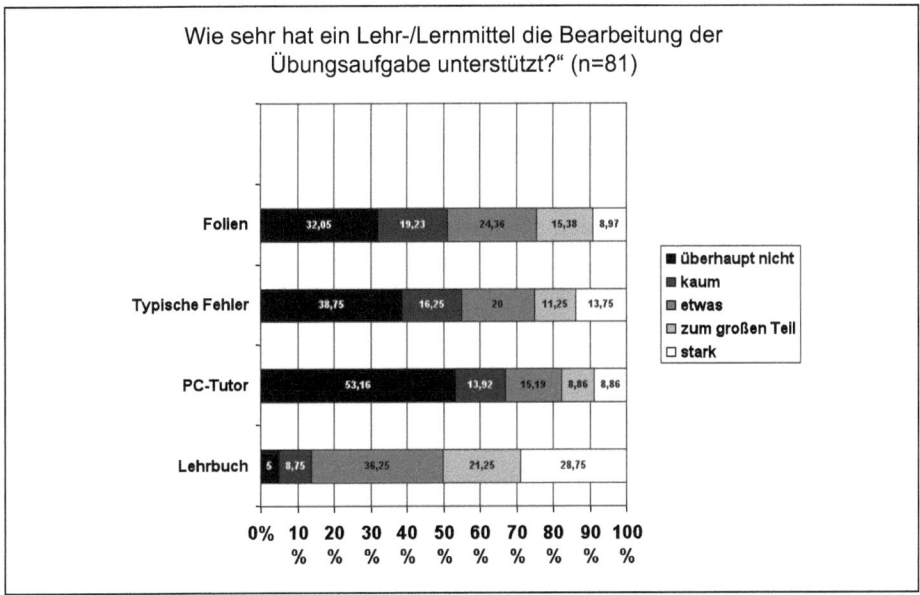

Abbildung 30: Unterstützungsstärke der Lehrmittel

Dieses Ergebnis ermöglichte einen Vergleich der Nutzungshäufigkeit der unterschiedlichen Lehr- und Lernmittel. Dabei lässt sich feststellen, dass das Lehrbuch trotz aller internetbasierten Angebote nach wie vor am häufigsten und der PC-Tutor bei der Bearbeitung der Übungsaufgabe am wenigsten genutzt wurde. Auch hinsichtlich der Einschätzung zur Nützlichkeit der verschiedenen Lehr- und Lernmittel spiegelt sich die Nutzungshäufigkeit wider (Frage und Antwortvorgaben s. o.).

Zwar lassen sich die einzelnen Lehr- und Lernmittel mit diesen Ergebnissen gut vergleichen, in dem Sinne, dass die Studierenden das Lehrbuch häufiger nutzten und es auch als wertvollere Unterstützung wahrnahmen als die internetbasierte Lernumgebung. Von den internetbasierten Angeboten schnitten die in den Tutorien eingesetzten Powerpoint-Folien zum Download noch am besten ab. Trotzdem bereitete die Interpretation der Ergebnisse Schwierigkeiten. Zwar zeigt sich, dass die internetbasierten Angebote offensichtlich keine ausreichend positive Resonanz erfuhren, jedoch lässt sich keine eindeutige Aussage darüber treffen, wie hoch die Notwendigkeit zur Veränderung der internetbasierten Lernumgebung war. Dazu wären – beispielsweise im Sinne TROCHIMS Pattern Matching – konkrete Zielvorgaben oder doch zumindest Erfolgsspannen vorab festzulegen gewesen.

Insgesamt zeigte sich, dass bereits bestehendes Wissen und klar formulierte, systematisierte Annahmen mit den Regeln und Vorgaben der standardisiert verfahrenden Forschungsmethoden angemessen und effektiv überprüfbar waren. Gerade das ausgetüftelte Regelwerk und präzise Vorschriften zur Vorgehensweise boten hierbei Orientierung und gaben Handlungssicherheit. Hierin liegt beispielsweise ein großer Unterschied zu den zuvor diskutierten methodischen Vorgehensweisen, die Forschenden größere Handlungsspielräume überlassen und stärker auf Erfahrung und Intuition setzen.

Oft interessieren im Bereich der Evaluation Aspekte, die noch weitgehend unbekannt sind. Gerade im Zusammenhang mit der internetbasierten Lernumgebung war es eine wichtige Aufgabe der Evaluation, Optimierungspotentiale zu identifizieren. Würde man sie bereits im Vorfeld kennen, könnte die Optimierung auch ohne Erhebung erfolgen. Deswegen wurden die geschlossenen Fragen im Fragebogen – typisch für Teilnehmerbefragungen – um offene ergänzt, und es wurden weitere methodische Zugänge gewählt.

6. Die Integration von Methoden zur Umsetzung theoriebasierter Evaluationen

Theoriebasierte Evaluationen zeichnen sich dadurch aus, dass den Programmtheorien in ihrer Umsetzung der zentrale Stellenwert zukommt. Deswegen sind (Forschungs-)Strategien vonnöten, die dabei helfen, die Programmtheorien zu explizieren bzw. empirisch zu generieren sowie diese Annahmen über das Programm mit der Programmwirklichkeit abzugleichen. Im vorangehenden Kapitel sind insgesamt sechs verschiedene Forschungsmethoden dargestellt und daraufhin überprüft worden, in welcher Weise sie einen Beitrag zur Durchführung von theoriebasierten Evaluationen leisten können. Dabei ging es nicht darum, die verschiedenen Methoden in einem Wettbewerb gegeneinander antreten zu lassen und *das eine* beste Verfahren herauszufinden, vielmehr sollten nützliche, angemessene und handhabbare Elemente herausgefiltert werden. Da keine Methode alleine alle Aufgaben einer theoriebasierten Evaluation erfüllen kann, stellt sich die Frage, in welcher Weise die verschiedenen Forschungsstrategien kombiniert werden können, um Synergien der unterschiedlichen methodischen Zugänge erzielen zu können.

Wie gezeigt wurde, entstehen je nach methodischem Vorgehen verschiedene Modellierungen von Programmtheorien, die jeweils unterschiedliche Aspekte von Programmen in den Fokus rücken (vgl. Tabelle 7). Dabei stellt jede Programmtheorie eine von verschiedenen möglichen Repräsentationen des Programms dar, und jedes Programmmodell ist „ein Hilfsmittel zur Reduktion der Komplexität und zur Bestimmung des Evaluationsgegenstandes" (Haubrich 2006a, S. 119, FN 11).[306]

Tabelle 7: Unterschiedliche Programmtheorien im Fokus

Methode	Fokus der Programmtheorien	... aus der Sicht
Naturalistische Forschung	Subjektive Bedeutungszuweisungen	... von Beteiligten und Betroffenen
Aktionsforschung	Veränderungsprozesse (Probleme und deren Lösungen)	... vor allem der Beteiligten und (ergänzend) der wissenschaftlichen Forschung (Betroffenensicht sollte integriert werden)
Dokumentarische Methode	Implizite, handlungsleitende Wissensbestände	... von Betroffenen und Beteiligten
Grounded Theory	Kein spezifischer Fokus (implizite und explizite Wissensbestände von Interesse)	... vielfältiger Perspektiven
Deskriptive Modelle	Explizierte Verläufe, Handlungen und deren Ziele	... vor allem der Beteiligten und der wissenschaftlichen Forschung
Kausalmodelle	Ursache-Wirkungszusammenhänge	... vorwiegend wissenschaftlicher Forschung, ergänzt um die Sicht weiterer Beteiligter

---

306 Shaw/Crompton (2003) heben hervor, dass die Wahl für und gegen Programmtheorien nicht nur methodologische sondern auch politische Konsequenzen hat.

Zunächst einmal ist festzuhalten, dass jede dieser Perspektiven ihre eigene Berechtigung hat, da in Programmen vielfältige Wechselbeziehungen und Mechanismen zum Tragen kommen: Programme sind Interaktionsfelder, die durch die Interpretationen der beteiligten Akteure gestaltet werden, deren Handlungen und Bedeutungszuweisungen wiederum durch implizite Wissensbestände geprägt sind. Sie werden aufgelegt, um Lösungen für Probleme zu erproben und/oder zu praktizieren, und sie sollen den Anstoß für Veränderungen liefern, also Ursache-Wirkungs-Felder sein. Darüber hinaus werden Programme durch Annahmen und Programmtheorien unterschiedlicher Beteiligter mitbestimmt: Offizielle Programmleitlinien und -vorgaben prägen die Konzepte sowie deren Umsetzung; möglicherweise wird ein Programm auf der Grundlage von wissenschaftlichen Interventionstheorien initiiert; außerdem nehmen Bedeutungszuweisungen und Interpretationen von Programmbeteiligten (Politik, Durchführende, Zielgruppen und deren Umfeld) Einfluss auf die Umsetzung sowie Erfolge von Programmen. Nicht zuletzt wirken im Programmalltag implizite Wissensbestände handlungsorientierend.

Im Rahmen von Evaluationen können alle genannten Aspekte relevant sein, insofern stellt auch jeder methodische Zugriff auf Programme eine *mögliche* Option dar. Nun mag es ideal erscheinen, ein Programm aus möglichst allen Perspektiven unter die Lupe zu nehmen, weitgehend vielfältige methodische Wege zu beschreiten, um dem näher zu kommen, was in Programmen tatsächlich vor sich geht, welche Veränderungen ausgelöst werden, welche unbeabsichtigten und unerwarteten Folgen sich für unterschiedliche Personen(-gruppen) ergeben. Jedoch sind Evaluationen immer ressourcenbeschränkt – und auch nicht alle Forschungsmethoden sind in konkreten Settings praktikabel. Also müssen Entscheidungen über das Design getroffen werden.

Zunächst jedoch gilt es zu entscheiden, *ob* und wenn ja *wie* Methoden im Rahmen einer Untersuchung kombiniert werden können. Dazu werden die drei gängigen Konzepte – Methodenmix, Triangulation sowie Methodenintegration – dargestellt und diskutiert. Anschließend wird eine Integrations-Systematik für die Umsetzung theoriebasierter Evaluationen entwickelt. Diese verfolgt das Ziel, Orientierung für methodische Entscheidungen entsprechend des Programms selbst, der Explizierungsreife der Programmtheorie und nicht zuletzt des Zwecks der Evaluation zu bieten.

6.1 Methodenmix – Triangulation – Methodenintegration

Wie bereits in Kapitel 2.5 ausgeführt, hat sich insgesamt in der Praxis und der Theorie von Evaluationen die Erkenntnis durchgesetzt, dass der Zugriff auf verschiedene Methoden angemessen und nutzbringend sein kann (vgl. u. a. Stockmann 2007, S. 46f.). Eine puristische Haltung, wonach sich aufgrund entgegenstrebender wissenschaftstheoretischer Paradigmen die Kombination unterschiedlicher methodischer Zugänge verbietet, kann sich angewandte Sozialforschung und erst recht Evaluation nicht leisten. Dafür sind Anforderungen, Aufgabenstellungen, Gegenstände und Bedingungen viel zu facettenreich. Außerdem spricht bereits auf den ersten Blick einiges dafür, dass im Rahmen theoriebasierter Evaluationen verschiedene Methoden zu integrieren sind, denn diese müssen zwei grundlegende Aufgaben bewältigen: zum einen die Explizierung bzw. Rekonstruktion von Programmtheorien und zum anderen deren Überprüfung. Bislang wurde bereits deutlich, dass einige Designs eher darauf abzielen, Theorien zu rekonstruieren bzw. zu generieren, andere sind darauf ausgerichtet, Theorien zu testen bzw. zu überprüfen. So bleibt die Frage, *wie* die unterschiedlichen methodischen Zugänge und Vorgehensweisen angemessen und sinnvoll integriert werden können.

Zurzeit genießt das Konzept „Methodenmix" („mixed methods design" bzw. „mixed methodologies"), vor allem in den USA höchste Popularität.[307] Allen Definitionen von Methodenmix ist gemeinsam, dass sie eine Kombination von „quantitativen" und „qualitativen" Methoden innerhalb *einer* Studie voraussetzen und dass diese Kombination einen zusätzlichen Erkenntnisgewinn ermöglichen soll (z.B. Creswell/Plano Clark 2007, S. 5).[308] Mehr noch: JOHN W. CRESWELL und VICKY L. PLANO CLARK wie auch ABBAS TASHAKKORI und CHARLES TEDDLIE (2003a, 2003 b) plädieren dafür, eine „dritte Methodologie" mit eigener Semantik und spezifischen Qualitätskriterien zu erarbeiten.

Alternativ zum „Methodenmix"-Design findet auch die Bezeichnung „Triangulation" Beachtung. Dabei handelt es sich um „eine Begriffsübernahme aus dem Sprachgebrauch der Seefahrt, die das Faktum augenfällig machen soll, dass erst aus den Ergebnissen von Messungen aus unterschiedlichen Blickwinkeln der eigene Standpunkt präzise bestimmbar ist" (Kromrey 2006, S. 536). Vor allem eine so genannte Perspektiven-Triangulation[309] – die letztlich auch die Verwendung verschiedener Datenerhebungsmethoden und Daten nahe legt – scheint im Kontext von Evaluation nützlich zu sein. In jedem Fall ist es lohnend, wenn nicht gar notwendig, den Gegenstand (das Programm) aus unterschiedlichen Sichten einzufangen.

CRESWELL/PLANO CLARK (2007, S. 62ff.) betrachten Triangulation als eine spezifische Form des Methodenmix, die sich dadurch auszeichnet, dass nicht nur innerhalb einer Studie „quantitative" und „qualitative" Verfahren kombiniert werden, sondern dass sich beide methodischen Zugänge auf ein und denselben Gegenstand beziehen, bei NORMAN K. DENZIN (1989) auf „ein Phänomen". Dadurch, dass sich in der Triangulation verschiedene Daten, Erhebungsmethoden oder Perspektiven im-

---

307 Seit Anfang 2007 erscheint bei SAGE sogar eine von CRESWELL und TASHAKKORI herausgegebene Vierteljahreszeitschrift mit dem Titel „Journal of Mixed Methods Research".

308 CRESWELL/PLANO CLARK (2007, S. 5) definieren: „Mixed methods research is a research design with philosophical assumptions as well as methods of inquiry. As a methodology, it involves philosophical assumptions that guide the direction of the collection and analysis of data and the mixture of qualitative and quantitative approaches in many phases in the research process. As a method, it focuses on collecting, analyzing, and mixing both quantitative and qualitative data in a single study or series of studies. Its central premise is that the use of quantitative and qualitative approaches in combination provides a better understanding of research problems than either approach alone."

309 DENZIN (1989) unterscheidet zwischen Daten-, Methoden-, Untersuchenden-, Theorien- und Perspektiven-Triangulation. Vor allem FLICK (2004, S. 21ff.) wählt quasi als Klammer die Perspektiven-Triangulation.

mer auf ein und denselben Gegenstand beziehen, wird vorbereitet, dass verschiedene Zugänge zu Untersuchungen nicht einfach nebeneinander stehen, sondern aufeinander bezogen werden. Unterschiedliche methodische Herangehensweisen können damit der Komplettierung eines Abbildes der Wirklichkeit dienen oder einer gegenseitigen Validierung. Die Verwendung verschiedener Methoden soll entweder zu einer gegenseitigen Bestätigung von Ergebnissen führen oder dazu, „eine eher ganzheitliche, holistische Sicht" zu erzielen (Lamnek 1988a, S. 234).

Einer Validierung sind jedoch enge Grenzen gesetzt, vor allem dann, wenn man davon ausgeht, dass die Methode den Untersuchungsgegenstand mitgestaltet. UDO KELLE (2007a, S. 40) kommt deswegen zu dem Schluss:

> „Eine genaue Analyse zeigt jedoch, dass ‚Triangulation' kein wohl definiertes methodologisches Konzept ist, sondern eher eine vage Metapher mit einem breiten Bedeutungsfeld darstellt."

Vergleicht man die beiden Konzepte „Methoden-Mix" und „Triangulation" lässt sich als grundsätzliche Gemeinsamkeit festhalten, dass das Anliegen verfolgt wird, möglichst umfassende Erkenntnisse gewinnen zu können und die jeweiligen Schwächen und Stärken einzelner Verfahren gegeneinander auszugleichen. Jedoch ergeben sich folgende Unterschiede:

- Methoden-Mix-Designs akzentuieren die Integration *quantitativer und qualitativer* Verfahren; im Rahmen von Triangulation können auch mehrere „qualitative" Methoden kombiniert werden.
- Methodenmix bezeichnet die Verwendung verschiedener Verfahren in *einer Studie*; Triangulation will auf unterschiedliche Methoden in der Untersuchung *eines Gegenstands* zurückgreifen.

Problematisch in beiden Konzepten ist das Festhalten an der Unterteilung der Welt der Methoden in „quantiative" und „qualitative", die unter anderem die Unterschiede der erkenntnistheoretischen Grundlagen im Lager der so genannten „Qualitativen" unterschlägt. In Anlehnung an HELMUT KROMREY (2005c; 1994a) soll hier statt dieser Dichotomie die Unterscheidung zwischen *offenen* und *standardisierten* Forschungsstrategien erfolgen: In dem einen Fall wird die methodische Kontrolle durch eine möglichst hohe Standardisierung angestrebt, im anderen Falle durch eine möglichst hohe Offenheit. Außer, dass das Begriffspaar „offen – standardisiert" eher der Forschungspraxis entspricht, beinhaltet diese Umakzentuierung auch ein höheres Potential, um die Anschlussfähigkeit verschiedener Methoden zu verbessern.

Systematisch Daten zueinander in Beziehung zu setzen, die mittels unterschiedlicher Verfahren gewonnen werden, bedeutet stets eine herausragende Schwierigkeit.[310] Es geht nämlich nicht darum, aus „qualitativen" Daten „gewaltsam" Quantifizierbares herauszufiltern und ebenso wenig darum, in „quantitative" Daten Bedeutungen hin-

---

310 BRYMAN (2007) belegt in seinem Beitrag, wie selten die Herausforderung der Methoden*integration* bislang gemeistert wird und arbeitet außerdem die zentralen Gründe für dieses Defizit heraus.

ein zu spekulieren. Vielmehr kommt es darauf an Daten, die auf unterschiedlichen Wegen gesammelt werden, zueinander in Beziehung zu setzen und auf Übereinstimmung, auf Widersprüchliches sowie auf Komplementäres hin zu überprüfen. Damit ist die Integration unterschiedlicher methodischer Verfahren – unabhängig davon, ob man sie als Methodenmix oder Triangulation bezeichnet – der Logik des theoretischen Samplings der Grounded Theory nahe.

Bereits im Begriff „Methoden*mix*" klingt eine willkürliche Kombination verschiedener Forschungsstrategien und -ergebnisse an. Im Triangulationskonzept ist das systematische In-Beziehung-Setzen zwar deutlicher angelegt, offensichtlich jedoch nicht hinreichend präzisiert. Dieser breite Interpretationsspielraum findet sich exemplarisch auch in der Definition von UWE FLICK (2004, S. 12):

> „Triangulation beinhaltet die Einnahme unterschiedlicher Perspektiven auf einen untersuchten Gegenstand oder allgemeiner: bei der Beantwortung von Forschungsfragen. Diese Perspektiven können mit unterschiedlichen Methoden, die angewandt werden, und/oder unterschiedlichen gewählten theoretischen Zugängen konkretisiert werden, wobei beides wiederum mit einander in Zusammenhang steht bzw. verknüpft werden sollte. Weiterhin bezieht sie sich auf die Kombination unterschiedlicher Datensorten jeweils vor dem Hintergrund der auf die Daten jeweils eingenommenen theoretischen Perspektiven. Diese Perspektiven sollten so weit als möglich gleichberechtigt und gleichermaßen konsequent behandelt und umgesetzt werden. Gleichermaßen sollte durch die Triangulation (etwa verschiedener Methoden oder Datensorten) ein prinzipieller Erkenntniszuwachs möglich sein, dass also bspw. Erkenntnisse auf unterschiedlichen Ebenen gewonnen werden, die damit weiter reichen, als es mit einem Zugang möglich wäre."

Angesichts einer so breiten Begriffsauslegung wundert es nicht, dass jegliche Untersuchung, die verschiedene Methoden nutzt, recht willkürlich und inflationär als „Triangulation" bezeichnet wird. In der US-amerikanischen Debatte nimmt man daher mittlerweile deutlich Abstand von der Begriffshülse „Triangulation" (z. B. Tashakkori/Teddlie 2003a, S. 14).[311]

Der Vergleich von Methodenmix und Triangulation sollte verdeutlicht haben, dass Kombinationen unterschiedlicher methodischer Zugänge möglich sind, gleichzeitig die Praxis und Konzepte aber noch in den Kinderschuhen stecken. Um beiden umstrittenen Bezeichnungen zu entgehen und um zu unterstreichen, dass es vor allem darum geht, verschiedene methodische Bausteine miteinander in Beziehung zu setzen, wird hier in Anlehnung an KELLE (2007a) und KELLE/ERZBERGER (2003) die Bezeichnung *Methodenintegration* gewählt. Dieser Begriff akzentuiert, dass verschiedene methodische Zugänge nicht schlicht nebeneinander stehen, sondern explizit aufeinander Bezug nehmen, je nach Zweck validierend, vertiefend oder ergänzend miteinander verbunden werden.

---

311 TASHAKKORI/TEDDLIE kommen (2003b, S. 674) zu der rhetorischen Frage: „(…) so what do we do when it appears to be overused to the point where it means nothing?"

Die *Integration* von Methoden ist gerade für die Umsetzung theoriebasierter Evaluationen aus vier Gründen zwingend notwendig:

1. Theoriebasierte Evaluation muss stets zwei methodische Aufgaben bewältigen: die Explizierung der Programmtheorie und die Konfrontation dieser Annahmen mit dem Geschehen im Programm.
2. Theoriebasierte Evaluation benötigt offene und standardisierte Forschungsstrategien: die offenen, um sicherzustellen, dass auch Neues und Unerwartetes erfasst werden kann, die standardisierten, um strukturelle bzw. überindividuelle Aspekte erfassen zu können.
3. Theoriebasierte Evaluation erfordert ausreichende Flexibilität, um auch unter allen möglichen Bedingungen und für verschiedene Aufgabenstellungen umsetzbar zu sein.
4. Theoriebasierte Evaluation muss mit einem breiten Methodenrepertoire blinde Flecken erhellen und verschiedene Perspektiven berücksichtigen.

Auf theoriebasierte Evaluation lässt sich die Position THOMAS P. WILSONS' (1982, S. 501) übertragen:

„Die Anwendung einer bestimmten Methode kann man also nicht mit seinem ‚Paradigma‘ oder seinen Neigungen begründen, sondern sie muß von der Eigenart des jeweiligen Forschungsproblems ausgehen. Und wenn man nicht bloße Korrelation mit kausalem Zusammenhang verwechseln oder völlig unpassende statistische Modelle verwenden will, dann muß man etwas über die Vorgänge wissen, auf denen die mit quantitativen Methoden untersuchten Regelmäßigkeiten beruhen. Kurz, die Interpretation quantitativer Daten lebt vom qualitativen Verstehen der jeweils untersuchten sozialen Erscheinungen, und die Interpretation qualitativer Daten lebt von der Kenntnis regelhafter Strukturen, in die die untersuchten Einzelereignisse hineingehören.“

Auch für die Bewertung von Programmen ist es notwendig, Mikroprozesse (wie beispielsweise Bedeutungszuweisungen interagierender Akteure), ebenso wie strukturelle Veränderungen nachzuvollziehen. Um das Potential von theoriebasierter Evaluation und der Kombination unterschiedlicher Methoden voll ausschöpfen zu können, kommt es darauf an, diese zueinander in Beziehung zu setzen.

6.2 Grundtypen der Integration

In der Literatur werden vielfältige, ähnlich strukturierte Integrationsstrategien angeboten.[312] Für theoriebasierte Evaluationen sind zwei grundsätzliche Idealtypen

---

312 In der Regel wird zwischen sequentiellen („qualitativ“ und „quantitativ“ nacheinander bzw. in umgekehrter Reihenfolge) und parallelen Designs („qualitativ“ und „quantitativ“ gleichzeitig) unterschieden (vgl. Miles/Huberman 1994, S. 41; Kelle 2007, S. 282ff.; Tashakkori/Teddlie 2003a; Creswell/Plano Clark 2007).

besonders relevant: eine lineare und eine dynamische. Anders gesagt: die Explizierung sowie die Überprüfung von Programmtheorien können nacheinander *oder* verschränkt miteinander verlaufen.

Die lineare Variante ähnelt der Abfolge von Exploration und Test in der traditionellen Forschung. Allerdings verläuft die explorative Phase in der deduktiv-nomologischen Logik kaum methodologisch kontrolliert. Um zu testfähigen Theorien
oder deskriptiven Schemata zu gelangen, stützt sie sich in erster Linie auf vorgängige
Untersuchungen oder auf das Alltagswissen der Forschenden. Zur Explikation von
Programmtheorien sind ergänzende, alternative Forschungskonzepte gefragt. Zum
Beispiel kann sich Evaluation für die Entwicklung der Programmtheorie den – eher
noch vagen – Vorschlägen der naturalistischen Forschung zuwenden. Bei ausreichen-
den Ressourcen kommen auch die Prinzipien der Grounded Theory oder das Vorgehen der Dokumentarischen Methode in Betracht.

Das Prinzip linearer Designs setzt auf anfänglich offene und zunehmend standardisierte Verfahren. Allerdings: Das Programm setzt bereits einen groben Rahmen
und gibt erste Akzente vor, und die Evaluierenden wiederum betreten das Feld mit
Vorannahmen und Vorwissen. Erste Hypothesen sind dabei zunächst als sensibilisierende Konzepte (vgl. 5.2.1) zu betrachten. Zur Erschließung von Programmtheorien
ist es sinnvoll, unterschiedliche Perspektiven verschiedener Beteiligter und Betroffener auf das Programm einzubeziehen.

Je nach Auftrag und Ausstattung der Evaluation können unterschiedliche Arten von Programmtheorien angestrebt werden. Bevor diese in die Test- bzw. Über-
prüfungsphase gehen, ist es notwendig, sich mit den Beteiligten (in erster Linie den
Nutzenden der Evaluation) gründlich über die Modelle abzustimmen. Auch wenn in
der Programmtheorieentwicklung bereits die Perspektiven verschiedener Beteiligtengruppen erfasst werden, so ist ein Innehalten eine notwendige Voraussetzung, um
die Nutzung von Evaluationsergebnissen vorzubereiten.[313]

Für die Verständigung über Programmtheorien mit den Stakeholdern bieten unterschiedliche Gruppenverfahren, wie sie beispielsweise von der Aktionsforschung
vorgeschlagen werden, nützliche Optionen. Statt der dafür vorgesehenen Verwendung des Konsensmodells wird hier jedoch das Konzept der Relationierung vorgeschlagen, so dass durchaus mehrere Programmtheorien parallel zueinander überprüft und getestet werden können. Auch auf dem Weg zur Operationalisierung
stellen das Wissen und die Erfahrungen der Beteiligten nützliche Informationsquellen dar, besonders dann, wenn sozialwissenschaftliche Literatur wenige Vorschläge
bereithält, wie dies typischerweise bei innovativen Programmen der Fall ist.

Um die Annahmen über das Programm mit dem Programm selbst zu konfrontieren, bietet die deduktiv-nomologische Forschung ausgereifte Designs und auch Erhe-

---

313 BURTON U. A. (2006, S. 309) heben hervor, wie wichtig die Abstimmung mit Stakeholdern ist,
   aber auch unterschiedliche Perspektiven und Interessen gelten zu lassen: „It is likely that in
   surfacing these theories the picture will be complex and inconsistencies and logical flaws may
   become apparent. So too will fundamental disagreements among stakeholders. As evaluators
   we cannot ignore these or wish them away. Nor should we ignore the political realities of power differentials among different stakeholders advancing these claims.“

bungsmethoden (vgl. 5.6.2). Abhängig von der Ausgestaltung der Programmtheorie kann beispielsweise die so explizierte Prognose oder auch „normative Programmtheorie" (Chen z.B. 1990a) mit der Deskription verglichen werden. Dabei können je nach Auftrag Aussagen darüber getroffen werden, ob das Programm wie geplant umgesetzt wird, ob es die angestrebten Resultate erzielt und/oder ob es unter den angenommenen Bedingungen realisiert wird. Ebenso kann ein Hypothesentest Anwendung finden, bei dem vorzugsweise eine Hypothese über den Wirkzusammenhang von Programmaktivitäten und Resultaten getestet wird. Wenn Bedingungen und Ressourcen es zulassen, ließe sich dieses Vorgehen mit (quasi-)experimentellen Strategien verknüpfen. In jedem Fall werden die Daten entlang der zugrunde liegenden Programmtheorien beschafft und auch organisiert (vgl. Abbildung 31).

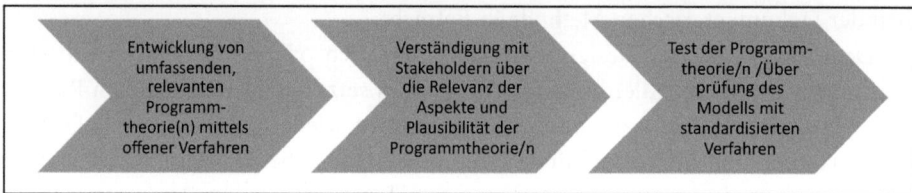

Abbildung 31: sequentielles Vorgehen

Das *dynamische Integrationskonzept* (Abbildung 32), die zweite Variante, ist vom Grundprinzip insofern eher an der Strategie des theoretischen Samplings der Grounded Theory orientiert, als dass Hypothesenbildung- und Hypothesenüberprüfung bzw. Datenerhebung und Datenanalyse verschränkt miteinander stattfinden: Erste Daten (ob aus Interviews, Beobachtungen oder aus Programmdokumenten) werden analysiert, so dass vorläufige Annahmen über das Programm formuliert werden können. Von hier ausgehend gilt es, in den nächsten Datenerhebungsschritten mittels ergänzender Perspektiven (Daten) bestehende Informationslücken auszufüllen oder diese Annahmen auf die Probe zu stellen.

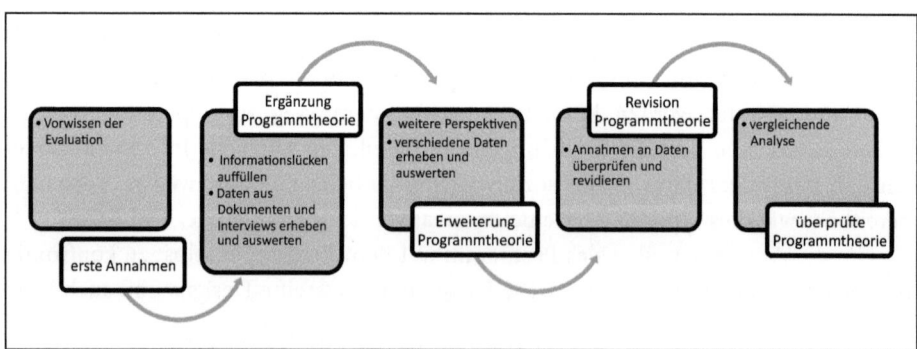

Abbildung 32: dynamische Methodenintegration

Bei einer solchen Integrationsstrategie ist es durchaus unproblematisch, offene und standardisierte Methoden gemeinsam anzuwenden. Standardisierte Verfahren können zwei wesentliche Aufgaben erfüllen: Da offene Verfahren immer in ihrer Fallzahl eingeschränkt bleiben müssen, können mittels offener Erhebungsstrategien gewonnene Annahmen und Konzepte in einem nächsten Schritt quantifiziert werden. Anders ausgedrückt: Soll auf der Grundlage weniger, intensiv untersuchter Fälle überprüft werden, ob die so entwickelten Hypothesen auch für viele oder die Mehrheit der Fälle zutreffend sind, dann bieten sich standardisierte Erhebungen an. Auch in umgekehrter Abfolge ergänzen sich beide Herangehensweisen: Sollen Mikroprozesse anhand von intensiven Einzelfällen erschlossen werden, so können standardisierte Untersuchungen darüber Aufschluss geben, durch welche Merkmale sich typische oder außergewöhnliche (kontrastierende) Fälle auszeichnen. KELLE (2007a, S. 297) sieht hier die zentrale Ergänzungsfunktionen standardisierter Verfahren:

> „Bei der Anwendung qualitativer Methoden können quantitative Vorstudien einen adäquaten Stichprobenrahmen zur Verfügung stellen, um bei der Fallauswahl und Fallkontrastierung die Heterogenität des Untersuchungsfeldes zu berücksichtigen. Weiterhin kann die Verallgemeinerbarkeit der in qualitativen Studien ermittelten Befunde durch quantitative Studien anhand größerer Fallzahlen untersucht werden."

Für eine theoriebasierte Evaluation ist es wichtig, verschiedene Perspektiven unterschiedlicher Beteiligter und Betroffener einzubeziehen. Infolgedessen ist die Nutzung mehrerer Methoden und Datenerhebungsinstrumente oftmals notwendig. Beispielsweise können erste Annahmen aus den Programmdokumenten mittels inhaltsanalytischen Vorgehens entnommen, diese um Erfahrungen aus der Praxis (beispielsweise mithilfe von Einzel- oder Gruppenbefragungen) angereichert und aus der Sicht verschiedener Zielgruppen (z. B. mit offenen oder standardisierten Befragungen oder Beobachtungen sowie Experteninterviews) überprüft werden. Im Fall einer dynamischen Integrationsstrategie bildet die kontinuierlich weiterentwickelte Programmtheorie dabei eine Achse, entlang derer die gewonnenen Daten ergänzt und aufeinander bezogen werden.

Trotz aller guten Argumente für die Integration von Methoden gilt: Integration nicht der Integration willen, sondern um die jeweiligen Stärken zu nutzen und umgekehrt die Schwächen ausgleichen zu können. Nicht in jedem Fall müssen standardisierte und offene Verfahren gemeinsam eingesetzt werden: Ist die Programmtheorie vollständig ausformuliert und sind mögliche relevante Einflussfaktoren sowie Folgen bekannt, dann erübrigt sich der Einsatz offener Verfahren. Wenn sich umgekehrt ein Pilotprojekt zunächst nur an eine kleine Zielgruppe wendet, dann können standardisierte Verfahren ihre Stärken nicht ausspielen.

6.3 Integrationsstrategien entlang des Programms

Unbeantwortet ist bislang die Frage, wovon die Entscheidung für entweder lineare oder dynamische Strategien abhängt. Um der Falle zu entgehen, im Rahmen theoriebasierter Evaluationen Methoden beliebig oder nach persönlichen Vorlieben einzusetzen, benötigen Evaluatorinnen und Evaluatoren Kriterien für die Designwahl. Die ersten relevanten Entscheidungskriterien liefert das Programm hinsichtlich seines *Entwicklungsstands*, seines *Standardisierungsgrads* und der *Explizierungsreife seiner Programmtheorien*. Da für alle Evaluationen das Primat der Praxis gilt, muss sich jede theoriebasierte Evaluation am Entwicklungsstand des Programms orientieren (vgl. z.B. Rossi/Freeman 1985, S. 46ff.). Außerdem ist zu berücksichtigen, wie umfassend und präzise die dem Programm zugrunde liegenden Theorien ausformuliert sind. Dabei kann es sein, dass sich die Stabilität von Programmen und der Explizierungsgrad von Programmtheorien nicht parallel zueinander entwickeln.

Wenn die Praxis von Programmen stabil ist, Evaluation also auf ein „reifes Programm" (Lüders/Haubrich 2006) trifft und die dem Programm zugrunde liegenden Theorien expliziert sind, dann bieten sich deskriptive und kausale Modelle an, um festzustellen, ob das Programm hält, was es verspricht. Im Idealfall explizieren die Programmtheorien nicht-intendierte Folgen gleich mit. Die zentrale Herausforderung für eine Evaluation besteht in diesem Falle darin, Programmtheorien in Forschungsoperationen zu übersetzen. Um auch unerwartete Folgen erfassen zu können, empfiehlt sich die Ergänzung um offene Verfahren. Naturalistische Feldforschung, die Dokumentarische Methode sowie die Grounded-Theory-Methodologie können hierzu begleitend angewendet werden, auch um zusätzliche Perspektiven auf das Programm beizusteuern, blinde Flecken zu beleuchten und Antworten auf die Frage zu geben, warum kein Erfolg eintritt.

Häufig werden jedoch Evaluationen beauftragt, wenn sich Programme noch in der Entwicklung oder einer Pilotphase befinden. Das ausgeschriebene Programm formuliert zwar grobe Zielstellungen und Absichten sowie einige Vorgaben für seine Umsetzung. Auch stellen eingereichte Konzepte bereits eine Konkretisierung dieser Vorgaben in jeweilige Kontexte dar. Die ausformulierten Annahmen über die Funktions- und Wirkweise sind jedoch eher programmatisch und politisch, d.h. sie verfolgen beispielsweise den Zweck Finanzierungen und (politische) Mehrheiten abzusichern. In diesem Fall müssen Programmtheorien zunächst ausbuchstabiert werden, und hierzu sind Verfahren notwendig, die die empirische Rekonstruktion von Programmtheorien erst ermöglichen. Sich dabei ausschließlich auf offizielle Dokumente zu stützen, wird im Regelfall die Praxis nur unzureichend repräsentieren. Neben den offiziellen Programmtheorien sind also die handlungsleitenden (expliziten und impliziten) Wissensbestände von Durchführenden wie auch Adressaten von Programmen nachzuzeichnen bzw. zu rekonstruieren. Bei solchen „emergenten, also sich entwickelnden Programmen" (Haubrich 2006a, S. 101; Haubrich 2009, S. 62ff.) müssen Evaluationen ebenfalls berücksichtigen, dass sich die Handlungsstrategien noch in einer Erprobungsphase befinden und dementsprechend instabil sind. Unter solchen

Bedingungen muss das Design einer Evaluation so flexibel sein, dass Entwicklungen, die das Programm nimmt, berücksichtigt werden können. Dementsprechend bieten sich eher solche Methoden an, denen ein dynamisches Theorieverständnis zugrunde liegt, z. B. die Aktionsforschung oder die Grounded Theory. Wenn es also darum geht, Modell- und Pilotprojekte zu evaluieren, die typischerweise nicht einer ausgereiften Interventionstheorie folgen, dann bieten alle offenen methodischen Zugänge zu Programmen Potentiale – jeweils abhängig von der Funktion und Perspektive, die die Evaluation wahrnimmt.

Programme können auch auf umfassenden, wissenschaftlich abgesicherten Theorien basieren. In diesem Fall – und das schlägt auch HUEY-TSHY CHEN (2005, S. 38ff.) explizit vor – kann sich die Evaluation genau darauf stützen. Sie befindet sich also in der luxuriösen Situation, dass die Programmtheorien „nur" an der Realität überprüft werden müssen. Unter solchen Umständen kommen die Stärken standardisiert verfahrender Forschungsstrategien – Beobachtungen, Inhaltsanalysen und Befragungen – besonders zum Tragen. Falls die relevanten Daten bereits erhoben wurden, stellen Sekundärdatenanalysen eine wertvolle Option dar. Solche Programme stellen gewiss eher die Ausnahme dar, was unter anderem daran liegen mag, dass Evaluationen selten von Beginn an einbezogen sind und sich weder die Politik- noch die Praxisgestaltung ausschließlich an Evaluationsergebnissen orientiert (vgl. z. B. Mason/Barnes 2007, S. 152).

Ein weiterer typischer Evaluationsgegenstand sind etablierte Programme mit routinisierten und stabilen Handlungsabläufen, für die Programmtheorien jedoch noch nicht in explizierter Form vorliegen. Unter solchen Bedingungen kann man davon ausgehen, dass zwar die Praxis zunächst stabil ist, jedoch gerade die den Aktivitäten im Programm zugrunde liegenden Handlungstheorien oftmals nicht ausformuliert sind. Der Explizierungsgrad der Programmtheorien kann in diesem Fall sogar noch geringer sein als bei Modellprojekten, in denen aktuell Programmatisches festgehalten ist. So muss theoriebasierte Evaluation im Extremfall damit rechnen, dass angesichts fehlender dezidierter Programmtheorien die unterschiedlichen Programmbeteiligten sehr verschiedene Annahmen mit ihren Aktivitäten verfolgen. Hier sind solche Verfahren geeignet, die Stakeholder dabei unterstützen, ihre handlungsleitenden (expliziten und impliziten) Annahmen zu formulieren. Sofern die Rahmenbedingungen es zulassen, wären etwa Gruppenverfahren angemessen. Dabei können verschiedene Programmmodelle, sei es in Form von CMO-Konfigurationen, Verlaufs- und Fahrpläne („roadmaps") oder „theory-of-change"-Modellen, dazu dienen, die Beteiligten in der Explizierung ihrer (deskriptiven oder kausalen) Programmtheorien anzuleiten.[314]

Stark vereinfacht lässt sich als Faustformel formulieren: Je geringer der Explizierungsgrad von Programmtheorien und der Reifegrad von Programmen, desto angemessener sind offene Forschungsstrategien. Erst wenn die dem Programm zugrunde liegenden Theorien umfassend und widerspruchsfrei entwickelt sind, können klar

---

314 Vermutlich wird durch die Offenlegung der impliziten Programmtheorien selbst ein stabiles Programm in Bewegung geraten.

strukturierte (kausale) Modelle und hoch standardisierte Verfahren sinnvoll angewendet werden (vgl. Abbildung 33).

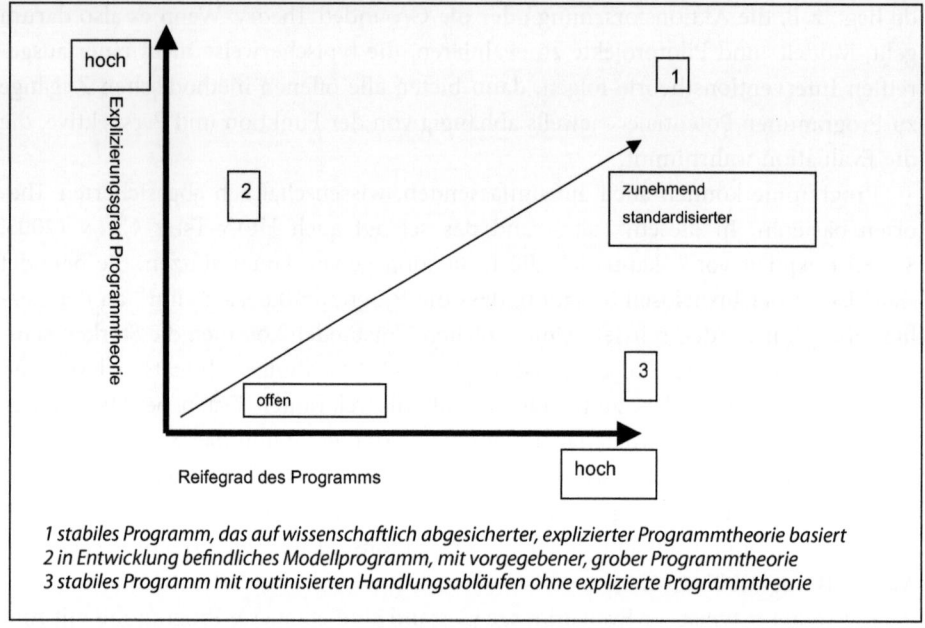

1 stabiles Programm, das auf wissenschaftlich abgesicherter, explizierter Programmtheorie basiert
2 in Entwicklung befindliches Modellprogramm, mit vorgegebener, grober Programmtheorie
3 stabiles Programm mit routinisierten Handlungsabläufen ohne explizierte Programmtheorie

Abbildung 33: Integrationsstrategien abhängig von Programm und Programmtheorien

Grundsätzlich gilt, dass selbst wenn aktuell explizierte Programmtheorien in Form
von Programmdokumenten oder sozialwissenschaftlichen Interventionstheorien vorliegen, es immer angezeigt ist, diese im Austausch mit den Stakeholdern auf ihre Ak-
tualität und Relevanz für das Programm sowie die Evaluation zu überprüfen. Durch
diesen Arbeitsschritt erzielt theoriebasierte Evaluation zweierlei Nutzen: Einerseits
wird die Unterscheidung von „Programmlyrik"[315] und Praxis ermöglicht, andererseits kann die Kontrastierung von Programmtheorien aus unterschiedlichen Perspektiven einen wichtigen Beitrag zur Profilklärung von Programmen leisten.

Als weiteres Entscheidungskriterium ist der Grad der Standardisierung des Programms heranzuziehen. Evaluation kann den Auftrag haben, die regional weitgehend
einheitliche Umsetzung oder Wirkung eines Bundesgesetzes zu untersuchen (z. B.
die Reform des Sozialgesetzbuches II) oder sie hat es mit einem beispielsweise europäischen Arbeitsmarktprogramm zu tun. Im letzteren Fall ist davon auszugehen,
dass sich die regionalen Umsetzungen deutlich voneinander unterscheiden, weil sie
sich an den konkreten Problemstellungen vor Ort und den nationalstaatlichen (ge-
setzlichen) Rahmenbedingungen orientieren. Wahrscheinlich ist, dass in den einzelnen Projekten vor Ort verschiedene Zielgruppen angesprochen werden, dass unterschiedlichste Interventionen und dementsprechend auch uneinheitliche Outcomes

---

315 HAUBRICH (2006, S. 113) unterscheidet beispielsweise zwischen „rhetorischer" und „tatsächli-
cher" Programmtheorie.

zu erwarten sind. Für die Durchführung von Evaluationen hat dies zur Folge, dass je vielfältiger die Programmausgestaltung ist, entsprechend vielfältige Programmtheorien dem Programm zu Grunde legen, desto weniger ergiebig sind hoch standardisierte Designs. Dies gilt beispielsweise bei multizentrischen oder Mehrebenen-Programmen, bei denen unter einem gemeinsamen Dach, an verschiedenen Orten oder auf verschiedenen Ebenen Programme jeweils spezifisch realisiert werden. Karin Haubrich (2009) schlägt für solche Fälle die Rekonstruktion von handlungsrelevantem und Expertenwissen vor.

6.4 Integrationsstrategien je nach Funktion der Evaluation

Die allgemein akzeptierte Unterscheidung zwischen Kontroll-, Entwicklungs- und Forschungsparadigma (siehe 2.2) bietet einen weiteren Kriterienkatalog zur Nutzung verschiedener Methoden und deren Integration.

6.4.1 Kontrollparadigma

Unter dem Kontrollparadigma bilden offizielle Programmtheorien die Interpretationsfolie, mit der Ergebnisse aus den Programmen abzugleichen sind. Dementsprechend sind Programmtheorien aus den offiziellen Programmverlautbarungen und aus den Konzepten zu generieren. Diese sind dann daraufhin zu durchleuchten, welche Outcomes und Outputs das Programm anstrebt, unter welchen Bedingungen welche Strategien bzw. Instrumente angewendet werden sollen, um beabsichtigte Veränderungen zu erzielen und evtl. auch, welche nicht-intendierten Effekte verhindert werden sollen. Ein mögliches Korrektiv, um Lücken auszufüllen und Widersprüche zwischen Programmvorgaben sowie formulierten Konzepten aufzudecken, bilden gegenstandsbezogene Theorien und Ergebnisse aus Untersuchungen. Den Feinschliff und die letzten Konkretisierungen erhält die Programmtheorie durch die Evaluationsbeteiligten.

Unter einem Kontrollauftrag sind allerdings weder implizite Wissensbestände noch Bedeutungszuweisungen von Akteuren und Betroffenen relevant – zumindest solange die Evaluation nicht danach fragt, *wieso* das Programm (nicht) das erreicht, was es erreichen soll. Insofern würden Forschungsstrategien wie die naturalistische Forschung, die Dokumentarische Methode sowie die Grounded Theory am Erkenntnisinteresse von Evaluationen mit Kontrollauftrag vorbei gehen. Für die Aktionsforschung trifft dies noch deutlicher zu, denn diese ist darauf angewiesen mit den Programmakteuren eng und vertrauensvoll zusammenzuarbeiten, was in Widerspruch zu einem Kontrollauftrag gerät.

Normative Programmtheorien und ihr Abgleich mit Deskriptionen können in Evaluationen, die mit einem Kontrollauftrag versehen sind, für zwei verschiedene Aspekte nutzbar gemacht werden: Einerseits kann abgeglichen werden, ob das Programm erreicht, was es erreichen soll. Andererseits kann der Prozess des Programms einer Überprüfung unterzogen werden, nämlich unter der Fragestellung: Wird das Programm so umgesetzt, wie es das Konzept vorschreibt?

In der Regel muss jedoch davon ausgegangen werden, dass offizielle Programmverlautbarungen oftmals noch nicht operational formuliert sind, d.h. offizielle Programmtheorien sind nicht ohne Weiteres in Messvorschriften übertragbar. Für die Operationalisierung kann theoriebasierte Evaluation auf unterschiedliche Quellen zurückgreifen. Dort, wo vorhanden, bieten sich ähnliche Studien und bereits erprobte Messinstrumente an. Ist dies nicht der Fall, typischerweise bei innovativen Programmen, sollten die Beteiligten zur Operationalisierung herangezogen werden. Hier können Gruppenerhebungsverfahren nützliche Hinweise liefern (vgl. z.B. Leeuw 2006, Mäder 2013). Um die Glaubwürdigkeit der Evaluation zu sichern, muss jedoch unbedingt transparent gemacht werden, auf welcher und wessen Grundlage Messvorschriften gebildet werden.

Grundsätzlich kann ein theoriebasiertes Evaluationskonzept unter einem Kontrollparadigma seine Stärken nicht voll ausspielen, weil es eben gerade weniger die Frage nach dem Wie und Warum als nach dem Ob stellt. Der zentrale Nutzen eines theoriebasierten Vorgehens besteht in diesem Kontext jedoch darin, dass Auftraggebende und Stakeholder gezwungen sind sich zu vergewissern, dass das einmal unter anderen Vorzeichen (z.B. Mittelakquise) formulierte Programm auch weiterhin verbindlich gilt.

6.4.2 Entwicklungsparadigma

Für die Entwicklungsperspektive einer Evaluation sind all jene Methoden relevant, die Veränderungsprozesse innerhalb des Programms berücksichtigen können. In dem Maße, in dem sich Programme wandeln, müssen auch die Programmtheorien entfaltet werden. Vorstellbar ist die Entwicklung einer beschreibenden Programmtheorie, die schrittweise – entlang den Veränderungen des Programms – erweitert, abgeändert und präzisiert wird. Grundsätzlich sind die Prinzipien und Vorgehensweisen der Aktionsforschung prädestiniert für Evaluationen, die dem Entwicklungsparadigma folgen, denn sie sind speziell darauf ausgerichtet, Probleme und Lösungen zu identifizieren. Zum Beispiel ist der Einsatz von Datenerhebungsverfahren, die zugleich auch als Interventionen genutzt werden können, eine Option (vgl. 5.3).

Wenn es darum geht zu verstehen, aus welchen Gründen Strategien nicht funktionieren bzw. nicht die erwarteten Erfolge vorweisen, dann können interpretative Verfahren wichtige Funktionen erfüllen. Vielleicht liefern bereits erste Felduntersuchungen im Sinne naturalistischer Forschung nützliche Hinweise, um festzustellen, inwieweit dem Programm aus unterschiedlichen Perspektiven widerstreitende Bedeutungen zugewiesen werden und in der Konsequenz Störungen auftreten. Wenn die Vermutung naheliegt, dass die Praxis im Programm weniger durch offizielle, explizierte Handlungstheorien bestimmt wird als durch implizite Wissensbestände, dann könnte vor allem die Dokumentarische Methode erhellende Informationen liefern.[316]

Die Grounded Theory mit ihrem dynamischen Verständnis von Theorie ermöglicht ebenfalls einen Umgang mit sich verändernden Bedingungen und Handlungsstrategien im Programm, Annahmen über das Programm werden stets als vorläufig betrachtet. Der kontinuierliche Wechsel zwischen Datenerhebung und Datenanalyse ermöglicht Evaluatorinnen und Evaluatoren eine beständige Anpassung der Programmtheorie an eine (möglicherweise) veränderte Praxis. Sie müssen sich bei einem *Entwicklungsauftrag* in besonderem Maße mit ihrem Rollen- und Aufgabenverständnis beschäftigen. In der Regel nehmen sie eine zusätzliche Beratungsfunktion für Programmdurchführende wahr und sind dementsprechend auf eine enge Kooperation mit der Praxis angewiesen. Dadurch können sie in eine Doppelrolle – Forschung und Beratung – geraten, besonders dann, wenn die Evaluation organisationsintern oder gar als Selbstevaluation konzipiert ist. Sind Evaluatorinnen und Evaluatoren mit der Praxis eng verquickt, können sie nicht in der Rolle des „Beobachters zweiter Ordnung" bleiben. Die Durchführung einer Gruppendiskussion im Bohnsack'schen Sinne kann beispielsweise im Rahmen einer Selbstevaluation nicht gelingen, weil Evaluatorinnen und Evaluatoren zu sehr involviert sind. Für die Grounded Theory hingegen ist das Verhältnis des Forschenden zum Untersuchungsgegenstand nicht eindeutig festgeschrieben. Gleichwohl kann die kontinuierliche Verschränkung von Datenerhebung und Datenanalyse durchaus in Konflikt mit programminternen Aufgaben geraten.

6.4.3 Forschungsparadigma

Orientiert sich die Evaluation am Forschungsparadigma, dann verfolgt sie damit auch den Zweck, übertragbares Wissen über die Wirkung sozialer Interventionen zu generieren. Speziell unter der Überschrift „Wirkungsevaluation" werden die Stärken von theoriebasierten Evaluationskonzepten häufig unterstrichen (siehe z. B. Haubrich 2006a; Hense/Kriz 2006).

Eine solche Evaluation befindet sich „in der Rolle des Bindeglieds zwischen Theorie und Praxis" (Kromrey 2001a, S. 114) und muss zusätzliche Anstrengungen unternehmen, den Gütekriterien wissenschaftlicher Forschung Geltung zu verschaffen. Dementsprechend benötigen Evaluationen, die die Forschungsperspektive einnehmen wollen, ein Mehr an Ressourcen und eine gewisse Entlastung vom Praxisdruck. Es überrascht nicht, dass so angelegte Evaluationen vorwiegend im universitären Rahmen umgesetzt werden (Kromrey 2001a, S. 114).

Traditionell ist eine derart umschriebene theoriebasierte Evaluation prädestiniert, sich an der Logik von Kausalmodellen zu orientieren und diese mit (quasi-)expe-

---

316 Gemäß dieser Argumentation würde die Beschäftigung mit implizitem Wissen erst auf die Auseinandersetzung mit explizierten Handlungstheorien folgen. Das würde zwar den Vorstellungen Bohnsacks entgegenlaufen, unter pragmatischen Gesichtspunkten scheint diese Reihenfolge jedoch auch machbar und der einzig handhabbare Weg in formativen Evaluationen.

rimentellen Designtypen zu kombinieren.[317] Voraussetzung ist ein gut abgesichertes Kausalmodell, das alle relevanten (internen und externen) Einflussfaktoren sowie mögliche (intendierte und nicht-intendierte) Wirkungen bereits benennt. Eine solche Programmtheorie muss zahlreiche Faktoren benennen, weit mehr als für Blackbox-Input-Output-Modelle vorgesehen sind. Um belastbare Aussagen erzielen zu können, sind darüber hinaus ausreichend hohe Fallzahlen notwendig. Wie bereits an anderer Stelle unterstrichen (vgl. 5.7), benötigt der angemessene Einsatz von Kausalmodellen zusätzlich stabile Bedingungen im Programm, z. B. müssen die durchs Programm gesetzten Interventionen und auch die Zielgruppenzusammensetzung unverändert bleiben.

Hat die an der Wirkungsforschung orientierte theoriebasierte Evaluation ein innovatives Programm zum Gegenstand, muss sie zunächst eine Programmtheorie entwickeln. Ausschreibungstexte und Angebote können zu deren Rekonstruktion bestenfalls eine Orientierung bieten. Möglich sind zwei grundsätzliche Herangehensweisen: Entweder bietet die wissenschaftliche Literatur passende und auf das Programm anwendbare (kausale) Theorien, oder sie müssen aus dem Programm heraus abgeleitet werden. Die Prinzipien der Aktionsforschung sind hier ungeeignet, da sie sich deutlich an der Praxis orientieren; ihr Beitrag zur Theorieentwicklung kann nur ein Nebenprodukt sein. Das schließt jedoch nicht aus, dass Ergebnisse aus (formativen) Evaluationsstudien, die sich der Aktionsforschung bedienen, eine Datenquelle liefern können, um zu ausgereiften Programm- und Interventionstheorien zu gelangen.

Legt man statt eines traditionellen Kausalitätsverständnisses einen akteurstheoretischen Wirkungsbegriff zugrunde,[318] so wie KELLE (2007a, S. 151ff.) vorschlägt, bietet das Vorgehen der Grounded Theory methodische Strategien, um Programmtheorien aus der Anwendung und Erprobung von Praxis heraus zu rekonstruieren.

„Ohne dass damit ein deterministisches Verständnis menschlichen Handelns konstruiert werden muss, kann soziales Handeln problemlos im Sinne der ursprünglichen Verwendungsweise des Begriffes *causa* als beeinflusst, bewirkt oder verursacht angesehen werden. Ein solcher Kausalitätsbegriff ist gleichermaßen anschlussfähig an grundlegende Arbeiten von Alfred Schütz zur soziologischen Phänomenologie, die ebenso wie der Pragmatismus eine wichtige Traditionslinie der erkenntnis- und sozialtheoretischen Grundlegung repräsentiert... " (Kelle, 2006, S. 120f.).

Besonders das Kodierparadigma nach ANSELM STRAUSS (vgl. Kap. 5.5.3) lässt sich als ein mögliches Wirkungsmodell lesen und anwenden. Hierin sind Ursachen und deren Folgen in einem Kontext unter spezifischen Bedingungen so verknüpft, dass sie Konsequenzen hervorbringen. Damit enthält dieses Modell letztlich ähnliche Elemente eines elaborierten Kausalmodells, das sich an deduktiv-nomologischen Prinzipien orientiert. Der wesentliche Unterschied besteht jedoch in der prozessualen He-

---

317 Dies entspricht der Argumentation COOKS (2000).
318 VIRTANEN/UUSIKYLÄ (2004) plädieren dafür, die Konzeption von Kausalität im Zusammenhang mit den Nutzungsabsichten von Evaluationen zu entscheiden.

rangehensweise. Das theoretische Sampling in seinem iterativ-zyklischen Ablauf und der kontinuierlichen Abfolge von Induktion – Abduktion – Deduktion ermöglicht die schrittweise Weiterführung und auch Überprüfung der theoretischen Konzepte gerade dann, wenn theoriebasierte Evaluation mit innovativen, sich entwickelnden Programmen befasst ist.

Ideal ist es hier, die Programmtheorien aus möglichst vielen Perspektiven zu re-konstruieren und diese möglichst breit – auch in unterschiedlichen Kontexten – zu überprüfen. Gruppendiskussionen im Sinne der Dokumentarischen Methode lassen sich unproblematisch integrieren und stellen einen möglichen Zugriff auf die im-pliziten Wissensbestände verschiedener Beteiligtengruppen (vor allem von Zielgrup-pen) dar. Die besondere Stärke dieses offenen Vorgehens besteht darin, dass hiermit unerwartete Outcomes und Effekte entdeckt werden können und die Integration erst später identifizierter Einflussfaktoren ermöglicht wird. Auch bei innovativen, sich entwickelnden Programmen lassen sich so Aussagen über Wirkungen treffen.

Wenn die Wissensgenerierung oberste Prämisse ist, dann scheint es notwendig, Evaluatorinnen und Evaluatoren weitgehend von einem „Praxisdruck" zu befreien, anders ausgedrückt, sie sollten in erster Linie Forschende und nicht Beratende oder Praxisentwickelnde sein. Im Gegensatz zu einer Evaluation, die die Entwicklungs-perspektive einnimmt, eignen sich hier Forschungsstrategien, in denen Evaluatorin-nen und Evaluatoren als weitgehend „neutrale" Beobachtende dem Gegenstand ge-genübertreten.

6.5 Die Integration von Methoden zur Evaluation der internetbasierten Lernumgebung

Auch im Rahmen der Beispielevaluation stellte sich die Frage danach, wie verschie-dene methodische Zugänge kombinierbar waren. Dass zur Evaluation der internetba-sierten Lernumgebung verschiedene methodische Zugänge diverse Nutzungspotenti-ale beisteuerten, wurde in Kapitel 5 erörtert. Zwar wurden nicht alle methodischen Zugänge im konkreten Setting realisiert, jedoch lässt sich diskutieren, wie sich die eingesetzten Verfahren ineinander fügten und wie sie jeweils zur Überprüfung von Annahmen, deren Ergänzung und Vertiefung beitragen konnten.

Die Notwendigkeit, unterschiedliche Untersuchungsmethoden einzubeziehen, er-gab sich bereits daraus, dass es angezeigt war, mehrere Perspektiven zu berücksichti-gen: So prägten das Vorwissen und die Vorerfahrungen der Lehrenden das Konzept sowie die Umsetzung der internetbasierten Lernumgebung und legten die Basis für die Explizierung von Intentionen und Zielen. Zur Korrektur respektive Vergewisse-rung von Praxis und Programmtheorie wurden lerntheoretische Konzepte herange-zogen. In welcher Weise Praxis und theoretisches Wissen einerseits relevant für die Evaluation und andererseits für die praktische Umsetzung der Lernumgebung waren, ist bereits in Kapitel 4.6.1 und 4.6.2 ausführlich beschrieben. Zusammengefasst lässt sich feststellen, dass die empirischen Untersuchungen aus ähnlichen Kontexten Anregungen für die Lösung praktischer Probleme beisteuerten, wie sie ebenso die Aufmerksamkeit auf Aspekte lenkten, die im Rahmen der Evaluation im Blick zu behalten waren.

Neben der Perspektive der Lehrenden und sozialwissenschaftlicher Wissensbestände war zweifelsohne die Sicht der Studentinnen und Studenten bedeutsam. Deren Akzeptanz des Angebots war zumindest eine wichtige Vorbedingung für die Nutzung und den Erfolg der internetbasierten Lernumgebung. Für die praktische Umsetzung des Angebots wie auch für die Evaluation war es wichtig zu erfahren, was die Studierenden brauchten, wie sie lernten und wie sie die einzelnen Bestandteile der Lernumgebung interpretierten. Insofern war es wichtig, vertiefende Einblicke in die Wahrnehmung von und den Umgang mit den Lehr- und Lernangeboten zu gewinnen. Da die Intention darin bestand, dass möglichst viele die internetbasierten Angebote nutzten, waren ebenso Einschätzungen von einer Vielzahl Studierender notwendig. Die Tutorin und der Tutor konnten eine weitere wertvolle Perspektive beisteuern. Sie hatten häufig Kontakt mit der Zielgruppe, kannten die Rollen von Lehrenden sowie Studentinnen und Studenten, vermittelten zwischen beiden und genossen eventuell gar mehr Vertrauen als die Dozentin.

Wie bereits im Zusammenhang mit den Nutzungspotenzialen von Aktionsforschung und Grounded Theory ausgeführt, bot auch das alltägliche Geschehen zahlreiche Aufschlüsse darüber, wie die internetbasierte Lernumgebung funktionierte, vor allem zeigte es auch, was nicht funktionierte. Der Umstand, dass es sich im vorliegenden Fall um eine Selbstevaluation handelte, ermöglichte den Zugriff auf zahlreiche mehr oder weniger zufällig gewonnene Erfahrungen und Erkenntnisse.

Folgende Datensorten (Tabelle 8) waren vorhanden und konnten in die Evaluation einbezogen werden:

Tabelle 8:   verschiedene Perspektiven und Datensorten

Informationsquellen	Erhebungsmethoden	Datensorten
Lerntheoretische Konzepte	Recherchearbeiten	Texte
Empirische Untersuchungen	Recherchearbeiten	Berichte/Artikel
Vorerfahrungen	Dokumentation	Textdateien
Studierende	Teilstandardisierte Befragungen	Quantitative und qualitative Daten
Studierende	Fokusgruppen	Qualitative Daten
Studierende	Inhaltsanalyse	E-Mails, Textdokumente, Diskussionsbeiträge
Studierende	Einzelinterview	Qualitative Daten
Tutor und Tutorin	Schriftliche Befragung	Qualitative Daten
Tutor und Tutorin	Informelle Gespräche	Erfahrungswissen
Alltägliche Praxis	Gespräche, mündliche Befragungen, teilnehmende Beobachtungen, Forschungstagebuch	Erfahrungswissen

Diese Aufstellung verdeutlicht, dass im Zuge der Evaluation zahlreiche, sehr verschiedene Daten erhoben wurden. Dementsprechend stellt sich die Frage, wie diese aufeinander bezogen werden konnten und, wie die unterschiedlichen Datenerhebungen miteinander kombiniert wurden oder hätten werden können.

Betrachtet man den Reifegrad des Projekts, so wird schnell deutlich, dass es sich um ein emergentes, noch stark veränderliches Programm handelte, das zwar auf Vorerfahrungen aufbaute, gleichzeitig aber Neues ausprobierte. Gegenstand der Evaluation waren gerade die Neuerungen, die mit der gezielten Nutzung des Internets für die Methodenübung eingeführt wurden. Kennzeichnend war hierbei, dass sich das Vorhaben in der Erprobungsphase befand und einzelne Elemente der Lernumgebung immer wieder verändert, ergänzt oder revidiert wurden. Ein ausschließlich standardisiertes Vorgehen war alleine aus diesem Grund nicht möglich.

Einige Annahmen darüber, welche Resultate durch das zusätzliche Angebot ausgelöst werden sollten und welche Bedingungen relevant waren, bestanden bereits mit Einführung der internetbasierten Lernumgebung. Wodurch sich jedoch die Akzeptanz seitens der Studentinnen und Studenten erhöhen ließe, wie die zusätzlichen Optionen konkret in die ihre Lernpraxis als Einzelne und als Gruppe integriert werden könnten und wie genau die Lernumgebung organisiert sein müsste, das war anfänglich noch weitgehend unklar.

Naheliegend war unter diesen Umständen ein Vorgehen, das einerseits auf bestehendem Wissen aufbaute und andererseits Raum für das sich entwickelnde Projekt – in Hinblick auf die Praxis wie auch die Programmtheorieformulierung – ließ. Es konnten standardisierte Verfahren zur Überprüfung vorformulierter Annahmen angewandt werden ebenso wie auch ein offenes Vorgehen notwendig war, um Informationslücken aufzufüllen.

Der Zweck der Evaluation war auf formative, das Projekt entwickelnde Aufgaben ausgerichtet. Das Hauptaugenmerk lag dementsprechend darauf, vor allem Informationen zur Verbesserung der internetbasierten Lernumgebung zu erhalten. Festgestellte Missstände in der Umsetzung sollten möglichst zeitnah behoben werden. Demnach bot sich ein Design an, bei dem die Praxis und die Programmtheorie miteinander verschränkt entwickelt werden konnten, also war eine dynamische Integration von Methoden angemessen.

Vor diesem Hintergrund lässt sich das Vorgehen grob wie folgt beschreiben: Auf der Grundlage von Erfahrungen aus vorangegangenen Semestern wurden Grundelemente der internetbasierten Lernumgebung entwickelt und zusammengestellt. In der Planungs- und Entwicklungsphase wurde – vor allem im Fall von Unsicherheiten – einschlägige Fachliteratur herangezogen, mal mit dem Fokus auf praktischen Lösungen, mal eher unter dem Aspekt, wie Lernen allgemein oder mithilfe von Medien funktioniert. Die Praxis war zwar geleitet von Annahmen und Vorerfahrungen, jedoch konnte zu Beginn keine umfassende Programmtheorie entwickelt werden. Vielmehr ging das Pilotvorhaben an den Start und wurde einem ersten Praxistest unterzogen. Erste Schwierigkeiten tauchten auf, ungeplante Rückmeldungen trafen ein, aber auch externe Einschätzungen wurden gezielt eingeholt. Infolgedessen wurden erste Veränderungen vorgenommen, z.B. das farbliche Design freundlicher gewählt oder Regeln für die E-Mail-Kommunikation formuliert. Nach dem ersten Durchlauf zu Semesterende fand eine erste schriftliche, teilstandardisierte Befragung der Teilnehmenden statt. Diese Erhebung belegte bereits, dass die Nutzung nicht in erwünschtem Ausmaß stattfand (vgl. Kapitel 5.6.5). Zu Beginn des darauf folgenden Semesters fand eine Fokusgruppe mit ehemaligen Teilnehmenden statt. In dieser konnte unter anderem der Frage nachgegangen werden, was einer häufigen Nutzung im Wege stand. Parallel dazu wurde die Programmtheorie entwickelt, mit zusätzlichen Aspekten angereichert und gleichzeitig – entsprechend der veränderten Praxis – angepasst.

Diese Verbesserung der Praxis und Fortschreibung der Programmtheorie erfolgte kontinuierlich über vier Semester. Wäre der Studiengang nicht eingestellt worden, so hätte die Option bestanden, einen zufriedenstellenden, stabilen Zustand der internetbasierten Lernumgebung zu erreichen. In dessen Folge hätte sich die Möglichkeit angeboten, eine ausgereifte Programmtheorie mit standardisiert erhobenen Daten aus mehreren Semestern zu vergleichen. Unter stabilen Rahmenbedingungen hätte beispielsweise ein Wirkzusammenhang zwischen

nützlichem Angebot → hoher Nutzung → besseren Lernergebnissen

überprüft werden können. Auch wenn die Lernumgebung weder in der Praxis noch in der Ausformulierung ihrer Programmtheorie zu voller Reife gelangte, kann und soll der Informationsgewinn für die Evaluation sowie die Praxis gerade aufgrund der Nutzung verschiedener methodischer Zugänge und der Integration verschiedener Wissensbestände illustriert werden.

Zunächst exemplarisch zum Angebot der so genannten „Typischen Fehler": Aus einem vorangegangenen Semester wurde eine überdurchschnittlich gute Bearbeitung als beispielhafte Übungsaufgabe ausgewählt. Diese Bearbeitung wurde insofern kommentiert, als Unstimmigkeiten benannt, Lücken in der Argumentation aufgezeigt und die Richtung von Lösungen vorgeschlagen wurden. Entlang der Bearbeitungsschritte im laufenden Semester wurde dieses kommentierte Beispiel als Datei zum Download bereitgestellt. Intention war es, den Studierenden mit dem Beispiel und seinen Kommentierungen eine Orientierungshilfe anzubieten. Die Orientierung sollte durch Ähnlichkeiten erreicht werden, z.B. in der gleichen Aufgabenstellung – wenn auch zu einem anderen Rahmenthema – oder dadurch, dass die Autorinnen und Autoren der Beispielaufgabe ebenfalls Studierende in derselben Situation waren. Gleichzeitig war das Material „fremd" genug, um eine eigenständige Auseinandersetzung herauszufordern. Die Kommentierungen sollten unterstreichen, dass das Ergebnis nicht schlicht kopierbar war, das Prinzip des Vorgehens verdeutlichen und für typische Fehler sensibilisieren.

Die Zwischenergebnisse der Gruppenarbeiten erweckten von Beginn an den Eindruck, dass das Material nicht im erwünschten Maße genutzt wurde. Zur Absicherung des Eindrucks wurde im Rahmen der Präsenzveranstaltungen nachgefragt. Obwohl es sich um ein typisches Setting für „sozial erwünschte Antworten" handelte (eine Anonymisierung war nicht realisierbar und, was erwünscht war, war allzu offensichtlich) fiel das Ergebnis recht eindeutig aus: Nur einzelne gaben an, das bereit gestellte Material genutzt zu haben. Aufgrund der Annahme, dass die Ursache für die Nicht-Nutzung darin lag, dass das Angebot „Typische Fehler" an sich oder in seinem Nutzen nicht bekannt war, wurde es wiederholt beworben und auch in die Veranstaltung eingebaut.

Die Befragung zur Nutzung und zur Nützlichkeit zu Semesterende (diesmal schriftlich und anonym) ergab, dass im Verlauf des Semesters doch einige Studierende dieses Material genutzt hatten, gewiss aber nicht annähernd im angestrebten Umfang: 37,6% der Befragten hatten die „Typischen Fehler" gar nicht, 16,25% nur ein Mal genutzt. Diese standardisiert erhobenen Daten belegten zwar die Eindrücke aus der Praxis, konnten jedoch keinen Aufschluss darüber liefern, wodurch die geringe Nutzungsrate zu erklären sei. An dieser Stelle bekamen die ergänzend eingeführten Gruppenerhebungen mit weitgehend selbstläufigen Gesprächsanteilen eine wichtige Funktion. Zunächst einmal zeigte sich, dass durchaus von einer – wenn auch eingeschränkten – Bereitschaft, sich mit dem Internet und „neuen" Lernmedien auseinanderzusetzen, auszugehen war. Auch war eine grundlegende Akzeptanz für die Nutzung des Internets erkennbar, und so ließen sich zahlreiche Beispiele dafür finden, dass das Angebot im intendierten Sinn genutzt wurde. Hier ein Beispiel aus einer Fokusgruppe (nach dem Wintersemester 2002/03):

> V (w): „Also bei uns war's 'ne gewisse Zeit so, dass wir konkret uns in der Gruppe getroffen haben, und bei uns war das auch so, dass immer alle da waren, da gab es jetzt nicht so ein Problem, aber dann haben wir uns auch mit den Übungen auseinander gesetzt. Dann kamen natürlich auch die Fragen, in Zusammenhang damit haben wir dann eigentlich auch ins Internet geguckt – wenn wir irgendwo nicht weiter gekommen sind. Wirklich dann, ganz konkret. Manchmal dann auch selber für mich alleine, wenn ich dann die Sachen mal alleine ohne die Gruppe für mich durchgedacht habe. Oder wenn irgendwie unklar war, wo, wann was stattfindet. Oder: bin auch mal so rein gegangen: so als Info, so jetzt nicht irgendwas konkret durchgearbeitet, sondern das auch wirklich so als Spontan- und Nebenher-Info genutzt. Also ich hab ja auch vorhin schon gesagt, so als alles und immer hab ich's nicht gemacht, sondern das war einfach nur Zusatz. Aber dafür dann echt 'ne gute Hilfe."

Dieses Zitat belegt, dass grundsätzlich das per Internet bereitgestellte Material das Potential aufbot, die Auseinandersetzung mit dem Lerngegenstand zu intensivieren. Es war für das Selbststudium alleine und in der Gruppe verwendbar und offensichtlich auch leicht zugänglich nutzbar. Neben der im Allgemeinen und überwiegend positiven Resonanz fanden sich in der besagten Fokusgruppenerhebung auch Antworten auf die Frage, warum das Angebot „Typische Fehler" – obwohl als eines der Herzstücke der internetbasierten Lernumgebung konzipiert – so gering genutzt wurde. Das folgende Zitat – von derselben Studentin, die das Angebot durchaus im intendierten Sinn nutzte – bringt ein Schlüsselproblem auf den Punkt:

> V (w): „Also, ich muss sagen, das mit den typischen Fehlern, das hab ich vermieden anzusehen … (lacht) … wenn ich doch schon die ganzen Fehler mache, dann muss ich mir doch nicht noch angucken, was andere für Fehler machen."

Auch eine andere Studentin bestätigt:

> S (w): „Ich hab da eher so die Philosophie wie V. Ich mach lieber meine eigenen Fehler."

Offensichtlich schreckte die Herausstellung von Fehlern die Lernenden ab. Auch wenn das Angebot und die Formulierung aus Sicht der Lehre als Unterstützung und Entlastung gemeint war, so ließ sich dies den Adressaten nicht vermitteln. Die – kontinuierliche – Konfrontation mit Fehlern sprach keine motivierende Einladung zum Lernen aus. Was aus Sicht der Lehre als geschickte Lösung erschien, war aus Sicht der Lernenden unattraktiv. Die Studierenden wünschten sich Lösungen, nicht neue Fehler. Eine erste Konsequenz daraus war es, das Angebot schlicht umzubenennen. Der Link hieß fortan nicht mehr „Typische Fehler" sondern „Beispielaufgabe".[319]

Leider liegen für die Beurteilung der einzelnen internetbasierten Angebote nur eingeschränkt vergleichbare quantitative Daten vor,[320] gleichwohl ist ein Vergleich der Beurteilung des Angebots möglich: Während sich im Wintersemester 2003/04 noch 46% der Befragten von den „Typischen Fehlern" „gar nicht" (25%) oder „kaum" (21%) in der Bearbeitung der Übungsaufgabe unterstützt fühlten, waren dies im Wintersemester 2003/04 noch 36,3% (24,2 gar nicht und 12,1 % kaum). Außerdem wurde in den folgenden Fokusgruppen das Thema „Fehler" von den Studierenden nicht mehr angesprochen. Die rückblickende Einschätzung von Tutor und Tutorin verweist auch darauf, dass das Angebot für die Studierenden durchaus genutzt wurde und auch nützlich war:

> Tutorin: „Die Beispielaufgabe wurde m. E. sehr gut genutzt; die Studierenden haben öfter erwähnt, wie sie bestimmte Dinge in der Beispielaufgabe gelesen haben. Ich hatte den Eindruck, dass die Studierenden sich an der Beispielaufgabe „entlang hangeln" konnten und dieses gerne genutzt wurde. Teilweise hatten die Studierenden sich die Beispielaufgabe ausgedruckt, direkt Fragen hierzu gestellt und versucht den Schritt in der Übung auf ihre Gruppenaufgabe zu übertragen."
> Tutor: „Ich hatte den Eindruck, ‚Typische Fehler' war bei den Studis weniger beliebt, als eine Beispielaufgabe. Die Beispielaufgabe hat aber in manchen Fällen dazu geführt, dass sich die Teilnehmer/inne/n an der Beispielaufgabe entlang gehangelt haben, ohne sich in ausreichendem Maß eigene Gedanken über das für die eigene Fragestellung angemessene Vorgehen zu machen."

---

319 Im Übrigen belegen auch die Rückmeldungen an die Tutorin und den Tutor aus der schriftlichen Befragung, dass im Rahmen der Kommunikation per E-Mail ebenfalls sehr genau auf eine positive, konstruktive Sprache zu achten ist.

320 Verschiedene Gründe erlaubten nicht, auf vergleichbare Daten zurückzugreifen: Fehler aus der ursprünglichen Fassung mussten verbessert werden und aus Krankheitsgründen fiel einmal die Abschlussbefragung aus.

Am Beispiel der Erhebungen zum Angebot der „Typischen Fehler" lässt sich nach-vollziehen, wie gleichermaßen „punktuelle" Annahmen mit standardisierten Befra-gungen in der Breite überprüft und in vertiefenden Erhebungen (hier mit Fokus-gruppen) weitergehende Hypothesen rekonstruiert werden können.

Auch anhand des Themenkomplexes „Navigation" lässt sich illustrieren, wie durch die Zusammenschau von Daten aus verschiedenen Erhebungsquellen zu un-terschiedlichen Aspekten Annahmen infrage stellen bzw. bestätigen können, den Kern von Problemen identifizieren und Lösungen finden helfen. So wurde im Rah-men der Fokusgruppe aus dem WS 2002/03 aus der Sicht einiger Studierender die Navigation bemängelt: Die Kritik reichte von „es ist halt linear" bis hin zu „das ist das typische Internet-Problem, keine klaren Strukturen". Die narrativen Passagen ga-ben genaueren Aufschluss:

> Da (m): „War teilweise verwirrend, was wozu gehört bis man das gefunden hat auf der Homepage. Das ging über drei Ecken, mein ich halt. (…) Ich hätt's halt einfach ganz gerne gehabt, dass man halt ein Mal klickt und dann hat man das Beispiel von der ganzen Auf-gabe durch, und dann kann man da halt irgendwie kucken, dass man das einmal komplett vor sich hat. Und dass ich nicht immer kucken kann: Okay hier, das ist das Thema, hier ist das Erkenntnisinteresse; dann hab ich dieses und jenes, dass man das einmal im komplet-ten Zusammenhang sehen kann."

Offensichtlich funktionierte hinsichtlich der Präsentation der verschiedenen Materi-alien die Orientierung nicht. Trotz der schriftlichen Aufstellung darüber, an welchem Ort spezifische Informationen und Lernmaterialien auffindbar waren (vgl. Abbildung 17), fiel den Studierenden das Auffinden von passenden Informationen schwer. Eine Ursache macht das folgende Zitat aus der Fokusgruppe im Wintersemester 2002/03 deutlich, in dem die Bezeichnung der Dateien zum Download problematisiert wur-de:

> T (m): „Mit den Folien, das war so geordnet: da stand dann Vorlesung von dem und dem, das hat sich halt auch vermischt mit dem, was Operationalisierung war, dann haben wir ewig gesucht. Vielleicht sollte man das danach sortieren und nicht nach dem Datum. So nach den einzelnen Arbeitsaufgaben und nicht nach den Zeiten der Vorlesung. Da weiß man eh nicht mehr so genau: Was hatte ich denn am 14.1.? Es ist einfach, wenn man was konkret sucht zu 'nem Problem, dann ist das besser, wenn da steht ‚semantische Analyse.'"

Ursprünglich waren die zum Download bereit gestellten Powerpoint-Folien nach dem Datum der Sitzung benannt, zu der sie eingesetzt wurden. Diese Bezeichnung entsprach der Ordnungslogik der Lehre und lag darin begründet, dass zu den je-weiligen Terminen durchaus verschiedene Themenkomplexe zu bearbeiten waren. Aus Sicht der Studierenden boten die Dateibezeichnungen, gerade wenn die Übungs-aufgabe zu bearbeiten war, nur wenig Orientierung. In Reaktion darauf wurden die Links umbenannt, in beispielsweise „dimensionale_semant_Analyse.pdf".

In Zusammenschau mit den Ergebnissen zu den so genannten „Typischen Fehlern" war somit erkennbar, dass die Wahl der Worte gerade dann, wenn vorwiegend schriftlich kommuniziert wird, wohl zu überlegen und regelmäßig zu überprüfen ist. Die Annahmen über die Funktionsweise der internetbasierten Lernumgebung waren also insofern zu erweitern, als dass die genutzte Sprache nicht nur einladend und motivierend sein muss, sondern auch – gerade in Hinblick auf die Benennung der Links – präzise und verständlich, um Studierenden Orientierung zu vermitteln. An diesem Beispiel zeigt sich, wie insbesondere der Informationsgehalt von Begriffen jeweils kritisch aus unterschiedlichen Perspektiven – und auch mit verschiedenen Methoden – zu hinterfragen ist.

Die Notwendigkeit einer guten Orientierung tauchte auch im Folgejahr als Thema in den Daten auf: Gemäß des problemorientierten Ansatzes war nach wie vor die Herausforderung einzulösen, mit der Lernumgebung eine Unterstützung zu bieten, ohne jedoch „richtige Lösungen" zu präsentieren. Immer wieder äußerten die Studierenden den Wunsch nach einer vorbildlichen Bearbeitung. Wie bereits im Kapitel zur Aktionsforschung dargestellt (siehe 5.3), funktionierte die schrittweise Präsentation einer möglichen Bearbeitung der Aufgabenstellung nicht, da sich die Studierenden nicht von dieser Vorgabe lösen und ihre eigene Aufgabe bearbeiten konnten. So wurden die Studierenden im Rahmen der teilstandardisierten Befragung zu Semesterende 2003/04 dazu aufgefordert Alternativvorschläge zu unterbreiten. Von 122 Befragten hatten 37 nicht an dem Übungsteil und den Tutorien teilgenommen, 35 Teilnehmende der Tutorien unterbreiteten keine Vorschläge, die restlichen 50 (immerhin beinahe 60% der Teilnehmenden) formulierten mindestens einen Vorschlag bis zu drei Vorschlägen.

Die Vorschläge der befragten Studierenden belegten, dass beispielhaftes Material für den Lernprozess auf hohe Zustimmung traf. Deutlich machen die Antworten darüber hinaus, dass die Studierenden eine gute Orientierung im Sinne eines strukturierenden Überblicks – über ihre Aufgabe sowie über die Struktur der Lernumgebung – benötigten, also eine Vorstellung davon, wohin die Reise geht und wie die einzelnen Arbeitsschritte miteinander zusammen hängen. Die gestellte Übungsaufgabe (siehe 3.6) zeichnete zwar diesen Prozess vor, sie war jedoch für die Studierenden im Einzelnen noch nicht ausreichend verständlich. Beispielhaft für die genannten Vorschläge seien hier folgende Zitate aus der schriftlichen Befragung angeführt:

> „Der Einstieg könnte durch einen Gesamt-Überblick vereinfacht werden. Damit man weiß, worauf man hin arbeitet."
>
> „Vielleicht indem die Arbeitsschritte vor der Bearbeitung der jeweiligen Teilaufgaben noch genauer und an Beispielen durchgesprochen und erklärt werden. Ich fand es hinderlich, dass man nur über die ‚aktuelle' Aufgabe ohne ihren Bezug zur Nachfolgeaufgabe Informationen bekommen hat."
>
> „Oft war mir unklar, wohin die Untersuchung führt (nächste Arbeitsschritte)."
>
> „Erst einmal sollten grundlegende Informationen zur gesamten Aufgabe und nicht nur zur nächsten Teilaufgabe gegeben werden. Man sollte von vornherein wissen, wo man hin will."

Insgesamt wiesen acht der Vorschläge darauf hin, dass für eine funktionierende Lernumgebung ein Gesamtüberblick über den Forschungsprozess fehlte. Die Zusammenschau der Befunde aus der Fokusgruppe (im Wintersemester 2002/03) und der schriftlichen Befragung (im Wintersemester 2003/04) unterstrich, dass die internetbasierte Lernumgebung hinsichtlich des Aufbaus und der *Strukturierung der Lern- und Arbeitsmaterialien* erheblichen Verbesserungsbedarf aufwies. Der Wunsch nach Überblickswissen sowie der Vorschlag, das Material thematisch zu sortieren ließen sich mit der folgenden Neuerung integrieren: Auf Grundlage der Übungsaufgabe wurde in Tabellenform ein idealtypischer Forschungsprozess dargestellt. In dieser Tabelle war beschrieben, in welchem Zusammenhang einzelne Schritte der Übungsaufgabe zueinander stehen.

Folgendermaßen sah die Oberfläche aus:

	Schritte	Querverbindungen
Aufgabe 1		
Präzisierung des Themas	**Der Zweck** der Untersuchung	Aus dem Zweck leiten sich das **Erkenntnisinteresse** und die Fragestellung ab. Der Zweck ist maßgeblich für **dimensionale** und **semantische** Analyse.
	Der Grund für die Untersuchungsrelevanz	Der Grund liefert die Begründung, warum ausgerechnet dieser **Zweck** und dieses **Erkenntnisinteresse** verfolgt werden.
	Erkenntnisinteresse und Informationsbedarf	Aus dem **Zweck** und **Grund** ergibt sich das präzisierte Erkenntnisinteresse.
Aufgabe 2		
Dimensionale Analyse (Formulierung der forschungs- leitenden Annahmen)	**Wichtige Dimensionen** des Untersuchungsgegenstan des	Die Relevanz der Dimensionen ergibt sich aus dem **Zweck** der Untersuchung. Die als relevant erachteten Dimensionen werden **operationalisiert**.
	Beziehung der Dimensionen zueinander	… formulieren die forschungsleitenden Annahmen über den Untersuchungsgegenstand.
	Deskriptives Schema	Untersuchungs- gegenstand, indem die **relevanten Dimensionen** in Beziehung zueinander gesetzt werden.
Semantische Analyse und Definitionen	**Bedeutungsanalyse**	Es werden die Begriffe analysiert, die im **deskriptiven Schema** auftauchen.
	Definitionen	Die Definitionen bilden den Ausgangspunkt, um entscheiden zu können, ob **Indikatoren** gebildet werden müssen - und auch dafür, welche **Messvorschriften** angewendet werden sollen.

	Schritte	Querverbindungen
Aufgabe 3		
Operationalisierung 1	Entscheidung: bietet die Definition der zu untersuchenden Dimension **direkten oder indirekten oder keinen empirischen Bezug.**	**Die relevanten Dimensionen** müssen operationalisiert werden. Hierfür braucht man eine **Begriffsdefinition** . Diese sind Ausgangspunkt der Operationalisierung.
	Bei indirektem **empirischen Bezug:** Bildung von **Indikatoren.** Die **Indikatoren** benötigen eine semantische Einheit als Bezugsrahmen.	Diese semantische Einheit wird später auch die **Zähleinheit** (bzw. **Erhebungseinheit),** die im Auswahlplan festgeschrieben wird.
	Die **Korrespondenzregel** muss formuliert werden.	Die **Korrespondenzregel** verbindet den **Indikator** mit dem zu messenden Sachverhalt .
	Die **Messanweisung** incl. **Skalenniveau** muss formuliert werden.	Die **Messanweisung** erhält der Codierer/Befrager / Beobachter mit dem **Erhebungsinstrument** (Aufgabe 4). Die Messanweisung beinhaltet auch die Zahl, mit der eine Dimension codiert wird.
Der Auswahlplan	Festlegung der **Grundgesamtheit.**	Die Grundgesamtheit umfasst alle möglichen **Untersuchungseinheiten**.
	Festlegung der **Auswahlgesamtheit und der Auswahleinheiten.**	Dies ist notwendig zur Ziehung der Stichprobe.
	Festlegung der **Erhebungs-** und **Untersuchungseinheiten.**	Die Erhebungseinheiten bilden **die Zähleinheiten**, auf die in Aufgabe 4 das **Datenerhebungsinstrument** zugeschnitten wird.
Aufgabe 4		
Operationalisierung 2	Die **Skizze**	
	Das ausformulierte **Datenerhebungsinstrument**	
	Kontextinformationen und Kontexteinheiten	
	Kontrollinformationen	

Da die Übersicht überwiegend aus Fachtermini bestand, waren diese jeweils mit erläuterndem Material verknüpft. Hinter jedem der blau unterstrichenen Begriffe fanden sich weitergehende Informationen, wie beispielsweise Begriffsdefinitionen, Beispiele und Erklärungen. Damit sollte gewährleistet werden, dass einerseits der Zusammenhang des gesamten Forschungsprozesses deutlich wurde und gleichzeitig vertiefend die einzelnen Schritte (und auch Fachbegriffe) recherchiert werden konnten.

Die Lokalisierung der Probleme und Fehlerquellen und infolgedessen die hier präsentierte Ergänzung der internetbasierten Lernumgebung war erst durch die Einbeziehung der verschiedenen Datenquellen und deren vergleichender Analyse möglich. Vereinzelte kritische Anmerkungen hätten Gefahr laufen können ignoriert oder auch überbewertet zu werden. In dieser Hinsicht bewährte es sich – besonders, da es sich um eine Selbstevaluation handelte – in Material aus verschiedenen Datenerhebungen nach Bestätigungen oder auch Gegenpositionen zu suchen.

Ein weiterer Erkenntnisgewinn entstand dadurch, dass verschiedene Hypothesen an unterschiedlichen Einschätzungen und auch Datensorten überprüft wurden. Das erzählende Wissen von Teilnehmenden aus den Fokusgruppen machte plastisch, worin in den alltäglichen Arbeitsroutinen Missverständnisse entstanden. Die erste Annahme, dass das zentrale Problem durch eine bessere Navigation und präzisere Benennung von Links zu lösen war, wurde durch die Vorschläge aus der schriftlichen Befragung erweitert. Es ging nicht ausschließlich um eine semantische oder technische Lösung, sondern die Studierenden benötigten eine zusätzliche Strukturierung des Lerngegenstands, die ihnen neben Detailinformationen auch einen Überblick vermittelte. Erst durch die hier eingesetzte vergleichende Analyse der unterschiedlichen Datensorten konnte die Idee für die dargestellte Lösung entstehen.

Neben diesen Anregungen für die Praxis konnten durch die verschiedenen Daten und Analyseschritte auch die Annahmen respektive die Programmtheorien angereichert werden. Das ursprünglich einfache Modell (vgl. 4.6, Abbildung 15) ließ sich auf Grundlage der diversen Datenerhebungen nun erweitert und ergänzt darstellen (Abbildung 34):

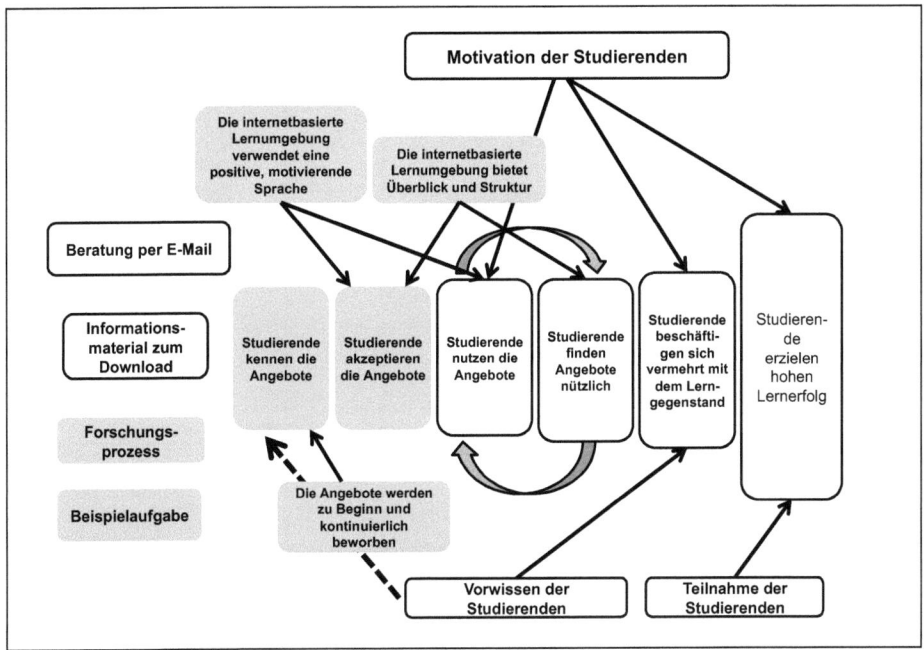

Abbildung 34: aktualisiertes Programm-Modell (Neuerungen und Ergänzungen in grauen Feldern)

Nicht nur, dass diese modellhafte Darstellung der internetbasierten Lernumgebung die ihr zugrunde liegenden Annahmen repräsentiert, sie konnte ebenso genutzt werden, um Daten aus unterschiedlichen Datenquellen zu organisieren und aufeinander zu beziehen. Daneben ließ sich auf dieser Grundlage feststellen, welche Daten beispielsweise noch fehlten – um letztlich die Annahmen einer empirischen Überprüfung zu unterziehen.

Dieses Modell hätte in folgenden Semestern überprüft werden können (ohne zwangsläufig auszuschließen, dass weitere Revisionen und Ergänzungen vorgenommen würden). Im Wintersemester 2003/04 waren jedoch zum letzten Mal neue Studierende zugelassen worden, so dass in den beiden Folgesemestern wesentlich weniger Studierende und fast ausschließlich solche teilnahmen, denen im ersten Versuch der Scheinerwerb nicht gelungen war. Im Wintersemester 2004/05 wurde zum letzten Mal ein Selbstlernkurs mit nur noch 14 Teilnehmenden durchgeführt.

Zunächst hätte überprüft werden können, ob insgesamt die regelmäßige Nutzung der Angebote deutlich hätte erhöht werden können. Ebenso hätte der Frage nachgegangen werden müssen, ob mit der Ergänzung um die Darstellung des Forschungsprozesses eine gute Strukturierung des Lernmaterials, ein besserer Überblick über die Übungsaufgabe und damit die Akzeptanz der internetbasierten Angebote gelungen war. Die Akzeptanz hätte beispielsweise folgendermaßen gezielt überprüft werden können (Abbildung 35):

	habe ich nicht genutzt	trifft voll zu	trifft überwiegend zu	teils/ teils	trifft kaum zu	trifft gar nicht zu
Die internetbasierte Lernumgebung war ansprechend aufgebaut.						
Ich habe unkompliziert die Informationen gefunden, die ich suchte.						
Die Darstellung des Forschungsprozesses hat mir einen guten Überblick vermittelt.						
Ich habe mich gut auf der Homepage (http:/userpage..) zurecht gefunden.						
Ich habe durch die Homepage die Informationen erhalten, die ich brauchte, um die Aufgabe in meiner Gruppe zu bearbeiten.						
Die Beratung per E-Mail war konstruktiv.						
Die Beispielaufgabe unterstützte unsere Aufgabenbearbeitung.						

Abbildung 35: Entwurf Fragebogenausschnitt zu Akzeptanz der internetbasierten Lernumgebung

In einem nächsten Schritt hätte überprüft werden müssen, ob die Nutzung der Lernangebote auch tatsächlich zu einem besseren Lernerfolg führt. Hier lagen einige potentielle Vergleichsdaten bereits aus dem Wintersemester 2003/04 vor. Neben Klausur- und Übungsergebnissen wurden ergänzend Selbsteinschätzungen des Lernerfolgs abgefragt. Unter anderem sollten die Studierenden im Rahmen der schriftlichen Befragung ihre Einschätzung abgeben, inwieweit sie fachspezifische Fertigkeiten, neue Kenntnisse und neues Wissen erworben hatten, in welchem Umfang ihnen Zusammenhänge zwischen der Methodenlehre und anderen Fachgebieten deutlicher wurden oder ihr Interesse an Methoden wuchs. In Zeitreihenanalysen hätte überprüft werden können, ob sich die Änderungen in der Lernumgebung in Noten oder Selbsteinschätzungen niederschlagen.

Im Wintersemester 2003/04 lieferten die Daten Vergleichswerte zwischen denjenigen, die z. B. die Beispielaufgabe nach eigenen Angaben regelmäßig oder gelegentlich nutzten, mit denen, die auf dieses Angebot einmal oder nicht zugegriffen hatten (Abbildung 36). Von denjenigen, die angaben, „nicht" oder „einmal" genutzt zu haben, lagen 29 ausgefüllte Fragebögen vor (18 gar nicht, 11 einmal), von denjenigen, die gelegentlich oder regelmäßig nutzten, gab es insgesamt 25 Mal Antworten (14 gelegentlich, 11 regelmäßig).

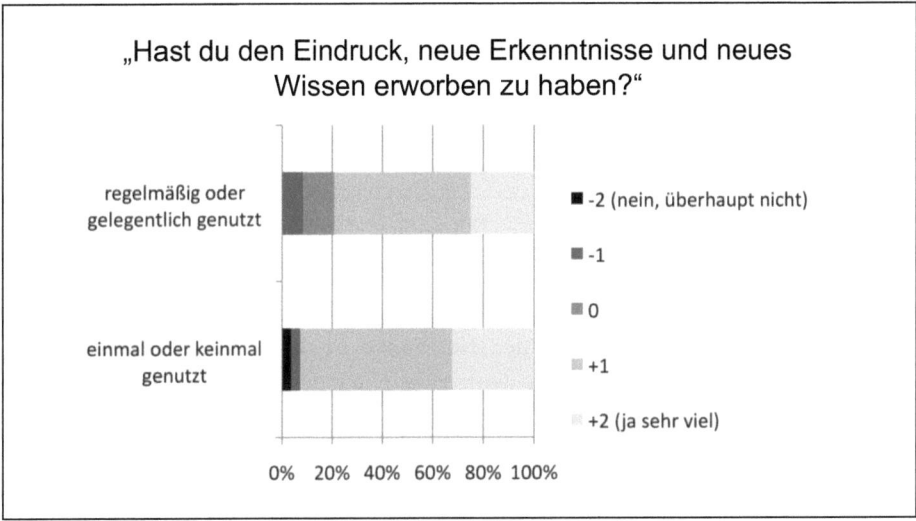

Abbildung 36: Vergleich Wissens- und Erkenntniszuwachs nach Nutzenden und Nicht-Nutzenden:

Zwischen den Nutzenden und Nicht-Nutzenden gibt es geringfügige Verteilungsunterschiede, wenn überhaupt, so ist die Spannweite (Range) in den Selbsteinschätzungen der Nutzenden geringer. In keinem Fall geben sie an, überhaupt kein neues Wissen erworben zu haben.

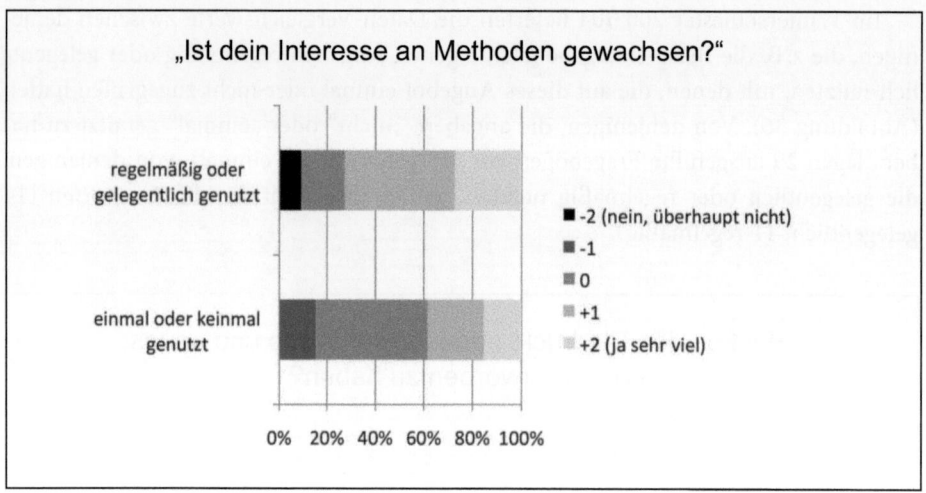

Abbildung 37: Vergleich Interessezuwachs Nutzende und Nicht-Nutzende

Hinsichtlich des Interesses an Methoden sind die Unterschiede schon deutlicher und die positive Einschätzung bei den Nutzenden ist deutlich höher, jedoch ist in diesem Fall die Spannweite größer, denn zwei Nutzende geben an, dass ihr Interesse „überhaupt nicht" gewachsen sei (Abbildung 37). Dieser Befund lässt sich jedoch eher durch das ohnehin bestehende Interesse erklären als durch das Angebot der Beispielaufgabe. Vergleicht man nun ergänzend die beiden Gruppen nach den erzielten Ergebnissen in Übung und Klausur, so lassen sich auch hier kaum Unterschiede feststellen. Wenn überhaupt, so haben die Nutzenden geringfügig besser abgeschnitten (Tabelle 9).

Tabelle 9: Vergleich Klausur- und Übungsergebnisse zwischen Nutzenden und Nicht-Nutzenden

	Klausurergebnisse		Übungsergebnisse	
	Nutzende (regelmäßig und gelegentlich)	Nicht-Nutzende (gar nicht und einmal)	Nutzende (regelmäßig und gelegentlich)	Nicht-Nutzende (gar nicht und einmal)
N	25	29	25	29
Minimum	1	1	1	1
Maximum	5	5	4	4
Mittelwert	2,66	2,85	2,379	2,468
Standardabweichung	1,3775	1,2335	1,0303	1,0192

Da zu diesem Zeitpunkt die internetbasierte Lernumgebung bei weitem noch nicht ausgereift war und gerade nach dieser Erhebung zahlreiche Veränderungen erfuhr, lassen sich diese Daten nicht nutzen, um den Zusammenhang zwischen zusätzlichen attraktiven Lernangeboten und dem besseren Lernerfolg zu bestätigen oder zu widerlegen. In den folgenden Semestern hätte jedoch überprüft werden können, ob Neuerungen und Erweiterungen der Lernumgebung zum einen auf höhere Zustimmung bei den Studierenden traf, die Materialien und Hinweise verstärkt genutzt werden und letztlich damit ein höherer Lernerfolg erzielt werden konnte, solange die weiteren Bedingungen stabil geblieben wären. Tatsächlich sanken in den beiden folgenden Semestern die Abbruchquoten sowie der Anteil derer, die die Klausur oder Übung nicht schafften dramatisch. Dies ist jedoch wohl auf die Tatsache zurückzuführen, dass alle Beteiligten informiert waren, dass es sich um jeweils den letzten Durchgang Vorlesung/Übung bzw. Selbstlernkurs handelte.

Das Illustrationsbeispiel belegt, dass notwendigerweise zur Rekonstruktion wie auch der Überprüfung der Programmtheorien verschiedene methodische Zugänge gewählt werden mussten. Auch lässt sich zeigen, dass die Nutzung von unterschiedlichen Methoden vielfältige Potentiale zeigt. Mal konnten Eindrücke bestätigt oder auch widerlegt werden, mal ein tiefergehendes Verstehen ermöglicht, überraschende Probleme identifiziert, innovative Lösungen gefunden werden. Es war ebenso wichtig, Anregungen aus offenen Erhebungen an höheren Fallzahlen zu überprüfen, wie auch einige Befunde aus standardisierten oder teilstandardisierten Erhebungen durch offene Einzel- oder Gruppenbefragungen verstehbar zu machen.

Ebenso wie dieses Vorgehen zahlreiche Anregungen für die konzeptionelle und praktische Umsetzung der internetbasierten Lernumgebung bot, so konnten erst durch den gemeinsamen Bezugsrahmen, den die Programmtheorie lieferte, die verschiedenen Daten und unterschiedlichen Perspektiven aufeinander bezogen und miteinander verwoben werden. Durch die Einbeziehung unterschiedlicher Beteiligtengruppen konnten implizit auch deren Bewertungen mit einbezogen werden. Im kontinuierlichen Abgleich zwischen Daten und Annahmen konnte einerseits die Programmtheorie weiterentwickelt, überprüft und revidiert werden, wie andererseits auch Datenlücken identifiziert werden. In einem iterativen Prozess zwischen Datenerhebung, Auswertung und der Reformulierung von Annahmen über die Funktionsweise der internetbasierten Lernumgebung konnten sich gleichermaßen die Praxis wie auch die Programmtheorie weiterentwickeln.

7. Potentiale theoriebasierter Evaluationskonzepte und zu lösende Herausforderungen

In den letzten beiden Jahrzehnten sind Evaluationen in nahezu allen Politikfeldern als begleitende Verfahren von Programmen, Projekten und Maßnahmen selbstverständlich geworden. Evaluatorinnen und Evaluatoren bewegen sich stets in einem Spannungsverhältnis zwischen den Anforderungen bzw. den Gegebenheiten aus der Politik, der Praxis und der Wissenschaft und begegnen dabei vielfältigen Nutzungs- und Verwendungsabsichten wie auch Befürchtungen. Manchmal sollen Evaluationen kontrollieren, ob Programme wie vorgesehen umgesetzt werden (Kontrollparadigma), in anderen Fällen sollen sie Beiträge für die Verbesserung liefern (Entwicklungsparadigma), regelmäßig interessieren sich die Auftraggebenden von Evaluationen für die Wirkung von Programmen und Maßnahmen (Wissenschaftsparadigma).

Die Analyse diverser Erwartungen, Aufgabenstellungen und Konfliktlinien von Evaluationen ergab, dass es inmitten aller möglichen Gegenstände, Varianten und Fragestellungen nicht die eine Musterlösung für das richtige „Wie" geben kann. Daraus folgt jedoch in keiner Weise, dass Evaluatorinnen und Evaluatoren sich in beliebiger Weise wahlloser Designs bedienen dürfen. Vielmehr ist damit die Suche nach angemessener methodischer Umsetzung ausgesprochen anspruchsvoll und dabei mindestens genauso abwechslungsreich wie das Aufgabenspektrum selbst. Evaluation als eine „weltliche Wissenschaft", so wie COOK/SHADISH (1987) sie bezeichnen, steht vor der Herausforderung, die Realität und die Bedürfnisse der Praxis und der Politik berücksichtigen zu können. Das umfangreiche Aufgabenspektrum erfordert daher flexible, anpassungsfähige Evaluationen mit einem angemessenen, breiten methodischen Spektrum, ohne dabei beliebig vorzugehen.

Die übergeordnete Fragestellung der vorliegenden Arbeit lautete demzufolge: Wie können Evaluationen gegenstandsangemessen umgesetzt werden, so dass sie für Beteiligte und Betroffene einen Nutzen erzeugen, realistisch umsetzbar sind, zu genauen Ergebnissen führen und fair den Beteiligten gegenüber sind?

Stärken und Grenzen klassischer Designs: Weil sie das Bild von Evaluationen in der Literatur und in den Fachdebatten prägen, wurden klassische Designs, die ihre methodologischen Zugänge über Ziele, über Experimente und Quasiexperimente, über Konstruktionen oder die Nutzungsabsichten wählen, in dieser Arbeit kritisch hinterfragt. Jeder der Zugänge weist Stärken auf und verfügt über ein hohes Anregungspotential. Ziele beispielsweise haben eine wichtige Steuerungsfunktion sowohl für die Praxis als auch die Administration, dementsprechend müssen sie im Rahmen von Evaluationen berücksichtigt werden. Experimentelle und quasiexperimentelle Designs gelten als Goldstandard, wenn es darum geht, Wirkungen eindeutig spezifischen Programmen zuzuweisen und fordern die Einbeziehung von Vergleichswerten ein. Der konstruktivistische Ansatz der „Evaluation der vierten Generation" sensibilisiert Evaluatorinnen und Evaluatoren für unterschiedliche Perspektiven auf einen

Evaluationsgegenstand. Die Stärke nutzungsfokussierter Vorgehensweise wiederum liegt darin, für die Auftragsklärung höchste Sorgfalt aufzuwenden und Designfragen den intendierten Nutzungsabsichten nachzuordnen.

Bei allen Stärken weisen diese Ansätze jedoch auch unterschiedliche Limitierungen auf: Bei Zielen handelt es sich um vielschichtige, fragile Konstruktionen, die im Rahmen von Evaluationen kritisch zu hinterfragen und angemessen zu konkretisieren sind. Experimentelle und quasiexperimentelle Evaluationen hingegen setzen hohe Anforderungen, die forschungspraktisch und konzeptionell nur in wenigen Ausnahmefällen einlösbar sind. Konstruktivistische Evaluationen lassen Interessenskonflikte und Machtgefälle außer Acht, wenn sie annehmen, dass in einigen Diskursschleifen unproblematisch ein Konsens zu erzielen wäre. Darüber hinaus schränken sie den Geltungsbereich ihrer Evaluationen so drastisch ein, dass die Ergebnisse außerhalb eines eng eingegrenzten Kontexts nicht nutzbar sind. Festzustellen, welche Nutzungsabsichten mit einer Evaluation verfolgt werden und die Evaluation darauf auszurichten, ist ohne Zweifel eine zentrale und wichtige Anforderung. So berechtigt dieser Anspruch an jede Evaluation ist, so wenig handelt es sich dabei um einen Designvorschlag.

Auch anhand der zur Illustration herbeigezogenen Beispielevaluation – der Evaluation einer internetbasierten Lernumgebung – lässt sich demonstrieren, dass klassische Designs oftmals nicht in der Lage sind, eine ausreichende Orientierung für die Realisierung von Evaluationen bereitzustellen. Aufgrund dieser Problematik ist die Praxis von Evaluationen mittlerweile weniger durch ihre Designtreue als durch Methodenpluralismus geprägt.[321] In dieser Entwicklung kann die Gefahr liegen, dass Evaluationen willkürlich auf Methoden zurückgreifen und diese kombinieren, ohne dass nachvollziehbar und transparent wird, welche Denkmodelle zugrunde liegen und welche Aussagekraft die Ergebnisse in der Konsequenz aufweisen.

Programmtheorien als alternativer Zugang: Der Fokus der vorliegenden Arbeit richtete sich auf das Potential theoriebasierter Konzepte, hochwertige Evaluationen zu realisieren. So wurde folgenden Fragen ausführlich nachgegangen: Welche besonderen konzeptionellen Vorschläge unterbreiten die Protagonistinnen und Protagonisten theoriebasierter Evaluation? Wie lassen sich diese Konzepte forschungspraktisch und methodisch realisieren? Welchen Nutzen ziehen Evaluationen sowie Programmbeteiligte aus theoriebasierten Herangehensweisen? Diese Aspekte wurden schrittweise erörtert und an Hand einer Beispielevaluation reflektiert.

Als Dreh- und Angelpunkt theoriebasierter Evaluationskonzepte wurden zunächst Programmtheorien identifiziert. Diese beinhalten Annahmen darüber, welche Komponenten eines Programms – in jeweils spezifischen Kontexten – Veränderungen auslösen können bzw. sollen. Idealtypisch liefern sie die Kriterien für die Bewertung von Programmen und steuern die methodische Umsetzung von Evaluationen. Die einzelnen Protagonistinnen und Protagonisten theoriebasierter Evaluati-

---

321 In fachpolitischen Diskursen und in der Literatur werden hingegen häufig noch spezifische Designtypen implizit als Konsens oder Grundlage vorausgesetzt.

onen nutzen unterschiedliche Grundmodelle, um Programmtheorien zu repräsentieren: Modelle mit abhängigen, unabhängigen sowie Kontext-Variablen (CHEN/ROSSI), Zielhierarchien (PATTON und SUCHMAN), Ereignisketten (WEISS) oder Kontext-Mechanismus-Outcome-Konfigurationen (PAWSON/TILLEY).

Analog zu den diversen konzeptionellen Entwürfen von Programmtheorien verfolgen die Vertreterinnen und Vertreter theoriebasierter Evaluationen auch unterschiedliche Verständnisse von Kausalität. Gemeinsam ist ihnen zunächst der Anspruch, Licht in die Blackbox von schlichten Ursache-Wirkungsmodellen zu bringen. CHEN/ROSSI lösen diesen Anspruch ein, indem sie zusätzliche Variablentypen ergänzen (v. a. zu externen Einflüssen), jedoch grundsätzlich bei einem traditionellen, logisch abgeleiteten Kausalitätsbegriff bleiben. WEISS hingegen bricht das Verhältnis von Ursache und Wirkung in zahlreiche kleine Zwischenetappen auf, womit sie der Vorstellung einer generativen Kausalität, so wie von PAWSON/TILLEY vertreten wird, nahe kommt: Wirkungszusammenhänge können demnach beobachtbar sein.

Diese Grundmodelle werden aus Annahmen über das Programm (sozialwissenschaftliche Theorien, vorangehende Evaluationen, Wissen der Evaluatorinnen und Evaluatoren) oder eben auch aus Annahmen aus dem Programm heraus (aus Programmdokumenten, Gesprächen mit respektive Befragungen von Programmbeteiligten) empirisch gefüllt. In der Wahl der Informationsquellen zur Formulierung von Programmtheorien unterscheiden sich die Protagonistinnen und Protagonisten in ihrer Präferenz: Die frühen Schriften von CHEN/ROSSI setzen in erster Linie auf sozialwissenschaftlich fundierte Informationen, WEISS hingegen räumt dem Praxiswissen der Programmakteure eine hohe Bedeutung ein. Mittlerweile zeichnet sich als weitgehender Konsens ab, dass Evaluationen zur Formulierung von Programmtheorien immer auch interne Perspektiven berücksichtigen müssen. Hier sind theoriebasierte Evaluationskonzepte unmittelbar anschlussfähig an das nutzungsfokussierte Vorgehen von PATTON: Aus einer quasi unendlichen Menge von Programmtheorien – aus dem Programm heraus oder über das Programm – lässt sich die Evaluation auf solche ausrichten, die den Informationsbedarf der intendierten Nutzenden bedienen.

Nun könnte man einwenden, dass selbstverständlich jeder Art von Evaluation eine Programmtheorie zu Grunde liegt. So scheinen zumindest auf den ersten Blick Konzepte theoriebasierter Evaluation nichts wirklich Neues zu bieten. Ein zweiter Blick verdeutlicht jedoch, dass die Programmtheorie, die den entscheidenden Referenzrahmen für die theoriebasierte Evaluation liefert, genau und detailliert expliziert werden muss. Damit nicht genug: Theoriebasierte Evaluation schärft die Aufmerksamkeit für die (Daten-)Grundlage von Programmtheorien.

Es wurde herausgearbeitet, dass die Entscheidung für Programmtheorien sehr herausfordernd ist, weil jedes Programm durch zahlreiche Annahmen gestaltet wird:

- In der Regel existiert ein offizielles Programmkonzept, in dem dokumentiert ist, mit welchen Maßnahmen die Politik spezifische Probleme in Angriff nehmen will und welche Ziele offiziell damit verfolgt werden.
- Aus der Sicht der Praxis bzw. der Projektverantwortlichen werden ebenfalls Pläne entworfen, die eine Antwort auf die Vorgaben der Politik enthalten. Hierin wird

zumeist eine Brücke zwischen den Programmvorgaben auf der einen und den Praxiserfahrungen auf der anderen Seite geschlagen.

- Nicht nur weil Papier geduldig ist, auch weil Praxis wesentlich differenzierter und vielschichtiger realisiert wird als Konzepte dies auszudrücken vermögen, ist davon auszugehen, dass die praktische Umsetzung mehr oder weniger deutlich von der Papierform abweicht.
- Praxis passt sich darüber hinaus – im positiven Fall – veränderten Bedingungen an und entwickelt sich weiter.

Neben diesen *internen Programmtheorien* (Annahmen aus dem Programm heraus) sind in der Regel auch *externe Annahmen* über das Programm für eine Evaluation relevant. In dem zur Illustration herangezogenen Beispiel – der Evaluation einer internetbasierten Lernumgebung – waren allgemeine Lerntheorien ebenso wie Theorien über mediengestütztes Lernen wichtige Informationsquellen für die Programmtheorie. Auch die Annahmen der Studierenden zum Nutzen der internetbasierten Angebote für ihre eigenen Lernprozesse waren für die Evaluation von hoher Relevanz.

Diese verschiedenen Perspektiven aus dem Programm heraus und von außen auf das Programm unterstreichen, dass die Explikation von Programmtheorien keineswegs eine banale Aufgabe ist. Evaluatorinnen und Evaluatoren müssen darüber entscheiden, welche der zahlreichen Programmtheorien als die Grundlage für die Evaluation gewählt werden. Diese Entscheidung kann sich letztlich nur am Zweck der Evaluation und den Nutzungserwartungen der Beteiligten orientieren und setzt deswegen auch grundsätzlich eine Einbeziehung von Stakeholdern voraus.

Methodenintegrierte Zugänge: Neben den kommunikativen, moderierenden und organisatorischen Funktionen, die sich im Portfolio von Evaluatorinnen und Evaluatoren finden lassen, sind auch ihre Kompetenzen als Forschende gefragt. Als eine Besonderheit der theoriebasierten Forschungstätigkeiten kristallisierte sich in der Analyse heraus, dass die Explizierung sowie die Überprüfung der Programmtheorien jeweils empirisch und datenbasiert erfolgt. Zusätzlich bietet es sich an, dass theoriebasierte Evaluationen verschiedene Perspektiven auf den Evaluationsgegenstand und unterschiedliche Wissensarten der Stakeholder erschließen.

Bleibt ein Großteil bisheriger Veröffentlichungen hinsichtlich der methodischen Umsetzung vage, wurden in der vorliegenden Arbeit fünf verschiedene Forschungskonzepte daraufhin überprüft, für welche Perspektiven und Wissensarten aus dem Programm heraus und auf das Programm sie interessante Optionen bereithalten: die naturalistische Forschung, die Aktionsforschung, die Dokumentarische Methode, die Grounded-Theory-Methodologie sowie standardisiert verfahrende Forschung. Es zeigt sich – in der theoretischen Auseinandersetzung wie auch am Illustrationsbeispiel –, dass diese Forschungsstrategien in jeweils unterschiedlichen Bereichen und für jeweils verschiedene Arbeitsschritte eigene Stärken und Schwächen aufweisen.

Theoriebasierte Evaluationen durchlaufen von der Entwicklung der Programmtheorie bis zu deren Überprüfung unterschiedliche Phasen, die jeweils eher offene oder standardisierte Forschungsmethoden nahelegen. Auch vor dem Hintergrund verschiedener Reifegrade von Programmen und Programmtheorien im Verlaufe einer Evaluation, bietet sich eine kombinierte Methodenwahl an. Dies kann jedoch nur gelingen, wenn die verschiedenen methodischen Zugänge miteinander integriert und die Datenerhebungen und -resultate aufeinander bezogen werden. Diese Datenintegration kann sequenziell (zunehmend standardisierter) oder dynamisch (offene und standardisierte Strategien sind miteinander verschränkt) umgesetzt werden.

Es ist offenkundig, dass hinsichtlich der Integration von Methoden im Rahmen (theoriebasierter) Evaluationen in der Zukunft weitere Entwicklungen notwendig und auch zu erwarten sind. Beispielsweise ist noch nicht abschließend geklärt, wie die unterschiedlichen Gütekriterien verschiedener wissenschaftstheoretischer Paradigmen integrierbar sind. Darüber hinaus ist damit ein hoher Anspruch an Evaluationsteams und an deren einzelne Teammitglieder formuliert: Theoriebasierte Evaluationen setzen voraus, dass Evaluatorinnen und Evaluatoren über umfangreiche Kenntnisse verschiedener Methoden verfügen, um deren jeweilige Stärken und Schwächen wissen und über die Kompetenz verfügen, diese verschiedenen Stränge miteinander zu verknüpfen.

Theoriebasierte Evaluation und die Standards für Evaluation: Wenn Programmtheorien als Basis für die Durchführung von Evaluationen genutzt werden sollen, dann ist mit deren Rekonstruktion oder Entwicklung ein zusätzlicher Aufwand verbunden. Daran schließen sich folgende Fragen an: Lohnt sich der erhöhte Aufwand? Und: Was gewinnt die Evaluation durch ein theoriebasiertes Vorgehen? Zunächst einmal ist ein theoriebasiertes Vorgehen daraufhin zu prüfen, ob es mit den Evaluationsstandards Nützlichkeit, Genauigkeit, Fairness und Durchführbarkeit in Einklang gebracht werden kann:

Im Prozess der Formulierung der Programmtheorie muss zwangsläufig ein intensiver Austausch mit den wichtigen Programmbeteiligten darüber stattfinden, welche die zentralen Aspekte des Programms sind und zu welchen Aspekten die Evaluation Informationen beisteuern soll. Damit bieten sich zahlreiche Anlässe, in denen Evaluatorinnen und Evaluatoren die Nutzungserwartungen mit den Beteiligten abstimmen. Der Austausch über Programmtheorien erhöht die Transparenz zwischen den verschiedenen Stakeholdern, informiert die Beteiligten und kann einen wichtigen Beitrag zu deren Qualifizierung leisten. Damit kann das theoriebasierte Vorgehen einen wichtigen Beitrag für die Steigerung der *Nützlichkeit* leisten, sofern die Beteiligten bereit sind, ihre Annahmen und ihre Erwartungen mit den Evaluatorinnen und Evaluatoren zu teilen.

Wenn es darüber hinaus gelingt, die dem Programm zugrunde liegenden Annahmen aus vielen Perspektiven – idealerweise aus allen für das Programm und seine Evaluation relevanten Perspektiven – zu rekonstruieren, dann lässt sich damit auch ein wichtiger Beitrag für die *Fairness* im Evaluationsprozess leisten. Zugleich können damit die Interessenkonflikte oder auch die verschiedenen Bewertungskriterien transparent gemacht werden.

Im Vergleich zu Evaluationen, die nicht explizieren, welche konkreten Annahmen über das Programm zur Grundlage für die Evaluation erklärt werden, wird eine theoriebasierte Evaluation in jedem Fall präziser zu Werke gehen. Einen darüber hinaus gehenden Beitrag zur *Genauigkeit* von Evaluationen leistet eine theoriebasierte Evaluation, wenn sie das methodische Vorgehen zur Rekonstruktion wie auch zur Überprüfung von Programmtheorien offen legt. Diese Logik lässt sich außerdem ausweiten, indem man ein theoriebasiertes Vorgehen für Meta-Evaluationen anlegt: Evaluationsberichte könnten die bzw. eine Datengrundlage zur Rekonstruktion von zugrundeliegenden expliziten und impliziten Annahmen der Evaluation sein. Ein Gütekriterium könnte beispielsweise lauten, dass im Bericht die zugrunde gelegte Programmtheorie expliziert ist. Zusätzlich wären die zugrunde liegenden Annahmen einer Plausibilitätsprüfung zu unterziehen. In jedem Fall kann dieses Vorgehen Optionen liefern, um solche Evaluationsergebnisse kritisch zu hinterfragen, denen verkürzte Annahmen zugrunde liegen, wie beispielsweise in Fällen, in denen die Zufriedenheit von Zielgruppen mit einem Erfolg oder hoher Qualität von Maßnahmen gleichgesetzt wird.

Wie die Sichtung der entsprechenden Literatur zeigte, wird oftmals die *Durchführbarkeit* von theoriebasierten Evaluationen infrage gestellt. Das Argument lautet, dass nur selten ausreichende Ressourcen für die zusätzlichen Aufgaben, wie die Formulierung von Programmtheorien, zur Verfügung stehen. Dem lässt sich entgegnen, dass dieser zusätzliche Aufwand an anderer Stelle Irrwege verhindern und Ressourcenverschwendung reduzieren kann, indem mit den wichtigen Beteiligten die relevanten Programmaspekte präzise herausgearbeitet werden. Außerdem ist eine methodisch sauber angelegte Evaluation mit gegebenenfalls eingeschränkter Reichweite und fokussierten Fragestellungen einer oberflächlichen, breitangelegten Evaluation vorzuziehen. Als Stärke hat sich gezeigt, dass theoriebasierte Evaluationsdesigns gerade bei anspruchsvollen Aufträgen zusätzliche Optionen bieten und sich verschiedenen Praxisbedingungen flexibel anpassen können. Zweifellos ist jedoch der zusätzliche Aufwand der Erarbeitung der Programmtheorien in den Planungen zu berücksichtigen.

Die Programmtheorie als Basis für Bewertungen: Besonders hervorzuheben ist, dass mit einer explizierten Programmtheorie auch Bewertungskriterien zur Beurteilung des Evaluationsgegenstands formuliert sind. Im Unterschied zu den meisten anderen Konzepten sind diese Bewertungskriterien empirisch generiert und methodisch kontrolliert hergeleitet. Mit der Explikation der Programmtheorie, die auch immer einen präskriptiven Charakter hat (z. B. Chen, 1990b, S. 8), verfügt die Evaluation über eine Bewertungsfolie. Im Unterschied zu Vorgehen, die Programme anhand ihrer Zielerreichung bewerten, ermöglicht theoriebasierte Evaluation eine kontinuierliche kritische Reflexion der offiziell formulierten Ziele. Durch die Explizierung der Programmtheorie werden Ziele aus verschiedenen Perspektiven beleuchtet und außerdem mit der Praxis des Programms verbunden bzw. abgeglichen. Gegenüber Auftraggebenden, wichtigen Beteiligten und der Fachöffentlichkeit können die Bewertungskriterien so transparent hergeleitet werden.

Schwierige Begriffe und Bezeichnungen: Bereits in der Bezeichnung des hier vorgestellten Konzepts „theoriebasierter Evaluationen" lassen sich Schwierigkeiten festmachen. Theoriebasierung mag zwar als Begriff in wissenschaftlichen Kontexten funktionieren, in der Kommunikation mit Politik und Praxis klingt er abgehoben und fern jeder Praxis. Auch der Schlüsselbegriff „Programmtheorie" erschließt sich nicht so ohne Weiteres und fordert in den meisten Fällen Erläuterungen ein. Im deutschsprachigen Raum wird zunehmend von so genannten „Logischen Modellen" gesprochen, eine Bezeichnung die durchaus ein (Zwischen-)Produkt bzw. Instrument theoriebasierter Evaluationen abzudecken vermag. Aber tatsächlich bezeichnet „Logisches Modell" nicht mehr als ein Instrument theoriebasierter Evaluationen, nämlich die modellhafte Darstellung einer Programmtheorie. Hinzu kommt, dass der Begriff suggeriert, dass das Modell ausschließlich logisch abgeleitet ist. Im Unterschied dazu verdeutlicht die vorliegende Arbeit, dass die Programmtheorie respektive das Programm-Modell empirisch, datenbasiert und methodisch kontrolliert entwickelt werden muss und eben nicht nur logisch abgeleitet ist. Vom aktuellen Kenntnisstand aus zeichnet sich eigentlich nur eine Möglichkeit ab, das hier vorgestellte Konzept praktisch verwend- und kommunizierbar zu machen: Der Begriff „theoriebasierte Evaluation" wird zunehmend verwendet und jeweils nachvollziehbar, verständlich und „attraktiv" erläutert. Damit soll jedoch nicht ausgeschlossen werden, dass zukünftig eine treffende, Missverständnisse ausräumende Bezeichnung gefunden wird.

Auch fehlt bislang eine begriffliche Differenzierung zwischen unterschiedlichen Programmtheorien, also solchen, die aus dem Programm heraus gewonnen werden und solchen, die über das Programm Auskunft geben. Vorerst zeichnet sich keine kreativere Idee ab, als von emischen oder etischen Programmtheorien zu sprechen, wobei beide Begriffe im deutschen Sprachraum kaum verbreitet sind. Auf der Modellebene – also auf der Ebene bereits verdichteter Abstraktion von Programmtheorien – kann es hilfreich sein, zwischen internen und externen Modellen zu unterscheiden. Zusätzlich ließen sich darüber hinaus einzelnen Beteiligtengruppen jeweils spezifische Modelle begrifflich zuordnen, wie beispielsweise Zielgruppenmodell, Durchführendenmodell, Kooperationspartnermodell, Öffentlichkeitsmodell etc.

Weiterer Erprobungs- und Entwicklungsbedarf: Jede Evaluation muss Akzente setzen und dementsprechend die Wirklichkeit reduzieren. In theoriebasierten Evaluationen müssen Programmtheorien gegenüber Programmbeteiligten, der (Fach-)Öffentlichkeit sowie innerhalb des Evaluationsteams kommuniziert werden. Neben erläuternden Texten eignen sich hierfür Modelle, die in Form von grafischen Abbildungen präsentiert werden. Diese Modelle sind notwendigerweise immer vereinfachte, abstrahierende Abbildungen von Wirklichkeit. Bei diesem Arbeitsschritt ergeben sich typischerweise Fragen danach, wie präzise und differenziert das Programm repräsentiert sein muss, und wie vereinfachend es dargestellt werden darf, um den schmalen Grat zwischen illustrierenden Einzelfallbeschreibungen und zu simplen Modellen nicht zu verlassen.

Zur Beantwortung lassen sich verschiedene Gütekriterien anlegen, die zueinander in Konflikt geraten können. Zunächst einmal müssen die Modelle und Programmtheorien für verschiedene Lesende und Nutzende verständlich und nachvollziehbar sein. Dabei ist nicht auszuschließen, je nach Adressaten(gruppe) unterschiedliche Varianten von Repräsentationen zu erarbeiten müssen. Daneben sollte die Programmtheorie jene wichtigen Aspekte abbilden, die für das Programm und seine Evaluation zentral sind. In anderen Worten: Modellierungen haben responsiv zu sein und die Nutzungserwartungen der Beteiligten zu berücksichtigen. Nicht zuletzt muss die Programmtheorie auch für die Evaluation mit der Wirklichkeit konfrontierbar und empirisch belegbar sein.

Nicht nur für die Repräsentation von Programmen und grafische Abbildungen steht theoriebasierte Evaluation vor der Herausforderung zu entscheiden, wie viel Licht in die Blackbox hinein muss, wie differenziert und kleinteilig Programmtheorien explizit und mit der Wirklichkeit konfrontiert sein müssen. Auch und vor allem dann, wenn Evaluationen die Wirkung von Programmen untersuchen sollen, stellt sich die Frage danach, wie kleinschrittig Wirkzusammenhänge erschlossen werden müssen. Die Diskussion um alternative Kausalitätsverständnisse befindet sich hinsichtlich theoriebasierter Evaluation und deren Kriterien für Programmtheorien erst am Anfang.

Abschließend ist festzuhalten, dass theoriebasierte Evaluationen gewiss eine anspruchsvolle Variante von Evaluationen darstellen, die von den Durchführenden zahlreiche Kompetenzen erwarten wie auch den Programmbeteiligten zumindest Kooperationsbereitschaft und eine gewisse Offenheit voraussetzen. Ein theoriebasiertes Vorgehen ermöglicht in jedem Fall einen für alle Seiten qualifizierenden Brückenschlag zwischen der Praxis und der Forschung.

Mein Dank

geht an viele, die den Prozess der Fertigstellung dieser Arbeit über einen langen Zeitraum hinweg begleitet und auf unterschiedliche Weise unterstützt und befördert haben.

Zuerst möchte ich meinem Doktorvater Prof. Dr. Helmut Kromrey danken, der mir nicht nur die Chance eröffnet hat zu promovieren, sondern die Dissertation von den ersten Grundideen bis zur letzten Fassung begleitet und unterstützt hat. Ohne seine konstruktiven Kommentare und ohne den Freiraum, den er mir gewährte, hätte diese Arbeit niemals entstehen und reifen können. Auch – durchaus schmerzende – Kritik war notwendig und half, zusätzliche Aspekte zu berücksichtigen und meine Argumentationen voranzubringen. Neben allen Anregungen war seine Geduld mit mir und dem Werden der Arbeit ein riesiges Geschenk.

Mein Verständnis von Evaluationen wurde wegweisend auch von Prof. Dr. Wolfgang Beywl mitgeprägt. Bei ihm durfte ich die Weiterbildung zur Selbstevaluationsberaterin absolvieren. In Kooperation mit dem von ihm gegründeten Evaluationsinstitut konnte ich meine theoretischen Konzepte stets in der Praxis erproben. Die Kolleginnen und Kollegen von Univation sowie Wolfgang Beywl boten mir in all den Jahren gemeinsames Ausprobieren, Erfahrungsaustausch und methodologische Reflexion. Ich möchte mich ganz herzlich bei ihnen allen dafür bedanken, dass in den gemeinsam durchgeführten Evaluationsprojekten meine Gedanken zu theoriebasierten Evaluationen und deren forschungspraktischen Umsetzungen kontinuierlich befördert und weiterentwickelt werden konnten.

Ein weiteres Dankeschön geht an die Studierenden der Freien Universität Berlin, die sich an den schriftlichen Befragungen zur „Einführung in die Methoden empirischer Sozialforschung" beteiligten. sowie an die Studierenden des Projektseminars, die eigene Erhebungen zum internetbasierten Lernen durchführten. In diesem Zusammenhang liegt mir der Dank an Ulrike Maske und David Johann besonders am Herzen, die seinerzeit als studentische Tutorin und Tutor die internetbasierte Lernumgebung nutzten. Sie blieben stets mit mir in einem engen Austausch und begleiteten mit ihren Einschätzungen und Verbesserungsvorschlägen das Projekt. Auch Herrn Prof. Dieter Ohr möchte ich dafür danken, dass er bereit war, den letzten Schritt mitzutragen und sich mit dieser Arbeit auseinanderzusetzen.

Für die Kraft durchzuhalten und immer wieder unterstützende Ratschläge, manche praktischen Tipps und Hilfestellungen geht mein besonderer Dank an Frau Dr. Sabine Boomers und Frau Dr. Carola Sommer. Meinen Freundinnen und Freunden und vor allem meinen Eltern gilt meine Dankbarkeit für die unschätzbare Unterstützung und die beinahe unendliche Geduld mit mir.

Literatur

Alkin, Marvin C.; Christie, Christina A., 2004: An Evaluation Theory Tree. In: Alkin, Marvin C.: Evaluation Roots. Tracing Theorists' Views and Influences. Thousand Oaks, London, New Delhi: Sage. S. 12-65.

Argyris, Chris; Schön, Donald A., 1991: Participatory Action Research and Action Science Compared: A Commentary. In: Whyte, William Foote (Hrsg.): Participatory Action Research. Newbury Park; London; New Delhi: Sage, S. 85-96.

Arnold, Patricia, 2003: Kooperatives Lernen im Internet. Qualitative Analyse einer Community of Practice im Fernstudium. Münster; New York; München; Berlin: Waxmann.

Backhaus, Klaus; Erichson, Bernd, Plinke, Wulff; Weiber, Rolf, 2005: Multivariate Analysemethoden. Eine anwendungsorientierte Einführung. 11. Aufl. Berlin; Heidelberg; New York; Hongkong; London, Mailand; Paris; Tokio: Springer.

Baron, Reuben M.; Kenny, David A., 1986: The Moderator-Mediator Variable Distinction in Social Psychological Research: Conceptual, Strategic, and Statistical Considerations. In: Journal of Personality and Social Psychology. Bd. 51, Nr. 6. Washington: APA. S. 1173-1182.

Barth, Sonja; Pfaff, Holger, 2002: Organisationskarten. In: Kühl, Stefan; Strodtholz, Petra (Hrsg.): Methoden der Organisationsforschung. Ein Handbuch. Reinbek bei Hamburg: rororo. S. 276-295.

Baumgartner Peter; Häfele Hartmut; Maier-Häfele, Kornelia, 2004: Content Management Systeme in e-Education. Auswahl, Potenziale und Einsatzmöglichkeiten. Innsbruck: Studien Verlag.

Baumgartner, Peter; Häfele, Hartmut; Maier-Häfele, Kornelia, 2002a: Auswahl von Lernplattformen. E-Learning Praxishandbuch. Innsbruck u. a.: Studienverlag.

Baumgartner, Peter; Häfele, Hartmut; Maier-Häfele, Kornelia, 2002b: E-Leraning Standards aus didaktischer Perspektive. In: Bachmann, Gudrun; Haefeli, Odette; Kindt, Michael (Hrsg.): Campus 2002, Münster; New York; München; Berlin: Waxmann. S. 277-286.

Bergmann, Bärbel; Eisfeldt, Doreen; Lanadio, Sabine, 2004: Messwiederholungspläne als Instrumente einer vergleichenden Evaluation von problemorientierter und traditioneller Lehre an der Medizinischen Fakultät der TU Dresden. In: Zeitschrift für Evaluation, Heft 1. Wiesbaden: VS-Verlag. S. 7-20.

Berk, Richard, A.; Rossi, Peter, H., 1990: Thinking About Program Evaluation. Newbury Park; London; New Delhi: Sage.

Beywl, Wolfgang, 1988: Zur Weiterentwicklung der Evaluationsmethodologie. Grundlegung, Konzeption und Anwendung eines Modells der responsiven Evaluation. Frankfurt; Bern; New York; Paris: Peter Lang.

Beywl, Wolfgang, 1999: Nutzenfokussierte Evaluation von Humandienstleistungen. Plädoyer für eine sozialwissenschaftliche Rückbesinnung in der Qualitätsdebatte. In: Sozialwissenschaften und Berufspraxis. 22. Jg., Heft 2, Opladen: Leske + Budrich. S. 143-156.

Beywl, Wolfgang, 2006: Evaluationsmodelle und qualitative Methoden. In: Flick, Uwe (Hrsg.): Qualitative Evaluationsforschung. Konzepte, Methoden, Umsetzungen. Reinbek: Rowolth. S. 92-116.

Bickman, Leonard (Hrsg.), 1987a: Using Program Theory in Evaluation. New Directions for Program Evaluation. San Francisco: Jossey-Bass.

Bickman, Leonard, 1987b: The Function of Program Theory. In: Bickman, Leonard (Hrsg.), 1987a: Using Program Theory in Evaluation. New Directions for Program Evaluation. San Francisco: Jossey-Bass, S. 5-18.

Bickman, Leonard (Hrsg.), 1990: Advances in Program Theory. New Directions for Program Evaluation. San Francisco: Jossey-Bass.

Bickman, Leonard, 2000: Summing Up Program Theory. In: Rogers, Patricia J.; Hacsi, Timothy A.; Petrosino, Anthony; Huebner, Tracy A. (Hrsg.): Program Theory in Evaluation: Challenges and Opportunities. In: New Directions for Evaluation, 87, San Francisco: Jossey-Bass. S. 103-112.

Blalock jr., Hubert M., 1976: Die Beurteilung kausaler Modelle. In: Hummell, Hans J.; Ziegler, Rolf (Hrsg.): Korrelation und Kausalität. Band 1. Stuttgart: Ferdinand Enke. S. 68-90.

Blamey, Avril; Mackenzie, Mhairi, 2007: Theories of Change and Realistic Evaluation. Peas in a Pod or Apples and Oranges? In: Evaluation. 13. Jg., Thousand Oaks, London; New Delhi: Sage. Heft 4: S. 439-455.

Blumer, Herbert, 1969a (Erstveröffentlichung 1956): Sociological Analysis and the „Variable". In: Blumer, Herbert: Symbolic Interactionism. Perspective and Method. Berkeley; Los Angeles, London: University of California Press. S. 127-139.

Blumer, Herbert, 1969b (Erstveröffentlichung 1954): What Is Wrong with Social Theory? In: Blumer, Herbert: Symbolic Interactionism. Perspective and Method. Berkeley; Los Angeles, London: University of California Press. S. 140-152.

Blumer, Herbert, 1981 (Erstveröffentlichung 1969): Der methodologische Standort des symbolischen Interaktionsimus. In: Arbeitsgruppe Bielefelder Soziologen (Hrsg.): Alltagswissen, Interaktion und gesellschaftliche Wirklichkeit. Opladen: Westdeutscher Verlag. 5. Aufl., S. 80-146.

Bodenmann, Guy; Perrez, Meinrad; Schär, Marcel; Trepp, Andrea, 2004: Klassische Lerntheorien. Grundlagen und Anwendungen in Erziehung und Psychotherapie. Verlag Hans Huber: Bern.

Bohnsack, Ralf, 1999: Rekonstruktive Sozialforschung. Einführung in Methodologie und Praxis qualitativer Forschung. 3. Aufl. Opladen: Leske + Budrich.

Bohnsack, Ralf, 2000: Gruppendiskussion. In: Flick, Uwe; v. Kardorff , Ernst; Steinke, Ines (Hrsg.): Qualitative Forschung. Ein Handbuch. Reinbek bei Hamburg: Rowolth. S. 369-384.

Bohnsack, Ralf, 2006: Qualitative Evaluation und Handlungspraxis – Grundlagen dokumentarischer Evaluationsforschung. In: Flick, Uwe (Hrsg.): Qualitative Evaluationsforschung. Konzepte, Methoden, Umsetzungen. Reinbek bei Hamburg: Rowolth. S. 135-155.

Bohnsack, Ralf, 2010: Qualitative Evaluationsforschung und dokumentarische Methode. In: Bohnsack, Ralf; Nentwig-Gesemann, Iris (Hrsg.): Dokumentarische Evaluationsforschung. Theoretische Grundlagen und Beispiele aus der Praxis. Opladen; Farmington Hills: Barbara Budrich. S. 23-62.

Bohnsack, Ralf; Nentwig-Gesemann, Iris (Hrsg.), 2010: Einleitung: Dokumentarische Evaluationsforschung. In: Bohnsack, Ralf; Nentwig-Gesemann, Iris (Hrsg.): Dokumentarische Evaluationsforschung. Theoretische Grundlagen und Beispiele aus der Praxis. Opladen; Farmington Hills: Barbara Budrich. S. 9-20.

Bortz, Jürgen; Döring, Nicola, 1995 (1984): Forschungsmethoden und Evaluation. Berlin u. a.: Springer.

Boruch, Robert F., 1998: Randomized Controlled Experiments for Evaluation and Planning. In: Bickman, Leonard; Rog, Debra J. (Hrsg.): Handbook of Applied Social Research Methods. Thousand Oaks; London; New Delhi: Sage. S. 161-191.

Brand, Tasso, 2009: Evaluation in Deutschland. Professionalisierungsstand und -perspektiven. Münster; New York; München; Berlin: Waxmann.

Bremer, Claudia, 2003: Lessons learned: Moderation und Gestaltung netzbasierter Diskussionsprozesse in Foren. In: Kerres, Michael; Voß, Britta (Hrsg.),: Digitaler Campus. Münster; New York; München; Berlin: Waxmann. S. 191-201.

Bremer, Claudia; Hildbrand, Thomas; Binet, Oliver, 2002: Hochschulstrategie und Implementierung: Modernisierung der Lehre: Organisation, Integration und Widerstände. Einleitung und Überblick.. In: Bachmann, Gudrun; Haefeli, Odette; Kindt, Michael (Hrsg.): Campus 2002, Münster; New York; München; Berlin: Waxmann. S. 29-39.

Brickmayer, Johanna D.; Weiss, Carol Hirschon, 2000: Theory-Based Evaluation in Practice. What Do We Learn? In: Evaluation Review, 24. Jg. Heft 4. London; Thousand Oaks; New Delhi: Sage Publications. S. 407-431.

Bryman, Alan, 2007: Barriers to Integrating Quantitative and Qualitative Research. In: Journal of Mixed Methods Research. Bd. 1, Jg. 1. San Francisco; London; New Delhi: Sage. S. 8-22.

Bühner, Markus, 2009: Einführung in die Test- und Fragebogenkonstruktion. 2. akt. Aufl. München: Pearson Studium

Bundesministerium Bildung und Forschung (BMBF), 2000: Förderprogramm Neue Medien in der Bildung. Lehr- und Lernsoftware. Berlin: BMBF Publik. (http://www.bmbf.de/pub/neue_medien_bildung.pdf; Zugriff: 15.7.2011).

Bundesministerium Bildung und Forschung (BMBF), 2004: Kursbuch eLearning 2004. Produkte aus dem Förderprogramm. Neue Medien in der Bildung – Hochschule. Berlin: BMBF Publik. (http://www.bmbf.de/pub/nmb_kursbuch.pdf Zugriff: 15.07.2011).

Bund-Länder-Kommission (BLK), 1998: Multimedia im Hochschulbereich. Erster Bericht der BLK Staatssekretärs-Arbeitsgruppe. Bonn.

Burton, Paul; Goodlad, Robina; Croft, Jacqui, 2006: How Would We Know What Works? Context and Complexity in the Evaluation of Community Involvement. In: Evaluation. Heft 3. 12. Jg., London; Thousand Oaks; New Delhi: Sage. S. 294-312.

Campbell, Donald T., 1972: Reforms as Experiments. In: Weiss, Caral H. (Hrsg.): Evaluation of Social Action Programs, S. 187-223 (Erstveröffentlichung 1969 in: American Psycologist, Bd. 24, Heft 4, S. 409-429).

Campbell, Donald T.; Stanley, Julian C., 1966: Experimental and Quasi-Experimental Designs for Research. Chigago: Rand Mc. Neal. (Erstveröffentlichung in: American Educational Research Association (Hrsg.), 1963: Handbook of Research on Teaching).

Caracelli, Valerie J., 2004 (2000): Methodology: Building Bridges to Knowledge. In: Stockmann, Reinhard (Hrsg.), 2004 (2. Aufl. 2000): Evaluationsforschung. Grundlagen und ausgewählte Forschungsfelder. Opladen: Leske + Budrich. S. 175-201.

Caracelli, Valerie J.; Greene, Jennifer C., 1997: Crafting Mixed-Method Evaluation Designs. In: Advances in Mixed-Method Evaluation: The Challenges and Benefits of Integrating Diverse Paradigms. New Directions for Evaluation. San Francisco: Jossey-Bass. Nr. 74. S. 19-32.

Chelimsky, Eleanor, 1997, The Coming Transformation in Evaluation. In: Chelimsky, Eleanor; Shadish, William R., Evaluation for the 21st Century. A Handbook. Tousand Oaks, London, New Delhi: Sage. S. 1-26.

Chelimsky, Eleanor; Shadish, William R., 1997: Evaluation for the 21st Century. A Handbook. Thousand Oaks; London, New Delhi: Sage.

Chen, Huey-Tsyh, 1990a: Theory driven evaluations. Newbury Park, Beverly Hills, London, New Delhi: Sage.

Chen, Huey-Tsyh, 1990b: Issues on Constructing Program Theory. In: Bickman, Leonard (Hrsg.), 1990: Advances in Program Theory. New Directions for Program Evaluation. San Francisco: Jossey-Bass. S. 7-18.

Chen, Huey-Tsyh, 2004: The Roots of Theory-Driven Evaluation. In: Alkin, Marvin C. (Hrsg.): Evaluation Roots. Tracing Theorists' Views and Influences. Thousand Oaks; London; New Delhi: Sage. S. 132-152.

Chen, Huey-Tshy, 2005: Practical Program Evaluation. Assessing and Improving Planning, Implementation and Effectivness. Thousand Oaks; London; New Delhi: Sage.

Chen, Huey-Tsyh, 2011: Theory-Driven Evaluation for Assessing and Improving Planning, Implementation. And Effectiveness. http://evalconference.proval-services.net/ (download: 13.7.2011).

Chen, Huey-Tsyh; Rossi, Peter H., 1981: The Multi-Goal, Theory-Driven Approach to Evaluation. A Model Linking Basic and Applied Social Science. In: Evaluation Studies Review Annual. 6. Jg. Beverly Hills; London: Sage. S. 38-54.

Chen, Huey-Tsyh; Rossi, Peter H., 1984: Evaluating with Sense. The Theory-Driven Approach. In: Evaluations Studies Review Annual. Bd. 9, Beverly Hills, London, New Delhi: Sage: S. 337-356.

Chen, Huey-Tsyh; Rossi, Peter H., 1987: The Theory-driven Approach to Validity. In: Evaluation and Program Planning. 10. Jg., Elmsford: Pergamon Press. S. 95-103.

Chen, Huey-Tsyh; Rossi, Peter M. (Hrsg.), 1992a: Using Theory to Improve Program and Policy Evaluations. New York; Connecticut; London: Greenwood Press.

Chen, Huey-Tshy; Rossi, Peter H., 1992b: Introduction. Integrating Theory into Evaluation Practice. In: Chen, Huey-Tshy; Rossi, Peter H. (Hrsg.): Using Program Theory to Improve Program and Policy Evaluations. New York; Connecticut; London: Greenwood Press. S. 1-11.

Christie, Christina A. (Hrsg.), 2003a: The Practice-Theory Relationship in Evaluation. New Directions for Program Evaluation. Nr. 74. San Francisco: Jossey-Bass.

Christie, Christina A., 2003b: What Guides Evaluation? A Study of How Evaluation Practice Maps onto Evaluation Theory. In: Christie, Christina A. (Hrsg.): The Practice-Theory Relationship in Evaluation. New Directions for Program Evaluation. Nr. 74. San Francisco: Jossey-Bass. S. 7-35.

Cicourel, Aaron, 1981 (1973): Basisregeln und normative Regeln im Prozess des Aushandelns von Status und Rolle. In: Arbeitsgruppe Bielefelder Soziologen (Hrsg.): Alltagswissen, Interaktion und gesellschaftliche Wirklichkeit. Opladen: Westdeutscher Verlag. 5. Aufl. S. 147-188.

Collins, Alan; Brown, John S.; Newman, Susan E., 1989: Cognitive Apprenticeship: Teaching the Crafts of Reading, Writing, and Mathematics. In: Resnick, Lauren B. (Hrsg.): Knowing, Learning and Instruction. Hillsdale: Lawrence Erlbaum Associates. S. 453-494.

Conrad, Kendon J.; Miller, Todd Q., 1987: Measuring and Testing Program Philosophy. In: Bickman, Leonard (Hrsg.), 1987a: Using Program Theory in Evaluation. New Directions for Program Evaluation. San Francisco: Jossey-Bass. S. 19-42.

Cook, Thomas D., 1993: A Quasi-Sampling Theory of the Generalization of Causal Relationships. In: Sechrest, Lee. B.; Scott, Anne G.: Understanding Causes and Generalizing About Them. New Directions for Program Evaluation. N3. 57. San Francisco: Jossey-Bass. S. 39-81.

Cook, Thomas D., 1997: Lessons Learnd in Evaluation Over the Past 25 Years. In: Chelimsky, E.; Shadish, William R.: Evaluation for the 21st Centura. A Handbook. Thousand Oaks; London, New Delhi: Sage. S. 30-52.

Cook, Thomas D., 2000: The False Choice Between Theory-Based Evaluation and Experimentation. In: Rogers, Patricia J.; Hacsi, Timothy A.; Petrosino, Anthony; Huebner, Tracy A. (Hrsg.), 2000a: Program Theory in Evaluation: Challenges and Opportunities. In: New Directions for Evaluation, 87, San Francisco: Jossey-Bass. S. 27-34.

Cook, Thomas D., 2010: Die Kausalität in der Evaluation. Normative und empirische Betrachtungen. Keynote zur 11. Jahrestagung der DeGEval. http://www.alt.degeval.de/calimero/tools/proxy.php?id=23508 (Download: 15.08.2011).

Cook, Thomas D.; Campbell, Donald T., 1979: Quasi-Experimentation. Design & Analysis Issues for Field Settings. Boston u.a.: Houghton Mifflin.

Cook, Thomas D.; Shadish, William R., 1987: Program Evaluation. The Worldly Science. In: Evaluation Studies. Revue Annual. Bd. 12. Thousand Oaks; London; New Delhi: Sage. S. 31-70.

Coryn, Chris L.; Noakes Lindsay A.; Westine, Carl D.; Schröter, Daniela C., 2011: A Systematic Review of Theory-Driven Evaluation Practice From 1990 to 2009. In: American Evaluation Association (Hrsg.): American Journal of Evaluation. Jg. 32, Heft 2. www.sagepub.com. S. 199-226.

Creß, Ulrike, 2006: Lernorientierungen, Lernstile, Lerntypen und kognitive Stile. In: Mandl, Heinz; Friedrich, Helmut Felix (Hrsg.): Handbuch Lernstrategien. Göttingen: Hogrefe, S. 352-377.

Creswell, John W.; Plano Clark, Vicki L., 2007: Designing and Conducting Mixed Methods Research. Thousand Oaks; London; New Delhi: Sage.

Cronbach, Lee J., 1972: Evaluation zur Verbesserung von Curricula. In: Wulf, Christian, 1972: Beschreibung und Bewertung von Unterricht, Curricula und Schulversuchen. München: Piper. S. 41-59.

Cronbach, Lee J., 1982: Designing evaluations of educational and social programs. San Francisco: Jossey-Bass.

Cunningham, Barton J.; 1993: Action Research and Organizational Development. Westport; London: Praeger.

Dahler-Larsen, Peter: 2001: From Programme Theory to Constructivism. On Tragic, Magic and Competing Programmes. In: Evaluation, Heft 3, Bd. 7. London: Sage. S. 331-349.

Denzin, Norman K., 1989 (1970): The Research Act. A Theoretical Introduction to Sociological Methods, 3. Aufl. Englewood Cliffs, New York : Prentice Hall

DeGEval, 2002: Standards für Evaluation. Köln: DeGEval. (Zussammenfassung unter: http://www.degeval.de).

DeGEval (Hrsg.), 2004: Empfehlungen zur Anwendung der Standards für Evaluation im Handlungsfeld der Selbstevaluation. Alfter: DeGEval..

DeGEval, 2008: Empfehlungen für die Aus- und Weiterbildung in der Evaluation. Anforderungsprofile an Evaluatorinnen und Evaluatoren. Alfter: DeGEval.

DeGEval, 2010: 13. Jahrestagung der DeGEval: „Evaluation und Methoden". www.degeval.de.

Denzin, Norman K., 2000: Symbolischer Interaktionismus. In: Flick, Uwe; Kardorff, Ernst v.; Steinke, Ines (Hrsg.): Qualitative Forschung. Ein Handbuch. Reinbek bei Hamburg: Rowolth, S. 136-150.

Dewey, John, 2004: Die Struktur der Forschung. In: Strübing, Jörg; Schnettler, Bernt (Hrsg.). Methodologie interpretativer Sozialforschung. Klassische Grundlagentexte. Konstanz: UVK. S. 225-243.

Diaz-Bone, Rainer: 2006: Statistik für Soziologen. Konstanz: UVK.

Diekmann, Andreas, 2000: Empirische Sozialforschung. Grundlagen, Methoden, Anwendungen. 6. Auflage. Reinbek bei Hamburg: rowohlts enzyklopädie.

Donabedian, Avesis, 1980: Explorations in quality assessment and monitoring: The definition of quality and approaches to its assessment, Ann Arbor (Michigan): Health Adminsitration Press.

Donaldson, Stewart I., 2007: Program Theory-Driven Evaluation Science. Strategies and Applications. New York; London: Lawrence Erlbaum Associates.

Draheim, Susanne; Gaiser, Birgit; Beuschel, Werner, 2001: „Chat with a friend" – zur unterstützenden Wirkung von informeller Kommunikation in studentischer Gruppenarbeit – eine qualitative Fallstudie. In: Wagner, Erwin; Kindt, Michael (Hrsg.): Virtueller Campus. Szenarien – Strategien – Studium. Münster; New York; München; Berlin: Waxmann. S. 56-65.

Dresing, Thorsten, 2007: Entwicklung und Evaluation eines hybriden Onlineseminars zur Textanalyse. Münster; New York; München; Berlin: Waxmann.

Eekhoff, Johann; Muthmann, Rainer; Sievert, Olaf; Werth, Gerhardt; Zahl, Jost, 1977: Methoden und Möglichkeiten der Erfolgskontrolle städtischer Entwicklungsmaßnahmen. Schriftenreihe des Bundesministeriums für Raumordnung, Bauwesen und Städtebau. Heft Nr. 03.060. Bonn.

Ehlers, Ulf-Daniel; Schenkel, Peter (Hrsg.), 2004: Bildungscontrolling im E-Learning. Erfolgreiche Strategien und Erfahrungen jenseits des ROI. Berlin: Springer.

Elden, Max; Levin, Morten, 1991: Cogenerative Learning: Bringing Participation into Action Research. In: Whyte, William Foote (Hrsg.): Participatory Action Research. Newbury Park; London; New Delhi: Sage, S. 127-142.

Elster, Frank; Dippl, Zorana; Zimmer, Gerhard (Hrsg.), 2003: Wer bestimmt den Lernerfolg? Leistungsbeurteilung in projektorientierten Lernarrangements. Bielefeld: W. Bertelsmann Verlag.

Fetterman, David M., 1997: Empowerment Evaluation and Accreditation in Higehr Education. In: Chelimsky, Eleonor; Shadish, William R. (Hrsg.): Evaluation for the 21st Century. Thousand Oaks; London, New Delhi: Sage. S. 381-395.

Fetterman, David M.; Kaftarian, Shakeh, J.; Wandersman, Abraham (Hrsg.), 1996: Empowerment Evaluation. Knowledge and Tools for Self-Assessment & Accountability. Thousand Oaks; London; New Delhi: Sage.

Finney, John W.; Moos, Rudolf H.; 1992: Four Types of Theory That Can Guide Treatment Evaluations. In: Chen, Huey-Tshy; Rossi, Peter H. (Hrsg.): Using Program Theory to Improve Program and Policy Evaluations. New York; Connecticut; London: Greenwood Press. S. 15-27.

Fischer, Frank; Waibel, Mira Chr., 2002: Wenn virtuelle Lerngruppen nicht so funktionieren wie sie eigentlich sollten, in: Rinn, Ulrike; Wedekind, Joachim: Referenzmodell netzbasierten Lehrens und Lernens. Münster, New York, München, Berlin: Waxmann Verlag. S. 35-50.

Fitz-Gibbon, Carol Taylor; Morris, Lyons Lynn, 1987: How to Design a Program Evaluation. 2. Aufl., Newbury Park; London; New Delhi: Sage.

Flick, Uwe, 2004: Triangulation. Eine Einführung. Wiesbaden: VS Verlag.

Flick, Uwe, 2006a: Qualitative Evaluationsforschung zwischen Methodik und Pragmatik – Einleitung und Überblick. In: Flick, Uwe (Hrsg.): Qualitative Evaluationsforschung. Konzepte, Methoden, Umsetzungen. Reinbek: Rowolth. S. 9-29.

Flick, Uwe, 2006b: Qualität in der Qualitativen Evaluationsforschung. In: Flick, Uwe (Hrsg.): Qualitative Evaluationsforschung. Konzepte, Methoden, Umsetzungen. Reinbek: Rowolth. S. 424-443.

Freitag, Matthias, 2002: Open Space. In: Kühl, Stefan; Strodtholz, Petra (Hrsg.): Methoden der Organisationsforschung. Ein Handbuch. Reinbek bei Hamburg: Rowolth. S. 206-239.

Frey, Siegfried; Frenz, Hans-Georg, 1982: Experiment und Quasi-Experiment im Feld. In: Patry, Jean Luc (Hrsg.), 1982: Feldforschung. Methoden und Probleme sozialwissenschaftlicher Forschung unter natürlichen Bedingungen. Bern; Stuttgart; Wien: Verlag Hans Huber. S. 229-258.

Fricke, Werner, 2005: Sozialwissenschaftler in Entwicklungsprozessen. Zur Funktion ‚wissenschaftlicher Begleitung‘ in Modellversuchen aus der Sicht eines Aktionsforschers. In: Holz; Heinz; Schlemme, Dorothea (Hrsg.): Wissenschaftliche Begleitung bei der Neugestaltung des Lernens. Innovation fördern, Transfer sichern. Schriftenreihe des Bundesinstituts für Berufsbildung: Bonn. S. 40-51.

Friedrich, Helmut F.; Mandl, Heinz, 1991: Lehr-Lern-Modelle für das angeleitete Selbststudium. Ein Instrument für den Wissenstransfer. In: Mandl, Heinz; Friedrich, Helmut F.: Wissenschaftliche Weiterbildung und Selbststudium. Weinheim; Basel: Beltz Verlag. S. 9-30.

Friedrich, Helmut F.; Hron, Aemilian, 2002: Gestaltung und Evaluation virtueller Seminare, in: Rinn, Ulrike; Wedekind, Joachim: Referenzmodell netzbasierten Lehrens und Lernens. Münster; New York; München; Berlin: Waxmann Verlag. S. 11-34.

Friedrichs, Jürgen, 1985 (1973): Methoden empirischer Sozialforschung. 13. Auflage. Opladen: Westdeutscher Verlag.

Galla, Judith; Kopp, Ursula; Martinuzzi, André; Störmer, Eckhard, 2008: Programmakteursaufstellungen – Erste Erfahrungen mit Systemaufstellungen in theoriebasierten Evaluationen. In: ZfEv, Heft 1, 7. Jg., Münster; New York; München; Berlin: Waxmann. S. 35-73.

Garfinkel, Harold, 1981 (1973): Das Alltagswissen über soziale und innerhalb sozialer Strukturen. In: Arbeitsgruppe Bielefelder Soziologen (Hrsg.): Alltagswissen, Interaktion und gesellschaftliche Wirklichkeit. Opladen: Westdeutscher Verlag. 5. Aufl., S. 189-254.

Gavriilidis, Konstantin, 2001: Kein Qualitätssprung in Sicht. Empirische Ergebnisse zur Integration und Nutzung elektronischer Fachinformationen in der Hochschulausbildung. In: Wagner, Erwin; Kindt, Michael (Hrsg.): Virtueller Campus. Szenarien – Strategien – Studium. Münster; New York; München; Berlin: Waxmann. S. 266-274.

Geertz, Clifford, 1987 (1983): Dichte Beschreibung. Beiträge zum Verstehen kultureller Systeme. Frankfurt: Suhrkamp.

Glaser/Strauss 1967: The Discovery of Grounded Theory: Strategies for Qualitative Research. New York; Chicago: Aldine.

Glaser, Barney; Strauss, Anselm L., 2005 (1998): Grounded Theory. Strategien qualitativer Forschung. 2. überarb. Aufl., Bern: Huber.

Greene, Jennifer C.; Caracelli, Valerie J., 1997: Defining and Describing the Paradigm Issue in Mixed-Method Evaluation. In: Advances in Mixed-Method Evaluation: The Challenges and Benefits of Integrating Diverse Paradigms. New Directions for Evaluation. Nr. 74. San Francisco: Jossey Bass. S. 5-17.

Gröhbiel, Urs (2002): E-Learning auf strategische Ziele ausrichten: Von der Pionierphase zum systematischen Einsatz von E-Leraning. In: Bachmann, Gudrun; Haefeli, Odette; Kindt, Michael: Campus 2002. Die Virtuelle Hochschule in der Konsolidierungsphase, Münster; New York; München; Berlin: Waxmann. S. 98-111.

Guba, Egon G., 1987: Naturalistic Evaluation. In: Cordray, David S.; Bloom, Howard S.; Light, Richard J. (Hrsg.): Evaluation Practice in Review. New Directions for Program Evaluation. Nr. 34. San Francisco: Jossey-Bass. S. 23-43.

Guba, Egon G.; Lincoln, Yvonna S., 1986: The Countenance of Fourth-Generation Evaluation: Description, Judgment, and Negotiation. In: Cordray, David S.; Lipsey, Mark W., Evaluation Studies. Review Annual, Bd. 11. Newbury Park; Beverly Hills, London, New Delhi: Sage. S. 70-88.

Guba, Egon G.; Lincoln, Yvonna S., 1989: Fourth Generation Evaluation. Newbury Park, Beverly Hills, London; New Delhi: Sage.

Gueron, Judith M, 1997: Learning About Welfare Reform: Lesssons from State-Based Evaluations. In: Rog, Debra J.; Fournier, Deborah. New Directions for Evaluation. San Francisco: Jossey-Bass. S 79-94.

Hanekop, Heidemarie; Hofschröer, Uwe; Lanfer, Carmen, 2003: Ressourcen, Erfahrungen und Erwartungen der Studierenden – Bausteine für Entwicklungsstrategien. Ergebnisse einer repräsentativen Befragung von Göttinger Studierenden zu PC- und Internetanwendungen im Studium. In: Kerres, Michael; Voß, Britta (Hrsg.),: Digitaler Campus. Münster; New York; München; Berlin: Waxmann.S. 53-62.

Haubrich, Karin, 2004: Cluster-Evaluation – Wirkungen analysieren und Innovation fördern. In: Meister, Dorthee M., Tergan, Sigmar-Olaf; Zentel, Peter (Hrsg.): Evaluation von E-Learning. Zielrichtungen, methodologische Aspekte, Zukunftsperspektiven. Münster; New York; München; Berlin: Waxmann. S. 155-170.

Haubrich, Karin, 2006a: Wirkungsannahmen sichtbar machen: Cluster-Evaluation innovativer multizentrischer Programme. In: eXe (Hrsg.): Wirkungsevaluation in der Kinder- und Jugendhilfe. Einblicke in die Evaluationspraxis. München: DJI. S. 101-122.

Haubrich, Karin, 2006b: Die Konstruktion des Untersuchungsgegenstandes in der Evaluation innovativer multizentrischer Programme. In: Rehberg K.-S. (Hrsg.): Soziale Ungleichheit – Kulturelle Unterschiede. Verhandlungen des 32. Kongresses der Deutschen Gesellschaft für Soziologie in München 2004. Frankfurt: Campus, S. 3872-3881.

Haubrich, Karin, 2009: Sozialpolitische Innovation ermöglichen. Die Entwicklung der rekonstruktiven Programmtheorie-Evaluation am Beispiel der Modellförderung in der Kinder- und Jugendhilfe. Evaluation innovativer multizentrischer Programme: Münster; New York, München, Berlin: Waxmann.

Heger, Michael, 2004: Konzept hochschuldidaktischer Aktionsforschung am Beispiel INGMEDIA. In: Meister, Dorthee M., Tergan, Sigmar-Olaf; Zentel, Peter (Hrsg.): Evaluation von E-Learning. Zielrichtungen, methodologische Aspekte, Zukunftsperspektiven. Münster; New York; München; Berlin: Waxmann. S. 74-83.

Heiner, Maja, 1988: Praxisforschung in der sozialen Arbeit. Freiburg: Lambertus.

Heiner, Maja, 1998: Lernende Organisation und Experimentierende Evaluation. Verheißungen Lernender Organisationen. In: Heiner, Maja (Hrsg.): Experimentierende Evaluation. Ansätze zur Entwicklung lernender Organisationen. Weinheim; München: Juventa, S. 11-53.

Hellstern, Gerd-Michael; Wollmann, Hellmut, 1983: Evaluierungsforschung. Ansätze und Methoden – dargestellt am Beispiel des Städtebaus. Basel; Boston; Stuttgart: Birkhäuser.

Hense, Jan Ulrich, 2006: Selbstevaluation. Erfolgsfaktoren und Wirkungen eines Ansatzes zur selbstbestimmten Qualitätsentwicklung im schulischen Bereich. Frankfurt: Peter Lang.

Hense, Jan Ulrich; Kriz, Willy Christian, 2005: Theoriebasierte Evaluation und Bildungscontrolling. In: Gust, Mario; Weiß, Reinhold (Hrsg.): Praxishandbuch Bildungscontrolling für exzellente Personalarbeit. Konzepte – Methoden – Instrumente – Unternehmenspraxis. Oberhaching: USP. S. 231-242.

Hense, Jan Ulrich; Kriz, Willy Christian, 2006: Theoriebasierte Evaluation am Beispiel der Evaluation des EU-Projekts Simgame. In: Projekt eXe (Hrsg.): Wirkunsgevaluation in der Kinder- und Jugendhilfe. Einblicke in die Evaluationspraxis. München: DJI. S. 81-99.

Hesse, Friedrich, W., 2002: Psychologisch-pädagogische Potenziale des Lernens mit Online Medien, in: Issing, Ludwig J.; Stärk, Gerhard (Hrsg.): Studieren mit Multimedia und Internet. Ende der traditionellen Hochschule oder Innovationsschub? Münster; New York; München; Berlin: Waxmann. S. 49-56.

Hesse, Friedrich W.; Mandl, Heinz (Unter Mitarbeit von G. Reinmann-Rothmeier/ St.-P. Ballstaedt): 2001: Neue Technik verlangt neue pädagogische Konzepte. Empfehlungen zur Bestaltung und Nutzung von multimedialen Lehr- und Lernumgebungen. In: Arbeitsstab Forum Bildung: Neue Lern- und Lehrkultur. Vorläufige Empfehlungen und Expertenbericht. http://bildungplus.forum-bildung.de/files/empf_27-11-A-B(1).pdf, download: 14.04.2004 S. 127-147.

Heydthausen, Manfred; Günther, Ulrike, 2003: Die Verknüpfung von systematischem und fallorientiertem Lernen in Lern-Informationssystemen. In: Kerres, Michael; Voß, Britta (Hrsg.),: Digitaler Campus. Münster; New York; München; Berlin: Waxmann. S. 215-225.

Hildenbrand, Bruno, 2000: Anselm Strauss. In: Flick, Uwe; Kardorff v. Ernst; Steinke, Ines (Hrsg.): Qualitative Forschung. Ein Handbuch. Reinbek bei Hamburg: Rowolth. S. 32-42.

Hochschulrektorenkonferenz (HRK), 2004: Zum Einsatz der Neuen Medien in der Hochschule. Bonn.

Hoffmann-Riem, Christa, 1980: Die Sozialforschung einer interpretativen Soziologie. Der Datengewinn. In: Kölner Zeitschrift für Soziologie und Sozialpsychologie. Jg. 32. Opladen: Westdeutscher Verlag. S. 339-372.

Holz, Heinz; Schlemme, Dorothea (Hrsg.), 2005: Wissenschaftliche Begleitung bei der Neugestaltung des Lernens. Innovation fördern, Transfer sichern. Schriftenreihe des Bundesinstituts für Berufsbildung. Bielefeld: Bertelsmann.

Horz, Holger, 2004: Lernen mit Computern. Interaktion von Personen- und Programmmerkmalen in computergestützten Lernumgebungen. Münster: Waxmann.

Horz, Holger; Hofer, Manfred; Fries, Stefan; Wessels, Anja; Haimerl, Charlotte; Winter, Claudia, 2003: Evaluation in VIROR: Prozesse und didaktische Empfehlungen, in: Kandzia, Paul-Thomas, Ottmann, Thomas (Hrsg.), E-Learning für die Hochschule. Erfolgreiche Ansätze für ein flexibleres Studium. Münster; New York; München; Berlin: Waxmann. S. 221-244.

House, Ernest, 1993: Professional Evaluation. Social Impact and Political Consequences. Newbury Park; London; New Delhi: Sage.

Hummell, Hans J.; Ziegler, Rolf, 1976: Zur Verwendung linearer Modelle bei der Kausalanalyse nicht-experimenteller Daten. In: Hummell, Hans J.; Ziegler, Rolf (Hrsg.): Korrelation und Kausalität. Band 1. Stuttgart: Ferdinand Enke. S. E5-E137.

Issing, Ludwig J., 1988: Wissensvermittlung mit Medien. In: Mandl. Heinz; Spada, Hans (Hrsg.), 1988: Wissenspsychologie. München; Weinheim: Psychologie Verlags Union. S. 531-553.

Joint Committee on Standards for Educational Evaluation, 2011: Personnel Evaluation Standards. http://www.jcsee.org/personnel-evaluation-standards (download: 16.06.2011)

Joint Committee on Standards, 1999: Handbuch der Evaluationsstandards. Die Standards des „Joint Committee on Standards for Educational Evaluation". Aus dem

Amerikanischen übersetzt und überarbeitet von Beywl, Wolfgang; Widmer, Thomas; Sanders, James R. Opladen: Leske + Budrich.

Kaiser, Gerd; Nguyen-Dobinsky, Trong-Nghia, 2003: Multimediale, interaktive und patientennahe Lehrszenarien in der medizinischen Ausbildung. In: Kerres, Michael; Voß, Britta (Hrsg.),: Digitaler Campus. Münster; New York; München; Berlin: Waxmann. S. 305-314.

Kandzia, Paul-Thomas, 2003: Einführung – Virtuelle Hochschule am Oberrhein und anderswo. In: Kandzia, Paul-Thomas; Ottman. Thomas (Hrsg.): E-Learning für die Hochschue. Erfolgreiche Ansätze für ein flexibles Studium. Münster; New York; München; Berlin: Waxmann. S. 11-28.

Kandzia, Paul Thomas; Kraus, Gabriele, 2003: E-Learning, Hochschule und Politik. In: Kandzia, Paul-Thomas; Ottman. Thomas (Hrsg.): E-Learning für die Hochschue. Erfolgreiche Ansätze für ein flexibles Studium. Münster; New York; München; Berlin: Waxmann. S. 267-278.

Kardorff v., Ernst, 2006: Zur gesellschaftlichen Bedeutung und Entwicklung (qualitativer) Evaluationsforschung. In: Flick, Uwe (Hrsg.): Qualitative Evaluationsforschung. Konzepte, Methoden, Umsetzungen. Reinbek bei Hamburg: Rowolth. S. 63-91.

Kardorff, Ernst v., 2000: Qualitative Evaluationsforschung. In: Flick, Uwe; Kardorff, Ernst v.; Steinke, Ines (Hrsg.): Qualitative Forschung. Ein Handbuch. Reinbek bei Hamburg: Rowolth. S. 238-250.

Karlsen, Jan Irgens, 1991: Action Research as Method. Reflections from a Program for Developing Methods and Competence. In: Whyte, William Foote (Hrsg.): Participatory Action Research. Newbury Park; London; New Delhi: Sage, S. 143-158.

Kelle, Udo, 2006: Qualitative Sozialforschung und das Kausalitätsparadigma. In: Flick, Uwe (Hrsg.): Qualitative Evaluationsforschung. Konzepte, Methoden, Umsetzungen. Reinbek bei Hamburg: Rowolth. S. 117-134.

Kelle, Udo, 2007a: Die Integration qualitativer und quantitativer Methoden in der empirischen Sozialforschung. Theoretische Grundlagen und methodologische Konzepte. Wiesbaden: VS Verlag.

Kelle, Udo, 2007b: „Emergence" vs. „Forcing" of Empirical Data? A Crucial Problem of „Grounded Theory" Reconsidered. In: Mey, Günther; Mruck, Katja (Hrsg.): Grounded Theory Reader. Köln: Zentrum für Historische Forschung. S. 133-156.

Kelle, Udo; Erzberger, Christian, 2003: Making Inferences in Mixed Methods. The Rules of Integration. In: Tashakkori, Abbas; Teddlie, Charles (Hrsg.): Handbook of Mixed Methods in Social and Behavioral Research. Thousand Oaks; London; New Delh: Sage. S. 457-488.

Kelle, Udo; Kluge Susann, 1999: Vom Einzelfall zum Typus. Qualitative Sozialforschung. Opladen: Leske + Budrich.

Kerres, Michael, 1998: Multimediale und telemediale Lernumgebungen. Konzeptionen und Entwicklungen. München; Wien: Oldenbourg.

Kerres, Michael, 1999: Didaktische Konzeption multimedialer und telemedialer Lernumgebungen. In: HMD – Praxis der Wirtschaftsinformatik. S. 9-21. http://ddi.cs.uni-potsdam.de/HyFISCH/Multimedia/Learning/DidaktischeKonzeptionKerres.pdf (download: 11.08.2011).

King, Jean A., 2003: The Challenge of Studying Evaluation Theory. In: Christie, Christina A. (Hrsg.): The Practice-Theory Relationship in Evaluation. New Directions for Program Evaluation. Nr. 97. San Francisco: Jossey-Bass. S. 57-67.

Kirkpatrick, Danald L.; Kirkpatrick, James D., 2006: Evaluating Training Programs. The Four Levels. Third Edition. San Francisco: Berrett-Koehler Publishers.

Klingelhöfer, Susanne, 2007: Das Programm „Entimon": Spezifika, Potenziale und Herausforderungen einer induktiv-rekonstruierenden Evaluation anhand Logischer Modelle. In: Glaser, Michaela; Schuster, Silke (Hrsg.): Evaluation präventiver Praxis gegen Rechtsextremismus. Positionen, Konzepte und Erfahrungen. Halle. S. 32-52.

Knaap van der, Peter, 2004: Theory-based Evaluation and Learning: Possibilities and Challenges. In: Evaluation, Heft 1, 10. Jg., London, Thousands Oaks, New Delhi: Sage Publications. S. 16-34.

König, Eckard, 1983: Methodenprobleme der Handlungsforschung. Zur Diskussion der Handlungsforschung. In: Zedler, Peter; Moser, Heinz: Aspekte qualitativer Forschung. Studien zur Aktionsforschung, empirischer Hermeneutik und reflexiver Sozialtechnologie. Opladen: Leske + Budrich. S. 79-94.

Krause, Ulrike-Marie; Stark, Robin, 2006: Vorwissen aktivieren. In: Mandl, Heinz; Friedrich, Helmut Felix (Hrsg.): Handbuch Lernstrategien. Göttingen: Hogrefe, S. 38-49.

Kromrey, Helmut, 1976: Sozial- und Infrastruktur in einem Altstadtviertel. Indikatoren zur Beurteilung der Sanierungsbedürftigkeit. Untersuchungsgebiet Köln-Severinsviertel. Berlin: Deutsches Institut für Urbanistik.

Kromrey, Helmut, 1981: Die gebaute Umwelt. Wohngebietsplanung im Bewohnerurteil. Opladen: Leske + Budrich.

Kromrey, Helmut, 1986: Gruppendiskussionen. Erfahrungen im Umgang mit einer weniger häufigen Methode empirischer Sozialwissenschaft. In: Hoffmeyer-Zlotnik (Hrsg.): Qualitative Methoden der Datenerhebung in der Arbeitsmigrationsforschung. Mannheim; Quorum. S. 109-143.

Kromrey, Helmut ,1988: Akzeptanz- und Begleitforschung. Methodische Ansätze, Möglichkeiten und Grenzen. In: Massacomunicatie. Nr. 3, S. 221-242.

Kromrey, Helmut, 1994a: Strategien des Informationsmanagements in der Sozialforschung. Ein Vergleich quantitativer und qualitativer Ansätze. In: Angewandte Sozialforschung, Jg. 18, Heft 2. http://www.profkromrey.de/Kromrey_Infomanagement.pdf. S. 163-184. [12.08.2011]

Kromrey, Helmut, 1994b: Evaluation der Lehre durch Umfrageforschung? Methodische Fallstricke bei der Messung von Lehrqualität durch Befragung von Vorlesungsteilnehmern. In: Mohler, Peter Ph. (Hrsg.): Universität und Lehre. Ihre Evaluation als Herausforderung an die Empirische Forschung. Münster; New York: Waxmann. S. 91-114.

Kromrey, Helmut, 1999: Von den Problemen anwendungsorientierter Sozialforschung und den Gefahren methodischer Halbbildung. In: Sozialwissenschaften und Berufspraxis. 22. Jg. Heft1, Opladen: Leske + Budrich. S. 58-77.

Kromrey, Helmut, 2000: Die Bewertung von Humandienstleistungen. Fallstricke in der Implementations- und Wirkungsforschung sowie methodische Alternativen. In: Müller-Kohlenberg, Hildgard; Münstermann, Klaus (Hrsg.): Qualität von Humandienstleistungen. Evaluation und Qualitätsmanagement in Sozialer Arbeit und Gesundheitswesen. Opladen: Leske + Budrich. S. 19-57.

Kromrey, Helmut, 2001a: Evaluation – ein vielschichtiges Konzept. In: Sozialwissenschaften und Berufspraxis. 24. Jg. Heft 2. Opladen: Leske + Budrich. S. 105-131.

Kromrey, Helmut, 2001b: Studierendenbefragungen als Evaluation der Lehre? Anforderungen an Methodik und Design. In: Engel, Uwe (Hrsg.): Hochschul-Ranking. Zur Qualitätsbewertung von Studium und Lehre. Frankfurt/Main: Campus. S. 11-47.

Kromrey, Helmut, 2002: Didaktische Aspekte der LV „Empirische Sozialforschung. Methodenlehre 1". Präsentation im Rahmen der Lehrveranstaltung.

Kromrey, Helmut, 2003: Evaluation in Wissenschaft und Gesellschaft. In: Zeitschrift für Evaluation. Heft 1. Leverkusen: Leske + Budrich. S. 93-116.

Kromrey, Helmut, 2004 (2002): Qualität und Evaluation im System Hochschule. In: Stockmann, Reinhard: Evaluationsforschung. Grundlagen und ausgewählte Forschungsfelder. 2. Auflage. Opladen: Leske + Budrich. S. 233-258.

Kromrey, Helmut, 2005a: Zur Verbindung von Akkreditierung und Evaluation. Von der Klärung unterschiedlicher Verfahrenslogiken zu den Möglichkeiten einer überschneidungsfreien Vernetzung. In: W. Benz, J. Kohler, K. Landfried (Hrsg.): Handbuch Qualität in Studium und Lehre, Stuttgart, Berlin 2005: Raabe, Beitrag F2.2, S. 1-18.

Kromrey, Helmut, 2005b: Beraten – Gestalten – Implementieren – Evaluieren – Forschen. In: Holz, Heinz; Schlemme, Dorothea (Hrsg.): Wissenschaftliche Begleitung bei der Neugestaltung des Lernens. Innovation fördern, Transfer sichern. Schriftenreihe des Bundesinstituts für Berufsbildung. Bielefeld: Bertelsmann. S. 64-71.

Kromrey, Helmut, 2005c: „Qualitativ" versus „quantitativ" – Ideologie oder Realität? Vortrag auf dem 1. Berliner Methodentreffen Qualitative Forschung in Berlin am 25. Juni 2005. http://www.profkromrey.de/Kromrey_qual-quant_Vortrag.pdf [12.08.2011]

Kromrey 2006, Empirische Sozialforschung. 11. überarbeitete Auflage. Stuttgart: Lucius Lucius.

Kromrey, Helmut, 2007: Wissenschaftstheoretische Anforderungen an empirische Forschung und die Problematik ihrer Beachtung in der Evaluation. Oder: Wie sich Evaluationsforschung um das Evaluieren drückt. In: Zeitschrift für Evaluation. Münster: Waxmann. Heft 1. S. 113-123.

Kromrey, Helmut, 2009: Empirische Sozialforschung. 12. überarbeitete und ergänzte Auflage. Stuttgart: Lucius & Lucius.

Kuckartz, Udo, 2006: Quick and dirty? – Qualitative Methoden der drittmittelfinanzierten Evaluation in der Umweltforschung. In: Flick, Uwe (Hrsg.): Qualitative Evaluationsforschung. Konzepte, Methoden, Umsetzungen. Reinbek bei Hamburg: Rowolth. S. 267-283.

Kühl, Stefan, 2002: Visualisierte Diskussionsführung. In: Kühl, Stefan; Strodtholz, Petra (Hrsg.): Methoden der Organisationsforschung. Ein Handbuch. Reinbek bei Hamburg: rororo. S. 243-276.

Lamnek, Siegfried, 1988: Qualitative Sozialforschung. Band 1 Methodologie. München; Weinheim: Psycholgie Verlags Union.

Lamnek, Siegfried, 1988: Qualitative Sozialforschung. Band 1 Methodologie. München; Weinheim: Psychologie Verlags Union.

Lautenschlager, Peter; Albione, Raffaella; Grund, Sven, 2002: „eCF – Get involved in Corporate Finance": Entwicklung eines E-Learning Lehrgangs im Rahmen des Swiss Virtual Campus. In: Bachmann, Gudrun; Haefeli, Odette; Kindt, Michael (Hrsg.): Campus 2002, Münster; New York; München; Berlin: Waxmann. S. S. 452-466

Lave, Jean; Wenger, Etienne, 1991: Situated Learning.: Legitimate Peripheral Participation. Cambridge: Cambridge University Press.

Lee, Barbara, 2004 (2000): Theories of Evaluation. In: Stockmann, Reinhard (Hrsg.),: Evaluationsforschung. Grundlagen und ausgewählte Forschungsfelder. 2. Aufl. Opladen: Leske + Budrich. S. 135-173.

Leeuw, Frans L., 2002: Evaluation in Europe 2000. Challenges to a Growth Industry. In: Evaluation. 8. Jg. Heft 1. London/Thousand Oaks/New Delhi. Sage Publications. S. 5-12.

Leeuw, Frans L., 2003: Reconstructing Programme Theories: Methods Available and Problems to be Solved. In: American Journal of Evaluation. Bd. 24. Heft 1.Thousand Oaks; London; New Delhi: Sage. S. 5-20.

Leeuw, Frans L., 2004 (2000): Evaluation in Europe. In: Stockmann, Reinhard: Evaluationsforschung. Grundlagen und ausgewählte Forschungsfelder. 2. Auflage. Opladen: Leske + Budrich. S. 57-76.

Lewin, Kurt, 1963: Feldtheorie in den Sozialwissenschaften. Ausgewählte theoretische Schriften. Bern: Huber.

Lewin, Kurt, 1968: Die Lösung sozialer Konflikte. Ausgewählte Abhandlungen über Gruppendynamik. 3. Aufl., Bad Nauheim: Christian.

Liebig, Brigitte; Nentwig-Gesemann, Iris, 2002: Gruppendiskussion. In: Kühl, Stefan; Strodtholz, Petra (Hrsg.): Methoden der Organisationsforschung. Ein Handbuch. Reinbek bei Hamburg: Rowolth. S. 141-174.

Link, Lisa, 2001: Didaktische Modelle für Telelernen mit neuen Medien in der Praxis: Erste Erfahrungen aus dem Projekt Vineta. In: Wagner, Erwin; Kindt, Michael (Hrsg.): Virtueller Campus. Szenarien – Strategien – Studium. Münster; New York; München; Berlin: Waxmann.. S. 137-144.

Lipsey, Mark W., 1992: Meta-Analysis in Evaluation Research: Moving from Description to Explanation. In: Chen, Huey-tshy; Rossi, Peter H. (Hrsg.): Using Program Theory to Improve Program and Policy Evaluations. New York; Connecticut; London: Greenwood Press. S. 229-241.

Lipsey, Mark W., 1993: Theory as Method: Small Theories of Treatments. In: Sechrest, Lee. B.; Scott, Anne G.: Understanding Causes and Generalizing About Them. New Directions for Program Evaluation. N3. 57. San Francisco: Jossey-Bass. S. 5-38.

Lipsey, Mark W., 1997: What Can You Buildt with Thousand Bricks? Musings an Cumulation of Knowledge in Program Evaluation. In: In: Rog, Debra J.; Fournier, Deborah (Hrsg.): Progress and Future Directions in Evaluation: Perspectives on Theory, Practice, and Methods. New Directions for Evaluation. San Francisco: Jossey-Bass. S. 7-23.

Lipsey, Mark W., 1998: Design Sensitivity: Statistical Power for Applied Experimental Research. In: Bickman, Leonard; Rog, Debra J. (Hrsg.), 1998: Handbook of Applied Social Research Methods. Thousand Oaks; London; New Delhi: Sage. S. 39-68.

Loos, Peter; Schäffer, Burkhard, 2001: Das Gruppendiskussionsverfahren. Theoretische Grundlagen und empirische Anwendung. Qualitative Sozialforschung, Bd. 5. Opladen: Leske + Budrich.

Lüders, Christian, 2006: Qualitative Evaluationsforschung – was heißt hier Forschung? In: Flick, Uwe (Hrsg.): Qualitative Evaluationsforschung. Konzepte, Methoden, Umsetzungen. Reinbek: Rowolth. S. 33-62.

Lüders, Christian; Haubrich, Karin, 2006: Wirkungsevaluation in der Kinder- und Jugendhilfe: Über hohe Erwartungen, fachliche Erfordernisse und konzeptionelle Antworten. In: Projekt eXe (Hrsg.): Wirkungsevaluation in der Kinder- und Jugendhilfe. München: DJI. S. 5-23.

Madaus, Gerage, F.; Stufflebeam, Daniel L., 2000: Program Evaluation. A Historical Overview. In: Stufflebeam, Daniel L.; Madaus, George F.; Kellaghan, Thomas (Hrsg.): Evaluation Models. Viewpoints on Educational and Human Services Evaluation. Second edition, Boston; Dordrecht; London: Kluwer Academic. S. 3-31.

Mäder, Susanne, 2013 (im Ersch.): Die Gruppendiskussion in der Evaluation: Wie Evaluierende situativen Herausforderungen in ihrer Praxis begegnen.

Mandl, Heinz; Friedrich, Helmut Felix (Hrsg.), 2006a: Handbuch Lernstrategien. Göttingen; Bern; Wien u. a.: Hogrefe.

Mandl, Heinz, Friedrich, Helmut Felix, 2006b: Lernstrategien: Zur Strukturierung eubes Forschungsfeldes. In: Mandl, Heinz; Friedrich, Helmut Felix (Hrsg.), 2006a: Handbuch Lernstrategien. Göttingen; Bern; Wien u. a.: Hogrefe. S. 1-23.

Mandl, Heinz; Friedrich, Helmut Felix; Hron, Amelian, 1988: Theoretische Ansätze zum Wissenserwerb. In: Mandl. Heinz; Spada, Hans (Hrsg.), 1988: Wissenspsychologie. München; Weinheim: Psychologie Verlags Union. S. 123-160.

Mandl, Heinz; Kopp, Birgitta; Dvorak, Susanne, 2004: Aktuelle theoretische Ansätze und empirische Befunde im Bereich der Lehr-Lern-Forschung Schwerpunkt Erwachsenenbildung –Deutsches Institut für Erwachsenenbildung. Bonn. URL: http://www. die-bonn.de/esprid/dokumente/doc-2004/mandl04_01.pdf

Mandl, Heinz; Schnotz, Wolfgang; Friedrich, Helmut F., 1991: Lehr-Lern-Modelle für das angeleitete Selbststudium. Ein Beitrag zur Integration von Forschung und Entwicklung. In: Mandl, Heinz; Friedrich, Helmut F.: Wissenschaftliche Weiterbildung und Selbststudium. Weinheim; Basel: Beltz Verlag. S. 311-334.

Mannheim, Karl, 1964: Wissenssoziologie. In: Das Problem einer Soziologie des Wissens. In: Mannheim, Karl: Wissenssoziologie. Wolff, Kurt H. (Hrsg.), Berlin: Luchterhand. S. 308-387.

Mannheim, Karl, 2004: Beiträge zur Theorie der Weltanschauungs-Interpretation. In: Strübing, Jörg; Schnettler, Bernt (Hrsg.): Methodologie interpretativer Sozialforschung. Klassische Grundlagentexte. Konstanz: UVK. S. 101-153.

Mark, Melvin M., 1990: From Program Theory to Tests of Program Theory. In: Bickman, Leonard (Hrsg.): Advances in Program Theory. New Directions for Program Evaluation. Nr. 47. San Francisco: Jossey Bass. S. 37-51.

Mark, Melvin M., Hofmann, David A.; Reichardt, Charles S., 1992: Testing Theories in Theory-Driven Evaluations: (Test of) Moderation in All Things. In: Chen, Huey-Tshy; Rossi, Peter H. (Hrsg.): Using Program Theory to Improve Program and Policy Evaluations. New York; Connecticut; London: Greenwood Press. S. 71-84.

Marquart, Jules M., 1990: A Pattern-Matching Approach to Link Program Theory and Evaluation Data. In: Bickman, Leonard (Hrsg.): Advances in Program Theory. New Directions for Program Evaluation. Nr. 47. San Francisco: Jossey Bass. S. 93-120.

Mason, Paul; Barnes, Marian, 2007: Constructing Theories of Change. Methods and Sources. In: Evaluation, Jg 13, Bd. 2, Los Angeles; London; New Delhi, Singapoure: Sage. S. 151-170.

Mayer, Horst O., 2003: Verringerung von trägem Wissen durch E-Learning. Am Beispiel einer Akustik-Lern-CD. In: Kerres, Michael; Voß, Britta (Hrsg.): Digitaler Campus. Münster; New York; München; Berlin: Waxmann. S. 226-237.

Mayntz, Renate, 1980: Die Implementation politischer Programme. Theoretische Überlegungen zu einem neuen Forschungsgebiet. In Mayntz, Renate: Implementation politischer Programme. Empirische Forschungsberichte. Königstein: Anton Hain. S. 236-249.

Mayntz, Renate; Holm, Kurt; Hübner, Peter, 1971: Einführung in die Methoden der empirischen Soziologie. 2. Erw. Auflage, Opladen: Westdeutscher Verlag.

Mayring, Philipp, 2000: Qualitative Inhaltsanalyse. In: In: Flick, Uwe; Kardorff, Ernst v.; Steinke, Ines (Hrsg.): Qualitative Forschung. Ein Handbuch. Reinbek bei Hamburg: Rowolth, S. 468-475.

Mayring, Philipp, 2003: Qualitative Inhaltsanalyse. Weinheim: Beltz.

Meinefeld, Werner, 1995: Realität und Konstruktion. Erkenntnistheoretische Grundlagen einer Methodologie der empirischen Sozialforschung. Opladen: Leske + Budrich.

Meister, Dorothee M.; Tergan, Sigmar-Olaf; Zentel, Peter, 2004: Evaluation von E-Learning – Eine Einführung. In: Meister, Dorothee M.; Tergan, Sigmar-Olaf; Zentel, Peter (Hrsg.): Evaluation von E-Learning. Zielrichtungen, methodologische Aspekte, Zukunftsperspektiven. Münster; New York; München; Berlin: Waxmann. S. 7-19.

Mensching, Anja, 2006: Zwischen Überforderung und Banalisierung – zu den Schwierigkeiten der Vermittlungsarbeit im Rahmen qualitativer Evaluationsforschung. In: Flick, Uwe (Hrsg.): Qualitative Evaluationsforschung. Konzepte, Methoden, Umsetzungen. Reinbek bei Hamburg: Rowolth. S. 339-362.

Mertens, Donna M., 2004 (2000): Institutionalizing Evaluation in the United States of America. In: Stockmann, Reinhard: Evaluationsforschung. Grundlagen und ausgewählte Forschungsfelder. 2. Aufl. Opladen: Leske + Budrich. S. 45-60.

Mey; Günter, Mruck, Katja, 2007: Grounded Theory Methodologie – Bemerkungen zu einem prominenten Forschungsstil. In: Mey, Günter; Mruck, Katja (Hrsg.): Grounded Theory Reader. Köln: Zentrum für Historische Forschung. S. 11-39.

Miles, Matthew B.; Huberman, Michael A., 1994: Qualitative Data Analysis. An Expanded Sourcebook. Tousand Oaks; London; New Delhi: Sage. 2. Aufl.

Mittag, Sandra; Bornmann, Lutz; Daniel, Hans-Dieter, 2003: Evaluation von Studium und Lehre an Hochschulen. Handbuch zur Durchführung mehrstufiger Evaluationsverfahren. Münster; New York; München; Berlin: Waxmann.

Morgan, David L., 1997: Focus Groups as Qualitative Research. Newbury Park, London, New Delhi: Sage.

Morgan, David L.; Krueger, R., 1998: The Focus Group Kit. Newbury Park; London; New Delhi: Sage.

Moser, Heinz, 1975: Aktionsforschung als kritische Theorie der Sozialwissenschaften. München: Kösel Verlag.

Moser, Heinz, 1977a: Methoden der Aktionsforschung. Eine Einführung. München: Kösel Verlag.

Moser, Heinz, 1977b: Praxis der Aktionsforschung. Ein Arbeitsbuch. München: Kösel Verlag.

Moser, Heinz, 1983: Zur methodologischen Problematik der Aktionsforschung. In: Zedler, Peter; Moser, Heinz (Hrsg.): Aspekte qualitativer Forschung. Studien zur Aktionsforschung, empirischer Hermeneutik und reflexiver Sozialtechnologie. Opladen: Leske + Budrich. S. 51-78.

Moser, Heinz, 1995: Grundlagen der Praxisforschung. Freiburg: Lambertus.

Müller, Alexander, 2003: Netzgestützte Seminare in der Politikwissenschaft, in: Kandzia, Paul-Thomas; Ottmann, Thomas: E-Learning für die Hochschule. Münster; New York; München; Berlin: Waxmann. S. 201-218.

Müller, Regina: 2005: Aktionsforschung als eine Möglichkeit zur Evaluation von Projekten. In: Holz; Heinz; Schlemme, Dorothea (Hrsg.): Wissenschaftliche Begleitung bei der Neugestaltung des Lernens. Innovation fördern, Transfer sichern. Schriftenreihe des Bundesinstituts für Berufsbildung: Bonn. S. 170-191.

Nagler, Brigitte, 2002: Rollenspiel. In: Kühl, Stefan; Strodtholz, Petra (Hrsg.): Methoden der Organisationsforschung. Ein Handbuch. Reinbek bei Hamburg: Rowolth. S. 175-206.

Nentwig-Gesemann, Iris, 2006: Dokumentarische Evaluationsforschung. In: Flick, Uwe (Hrsg.): Qualitative Evaluationsforschung. Konzepte, Methoden, Umsetzungen. Reinbek: Rowolth. S. 159-182.

Nentwig-Gesemann, Iris, 2010: Dokumentarische Evaluationsforschung, rekonstruktive Qualitätsforschung und Perspektiven der Qualitätsentwicklung. In: Bohnsack, Ralf; Nentwig-Gesemann, Iris (Hrsg.): Dokumentarische Evaluationsforschung. Theoretische Grundlagen und Beispiele aus der Praxis. Opladen; Farmington Hills: Barbara Budrich. S. 63-75.

Niegemann, Helmut M., 1994: Selbstkontrolliertes computerunterstütztes Lernen in der betrieblichen Bildung. In: Abel, Jürgen (Hrsg.): Berufliche Weiterbildung und neue Technologien. Münster; New York. Waxmann. S. 7-33.

Nistor, Nicolae, 2002: Die Virtuelle Hochschule Bayern: Aktueller Stand und Zukunftsperspektiven. In: Bachmann, Gudrun; Haefeli, Odette; Kindt, Michael (Hrsg.), 2002: Campus 2002. Die Virtuelle Hochschule in der Konsolidierungsphase, Münster; New York; München; Berlin: Waxmann Verlag. S. 168-175.

Noistor, Nicolae; Stingl, Benjamin; Remmele, Bernd, 2002: Das JurMOO . Kommunikation und Kooperation in der virtuellen Seminarunterstützung. In: Bachmann, Gudrun; Haefeli, Odette; Kindt, Michael (Hrsg.): Campus 2002, Münster; New York; München; Berlin: Waxmann. S. 417-427.

Osiander, Anja, 2003: @_I-T-A: Rechnereinsatz im klassischen Seminar. In: Kerres, Michael; Voß, Britta (Hrsg.),: Digitaler Campus. Münster; New York; München; Berlin: Waxmann. S. 160-169.

Owen, John M.; Rogers, Patricia J., 1999: Program Evaluation. Forms and Approaches. International Edition. London; Thousand Oaks; New Delhi: Sage.

Patton, Michael Q., 1990 (1980, 2. Aufl.): Qualitative evaluation and research methods. Newbury Park, London, New Delhi: Sage.

Patton, Michael Q., 1997: Utilization-Focused Evaluation. The New Century Text. Newbury Park, London, New Delhi: Sage.

Patton, Michael Q., 2000: Utilization-Focused Evaluation. In: Stufflebeam; Madaus; Kellaghan: Evaluation Models. 2. Auflage. Boston; Dordrecht; London: Kluwer Academic. S. 425-438.

Patton, Michael Q., 2008: Utilization-Focused Evaluation. 4th Edition. Thousang Oaks; London; New Delhi, Singapore: Sage.

Patton, Michael Q., 2010: Developmental Evaluation: Applying Complexity Concepts to Enhance Innovation and Use. New York: Guilford Press.

Patton, Michael Q.; Smith Grimes, Patricia; Guthrie, Kathryn M.; Brennan, Nancy J.; Dickey French, Barbara; Blyth, Dale A., 1977: In Search of Impact: An Analysis of Federal Health Evaluation Research. In: Weiss, Carol H. (Hrsg.): Using Social Research in Public Policy Making. Lexington; Massachusetts, Toronto: Lexington. S. 141-163.

Pawson, Ray, 1996: Three Steps to Constructivist Heaven. In: Evaluation. 2. Jg., Heft 2; London; Thousand Oaks; New Delhi: Sage. S. 213-219.

Pawson, Ray, 2003: Nothing as Practical as a Good Theory. In: Evaluation. Jg. 9, Heft 4, London/Thousand Oaks/New Delhi: Sage. S. 471-490.

Pawson, Ray, 2011: From the library of ... In: Evaluation. Jg. 17, Heft 2, London; Thousand Oaks; New Delhi: Sage. S. 193-196.

Pawson, Ray; Tilley, Nick, 1998: Caring Communities, Paradigm Polemics, Design Debates. In: Evaluation. Jg. 4, Heft 1, London; Thousand Oaks; New Delhi: Sage. S. 73-90.

Pawson, Ray; Tilley, Nick, 2004 (1997, 7. Auflage): Realistic Evaluation. London; Thousand Oaks; New Delhi: Sage Publications.

Peirce, Charles S., 2004: Aus den Pragmatismus Vorlesungen. In: Strübing, Jörg; Schnettler, Bernt (Hrsg.): Methodologie interpretativer Sozialforschung. Klassische Grundlagentexte. Konstanz: UVK. S. 201-222.

Popper, Karl R., 2005 (1934/1994): Logik der Forschung. 11. Auflage. Tübingen: Mohr Siebeck.

Porst, Rolf, 2008: Fragebogen: Ein Arbeitsbuch. Wiesbaden: VS Verlag.

Reichardt, Charles S.; Mark, Melvin M., 1998: Quasi-Experimentation. In: Bickman/Rog: Handbook of Applied Social Research Methods. Thousand Oaks; London, New Delhi: Sage. S. 193-228.

Reichertz, Jo, 2000: Abduktion, Deduktion und Induktion in der qualitativen Forschung. In: Flick, Uwe; Kardoff v., Ernst; Steinke, Ines (Hrsg.). Qualitative Forschung. Ein Handbuch. Reinbek bei Hamburg: Rowolth. S. 276-286.

Reinmann-Rothmeier, Gabi, 2003: Didaktische Innovation durch Blended Learning. Leitlinien anhand eines Beispiels aus der Hochschule. Bern; Göttingen; Toronto; Seattle: Hans Huber.

Reinmann-Rothmeier, Gabi; Mandl, Heinz, 2007: Problemorientiertes Lernen mit Multimedia. In: Geißler, Karlheinz A.; von Landsberg, Georg; Reinartz, Manfred (Hrsg.), Handbuch Personalentwicklung und Training. Köln: Deutscher Wirtschaftsdienst. S. 1-20.

Reusser, Kurt: 2005: Problemorientiertes Lernen – Tiefenstruktur, Gestaltungsformen, Wirkung. In: Beiträge zur Lehrerbildung 23 (2). Langnau. S. 159-182.

Rinn, Ulrike; Wedekind, Joachim (Hrsg.), 2002: Referenzmodelle netzbasierten Lehrens und Lernens. Virtuelle Komponenten der Präsenzlehre. Münster; New York; München; Berlin: Waxmann.

Rogers, Patricia J., 2000a: Program Theory. Not Wether Programs Work, But How They Work. In: Stufflebeam, Daniel L.; Madaus, George F.; Kellaghan, Thomas (Hrsg.): Evaluation Models. Viewpoints on Educational and Human Services Evaluation. 2. Auflage, Boston; Dordrecht; London: Kluwer Academic Publishers. S. 209-232.

Rogers, Patricia J. 2000b: Causal Models in Program Theory Evaluation. In: Rogers, Patricia J.; Hacsi, Timothy A.; Petrosino, Anthony; Huebner, Tracy A. (Hrsg.), 2000a: Program Theory in Evaluation: Challenges and Opportunities. In: New Directions for Evaluation, 87, San Francisco: Jossey-Bass. S. 47-55.

Rogers, Patricia J., 2002: Keynote paper presented at the 2002 Australasian Evaluation Society International Conference October/November 2002 – Wollongong Australia. http://www.aes.asn.au/conferences/2002/PAPERS/Rogers.pdf.

Rogers, Patricia J.; Petrosino, Anthony; Huebner, Tracy A.; Hacsi, Timothy A. (Hrsg.), 2000a: Program Theory in Evaluation: Challenges and Opportunities. In: New Directions for Evaluation, 87, San Francisco: Jossey-Bass.

Rogers, Patricia J.; Petrosino, Anthony; Huebner, Tracy A.; Hacsi, Timothy A. (Hrsg.), 2000b: Program Theory Evaluation: Practice, Promise, and Problems. In: Rogers, Patricia J.; Petrosino, Anthony; Huebner, Tracy A.; Hacsi, Timothy A (Hrsg.), 2000a: Program Theory in Evaluation: Challenges and Opportunities. In: New Directions for Evaluation, 87, San Francisco: Jossey-Bass. S. 5-13.

Rossi, Peter H., 1997: Advances in Quantitative Evaluation, 1987-1996. In: Rog, Debra J.; Fournier, Deborah (Hrsg.): Progress and Future Directions in Evaluation: Perspectives on Theory, Practice, and Methods. New Directions for Evaluation. Nr. 76. San Francisco: Jossey-Bass. S. 57-68.

Rossi, Peter H.; Freeman, Howard E., 1985: Evaluation. A Systematic Approach. 3. Aufl. Beverly Hills; London; New Delhi: Sage.

Rossi, Peter H.; Freeman, Howard E.; 1993: Evaluation: A Systematic Approach. 5. Aufl. Newbury Park; London; New Delhi: Sage.

Rossi, Peter H.; Freeman, Howard E.; Hofmann, Gerhard, 1988: Programm-Evaluation. Einführung in die Methoden angewandter Sozialforschung. Stuttgart: Enke.

Rossi, Peter H.; Wright, James D., 1986: Evaluation Research. An Assessment. In: Evaluation Studies Review Annual. Bd. 11. Thousand Oaks; London; New Delhi: Sage.

Schiefele, Ulrich; Streblow, Lilian, 2006: Motivation aktivieren. In: Mandl, Heinz; Friedrich, Helmut Felix (Hrsg.): Handbuch Lernstrategien. Göttingen: Hogrefe, S. 232-247.

Schmidt-Lauf, Sabine, 2004: Hochschuldidaktische Aktionsforschung. Zielrichtungen eines Evaluationskonzepts von E-Learning. In: Meister, Dorothee M.; Tergan, Sigmar-Olaf; Zentel, Peter (Hrsg.): Evaluation von E-Learning. Zielrichtungen, methodologische Aspekte, Zukunftsperspektiven. Münster; New York; München; Berlin: Waxmann. S. 84-88.

Smith, Nick L., 1990: Using Path Analysis to Develop and Evaluate Program Theory and Impact. In: Bickham, Leonard (Hrsg.): Advances in Program Theory. New Directions for Program Evaluation. Nr. 47. San Francisco: Jossey-Bass. S. 53-57.

Schnell, Rainer; Hill, Paul B.; Esser, Elke, 1988: Methoden der empirischen Sozialforschung. München; Wien: Oldenbourg.

Schröder, Ute, 2010: Responsivität und Triangulation in der Praxis. In: Bohnsack, Ralf; Nentwig-Gesemann, Iris (Hrsg.), 2010a: Dokumentarische Evaluationsforschung. Theoretische Grundlagen und Beispiele aus der Praxis. Opladen; Farmington Hills: Barbara Budrich. S. 181-201.

Schulmeister, Rolf, 2001: Virtuelle Universität. Virtuelles Lernen. München; Wien: Oldenbourg.

Schütz, Alfred: 2004: Common-Sense und wissenschaftliche Interpretation menschlichen Handelns. In: Strübing, Jörg; Schnettler, Bernt (Hrsg.): Methodologie interpretativer Sozialforschung. Klassische Grundlagentexte. Konstanz: UVK. S. 157-197.

Schwarz, Christine, 2003: Von der Messtechnik zur Mediation? Rollenerwartungen und Selbstverständnis in der Medienevaluation. In: Zeitschrift für Evaluation. 2/2003. Leverkusen: Leske + Budrich. S. 201-221.

Schwarz, Christine, 2004: Evaluation im Spannungsfeld zwischen Projektmanagement und Politikberatung. In: Meister, Dorothee M.; Tergan, Sigmar-Olaf, Zentel, Peter (Hrsg.): Evaluation von E-Learning. Zielrichtungen, methodologische Aspekte, Zukunftsperspektiven. Münster; New York; München; Berlin: Waxmann. S. 43-61.

Schworm, Silke; Fischer, Frank, 2006: Academic Help Seeking. In: Mandl, Heinz; Friedrich, Helmut Felix (Hrsg.): Handbuch Lernstrategien. Göttingen: Hogrefe, S. 282-293.

Scriven, Michael, 1972a: The Methodology of Evaluation. In: Weiss, Carol. H. (Hrsg.): Evaluating Action Programs. Readings in Social Action and Education. Boston, London, Sydney, Toronto: Allyn and Bacon. S. 123-136.

Scriven, Michael, 1972b: Die Methodologie der Evaluation. In: Wulf, Christoph (Hrsg.): Evaluation. Beschreibung und Bewertung von Unterricht, Curricula und Schulversuchen. München: Piper. S. 60-91.

Scriven, Michael, 1987: New Frontiers of Evaluation. In: Evaluation Studies Review Annual. Thousand Oaks; London; New Delhi: Sage. S. 93-130.

Scriven, Michael, 1991: Evaluation Thesaurus. 4th Edition. Newbury Park, London, New Delhi: Sage.

Scriven, Michael, 1997: Truth and Objectivity. In: Chelimsky, Eleanor; Shadish, William R., Evaluation for the 21st Century. A Handbook. Tousand Oaks, London, New Delhi: Sage. S. 477-500.

Scriven, Michael, 2000: Evaluation Ideologies. In: Stufflebeam, Daniel L.; Madaus, George F.; Kellaghan, Thomas (Hrsg.): Evaluation Models. Viewpoints on Educational and Human Services Evaluation. Second edition. Boston; Dordrecht; London: Kluwer Academic. S. 249-278.

Shadish, William R.; Cook, Thomas D.; Leviton, Laura C., 1991: Foundations of Program Evaluation. Theories of Practice. Newbury Park, London, New Delhi: Sage.

Shadish, William R.; Reichardt, Charles S., 1987: The Intellectual Foundations of Social Program Evaluation. The Development of Evaluation Theory. In: Evaluation Studies Review Annual. Bd. 12. Tousand Oaks, London, New Delhi: Sage. S. 13-30.

Shaw, Ian; Crompton, Amanda, 2003: Theory, Like Mist on Spectacles, Obscure Vision. In: Evaluation: 9. Jg., Heft 2. London; Thousand Oaks; New Delhi: Sage Publications. S. 192-204.

Slavin, Robert E., 1993: Kooperatives Lernen und Leistung: Eine empirisch fundierte Theorie. In: Huber, Günter L. (Hrsg.): Neue Perspektiven der Kooperation. Grundlagen der Schulpädagogik. Band 6. Hohengehren: Schneider-Verlag. S. 151-170.

Smith, Nick L., 1990: Using Path Analysis to Develop and Evaluate Program Theory and Impact. In: Bickham, Leonard (Hrsg.): Advances in Program Theory. New Directions for Program Evaluation. Nr. 47. San Francisco: Jossey-Bass. S. 53-57.

Spada, Hans; Mandl, Heinz, 1988: Wissenspsychologie: Einführung. In: Mandl, Heinz; Spada, Hans (Hrsg.): Wissenspsychologie. München; Weinheim: Psychologie Verlags Union. S. 1-15.

Spiegel von, Hiltrud, 1993: Aus Erfahrung lernen. Qualifizierung durch Selbstevaluation. Münster: Votum.

Stake, Robert, 2000: Responsive Evaluation. In: Stufflebeam, Daniel L.; Madaus, George F.; Kellaghan, Thomas (Hrsg.): Evaluation Models. Viewpoints on Educational and Human Services Evaluation. Second edition. Boston; Dordrecht; London: Kluwer Academic. S. 343-362.

Stame, Nicoletta, 2004: Theory-based Evaluation and Types of Complexity. In: Evaluation, Heft 1, 10. Jg., London, Thousands Oaks, New Delhi: Sage Publications. S. 58-76.

Stamm, Margrit, 2003: Evaluation und ihre Folgen für die Bildung. Eine unterschätzte pädagogische Herausforderung. Münster; New York; München; Berlin: Waxmann.

Stangl, Werner, 2011: Lernmotive und Lernmotivation. http://arbeitsblaetter.stangl-taller.at/MOTIVATION /Lernmotivation.shtml (download, 13.01.2011).

Stingl, Benjamin; Remmele, Bernd, 2002: Das JurMoo – Kommunikation und Kooperation in der virtuellen Semonarunterstützung. In: Bachmann, Gudrun; Haefeli, Odette; Kindt, Michael (Hrsg.): Campus 2002, Münster; New York; München; Berlin: Waxmann. S. 417-427.

Stockmann, Reinhard, 2004a (2000): Evaluation in Deutschland. In: Stockmann, Reinhard (Hrsg.): Evaluationsforschung. Grundlagen und ausgewählte Forschungsfelder. 2. Aufl.; Opladen: Leske + Budrich. S. 13-43.

Stockmann, Reinhard, 2004b (2000): Evaluation staatlicher Entwicklungspolitik. In: Stockmann, Reinhard: Evaluationsforschung. Grundlagen und ausgewählte Forschungsfelder. 2. Auflage. Opladen: Leske + Budrich. S. 375-407.

Stockmann, Reinhard, 2006: Evaluation und Qualitätsentwicklung. Eine Grundlage für wirkungsorientiertes Qualitätsmanagement. Münster; New York; München; Berlin: Waxmann.

Stockmann, Reinhard, 2007: Einführung in die Evaluation. In: Stockmann, Reinhard (Hrsg.): Handbuch zur Evaluation. Eine praktische Handlungsanleitung. Münster; New York; München; Berlin: Waxmann. S. 24-70.

Stockmann, Reinhard, 2007a: Einführung in die Evaluation. In: Stockmann, Reinhard (Hrsg.): Handbuch zur Evaluation. Eine praktische Handlunsganleitung. Münster: Waxmann. S. 24-70.

Stockmann, Reinhard; Meyer, Wolfgang; Gaus, Hansjörg; Kohlmann, Uwe; Urbahn, Julia: 2001: Nachhaltige Umweltberatung. Opladen: Leske + Budrich.

Strauss, Anselm L., 2004: Methodologische Grundlagen der Grounded Theory. In: Strübing, Jörg; Schnettler, Bernt (Hrsg.): Methodologie interpretativer Sozialforschung. Klassische Grundlagentexte. Konstanz: UVK. S. 429-451.

Strauss, Anselm L.; Corbin, Juliet, 1994: Grounded Theory Methodology. An Overview. In: Denzin, Norman K.; Lincoln, Yvonna S. (Hrsg.): Handbook of Qualitative Research. Thousand Oaks; London; New Delhi: Sage. S. 273-285.

Strauss. Anselm L.; Corbin, Juliet, 1996: Grounded Theory. Grundlagen qualitativer Sozialforschung. Weinheim: Beltz/Psychologie Verlagsunion.

Streblow, Claudia, 2005: Schulsozialarbeit und Lebenswelten Jugendlicher. Ein Beitrag zur dokumentarischen Evaluationsforschung. Opladen: Barbara Budrich.

Strübing, Jörg, 2004: Grounded Theory. Zur sozialtheoretischen und epistemologischen Fundierung des Verfahrens der empirisch begründeten Theoriebildung. Wiesbaden: VS Verlag.

Strübing, Jörg, 2005: Pragmatistische Wissenschafts- und Technikforschung. Theorie und Methode. Frankfurt a. M.: Campus.

Strübing, Jörg, 2007: Glaser vs. Strauss? Zur methodologischen und methodischen Substanz einer Unterscheidung zweier Varianten von Grounded Theory. In: Mey, Günter; Mruck, Katja (Hrsg.): Grounded Theory Reader. Köln: Zentrum für Historische Forschung. S. 157-173.

Strübing, Jörg; Schnettler, Bernt (Hrsg.), 2004. Methodologie interpretativer Sozialforschung. Klassische Grundlagentexte. Konstanz: UVK.

Struck, Eckart; Kromrey, Helmut, 2001: PC-Tutor Empirische Sozialforschung. Version 1.0. Opladen: Leske + Budrich.

Struck, Eckart; Kromrey, Helmut, 2006: PC-Tutor Empirische Sozialforschung. Version 3.0. Stuttgart: Lucius & Lucius.

Struck, Eckart; Kromrey, Helmut, 2009: PC-Tutor Empirische Sozialforschung. Version 4.0. Stuttgart: Lucius & Lucius.

Stufflebeam, Daniel, L., 1972: Evaluation als Entscheidungshilfe. In: Wulf, Christoph (Hrsg.): Evaluation. Beschreibung und Bewertung von Unterricht, Curricula und Schulversuchen. München: Piper. S. 113-145.

Stufflebeam, Daniel L., 2001: Evaluation Models. New Directions for Evaluation. Nr. 89. San Francisco: Jossey-Bass.

Stufflebeam, Daniel L., 2000: Foundational Models for 21st Century Program Evaluation. In: Stufflebeam, Daniel L.; Madaus, George F.; Kellaghan, Thomas (Hrsg.): Evaluation Models. Viewpoints on Educational and Human Services Evaluation. 2. Auflage. Boston; Dordrecht; London: Kluwer Academic. S. 33-84.

Stufflebeam, Daniel L.; Madaus, George F.; Kellaghan, Thomas (Hrsg.), 2000: Evaluation Models. Viewpoints on Educational and Human Services Evaluation. 2. Auflage. Boston; Dordrecht; London: Kluwer Academic.

Suchman, Edward, 1967: Evaluative Research. Principals and Practice in Public Service & Social Action Programs. New York: Sage.

Tashakkori, Abbas; Teddlie, Charles, 2003a: Major Issues and Controversies in the Use of Mixed Methods in Social and Behavioral Research. In: Tashakkori, Abbas; Teddlie, Charles (Hrsg.): Handbook of Mixed Methods in Social and Behavioral Research. Thousand Oaks; London; New Delh: Sage. S. 3-50.

Tashakkori, Abbas; Teddlie, Charles, 2003b: The Past and Future of Mixed Methods Research: From Data Triangulation to Mixed Models Designs. In: Tashakkori, Abbas;

Teddlie, Charles (Hrsg.): Handbook of Mixed Methods in Social and Behavioral Research. Thousand Oaks; London; New Delh: Sage. S. 671-701.

Theobald, Axel; Dreyer, Marcus; Starsetzki, Thomas (Hrsg.), 2001: Online-Marktforschung. Theoretische Grundlagen und praktische Erfahrungen. Wiesbaden: Gabler.

Trochim, William M. K.; 1989b: An Introduction to Concept Mapping for planning and Evaluation. Evaluation and Program Planning, 12. Jg,, N3. 3. Elmsford: Pergamon Press. S. 87-111. http://www.socialresearchmethods.net/research/Concept%20 Mapping%20for%20Evaluation%20and%20Planning.PDF#page=5. [download: 10.08.2011].

Trochim, William M.K., 1989a: Outcome Pattern Matching and Program Theory. In: Evaluation and Program Planning. Bd. 12. Elmsford: Pergamon Press. S. 355-366.

Trochim, William M.K.; 2002: Pattern Matching for Construct Validity. http://www.indiana.edu/~educy520/ sec5982/week_3/construct_validity_trochim.pdf [Download: 11.08.2011]

Trochim, William M.K.; Cook, Judith A., 1992: Pattern Matching in Theory-Driven Evaluation. A Field Example from Psychiatric Rehablitation. In: Chen, Huey-tshy; Rossi, Peter H. (Hrsg.): Using Program Theory to Improve Program and Policy Evaluations. New York: Greenwood Press. S. 49-69.

Tyler, Ralph W., 2000: A Rationale for Program Evaluation. In: Stufflebeam, Daniel L.; Madaus, George F.; Kellaghan, Thomas (Hrsg.): Evaluation Models. Viewpoints on Educational and Human Services Evaluation. 2. Auflage. S. 87-96.

Univation (Hrsg.), 2004: Das A-B-C der wirkungsorientierten Evaluation. Glossar – Deutsch/Englisch – der wirkungsorientierten Evaluation. Köln.

Vedung, Evert, 1999: Evaluation im öffentlichen Sektor. Wien, Köln, Graz: Böklau Verlag.

Vedung, Evert, 2004 (2000): Evaluation Research and Fundamental Research. In: Stockmann, Reinhard (Hrsg.), 2004 (2. Aufl. 2000): Evaluationsforschung. Grundlagen und ausgewählte Forschungsfelder. Opladen: Leske + Budrich. S. 111-134.

Virtanen, Petri; Uusikylä, Petri; 2004. Exploring the Missing Links between Cause and Effect. A Conceptual Framework for Understanding Micro-Macro Conversions in Programme Evaluation. In: Evaluation, 10 Jg., London; Thousand Oaks; New Delhi: Sage. S. 77-91.

von Spiegel, Hiltrud, 1993: Aus Erfahrung lernen. Qualifizierung durch Selbstevaluation. Münster: Votum Verlag.

W. K. Kellogg Foundation, 2004: Logic Model Development Guide. Using Logic Models to Bring Together Planning, Evaluation, and Action. Battle Creek – Michigan: W. K. Kellogg Foundation.

Wahrig-Burfeind, Renate (Hrsg.), 2001: Wahrig. Fremdwörterlexikon. München: Bertelsmann Lexikon Verlag.

Wang, Margret C.; Walberg, Herbert J., 1986: Evaluationg Educational Programs. An Integrative, Causal-Modeling Approach. In: Educational Evaluation and Policy Analysis. Bd. 5, Nr. 3. Newbury Park, Beverly Hills; London, New Delhi: Sage. S. 347-366

Weber-Wulff, Deborah, 2003: Teaching by chat. In: Kerres, Michael; Voß, Britta (Hrsg.),: Digitaler Campus. Münster; New York; München; Berlin: Waxmann. S. 366-375.

Weiss, Carol H. (Hrsg.), 1972a: Evaluating Action Programs. Readings in Social Action and Education. Boston, London, Sydney, Toronto: Allyn and Bacon.

Weiss, Carol H., 1972b: Evaluating Educational & Social Action Programs: A Treeful of Owls. In: Weiss, Carol H. (Hrsg.): Evaluating Action Programs. Readings in Social Action and Education. Boston, London, Sydney, Toronto: Allyn and Bacon. S. 3-27.

Weiss, Carol H., 1972c: Utilization of Evaluation: Toward Comparative Study. In: Weiss, Carol H. (Hrsg.), 1972a: Evaluating Action Programs. Readings in Social Action and Education. Boston, London, Sydney, Toronto: Allyn and Bacon. S. 318-326.

Weiss, Carol H., 1972d: The Politicization of Evaluation Research. In: Weiss, Carol H. (Hrsg.), 1972a: Evaluating Action Programs. Readings in Social Action and Education. Boston, London, Sydney, Toronto: Allyn and Bacon. S. 327- 338.

Weiss, Carol H. (Hrsg.), 1977: Using Social Research in Public Policy Making. Lexington; Massachusetts; Toronto: Lexington, S. 1-22)

Weiss, Carol H., 1988a: Evaluation for Decisions: Is Anybody There? Does Anybody Care?, Evaluation Practice, 9, Tousand Oaks, London, New Delhi: Sage. S. 5-20.

Weiss, Carol H., 1988b: If Program decisions Hinged Only on Information: A Response to Patton. Evaluation Practice, 9. Tousand Oaks, London, New Delhi: Sage. S. 15-28.

Weiss, Carol H., 1989 (1986): The Stakeholder Approach to Evaluation: Origins and Promise. In: House, Ernest R. (Hrsg.),: New Directions in Educational Evaluation. London, Philadelphia: The Falmer Press. S. 145-157.

Weiss, Carol H., 1989a (1986): The Stakeholder Approach to Evaluation: Origins and Promise. In: House, Ernest R. (Hrsg.),: New Directions in Educational Evaluation. London, Philadelphia: The Falmer Press. S. 145-157.

Weiss, Carol H., 1989b (1986): Toward the Future of the Stakeholder Approaches in Evaluations. In: House, Ernest R. (Hrsg.),: New Directions in Educational Evaluation. London, Philadelphia: The Falmer Press. S. 186-198.

Weiss, Carol H., 1995: Nothing As Practical As Good Theory: Exploring Theory-Based Evaluation for Comprehensive Community Initiatives. In: Connell, James P.; Kubisch, Anne C.; Schorr, Lisbeth B.; Weiss, Carol H.: New Approaches to Evaluation Community Initiatives. Concepts, Methods, and Contexts. Washington: Aspen Institute.

Weiss, Carol Hirschon, 1997a: How Can Theory-Based Evaluation Make Greater Headway? In: Evaluation Review. 21. Jg., Heft 4. London; Thousand Oaks; New Delhi: Sage. S. 501-524.

Weiss, Carol Hirschon, 1997 b: Theory-Based Evaluation: Past, Present, and Future. In: Rog, Debra J.; Fournier, Deborah (Hrsg.): Progress and Future Directions in Evaluation: Perspectives on Theory, Practice, and Methods. New Directions for Evaluation. San Francisco: Jossey-Bass. S. 41-55.

Weiss, Carol H., 1998 (1972): Evaluation. Upper Saddle River: Prentice-Hall. 2. überarbeitete Auflage.

Weiss, Carol, H., 1999: The Interface between Evaluation and Public Policy. In: Evaluation, 5. Jg. Heft 4, London, Thousand Oaks, New Delhi: Sage. S. 468-486.

Weiss, Carol H., 2000: Which Links in Which Theories Shall We Evaluate? In: Rogers, Patricia J.; Hacsi, Timothy A.; Petrosino, Anthony; Huebner, Tracy A. (Hrsg.), San Francisco: Jossey-Bass, S. 35-45.

Weiss, Carol H., 2004: Rooting for Evaluation: A Cliff Notes Version of My Work. In: Alkin, Marvin C., Evaluation Roots. Tracing Theorists' Views and Influences. Thousand Oaks; London; New Delhi: Sage. S. 153-168.

Weiss, Carol H.; Bucuvalas, M. J., 1980: Social Science Research and Decision-Making. New York: Columbia University Press.

Whyte, William Foote, 1991a: Social Theory for Action. Newbury Park; London; New Dehli: Sage.

Whyte, William Foote (Hrsg.), 1991b: Participatory Action Research. Newbury Park; London; New Delhi: Sage.

Whyte, William Foote; Greenwood, Davydd J.; Lazes, Peter: Participatory Action Research: Through Practice to Science in Social Research. In: Whyte, William Foote (Hrsg.), 1991b: Participatory Action Research. Newbury Park; London; New Delhi: Sage, S. 19-55

Widmer, Thomas, 2004 (2002): Qualität der Evaluation – Wenn Wissenschaft zur praktischen Kunst wird. In: Stockmann, Reinhard: Evaluationsforschung. Grundlagen und ausgewählte Forschungsfelder. Opladen: Leske + Budrich. S. 77-102.

Wilson, Thomas P., 1981 (1980): Theorien der Interaktion und Modelle soziologischer Erklärung. In: Arbeitsgruppe Bielefelder Soziologen (Hrsg.): Alltagswissen, Interaktion und gesellschaftliche Wirklichkeit. Opladen: Westdeutscher Verlag. 5. Aufl., S. 54-79.

Wilson, Thomas P., 1982: Qualitative „oder" quantitative Methoden in der Sozialforschung. In: Kölner Zeitschrift für Soziologie und Sozialpsychologie. Jahrgang 34. Opladen: Westdeutscher Verlag. S. 487-508.

Windlinger, Lukas; Grund, Sven; Tran, Van Van; Grote, Gudela; Folkers, Gerd, 2002: Unterstützung von Interaktion und Kooperation in Präsenzlerngruppen durch innovative computerbasierte Medien, in: Bachmann, Gudrun; Haefeli, Odette; Kindt, Michael (Hrsg.): Campus 2002, Münster; New York; München; Berlin: Waxmann. S. 366-376.

Wissenschaftsrat, 1998: Empfehlungen zur Hochschulentwicklung durch Multimedia in Studium und Lehre. Mainz. Drs. 3536/98.

Wittmann, Werner W., 1985: Evaluationsforschung. Aufgaben, Probleme und Anwendungen. Berlin; Heidelberg, Tokyo, New York: Springer.

Wottawa, Heinrich; Thierau, Heike: 2003 (1989): Lehrbuch Evaluation. Dritte, korrigierte Auflage. Bern; Göttingen; Toronto; Seattle: Hans Huber.

Wulf, Christoph (Hrsg.), 1972: Evaluation. Beschreibung und Bewertung von Unterricht, Curricula und Schulversuchen. München: Piper.

Zapf, Werner, 1974-1976: Soziale Indikatoren: Konzepte und Forschungsansätze. 4 Bde. New York/Frankfurt

Zecha, Gerhard; Lukesch, Helmut, 1982: Die Methodologie der Aktionsforschung. Analyse, Kritik, Konsequenzen. In: Patry, Jean Luc (Hrsg.): Feldforschung. Methoden und Probleme sozialwissenschaftlicher Forschung unter natürlichen Bedingungen. Bern/Stuttgart/Wien: Verlag Hans Huber. S. 367-387

Abbildungsverzeichnis

Tabellenverzeichnis

Wolfgang Beywl, Hanne Bestvater,
Verena Friedrich

Selbstevaluation in der Lehre

Ein Wegweiser für sichtbares Lernen und besseres Lehren

2011, 208 Seiten, br., 29,90 €,
ISBN 978-3-8309-2577-4

D ieses Buch weist einen Weg, wie die Doppelaufgabe der Selbstevaluation „Unterrichten und Evaluieren" zielgerichtet und entspannt bearbeitet werden kann. Es vermittelt Methoden, wie das evaluative Untersuchen in die Lehrpraxis integriert werden kann, um die eigene Professionalität weiter zu entwickeln und die Qualität der Lehre zu dokumentieren. Es unterstützt Lehrende beim Lösen ihrer didaktischen Probleme sowie bei der Erweiterung ihrer Unterrichtskompetenz und bietet dafür Planungshilfen, Checklisten und Erhebungsinstrumente sowie Praxisbeispiele. Dieses Buch richtet sich an Lehrende aller Disziplinen und Fächer auch ohne didaktische oder forschungsmethodische Spezialisierung. Auf wissenschaftlicher Grundlage führt das Buch in die Praxis der Selbstevaluation ein.

WAXMANN
Münster · New York · München · Berlin

Karin Haubrich

Sozialpolitische Innovation ermöglichen

Die Entwicklung der rekonstruktiven Programmtheorie-Evaluation am Beispiel der Modellförderung in der Kinder- und Jugendhilfe

Internationale Hochschulschriften, Band 536
2009, 352 Seiten, br., 34,00 €,
ISBN 978-3-8309-2228-5

Dieses Buch stellt einen neuen Ansatz rekonstruktiver Programmtheorie-Evaluation vor, der aktuelle Ansätze der internationalen Evaluationsdebatte aufgreift und weiterentwickelt. Er bietet konzeptionelle und methodische Lösungen zu Fragen, die mit der Evaluation innovativer Entwicklungsprogramme einhergehen. Am Beispiel von Bundesmodellprogrammen in der Kinder- und Jugendhilfe wird aufgezeigt, wie man diese Programme auf einer empirischen Grundlage beschreiben und einer systematischen Evaluation auf der Programmebene zugänglich machen kann. Diskutiert werden evaluationspraktische Fragen, die in der Anwendung von Modellen der Evaluation auftreten. Es finden sich Anregungen für die Entwicklung gegenstandsangemessener Evaluationsdesigns im Praxisfeld sozialpolitischer Programme.

WAXMANN
Münster · New York · München · Berlin